高等学校交通运输专业“十一五”规划系列教材

汽车运用工程

QI CHE YUN YONG GONG CHENG

主　编　鲁植雄
副主编　赵国柱
　　　　侯占峰
主　审　张孝祖

东南大学出版社
·南京·

内容摘要

《汽车运用工程》是一本介绍汽车合理使用的专业书。全书共分12章，主要内容包括：汽车运用基础、汽车动力性、汽车燃料经济性、汽车的行驶安全性、汽车通过性、汽车舒适性、汽车环保性、汽车户籍管理与税费、汽车运行材料的合理使用、汽车在特殊条件下的使用、汽车技术状况及其变化、汽车使用寿命等内容。本书内容全面系统、图文并茂。

本书是高等学校交通运输专业、汽车服务工程、车辆工程及相关专业的教学用书，亦可供汽车运输、汽车设计制造、汽车维修管理等工程技术人员阅读参考。

图书在版编目(CIP)数据

汽车运用工程/鲁植雄主编. —南京：东南大学出版社，2008.2(2013.8重印)

(高等学校交通运输专业"十一五"规划系列教材)

ISBN 978-7-5641-1093-2

Ⅰ.汽…　Ⅱ.鲁…　Ⅲ.汽车工程—高等学校—教材　Ⅳ.U46

中国版本图书馆CIP数据核字(2008)第001359号

汽车运用工程

主　编	鲁植雄	选题总策划	李　玉
副主编	赵国柱	责任编辑	李　玉
	侯占峰	责任印制	张文礼
主　审	张孝祖	封面设计	萧千皓

出版发行　东南大学出版社
地　　址　南京四牌楼2号
出 版 人　江建中
邮　　编　210096
经　　销　江苏省新华书店

印　　刷　南京玉河印刷厂
开　　本　700mm×1000mm　1/16
印　　张　19.25　　字　数　460千字
版　　次　2008年2月第1版
印　　次　2013年8月第2次印刷
印　　数　4001—5500册
书　　号　ISBN　978-7-5641-1093-2/U・18
定　　价　33.00元

编审委员会委员简介

出版说明

作为国民经济的重要基础设施和基础产业，交通运输是社会经济发展的重要物质基础，其基本任务是通过提高整个运输业的能力和工作质量，来改善国家各经济区之间的运输联系，进而安全迅速、经济合理地组织旅客和货物运输，保证最大限度地满足社会和国防建设对运输的需求。

改革开放以来，我国加快了交通基础设施建设，交通运输业成为重点扶持的支柱产业之一，尤其是20世纪90年代以来，我国采取了一系列重大举措，增加投资力度，促进了交通运输业的快速发展。但是，我国目前的主要运输装备及核心技术水平与世界先进水平存在较大差距，运输供给能力不足，综合交通体系建设滞后，各种交通方式缺乏综合协调，交通能源消耗与环境污染问题严峻。

展望21世纪，我国交通运输业将在继续大力推进交通基础设施建设的基础上，依靠科技进步，着力解决好交通运输中存在的诸多关键技术问题，包括来自环境、能源、安全等方面的众多挑战，建立起一个可持续性的新型综合交通运输体系，以满足全面建设小康社会对交通运输提出的更高要求。客运高速化、货运物流化、运营管理智能化将成为本世纪我国交通运输发展最明显的几个特征。

作为国民经济的命脉，交通运输业正面临着重大的战略需求。掌握交通运输技术的人才及其人才的培养自然成为社会各界关注的热点问题。无论是公路运输、铁路运输，还是水路运输、航空运输、管道运输等都需要大量的从事交通运输专业的高级技术与组织管理人才，由他们运用先进的技术来装备交通运输，用科学的方法来组织管理交通运输。

教材建设是培养交通运输人才的基础建设之一，但目前我国对交通运输专业的教材建设却十分滞后，已经很难满足社会经济发展的需要，为此由东南大学出版社策划，东南大学出版社与国家重点学科东南大学载运工具运用工程专家共同组织有关高校，在交通运输专业有多年教学科研经验的教师编写了这套"高等学校交通运输专业'十一五'规划系列教材"。该套教材融入了作者多年的教学实践及相关课题研究成果，注重交通运输实践性强的特点和科学技术不断向交通运输渗透的趋势，在阐述基本理论、基本方法的同时，引入了大量的实际案例，使这套教材有其显著的特点。相信这套教材的出版，将有助于我国交通运输专业人才的培养，有助于交通运输在我国的社会经济与国防建设中发挥出更大的作用。

编写委员会

2007 年 12 月

前言

本教材是根据“高等学校交通运输专业‘十一五’规划系列教材”的要求编写的。本书主要讲授汽车运用条件的特性;汽车使用性能及评价指标;各种运用条件及其运用措施;汽车技术状况变化原因及其影响因素;汽车污染的形成与防治原理、措施;降低汽车油耗的基本原理、措施;汽车润滑材料、轮胎的性能;汽车从销售到报废的管理过程和方法;汽车使用寿命的评价方法等。为了阐明有关理论和实践技术的联系,书中给出了一些必要的数据、规范和标准,并尽量使这些资料能反映目前的汽车技术水平。本书力求突出基本概念、基本理论,选材注重少而精。

本书可供高等学校交通运输专业、车辆工程专业、汽车服务工程专业的师生教学使用,也可供从事汽车设计制造、使用、维修、管理的工程技术人员阅读参考。

本书由鲁植雄任主编,赵国柱、侯占峰任副主编。本书第

2章和第3章由南京农业大学赵国柱编写、第9章和第10章由内蒙古农业大学侯占峰编写，其余章节由南京农业大学鲁植雄编写。参加本书文字及图片资料整理工作的还有赵兰英、陈明江、张集乐、袁越阳、王文伟、田丰年、类雪、周克林等同志。

本书由江苏大学汽车与交通学院张孝祖教授主审。

本书编绘过程中，得到了许多汽车生产企业和维修企业的大力支持和协助，并参考了许多名家的著作，在此表示诚挚的感谢。

本书为教师配有教学光盘资料(包括习题、课件等内容)，若需请联系：luzx@njau.edu.cn。

由于编者水平有限，加之经验不足，书中难免有谬误和疏漏之处，诚恳欢迎使用本书的师生和读者批评指正。

编者

2007年12月

目　录

1 汽车运用基础

1.1 汽车运用条件

汽车运用条件,是指影响汽车完成运输工作的各类外界条件。它主要包括社会经济条件、气候条件、道路条件、运输条件和汽车安全运行技术条件等。

1.1.1 社会经济条件

社会经济条件是指国家的社会制度和经济运行模式。不同的社会经济条件对汽车运输的组织、汽车的合理利用都有直接的影响。任何一项社会活动,其生产方式都应与社会经济条件相适应,才能顺利地实施和进行。

社会经济条件是制约汽车运用的关键要素,我们必须根据不同时期、不同地区的具体条件,合理调整策略,并采用科学的方法及手段使汽车运用工作做好,充分发挥其在国民经济生活之中的作用。

1.1.2 气候条件

气候主要包括气温、降水量和湿度、风力和风向等三个方面。不同季节及不同的地理位置,气候有明显的变化。

1) 气温

我国气候的突出特点是:夏季炎热,冬季严寒,南北温差大。在夏季,如 7 月份的平均气温,除青藏高原和大、小兴安岭外,大部分地区在 20℃以上,南方许多地区还超过 35℃。在炎热的夏季行车,发动机容易过热,供油系易产生气阻;发动机动力下降;轮胎升温快,易爆破;在没有空调的驾驶室内,驾驶员极易疲劳困倦,影响行车安全。而在冬季,黑龙江省北部 1 月份平均气温在零下 30℃以下,而南海诸岛却在 20℃以上,南北气温相差超过 50℃。0℃等温线大致沿青藏高原的东南边缘,向东经秦岭、淮河一带,以该线为界,越向北气温越低,甚至地冻冰封,而该线以南全年不结冰。汽车在寒冷和严寒地区运行,发动机起动困难,冷却液温度偏低,油耗和磨损增加;低温下塑料、橡胶制品容易变脆变硬；雪天行车视线不清，冰雪路面车轮容易打滑；驾驶操纵条件恶化，极易发生事故。

2）降水量和湿度

降水量按季节分配明显。全国多数地区降水量集中在5～10月份，其中以7、8两个月最多。东南沿海和长江中、下游地区，常年温暖潮湿，梅雨季节阴雨连绵，行车视线不清，高速行驶容易发生水滑，还常常遇到塌方、滑坡和泥石流等危险；潮湿使车身和裸露的金属零件迅速腐蚀损坏，并使电气设备工作不良。

3）风力和风向

风力和风向不仅影响行驶阻力和油耗，侧向风还影响行驶稳定性。在干旱地区，风大，沙尘多，各总成因侵入沙尘而加剧零件磨损。

地理位置不同。除气候不同外，还因地形（如山岭、重丘、微丘和平原）、地势（海拔高度）不同影响汽车运用。在高原地区，当海拔高度达1 000 m以上时，明显呈现空气稀薄现象，气压降低，充气系数下降，冷却液易沸腾，发动机易过热，导致功率下降、油耗增加；气压制动系统气压不足，由于频繁使用制动器，造成车轮制动器温度过高，制动能力衰减，以致驾驶员体力消耗大，易出现头晕和四肢无力等现象；加上山区、高原气候变化剧烈，易发生行车事故。

上述的不同气候条件对车辆的结构和使用提出了不同的要求，因而，应针对具体的气候和季节条件，使用相应的变型汽车或对标准型汽车进行改造，以提高车辆对气候的适应程度。汽车运输企业还应针对当地的气候特点，合理选用汽车类型，制定相应的技术措施，克服和减少气候条件造成的各种困难，只有这样，才能合理使用汽车，并取得最佳的经济效果。

1.1.3 道路条件

道路条件是指由道路状况决定的，并影响汽车运行的重要因素。它直接影响到汽车使用指标的好坏和汽车使用年限的长短。汽车结构、汽车运行工况、汽车技术状况都与汽车运行的道路条件密切相关。道路条件对汽车的运行速度、行驶平顺性及装载质量利用程度等有着极其重要的作用，这种作用和影响，主要来自道路等级和道路养护水平等方面。

1）道路等级

根据公路的任务、功能和适应的交通量，我国将公路分为高速公路、一级公路、二级公路、三级公路和四级公路五个等级。

高速公路为专供汽车分向、分车道行驶并全部控制出入的干线公路。四车道高速公路一般能适应按各种汽车折合成小客车的远景设计年限的年平均昼夜交通量为25 000～55 000辆的车辆流量要求；六车道高速公路一般能适应按各种汽车折合成小客车的远景设计年限的年平均昼夜交通量为45 000～80 000辆的车辆流量要求；八车道高速公路一般能适应按各种汽车折合成小客车的远景设计年限的年平均昼夜交通量为 60 000～100 000 辆的车辆流量要求。

一级公路一般能适应按各种汽车折合成小客车的远景设计年限的年平均昼夜交通量为 15 000～30 000 辆的车辆流量要求，能成为连接高速公路、大城市结合部、开发区的经济带以及边远地区的干线公路。同时可供汽车分向、分道行驶，并能成为部分控制各种车辆出入的公路。

二级公路一般能适应按各种车辆折合成中型载货汽车的远景设计年限的年平均昼夜交通量为 3 000～7 500 辆的车辆流量要求，成为连接中等城市的干线公路或通往大工矿区、港口的公路，或交通运输繁忙的城郊公路。

三级公路一般能适应按各种车辆折合成中型载货汽车的远景设计年限的年平均昼夜交通量为 1 000～4 000 辆以下的车辆流量要求，成为沟通县及城镇的集散公路。

四级公路一般能适应按各种车辆折合成中型载货汽车的远景设计年限的年平均昼夜交通量为 1 500 辆以下的车辆流量要求，成为沟通乡、村等地的地方公路。

目前，我国的公路尚不能满足汽车运输的发展需要，到 2010 年底，全国公路通车总里程达 210～230 万公里，高速公路里程达 5 万公里。我国已经制定了宏伟的公路发展规划，它的实现将使我国的道路现状发生根本性的转变，对促进我国汽车运输业发展和现代化建设将起到巨大的推动作用。

2）公路养护水平

公路养护水平的两个评定指标是“好路率”和“养护质量综合值”。根据交通部颁布的“公路养护质量检查评定暂行办法”，将现有公路养护质量分为优、良、次、差四个等级（见表 1.1）。评定项目包括路面平整、路拱适度、行车顺适、路肩整洁、边坡稳定、标志完善鲜明、行道树齐全，满分为 100 分。其中路面、路基和其他分别为 50、20 和 30 分。

表 1.1　公路养护等级分值

公路养护等级	优	良	次	差
总分	＞90	＞75	＞60	＜60
路面	＞45	＞38	—	—

好路率和养护质量综合值都与车辆运行无关，但其中的路面平整度却直接与汽车速度、平顺性和总成使用寿命有关。因而，它们可以粗略地表征道路状况，并可用于粗略评价道路对汽车运用影响的程度。

1.1.4　运输条件

运输条件是指由运输对象的特点和要求所决定的、影响车辆运用的各种因素。汽车运输可分为货运和客运。

1）货车运输条件

货车运输条件主要包括货物类别、货物运量、货运距离、装卸条件、运输类型和组织特点。

(1) 货物类别

所有被接受运输的商品或物资，从接受乘运到交送至收货人，统称之为货物。货物的分类可有以下方法：

①按装卸方法分为：

堆积货物——没有包装的不能计点个数的货物，如：煤、土、砂等。

计件货物——可以计点个数的货物，可有包装或无包装。

罐装货物——无包装的液体货物，通常用自卸罐车运输。

②按运输和保管条件分为：

普通货物——无特殊要求，可用通用车辆运输的货物。

特殊货物——在运输过程中必须采用特别措施，才能保证其无损的货物。特殊货物又分为：特大、沉重、超长、危险、易腐等。

③按货物批量分为：

大批货物——一次运输的货物的数量大。

小批货物——少量运输的货物。

(2) 货物运输量

货运量——在货物运输中，完成或需要完成的货物数量(t)。

货物周转量——在货物运输中，完成或需要完成的运输工作量(t · km)。

货物运输量——货运量和货物周转量的总称。

(3) 货运距离

货物运输由装货点到卸货点间的距离。运距是主要的运输条件之一，很大程度上决定运输车辆的利用效率指标，并对车辆的结构和性能提出许多要求。

(4) 货物装卸条件

决定汽车装卸货物的停歇时间，装卸货物的劳动量和费要，从而在很大程度上影响车辆的运输生产成本。运距越短，装卸条件要求应越好。

(5) 货运类型及组织特点

货运类型有多种分类方法，如短途货运、长途货运、城市货运、城间货运、营运货运、自用货运、分散货运和集中货运等。货运的组织特点主要取决于车辆运行路线。

2) 客车运输条件

客运对汽车使用性能的最基本要求是为旅客提供最佳的方便性。在客运方面，我国人口密度大，应分别为市内客运和公路客运配备不同结构型式的汽车。市区公共汽车适于采用车厢式的多站位车身，座位与站立位置之比为 1 : 2，通道要宽，车门数目要多，车厢地板位置要低。为适应乘客高峰时满载的需要，客车要有较高的动力性。为适应市区道路特点，还要操纵轻便；城市间公路客车，要有较高的行驶速度和旅客乘坐舒适性，有的还需要配备长途卧铺；同时，座位要宽大舒适，椅背可调成半仰位置，车门数目比较少，其他辅助设备要齐全；计程车则与乘客的消费水平有关，应有一定比例的低、中、高档车满足不同消费层次乘客的需要，这些都与当时的社会环境条件有关。

还有一部分是特种用途汽车，其中包括：公共事业用车、环境卫生车、消防车、救护车、流动修理车、流动售货车、冷藏运送车、建筑工程用车（如沥青摊铺车、平地车、压缩空气车、混凝土搅拌车）等，这些特种用途车的结构都是根据工作需要和工作现场的条件确定的。

1.1.5 汽车运行技术条件

1）机动车运行安全技术条件

为保证车辆的安全行驶、运行可靠，机动车运行必须符合国家标准 GB 7258－2004《机动车运行安全技术条件》的规定。其中主要技术条件是：

（1）车辆外观整洁，装备齐全，紧固可靠，各部件应完好，并具有正常的技术性能。

（2）发动机动力性能良好，运行平稳，不得有异响，燃润料消耗正常，无漏油、漏水、漏气、漏电现象。

（3）底盘各总成联接牢固，无过热、无异响、性能良好，各润滑部位不缺油、钢板弹簧无断裂或错开现象，轮胎气压正常，汽车、挂车连接和防护装备齐全、可靠。

（4）转向轻便灵活，转向节及转向节臂、横直拉杆及球销不得松旷，性能良好，前轮定位符合要求。

（5）车辆制动性能符合规定，挂车与牵引车意外脱离后，挂车应能自行制动，牵引车的制动仍然有效。

（6）客车车厢、货车驾驶室内不进尘土、不漏雨；门窗关闭严密、开启灵活；风窗玻璃视线清晰；客车座椅齐全整洁、牢固；货车车箱无漏洞、栏板销钩牢固、可靠。

（7）车辆的噪声及废气排放应符合有关规定。

（8）灯泡、信号、仪表和其他电气设备应配备齐全，工作正常、可靠。

2）汽车危险货物运输规则

车辆运载易爆、易燃、有毒、放射性等危险货物时，必须符合《汽车危险货物运输规则》(JT617－2004)的规定。其主要技术条件：

（1）车辆的车厢、底板平坦良好，栏板牢固，衬垫不得使用松软易燃材料。

（2）运载危险货物的车辆左前方悬挂黄底黑字“危险品”字样的信号标志。

（3）根据车内装运危险货物的性质，车辆必须配备相应的消防器材等用具。

（4）车辆行驶和停车必须严格遵守交通、消防、治安等法规要求。

（5）必须指派熟悉车内危险物性质的人员担任押运人员，严禁搭乘无关人员。

（6）车辆总质量超过桥梁、渡船标定承载质量时，车辆装载超高、超宽、超长时，应报请当地交通、公安主管部门采取安全有效措施。未经允许，不得冒险通过。

3）特种货物运输运行技术条件

车辆装载散装、粉尘、污秽货物时，应使用密闭车厢或加盖篷布，以免洒漏、污染环境。

4）特殊条件下车辆运行技术条件

车辆在等外道路、危险渡口和桥梁上通过时，在遇有临时开沟、改线、水毁、塌方、冰坎、翻浆等情况时，必须采取确实有效技术措施，以保障行车安全。

汽车驾驶操作水平明显地影响汽车零件磨损、燃料经济性和污染物排放率。熟练的驾驶员在平路、下缓坡等有利条件下，能够经常保持车速稳定或滑行状态，很少采取紧急制动措施。这样，不仅能保证汽车安全运行，而且能提高汽车行驶的技术速度15%～20%，延长汽车大修里程40%～50%，在相同的交通和道路条件下可节约燃料20%～30%。

1.2 汽车使用性能的评价指标

汽车的使用性能是指汽车能适应使用条件而发挥最大工作效率的能力。它是汽车选型配备的主要依据，也是汽车运用的先决条件。

汽车技术水平的高低，主要由汽车性能的优劣显示，而在汽车使用中评价汽车性能的好坏，必须先给定使用条件，在此条件下方可分析汽车的技术性能与使用条件是否相适应。所以，汽车的使用性能好，即表示汽车对具体的使用条件是适应的；反之，即为不适应。

汽车的主要使用性能指标见表1.2。

表1.2 汽车的主要使用性能指标

使用性能		量标及评价参数
容载量		额定装载质量(t)，单位装载质量($t\cdot m^{-3}$)，货厢单位有效容积(m^3)，货厢单位装载质量面积($m^2\cdot t^{-1}$)，坐位数和可站立人数
动力性		最高车速、加速能力、爬坡能力、平均行驶速度
使用方便性	操纵轻便性	每百公里平均操纵作业次数，操作力(N)，驾驶员座椅可调程度，照明、灯光、视野、信号完好
	出车迅速性	汽车起动暖车时间
	乘客上下车和货物装卸方便性	车门和踏板尺寸及位置，货箱地板高度，货箱栏板可倾翻数，有无随车装卸机具
	可靠性和耐久性	大修间隔里程，主要总成的更换里程，可靠度、故障率，故障停车时间
	维修性	维护和修理工时，每千公里维修费用，对维修设备的要求
燃料经济性		最低燃料消耗，平均最低燃料耗量
环保性		噪声级，排放量，电波干扰
通过性		汽车最低离地间隙，接近角，离去角，纵向通过半径，前、后轴荷分配，轮胎花纹及尺寸，轮胎对地面单位压力，前、后轮辙重合度，低速挡的动力性，驱动轴数，最小转弯半径

续表 1.2

使用性能		量标及评价参数
行驶安全性	稳定性	纵向倾翻条件,横向倾翻条件
	制动性	制动效能,制动效能恒定性,制动时方向稳定性
乘坐舒适性	平顺性	震动频率,震动加速度及变化率,振幅

1.2.1 容载量与质量利用

1) 容载量

装载质量、车厢尺寸、货物密度、坐位数和站立乘客的地板面积等有关。载货汽车的容载量常用比装载质量和装载质量利用系数评价。

$$\text{比装载质量}=\frac{\text{汽车装载质量}}{\text{车厢容积}}(\mathrm{t \cdot m^{-3}})$$

$$\text{装载质量利用系数}=\frac{\text{货物容积质量}(\mathrm{t \cdot m^{-3}})\times\text{车厢容积}(\mathrm{m^3})}{\text{汽车装载质量}(\mathrm{t})}$$

比装载质量、装载质量利用系数表征了汽车结构对各种货物需要的适应能力。它决定了某车型装载何种货物能够装满车厢,或充分地利用汽车的全部装载能力。普通货车装载密度低的货物时,不能充分利用汽车的装载质量。为了避免汽车超载,不宜增加栏板高度来适应轻泡货物的需要。汽车栏板的标准设计高度一般约在 600 mm 以下。汽车装载质量越大,越不适合装载密度低的货物。

2) 质量利用

汽车的质量利用表征了汽车整备质量与装载质量之间的关系,以整备质量利用系数表示。

$$\text{整备质量利用系数}=\frac{\text{汽车装载质量}}{\text{车厢容积}}(\mathrm{t \cdot m^{-3}})$$

整备质量利用系数是衡量现代载货汽车制造技术进步的重要标志之一。除了不断完善汽车结构和制造技术外,降低汽车的整备质量的主要途径是利用轻型材料,特别是应用强度高、质量轻的高强度铝合金和复合塑料。

汽车整备质量利用系数随装载质量的增加而提高,轻型货车约为 1.1,中型货车约为 1.35,重型货车约为 1.3~1.7。平头汽车的整备质量利用系数一般比长头汽车高。由货车变形的自卸汽车,因改装后整备质量的增加,整备质量利用系数比基本型汽车的低。

1.2.2 汽车的使用方便性

汽车使用方便性是汽车的一项综合使用性能,用于表征汽车在运行过程中,驾驶员和乘客的舒适性和疲劳程度,以及对保证运行货物完好无损和装卸货物的适用性。

1）操纵轻便性

操纵轻便性是指驾驶员在驾驶汽车的过程中劳动强度的高低。评价指标通常为：驾驶员施于操纵机构的力、汽车运行时驾驶员的操纵次数、工作装置的位置和装备情况、视野及后视镜的装置情况、照明及信号装置是否完善等。

驾驶员的操作次数通常用换挡、踏离合器和制动器的次数表征。驾驶操作次数是通过在该类车常见路况下，在典型道路上的使用试验确定，并将试验路段上各类操作次数换算为 100 km 行程的操作次数。一般选用多辆同型号汽车进行试验，以排除驾驶员技术水平和操作习惯差异的影响。

驾驶员座椅的构造和操纵杆件的配置是否舒适方便，也影响汽车使用方便性。适当增加驾驶座椅的高度，减小座垫与靠背的倾角，可显著改善驾驶员劳动条件。为了保证不同身高的驾驶员都能有适合的驾驶操作姿式，驾驶座椅设计成可沿着水平和垂直方向调节式，并且座椅和靠背的倾角也可调节，即驾驶座椅应具有多维调节的功能；同时，转向盘的位置还应按着驾驶员的需要调节。

为了提高汽车的操纵轻便性，各种操纵机构应有良好的接近性，应设置速度、机油压力、油和冷却液温度、燃料耗量以及电参数等的显示仪表。当控制参数进入临界值时，发出声、光信号，以便驾驶员及时掌握车辆状况。控制显示仪表应具有必需的显示精度，以利于驾驶员观察。

为了改善驾驶员的工作环境，提高劳动效率，在驾驶室内应设空调及采暖通风装置。

驾驶员的视野性能主要取决于座椅的布置、高度以及座垫和靠背的倾角，车窗尺寸、形状、布置和支柱的结构等。

2）出车迅速性

出车迅速性是指汽车开动前必须准备的时间长短，它主要取决于发动机的起动性。我国有关标准规定，不采用特殊的低温起动措施，汽油机在－10℃、柴油机在－5℃以下的气温条件下，起动时间应不大于 15 s。

汽车在低温条件下使用时发动机起动困难，尤其是柴油机，由于起动阻力大、起动转速高等原因，使低温起动性能更差。如果露天停放，除使用中应采取预热等措施外，选购汽车时应考虑柴油机是否有改善起动性能的起动辅助装置，例如独立预热装置、起动液喷射器、电热塞及进气管火焰加热器等。

3）乘客上下车方便性

乘客上下车方便性作为使用方便性之一，影响城市公共汽车站点的停车时间，从而影响汽车的线路运行时间。乘客上下车的方便性，主要取决于车门的布置和踏板的结构参数。

对于轿车，主要取决于车门支柱的布置。特别是两门轿车保证后座出入方便的影响尤其明显。车门支柱倾斜适当，可改善乘客出入的方便性。

对于客车，主要取决于踏板高度、深度、级数、能见度及车门的宽度。踏板高度和深度应与日常生活中所习惯的楼梯台阶相同。有的城市公共汽车，为了方便残疾人轮椅和童车的上下，将踏板设计成高度可调或自动升降式。

4）装卸货物方便性

装卸货物方便性是指车辆对装卸货的适应性。它用车辆装卸所耗费的时间和劳动力评价。

装卸货物方便性的结构因素主要包括货箱和车身地板的装卸高度；从一面、两面、三面或上面装卸货物的可能性；厢式车车门的构造、布置和尺寸；有无随车装卸装置及其效率。

在载货汽车的技术规格中，一般不给出货箱地板的高度。但此参数在汽车使用中很重要，尤其在人工装卸或货物批量小的场合，货箱地板的高度越高，装货时间和劳动力消耗就越大。目前，对汽车货箱地板高度尚无统一的标准和要求。在机械化装卸的场合，货箱地板高度对装卸效率无明显影响。

通用栏板汽车可在三面进行装货，它较单门厢式汽车，栏板货箱易于适应装卸货点的需要，可减少在装卸点的掉头时间。

5）汽车的可靠性和耐久性

汽车的可靠性和耐久性是评价汽车技术水平的综合性的使用性能。

（1）汽车的可靠性

汽车的可靠性是指汽车在规定的条件下和规定时间内，完成规定功能的能力。

汽车的可靠性主要取决于零件的刚度，主要部件结构的合理性，机构调整的稳定性，主要机构总成的技术水平、制造工艺水平和质量，以及使用水平（驾驶水平、汽车维修技术水平和质量）。

汽车可靠性的常用指标有：平均首次故障里程、平均故障间隔里程、故障率和当量故障率。

（2）汽车的耐久性

汽车的耐久性是指汽车在规定的使用和维修条件下，达到某种技术或经济指标极限时完成规定功能的能力。汽车极限技术状况是汽车技术状况参数达到了技术文件规定的极限值的状况。汽车的耐久性一般用汽车从投入使用到进入极限状况时的总行程或使用延续期表示。

汽车耐久性的评价指标主要有：第一次大修前的平均行程（大修里程）、大修间的平均行程（大修间隔里程）和 $\gamma\%$行程。

$\gamma\%$行程是指汽车以 $\gamma\%$的概率使用到极限状况的行程，如 80％的汽车第一次大修里程不低于 200 000 km，又称为 80％的耐久性（寿命）。

大修间隔里程是指车辆两次大修之间的行程，主要是用来考核评价车辆大修的质量。在修理技术水平和配件供应水平相等的条件下，车辆大修间隔里程取决于车辆原有的技术水平。

(3) 汽车的使用寿命

汽车的使用寿命是指新制汽车开始使用,直至注销为止的总使用时间(或行程),分为技术使用寿命、经济使用寿命和合理使用寿命。

汽车运行到完全不可用的状况,在技术上无法恢复(不含更换基础件)其工作能力时总的使用延续期或总行程,称为汽车的技术使用寿命。

汽车在使用过程中有了严重耗损,若经修复继续使用,经济上不如重置使用同类新型汽车合算,即注销报废,所运行的总时间或总行程,称为汽车的经济使用寿命。

汽车合理使用寿命是考虑国民经济的承受能力和整个社会的节约原则所确定的汽车使用寿命。汽车合理使用寿命大于经济使用寿命,小于技术使用寿命。

6) 汽车的维修性(维修适应性)

汽车的维修性是指汽车在规定的条件下和规定的时间内,按规定的程序和方法维修时,保持或恢复到完成规定功能的能力。

决定汽车维修性的结构特性主要有:要求定期维护(润滑、紧固、调整和技术状况检测)点的数量;要求维护的部件、机构的易接近性:总成和部件的连接方式,单独拆卸、更换总成的可能性,总成部件在整车中紧固的简便性,取下沉重总成的简便性;总成和部件拆装的简便性;易损件更换和修理的简便性;同一总成中各零件具有等寿命和相等的耐磨性;零、部件规格的统一和互换性,以及采用的工具、器具和润滑材料规格的统一和互换性。

汽车维修性的评价指标包括技术利用系数、完好率、修复率、维护周期等。

1.2.3 汽车的动力性

汽车的动力性是指汽车在良好路面上直线行驶时由汽车受到的纵向外力决定的、所能达到的平均行驶速度。它表示了汽车以最大可能的平均行驶速度运送货物或乘客的能力。汽车的动力性是汽车各种使用性能中最重要、最基本的性能。

汽车动力性评价指标主要有最高车速、加速能力、最大爬坡度、平均技术速度、比功率与比转矩等。

(1) 汽车的最高车速 V_{max}

汽车的最高车速 V_{max} 是指汽车满载,在水平良好的路面(混凝土或沥青)上行驶时所能达到的最高行驶车速。

(2) 汽车的加速能力

汽车的加速能力通常以原地起步加速时间和超车加速时间 t 表示。原地加速时间是指汽车用 1 挡(或 2 挡)起步,以最大的加速度连续换至最高挡后,达到某一预定车速所需时间;超车加速时间是指用最高挡或次高挡由某一车速全速加速到某一高速所需要时间。

(3) 最大爬坡度 i_{max}

汽车的最大爬坡度 i_{max} 是指汽车满载时,不拖挂,在良好路面上以 1 挡所能通过的最大道路坡度。

(4) 平均技术速度

即汽车行驶时间内的平均速度,计算时不包括装卸物质、上下乘客、排除技术故障的停驶时间,但包括遵守交通法规必须停车的时间。

(5) 比功率与比转矩

比功率——汽车的发动机最大功率与汽车的总质量之比。

比转矩——汽车的发动机最大转矩与汽车的总质量之比。

对于用途不同的车辆,比功率和比转矩的要求是不相同的,轿车比货车的要求高。

1.2.4 汽车的燃料经济性

汽车在一定的使用条件下,用最少的燃料消耗完成单位运输工作的能力,称之为汽车的燃料经济性。燃料经济性是汽车使用经济性能的一个很重要的指标,它对汽车运用的效果有决定性的影响。燃料费用一般占汽车运输成本的20%~30%,所以降低汽车的燃料消耗是减少使用费用支出的主要途径之一。燃料经济性的评价指标通常是用在规定条件下行驶单位里程所消耗的燃料量表示,单位:升·公里$^{-1}$($L \cdot km^{-1}$),或升·百公里$^{-1}$($L \cdot 100\ km^{-1}$),一般称之为百公里油耗。在国外,也有用每燃烧单位体积燃料汽车行驶的里程数表示,单位:公里/升($km \cdot L^{-1}$)或英里/加仑($mile \cdot gal^{-1}$),以及用每升油耗的行程($km \cdot L^{-1}$)来表示。运输企业也用运送单位质量的货物至单位里程所消耗的燃料量表示汽车的燃料经济性,单位:升/百吨公里[$L \cdot (100\ t \cdot km)^{-1}$]或千克/百吨公里[$kg \cdot (100\ t \cdot km)^{-1}$]。此评价参数不仅表示了燃油消耗量,而且还表示了运输的效率,便于比较不同装载质量的汽车的燃料经济性。

1.2.5 汽车的环保性

汽车的环保性是指汽车对环境的危害程度。汽车对环境的危害主要有汽车排放污染物、汽车噪音和电磁干扰。

汽车排放污染物是指有排气管或其他部位排放出的污染物,例如CO、HC、NO_X、铅化物及炭烟等。汽车噪音主要包括发动机的噪音、排气噪音、车体震动噪音、传动装置噪音及轮胎噪音等。

1.2.6 汽车的通过性

汽车的通过性是指在一定装载质量下,不用其他辅助措施,能以足够高的平均车速通过各种坏路及无路(松软的土壤、沙漠、雪地、沼泽)地带和克服各种障碍物(陡坡、侧坡、台阶、壕沟等)的能力。

表征汽车通过性能的主要指标有汽车的几何通过性(轮廓通过性)及支承通过性(力学通过性)、机动性,同时还与汽车的动力性、平顺性、稳定性等参数有关。

1.2.7 汽车的行驶安全性

汽车以最小的交通事故概率和最少的公害适应使用条件的能力，称为汽车的安全性。

安全性是汽车的重要使用性能之一（节能、降污、安全是汽车使用所必须具备的能力），它直接关系到人们的生命和健康，以及汽车和运输货物的完好。汽车的速度性能发挥如何，很大程度上取决于汽车的安全性能是否达到，特别是随着汽车保有量的日益增加和汽车速度的提高，对汽车的安全性要求也愈来愈严格。如 20 世纪 90 年代日本提出的 ASV（Advanced Safety Vehicle），就是一种在传统安全技术的基础上，装备先进电子技术的高度智能化安全汽车。它主要采用了安全预防技术、事故避免技术、减少损伤和碰撞后伤害与防护技术，是汽车安全技术研究应用的代表。

汽车的安全性是由一系列结构性能而组合体现的。我国汽车强制性标准分为三大部分，即：安全、污染控制和节能，其中安全性标准项目包括主动安全、被动安全和防火安全。

汽车行驶安全性主要包括操纵稳定性和制动性两大方面。

1.2.8 汽车的乘坐舒适性

汽车的乘坐舒适性是以驾驶员及乘客的感觉为评价标准的综合适用性能。影响舒适性的主要因素是汽车的平顺性及设施的完善性。

汽车行驶平顺性是避免汽车在行驶过程中所产生的震动和冲击，使人感到不舒服、疲劳甚至损害健康，或者使货物损坏的性能。它不仅关系到乘客的舒适及货物的完整无损，还关系到运输效率、燃料经济性及汽车的可靠性。

汽车行驶平顺性的评价方法，通常是根据人体的生理反应及对货物保持完整性的影响来制订的，并且用表征振动的物理量，如频率、振幅、加速度变化率等作为行驶平顺性的指标。

评价汽车设施的完善性着重于以下几方面：车身的类型；座位的材质、尺寸、布置是否合理；车内通风、保暖、隔音及照明设备的状况；车身的防尘、防雨性能等。

1.3 汽车运输效率的评价指标

1.3.1 汽车运输效率的统计指标

汽车运输过程指利用汽车使货物或旅客的位置发生转移的过程。通过运输，货物或旅客被移动一定距离，即完成运输工作。

1）运量

汽车在每一运输过程中，所运送的货物量称为货运量（t）；所运送的旅客人数称为客运量(人次)。客运量和货运量统称为运量。

2) 周转量

周转量指运量与货物或旅客所移动的距离之积,单位为 t · km 或人 · 千米。

3) 运输量(或产量)

运输量(或产量)是汽车运输所完成的运量及周转量的统称。运输量(或产量)包括运量和周转量两种指标。

4) 单车产量

单车产量指运输企业在统计期内平均每辆车所完成的周转量(t · km 或人 · 千米)。

5) 车吨(客)位产量

车吨(客)位产量指运输企业在统计期内平均每吨(客)位所完成的周转量(t · km 或人 · 千米)。

6) 车日

车日指运输企业的营运车辆在企业内的保有日数。在统计期内,企业所有营运车辆的车日总数,称为总车日(记为 D);根据车辆的技术状况和工作状况,总车日 D 分为完好车日 D_a 和非完好车日 D_n;完好车日 D_a 包括工作车日 D_d 和待运车日 D_W;非完好车日则包括维修车日 D_m 和待废车日 D_b。由于待运车日、维修车日和待废车日中,车辆均处于非运输工作状态,因而称为停驶车日(记为 D_p)。其营运车日构成见表 1.3。

表 1.3 营运车日构成表

运营总车日(D)	完好车日 D_a	待运车日 D_W+工作车日 D_d
	非完好车日 D_n	维修车日 D_m+待废车日 D_b

7) 车时

车时指营运车辆在企业内的保有小时数。企业所有营运车辆的车时总数,等于营运车辆与其在企业保有日历小时数的乘积。按照车辆的技术状况和工作状况,总车时 T 可分为工作车时 T_d 和停驶车时 T_p。车辆在运输工作中具有行驶和停歇两种状态,所对应的车时分为行驶车时 T_t 和停歇车时 T_s。行驶车时 T_t 包括重车行驶车时 T_{tl} 和空车行驶车时 T_{tw}。根据引起车辆停歇的原因,停歇车时 T_s 包括装载车时 T_l、卸载车时 T_u、技术故障车时 T_{st} 及组织故障车时 T_{s0}。依据导致车辆停驶的具体原因,停驶车时 T_p 可分为维修车时 T_m、待运车时 T_W 和待废车时 T_b。营运总车时的构成见表 1.4。

表 1.4　营运总车时构成表

营运总车时 T	工作车时 T_d	行驶车时 T_t	重车行驶车时 T_{tl} 空车行驶车时 T_{tv}
		停歇车时 T_s	装载车时 T_l 卸载车时 T_u 技术故障车时 T_{st} 组织故障车时 T_{s0}
	停驶车时 T_p		维修车时 T_m 待运车时 T_W 待废车时 T_b

1.3.2　汽车利用程度的评价指标

1) 时间利用指标

评价时间利用程度的常用指标有完好率、工作率和车时利用率等。

(1) 完好率

车辆的完好率 α_a 是指统计期内企业营运车辆的完好车 D_a 与总车日 D 之比，其反映了运输过程中对营运车辆总车日利用的最大可能性。

$$\alpha_a=\frac{D_a}{D}\times 100\%$$

影响车辆完好率的因素有汽车的技术性能、汽车的使用合理性、汽车的维修组织和维修质量、处理报废车辆的及时性等。

(2) 工作率

车辆的工作率 α_d 是指统计期内企业营运车辆的工作车日 D_d 与总车日 D 之比，其反映了运输过程中对营运车辆总车日的实际利用程度。

$$\alpha_d=\frac{D_d}{D}\times 100\%$$

影响车辆工作率的因素除车辆完好率及天气、道路交通等以外，还与运输工作的组织及管理水平有关。

(3) 总车时利用率

车辆的总车时利用率 δ 是指统计期内，营运车辆的工作车日内的工作车时 T_d 与总车时之比，其反映了汽车工作车日中出车时间所占的比例。

$$\rho=\frac{T_d}{24D_d}\times 100\%$$

单个车辆在一个工作日内总车时利用率为

$$\rho=\frac{T_d}{24}\times 100\%$$

影响汽车总车时利用率的主要因素是运输工作的组织管理水平。例如，合理组织、合理调度货源和采用多班制等均可提高汽车的总车时利用率。

(4) 工作车时利用率

车辆的工作车时利用率δ是指统计期内营运车辆在运输过程中的行驶车时T_t与工作车时T_d之比,其反映了汽车行驶所用时间占工作时间的比例。

$$\delta=\frac{T_t}{T_d}\times 100\%=\frac{T_d-T_s}{T_d}\times 100\%$$

影响车辆工作车时利用率的主要因素是运输工作组织水平及装卸机械化水平。

2) 速度利用指标

速度利用指标主要有技术速度、营运速度、运送速度、平均车日行程等。

(1) 技术速度

技术速度v_t是指车辆在行驶车时内的平均速度($km\cdot h^{-1}$),数值上等于车辆驶过的距离L(km)与车辆行驶车时T_t(h)之比。

$$v_t=\frac{L}{T_t}$$

影响技术速度的主要因素包括车辆结构和性能、道路交通状况、驾驶技术、气候条件及运输组织等。

(2) 营运速度

营运速度v_d是指车辆在工作车时内的平均速度($km\cdot h^{-1}$),数值上等于车辆驶过的距离L(km)与车辆行驶车时T_d(h)之比。

$$v_d=\frac{L}{T_d}=\frac{L}{T_t+T_s}$$

营运速度的主要影响因素有车辆的技术速度、运输距离、运输组织、装卸机械化水平等。

(3) 运送速度

运送速度v_c是指车辆运送货物或旅客的平均行驶速度($km\cdot h^{-1}$),用以表示客、货运送的快慢,数值上等于车辆驶过的距离L(km)与车辆行驶车时T_c(h)之比。

$$v_c=\frac{L}{T_c}$$

运送时间也称为在途时间。乘客的在途时间包括车辆在途中的行驶时间及途中乘客上、下车的停歇时间,但不包括车辆在起点站和终点站等待上、下旅客的时间;货运则不包括起运地点和到达地点的装卸货停歇时间。

影响运送速度的主要因素有车辆技术速度、运输组织、途中旅客乘车秩序和货物紧固及包装状况等。

(4) 平均车日行程

平均车日行程$\overline{L_d}$是指统计期内平均每一工作车日车辆所行驶的里程,数值上等于车辆统计期工作车日内的总行程$\sum L$(km)与工作车日D_d(车日)之比。

$$\overline{L_d} = \frac{\sum L}{D_d}$$

影响平均车日行程的主要因素为车辆的技术速度以及车辆的时间利用程度。

3）行程利用指标

车辆的行程利用指标也称行程利用率(β)，是指统计期内车辆的载重行程 L_1(km)与总行程 L(km)的比值，反映了车辆总行程的有效利用程度。

$$\beta=\frac{L_1}{L}\times 100\%$$

总行程等于载重行程与空车行程之和。空车行程包括空载行程和调空行程：前者是指由卸载地点空驶至下一个装载地点的行程；后者是指由停车场(库)空驶至装载地点，或由最后一个卸载地点空驶回停车场(库)以及空车开往加油站、维修地点进行加油、维修的行程。

提高车辆的行程利用指标，是提高运输工作生产率和降低运输成本的有效措施。这是因为，尽管可以通过汽车的时间和速度利用指标的提高使汽车的行驶里程增加，但汽车运输的最终目的是运送货物或旅客。

影响行程利用指标的主要因素有客、货源及运送目的地分布、运输组织、车辆对不同运输对象的适应能力等。

4）载重(客)量利用指标

载重(客)量利用指标用于反映车辆载重(客)能力的有效利用程度，常用的指标有载重(客)量利用率和实载率。

(1) 载重(客)量利用率

载重(客)量利用率 γ 是指车辆实际完成的运输周转量与汽车在载重行程额定载重(客)量得以充分利用时所能完成的运输周转量之比，表示汽车在载重行程额定载重(客)量的利用程度。其中，载重量利用率又称为动载重量利用率；载客量利用率又称满载率。

$$\gamma = \frac{\sum P}{\sum P_0}\times 100\% = \frac{\sum (q \cdot L_1)}{\sum (q_0 \cdot L_1)}\times 100\%$$

式中，$\sum P$—— 统计期内实际完成的运输周转量之和(t·km 或人·千米)；

$\sum P_0$—— 统计期内，若载重行程汽车额定载重(客)量充分利用时所能完成的运输周转量(t·km 或人·千米)；

q——车辆的实际载重(客)量(t 或人)；

q_0——车辆的额定载重(客)量(t 或人)。

一个运次中，载重行程 L_1 为固定值。因此

$$\gamma=\frac{q}{q_0}\times 100\%$$

影响载重(客)量利用率的主要因素有货(客)流特性、运距、车辆容量及对运输任务的适应性、运输组织等。

(2) 实载率

实载率 ε 是指车辆实际完成的运输周转量与汽车在总行程中载重(客)量得以充分利用时所能完成的运输周转量之比,其表示汽车总行程中额定载重(客)量利用程度。

$$\varepsilon = \frac{\sum (q \cdot L_1)}{\sum (q_0 \cdot L_1)} \times 100\%$$

注意到 $L = \frac{L_1}{\beta}$,则:

$$\varepsilon = \frac{\beta \sum (q \cdot L_1)}{\sum (q_0 \cdot L_1)} \times 100\% = \gamma \times \beta$$

由此可见,实载率综合反映了车辆行程利用率 β 和载重(客)量利用率 γ 对运输过程的影响。

1.3.3 汽车运输生产效率的评价指标

评价汽车运输生产效率的指标是汽车的运输生产率,提高运输生产率是汽车运输企业的基本任务之一。运输生产率是指单位时间内运输车辆所完成的产量。

1) 工作生产率

(1) 对于货车

载货汽车工作生产率是指平均每工作车时车辆所完成的货运量或周转量,用以评价车辆在工作时间内的生产效率。

一般情况下,载货汽车的运输工作是以运次为基本运输过程进行组织的。一个运次内的货运量 Q_c(t)和周转量 P_c(t · km)分别为

$$Q_c = q_0 \cdot \gamma$$

$$P_c = Q_c \cdot L_1 = q_0 \cdot \gamma \cdot L_1$$

式中,L_1——平均到一个运次的载重行程(km)。

完成一个运次的工作车时 T_c(h)为完成该运次的行驶时间 T_t(h)和停歇时间 T_s(h)之和。其中,车辆在一个运次中的停歇时间主要包括装卸货物而停歇的时间,即:

$$T_c = T_t + T_s = \frac{L_1}{(\beta \cdot v_t)} + T_s$$

单位工作车时完成的货运量 W_q($\text{t} \cdot \text{h}^{-1}$)和周转量 W_p($\text{t} \cdot \text{km} \cdot \text{h}^{-1}$)分别为

$$W_q = \frac{Q_c}{T_c} = \frac{q_0 \cdot \gamma}{\frac{L_1}{\beta \cdot v_t} + T_s}$$

$$W_p=\frac{P_c}{T_c}=\frac{q_0\cdot\gamma\cdot L_1}{\dfrac{L_1}{\beta\cdot v_t}+T_s}$$

(2) 对于客车

汽车客运的工作生产率是指平均每工作车时车辆所完成的客运量或周转量，用于评价客运车辆在线路上工作时间内的利用效果。

汽车客运含市内公共汽车运输和公路客运两类，一般以单程为基本运输过程进行组织，其共同特点是在一个单程内，乘客在沿途各停车站上、下车而使车辆在各路段的实际载客人数有所不同。在一个单程内，车辆实际完成的客运量 Q_n（人次）和周转量 P_n（人·千米）分别为

$$Q_n=q_0\cdot\gamma\cdot\eta_a$$
$$P_n=Q_n\cdot L_p$$

式中，γ——满载额；

q_0——额定载客人数（人）；

η_a——乘客交替系数；

L_p——平均运距(km)。

平均运距 L_p 是指统计期内所有乘客的平均乘车距离；乘客交替系数 η_a 是指在一个单程内，各路段平均载客客位中，每客位实际运送的乘客人数，以单程的路线长度 L_n 与平均运距 L_p 之比表示：

$$\eta_a=L_n/L_p$$

客运车辆完成一个单程的工作车时 T_n(h)包括行驶时间 L_t(h)和在沿途各站的停歇时间 L_{ns}。

$$T_n=T_t+T_{ns}=\frac{L_n}{\beta\cdot v_t}+T_n$$

这样，客运汽车平均每工作小时完成的客运量 W_q（人次·小时$^{-1}$）和周转量 W_p（人·千米·小时$^{-1}$）分别为

$$W_p=\frac{C}{T_n}=\frac{q_0\cdot\gamma\cdot\eta_a}{\dfrac{L_n}{\beta\cdot v_t}+T_{ns}}$$

$$W_q=\frac{P_n}{T_n}=\frac{q_0\cdot\gamma\cdot\eta_a\cdot L_p}{\dfrac{L_n}{\beta\cdot v_t}+T_{ns}}=\frac{q_0\cdot\gamma\cdot L_n}{\dfrac{L_n}{\beta\cdot v_t}+T_{ns}}$$

比较客、货运生产率计算公式，以每小时运量为单位的客运生产率公式中多了一项乘客交替系数 η_a，这是由客运以单程为基本运输过程，乘客在沿途时有上、下车这一特点决定的。以每小时周转量为单位的客运生产率公式与货运生产率公式在形式上一致，但各影响因素的含义因运送对象的不同而有差异。

实际上，在货运中也有以单程为基本运输过程的运输形式，如邮件及其他小批货物

的分发和集中。此时，以每小时货运量为单位（$t \cdot h^{-1}$）的生产率公式与以每小时客运量为单位（人次·小时$^{-1}$）的客运生产率公式相似。

(3) 对于出租车

出租汽车客运一般按运次为基本运输过程组织，每运次所用时间包括：收费里程 L_g(km)的行驶时间，不收费里程 L_n(km)的行驶时间，收费停歇时间 T_g(h)和不收费停歇时间 T_n。出租汽车的工作车时 T_d(h)为

$$T_d=\frac{L_g+L_n}{v_t}+T_g+T_n$$

出租汽车的行程利用率 β（也称收费行程系数）定义为收费行程 L_g 与总行程 L 之比，表明出租车总行程的利用程度。

$$\beta=\frac{L_g}{L}=\frac{L_g}{L_g+L_n}$$

因此，T_d 可表示为

$$T_d=\frac{L_g}{\beta \cdot v_t}+T_g+T_n$$

出租汽车单位工作时间内完成的收费行程 W_1($km \cdot h^{-1}$)和收费停歇时间 W_t($h \cdot h^{-1}$)分别为

$$W_1=\frac{L_g}{T_d}=\frac{L_g}{\dfrac{L_g}{\beta \cdot v_t}+T_g+T_n}$$

$$W_t=\frac{T_g}{T_d}=\frac{T_g}{\dfrac{L_g}{\beta \cdot v_t}+T_g+T_n}$$

2) 总生产率

(1) 对于货车

载货汽车总生产率是指平均每总车时（在册车时）车辆所完成的货运量或周转量，用于评价车辆在企业在册时间内的生产效率和运用效果。

在统计期平均每一总车时内，车辆在线路上的实际工作车时 T'_d(h)为

$$T'_d=\frac{D_d T_d}{24D}=\frac{D_d}{D}\cdot\frac{T_d}{24}=\alpha_d \cdot \rho$$

因此，载货汽车每一总车时完成的货运量 W'_q($t \cdot h^{-1}$)和周转量 W'_p($t \cdot km \cdot h^{-1}$)分别为

$$W'_q=\alpha_d \cdot \rho \cdot W_q$$

$$W'_p=\alpha_d \cdot \rho \cdot W_p$$

(2) 对于客车

客运汽车总生产率是指单位总车时内车辆所完成的客运量 W'_q（人次·小时$^{-1}$）和周转量 W'_p（人·千米·小时$^{-1}$）。其总生产率公式的推导过程与货运汽车总生产率的推导过程类似，所得客运总生产率计算公式与货运汽车总生产率计算公式在形式上完

全一致。但各因素的含义有所不同,并应采用相应不同的单位。

(3) 对于出租车

出租汽车客运的总生产率是指单位总车时内完成的收费行程 W'_1(km·h^{-1})及收费停歇时间 W'_t(h·h^{-1}),参照汽车货运总生产率计算公式的确定方法,可得:

$$W'_1=\alpha_d \cdot \rho \cdot W_1$$

$$W'_t=\alpha_d \cdot \rho \cdot W_t$$

1.3.4 汽车的运输成本

汽车的运输成本是评价汽车运输经营效果的综合性指标。

汽车运输的全部费用,按照与车辆运行的关系,可分为变动费用(C_c)、固定费用(C_f)和装卸费用(C_s)三项,其中装卸费常实行单独核算。所以,汽车运输费用主要是指变动费用和固定费用。

变动费用 C_c(元·千米$^{-1}$)是指与汽车行驶有直接关系的费用,又称汽车运行费用,通常按每公里行程消耗的费用计算,包括运行材料(燃料、润滑油、轮胎)费、车辆折旧费、车辆维修费、养路费及其他与车辆行驶有关的费用。

固定费用 C_f(元·小时$^{-1}$)是指与车辆行驶无直接关系但为组织运输所产生的费用,又称企业管理费,常按车辆每在册车时或车日所消耗的费用计算,包括职工工资和奖金、行政办公费、水电费、房屋维修费、牌照费、职工培训费及固定设施折旧费等。

汽车运输成本是指完成每单位运输工作量所支付的费用。由于汽车运输费用 C 包括变动费用 C_c 和固定费用 C_f 两项,与之对应,汽车运输成本 S 为变动成本 S_c 与固定成本 S_f 之和。即:

$$S=S_c+S_f$$

式中,S_c——变动成本,是指统计期内单位运输量的变动费用;

S_f——固定成本,是指统计期内单位运输量的固定变动费用。

汽车货运成本可表示为每吨公里货物周转量的变动费用与固定费用之和。对于出租汽车客运,其运输成本可按每公里收费里程和每小时收费停歇时间确定。

2 汽车的动力性

汽车是一种高效率、高机动性的运输工具，其运输的高效率是由其在各种使用条件下的平均速度来体现的。影响汽车行驶平均速度的最主要使用性能是汽车的动力性。

汽车的动力性是指汽车在良好路面上直线行驶时由汽车受到的纵向外力决定的、所能达到的平均行驶速度。它表示了汽车以最大可能的平均行驶速度运送货物或乘客的能力。汽车的动力性是汽车各种使用性能中最重要、最基本的性能。

本章重点介绍汽车动力性的基础知识（评价指标、受力、行驶条件），以及根据力的平衡、功率的平衡来分析和评价汽车的动力性好坏。

2.1 汽车动力性的评价指标

从获得尽可能高的平均行驶速度的观点出发，汽车的动力性主要可由下面三个指标来评定，即：

(1) 汽车的最高车速 $V_{a\max}$，单位为 $km \cdot h^{-1}$；

(2) 汽车的加速时间 t，单位为 s；

(3) 汽车能爬上的最大坡度，简称最大爬坡度 $i_{\max}$，单位%或°。

汽车的最高车速是指在水平良好的路面（混凝土或沥青路）上能达到的最高行驶车速。

汽车的加速时间表示汽车的加速能力。常用原地起步加速时间和超车加速时间来表示汽车的加速能力。原地起步加速时间是指汽车由第 1 挡或第 2 挡起步，并以最大的加速度（包括选择恰当的换挡时机）逐步换至最高挡后达到某一预定的距离或车速所需要的时间。超车加速时间是指用最高挡或次高挡由某一较低车速全力加速至某一高速所需的时间。因为超车时汽车与被超车辆并行，容易发生安全事故，所以超车加速能力强，并行行程短，行驶就安全。一般常用 0→400 m(0→0.25 mile)的秒数或用0→100 $km \cdot h^{-1}$(0→60 $mile \cdot h^{-1}$)所需的时间来表明原地起步加速能力。超车加速能力还没有一致的规定，采用较多的是用最高挡或次高挡由 30 $km \cdot h^{-1}$或 40 $km \cdot h^{-1}$全力加速行驶至某一高速所需的时间。还有用加速曲线即车速-时间关系曲线全面反映汽车加速能力的。

汽车的爬坡能力是用满载时汽车在良好路面上的最大爬坡度 i_{max} 来表示的。显然，最大爬坡度是指 1 挡最大爬坡度。对于轿车，一般不强调它的爬坡能力，对货车一般 i_{max} 在 30%即 16.5°左右，越野汽车 i_{max} 可达 60%即 30°左右或更高。

2.2 汽车的驱动力和行驶阻力

确定汽车的动力性，就是确定汽车沿行驶方向的运动状况。为此需要分析汽车沿行驶方向受到的各种外力，即驱动力与行驶阻力。根据这些力的平衡关系，建立汽车的行驶方程式，就可以确定汽车的运动状况，从而估算汽车的最高车速、加速度和最大爬坡度。

汽车的驱动力与行驶阻力的平衡关系式称为汽车的行驶方程式。汽车行驶方程式为

$$F_t = \sum F$$

式中，F_t—— 汽车的驱动力；

$\sum F$—— 汽车行驶阻力之和。

汽车行驶方程式是研究汽车动力性的基础，本节将分别研究汽车的驱动力和行驶阻力，然后将上述方程具体化。

2.2.1 汽车的驱动力

驱动力是由发动机的转矩经传动系传至驱动轮上得到的。

汽车发动机产生的有效转矩 T_{tq}，经汽车传动系传到驱动轮上，此时作用于驱动轮上的转矩 T_t 产生一个对地面的圆周力 F_0，地面对驱动轮的反作用力 F_t（方向与 F_0 相反）即是驱动汽车的外力——汽车的驱动力（见图 2.1），单位为 N。其数值为

$$F_t = T_t / r$$

式中，T_t——作用于驱动轮上的转矩，单位为 N·m；

r——车轮半径，单位为 m。

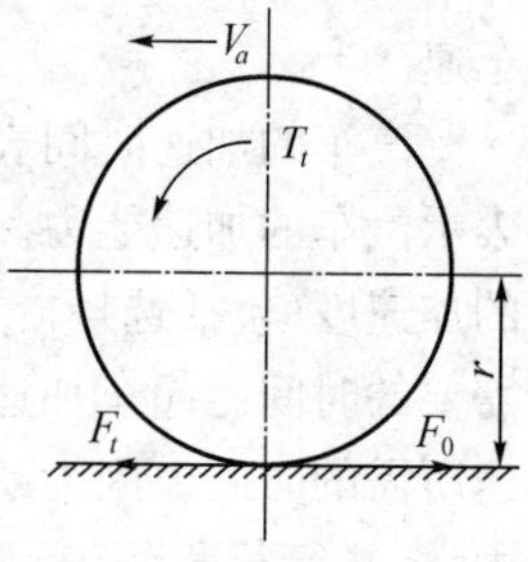

图 2.1　汽车的驱动力

若发动机发出的有效转矩为 T_{tq}，变速器的传动比为 i_g，主减速器传动比为 i_0，传动系的机械效率为 η_T，则作用于驱动轮上的转矩为

$$T_t = T_{tq} i_g i_0 \eta_T$$

对于装有分动器、轮边减速器、液力传动等装置的汽车，上式应计入相应的传动比和机械效率。

根据作用力与反作用力相等的原理，汽车的驱动力为

$$F_t=F_0=T_t/r=T_{tq}i_gi_0\eta_T/r$$

下面对上式中的发动机转矩、传动系机械效率及车轮半径作一些讨论，最后作出汽车的驱动力图。

1）发动机转矩

求解汽车动力性主要指标最重要的依据之一是驱动力随车速变化的数量关系，这一关系依从于发动机转矩随其转速的变化关系，即发动机的速度特性。

发动机制造厂提供的发动机特性曲线常是在试验台上未带空气滤清器、水泵、风扇、消声器、发电机等条件下测得的，带上全部附件时的发动机特性曲线称为使用特性曲线。使用外特性曲线的功率小于外特性的功率。

一般汽油发动机使用外特性的最大功率比外特性的最大功率约小 15%；货车柴油机的使用外特性最大功率约小 5%；轿车与轻型汽车柴油机约小 10%。

需要指出的是，台架试验是在发动机工况相对稳定，即保持水、机油温度于规定的数值，并且在各个转速不变时测得的转矩、油耗数值；而在实际使用时，发动机的工况常是不稳定的，发动机的热状况、可燃混合气的浓度与台架试验时的稳定工况有显著差异，一般在不稳定工况下，发动机所提供的功率要比稳定工况时低 5%～8%，但由于对发动机变工况时的特性研究得还不够，而且数值相差也不大，所以在进行动力性估算时，一般仍沿用台架试验稳定工况时所测得的使用外特性中的功率和转矩曲线。

为便于计算，常用多项式来描述由试验台测得的发动机外特性转矩曲线，即

$$T_{tq}=a_0+a_1n+a_2n^2+\cdots+a_kn^k$$

式中系数 a_0、a_1、a_2… a_k 可由最小二乘法来确定；拟合阶数 k 随特性曲线而异，一般在 2、3、4、5 中选取。

例如，北京内燃机总厂生产的 492Q 汽油发动机，根据试验测得的数据，其转矩特性可用如下五次多项式来表示：

$$T_{tq}=160.39-0.110\,913n+1.364\,85\times10^{-4}n^2-6.191\,286\times10^{-8}n^3+1.208\,98\times10^{-11}n^4-8.856\,07\times10^{-16}n^5$$

式中，T_{tq}——发动机转矩，单位为 N·m；

n——发动机转速，单位为 $r\cdot min^{-1}$。

发动机功率的单位如用 kW 表示。则功率和转矩有如下关系

$$P_e=T_{tq}n/9\,549$$

2）传动系的机械效率

发动机所发出的功率 P_e 经传动系传至驱动轮的过程中，为了克服传动系各部件中的摩擦，会消耗掉一部分功率 P_T，传动系的机械效率为

$$\eta_T=(P_e-P_T)/P_e=1-P_T/P_e$$

传动系的功率损失由传动系中的部件——变速器、传动轴万向节、主减速器等的功率损失所组成。其中变速器和主减速器的功率损失所占比重最大，其余部件的功率损失较小。

传动系功率损失可分为机械损失和液力损失两大类。机械损失是指齿轮传动副，轴承，油封等处的磨擦损失。机械损失与啮合齿轮的对数、传递的转矩等因素有关。液力损失指消耗于润滑油的搅动、润滑油与旋转零件之间的表面摩擦等功率损失。液力损失与润滑油的品种、温度、箱体内的油面高度以及齿轮等旋转零件的转速有关。

传动系的机械效率是在专门试验台上测得的。试验结果表明，在直接挡工作时啮合的齿轮不传递转矩，因此比超速挡和其他挡位时的效率要高。同1挡位转矩增加时，润滑损失所占比例减少，机械效率较高。转速低时搅油损失小，比转速高时机械效率要高。

表 2.1　传动系各部件的传动效率

部件名称	传动效率(%)
4～6 挡变速器	95
辅助变速器(副变速器或分动器)	95
8 挡以上变速器	90
单级减速主减速器	96
双级减速主减速器	92
传动轴的万向节	98

传动系的机械效率因受到多种因素的影响而有所变化，但在进行汽车动力性的初步分析时可把它看作一个常数，表 2.1 为传动系各部件的传动效率。采用有级机械变速器传动系的轿车，其传动系机械效率可取为 0.9～0.92，货车、客车可取为 0.82～0.85，越野汽车取 0.80～0.85。表 2.1 推荐的数值亦可用来估算汽车传动系的机械效率。

3）车轮半径

轮胎的尺寸及结构直接影响着汽车的动力性。车轮处于无载荷作用时的半径，称为自由半径 r_0。

汽车静止时，在车重作用下，轮胎产生以径向变形为主的变形，车轮中心到轮胎与道路接触面间的距离称为静力半径 r_s。车轮的静力半径小于其自由半径。

如以车轮转动圈数与实际车轮滚动距离之间的关系换算得出车轮半径，则称其为车轮的滚动半径 r_r。

$$r_r = S/2\pi n$$

式中，n ——车轮转动的圈数；

s ——在转动 n 圈时车轮滚动的距离。

显然，对汽车作动力学分析时，应该用静力半径 r_s；而作运动学分析时，应该用滚动半径 r_s。但在一般的分析中常不计它们之间的差别，统称为车轮半径 r。即认为

$$r \approx r_s \approx r_r$$

4）汽车的驱动力图

一般用驱动力与车速之间的函数关系曲线 $F_t - V_a$ 来全面表示汽车的驱动力，称为汽车的驱动力图。汽车驱动力图直观地显示变速器处于各挡位时，驱动力随车速变化的规律。

在发动机外特性曲线、传动系的传动比、传动系的机械效率、车轮半径等参数已知

或确定后，可作出汽车的驱动力图。

作驱动力图时，首先用 $F_t = T_{tq} i_g i_0 \eta_T / r$ 求出汽车变速器处于各挡位，不同发动机转速时的驱动力 F_t 值，再根据发动机转速 n 与汽车行驶速度 V_a 之间的转换关系

$$V_a = 0.377 rn / i_g i_0$$

求出各发动机转速 n 和在变速器处于不同挡位时的车速 V_a，即可求得各个挡位的 $F_t - V_a$ 曲线即汽车的驱动力图。图 2.2 是具有 5 挡变速器某客车驱动力图。

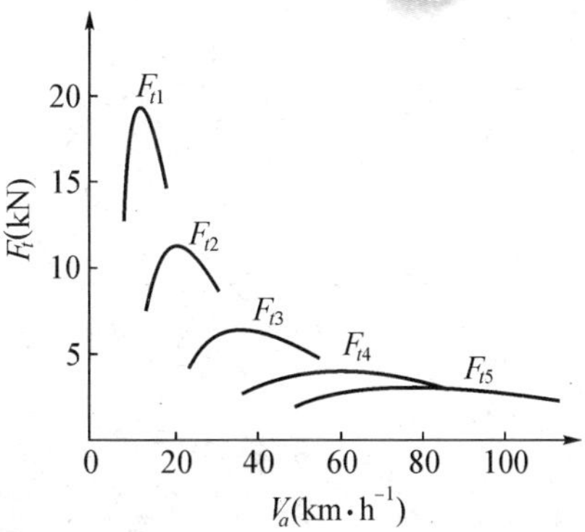

图 2.2　某客车的驱动力图(5 挡变速器)

2.2.2　汽车的行驶阻力

汽车在水平道路上直线等速行驶时，必须克服来自地面与轮胎相互作用而产生的滚动阻力和来自车身与空气相互作用而产生的空气阻力。滚动阻力以符号 F_f 表示，空气阻力以符号 F_W 表示。当汽车在坡道上直线上坡行驶时，还必须克服其重力沿坡道的分力，称为坡度阻力，以符号 F_i 表示。汽车直线加速行驶时，还需克服加速阻力，以符号 F_j 表示。因此，汽车直线行驶时其总阻力为

$$\sum F = F_f + F_W + F_i + F_j$$

上述汽车各种行驶阻力中，滚动阻力 F_f 和空气阻力 F_W 是在任何行驶条件下都存在的，坡度阻力 F_i 和加速阻力 F_j 仅在一定行驶条件下存在。汽车下坡时 F_i 为负值，此时汽车重力沿波道的分力已不是汽车的行驶阻力，而是动力了。同样，汽车减速行驶时，惯性作用是使汽车前进的，F_j 也为负值，亦不是阻力了。在水平道路上等速直线行驶时，就没有坡度阻力和加速阻力。

下面分别讨论上述四种汽车行驶阻力。

1）滚动阻力

车轮滚动时，轮胎与路面在接触区域内产生法向和切向的相互作用力，以及相应的轮胎和支承路面的变形。无论是轮胎还是路面的这些变形都伴随着能量损失。这些能量损失是产生滚动阻力的根本原因。

当弹性车轮在硬路面上滚动时，轮胎的变形是主要的。此时由于轮胎有内部摩擦产生弹性迟滞损失，使轮胎变形时对它作的功不能全部收回。图 2.3 为 9.00 - 20 轮胎在硬路面上受径向载荷作用时的变形曲线。图中 *OCA* 为加载变形曲线，*ADE* 为卸载变形曲线。面积 *OCADEO* 为加载与卸载过程之能量损失。此能量系消耗在轮胎各组成部分相互间的摩擦以及橡胶、帘线等物质的分子间摩擦，最后转化为热能而消失在大气中。这种损失即称为弹性物质的迟滞损失。

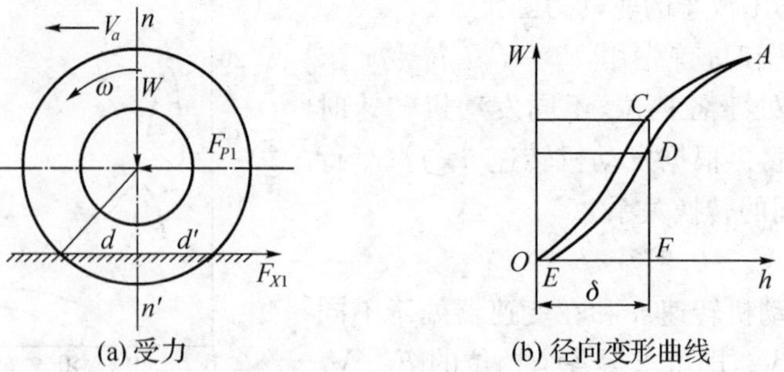

图 2.3 弹性轮胎在硬路面上的滚动

进一步分析表明，正是这种弹性迟滞损失表现为阻碍车轮滚动的一种阻力偶。当车轮受径向载荷作用但不滚动时，地面对车轮的法向反作用力的分布是前后对称的；当车轮滚动时，在法线 nn' 前后相对应点 d 和 d'（见图 2.3(a)）变形虽然相同，但由于弹性迟滞现象，处于压缩加载过程的前部 d 点的地面法向反作用力就会大于处于恢复卸载过程的后部 d' 点的地面法向反作用力。这从图 2.3(b) 中可以看出，设取同一变形 δ，压缩时的受力为 CF，恢复时受力为 DF，而 CF 大于 DF。这样，就使地面法向反作用力的分布前后并不对称，从而使它们的合力 F_Z 相对于法线 nn' 向前移了一个距离 a（见图 2.4(a)），它随弹性迟滞损失的增大而变大。合力 F_Z 与法向载荷 W 大小相等，方向相反。

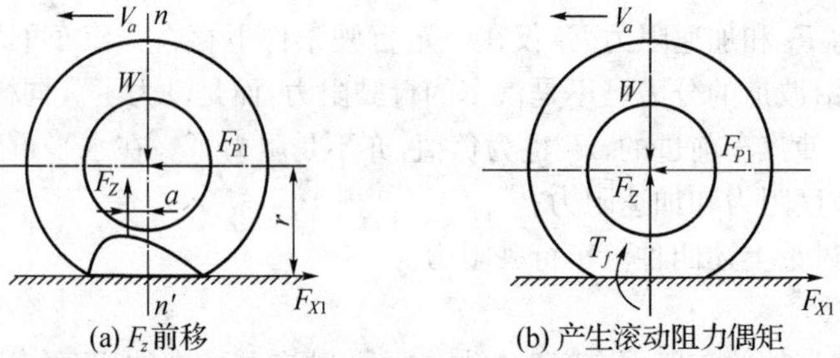

图 2.4 从动轮在硬路面上滚动时的受力情况

如将法向反力 F_Z 平移至与通过车轮中心的垂线重合，则从动轮在硬路面上滚动时的受力情况可画为图 2.4(b) 所示的形式，即滚动时有滚动阻力偶矩 $T_f=F_z a$ 阻碍车轮滚动。

由图 2.4 可知，欲使从动轮在硬路面上等速滚动，必须在车轮中心加一推力 F_{p1}，它与地面切向反作用力构成一力偶矩来克服上述滚动阻力偶矩。由力矩平衡得

$$F_{p1}r=T_f$$

故

$$F_{p1}=T_f/r=F_z\cdot a/r$$

若令 $f=\dfrac{a}{r}$，且考虑到 F_Z 与 W 大小相等，常将上式写作

$$F_{p1}=W\cdot f \quad 或 \quad f=F_{p1}/W$$

式中，f——滚动阻力系数。

可见滚动阻力系数是车轮在一定条件下滚动时所需之推力与车轮负荷之比，即单位汽车重力所需之推力。换而言之，滚动阻力等于滚动阻力系数与车轮负荷之乘积。

$$F_f=fW \quad 且 \quad F_f=T_f/r$$

这样，在分析汽车行驶阻力时，不必具体考虑车轮滚动时所受到的滚动阻力偶矩，而只要知道滚动阻力系数求出滚动阻力便可以了（当然，滚动阻力无法在真正的受力图上表现出来，它只是一个数值）。这将有利于动力性分析的简化。

图 2.5 是驱动轮在硬路面上等速滚动时的受力图，图中 F_{x2} 为驱动力矩 T_t 所引起的道路对车轮的切向反作用力。F_{p2} 为驱动轴作用于车轮的水平力。法向反作用力 F_Z 也由于轮胎迟滞现象而使其作用点向前移动了一个距离 a，即在驱动轮上也作用有滚动阻力偶矩 T_f。

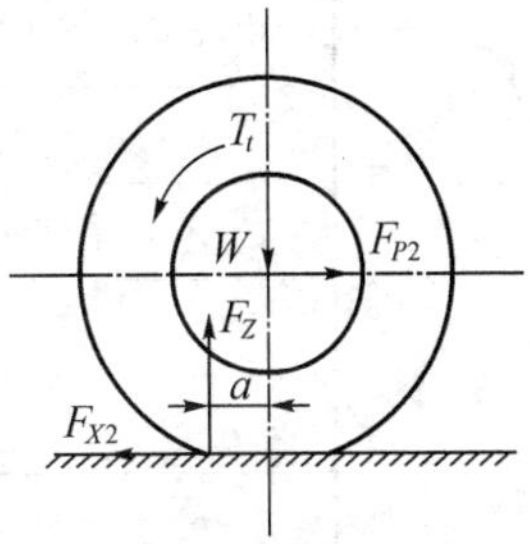

图 2.5 驱动轮在硬路面上等速滚动时的受力图

由平衡条件得

$$F_{x2}r=T_t-T_f$$

$$F_{x2}=T_t/r-T_f/r=F_t-F_f$$

对照图 2.1 可知，图 2.1 没有考虑车轮滚动阻力而求得驱动力 F_t，由上式可知，真正作用在驱动轮上驱动汽车行驶的力为地面切向反作用力 F_{x2}，它的数值为驱动力 F_t 减去驱动轮上的滚动阻力 F_f。所以，图 2.1 只是一种定义，和滚动阻力一样，在受力图上驱动力是画不出来的。

综上可知，轮胎的弹性迟滞损失是以车轮滚动阻力偶矩的形式表现为对汽车行驶的一种阻力。

滚动阻力系数由试验确定。滚动阻力系数的大小与路面的种类、行驶车速以及轮胎的构造、材料、气压等有关。表 2.2 给出了汽车在不同路面上以中、低速行驶时滚动阻力系数的大致数值。

行驶车速对滚动阻力系数有很大影响。货车及轿车轮胎在车速低于 100 km·h^{-1} 时，滚动阻力系数随车速增加而逐渐增大但变化不大。轿车轮胎在 140 km·h^{-1} 以上时增长较快，车速达到某一临界车速例如 200 km·h^{-1} 时，滚动阻力系数迅速增大，此时轮胎发生驻波现象，轮胎、周缘不再是圆形而呈明显的波浪状，轮胎温度也很快增加到 100℃以上。胎与轮胎帘布层脱落，几分种内就会出现爆破现象，这对高速行车是一件很危险的事情。

胎的结构、帘线和橡胶的品种对滚动阻力都有影响。子午线轮胎的滚动阻力系数较低。轮胎充气压力对 f 值有很大影响，气压降低时 f 值迅速增加，这是因为气压降低时，滚动的轮胎变形大，迟滞损失增加的缘故。

径向载荷对滚动阻力系数的影响很小，可以认为滚动阻力系数不随径向载荷的大小而变化。

表 2.2　滚动阻力系数的数值

路面类型	滚动阻力系数
良好的沥青或混凝土路面	0.010～0.018
一般的沥青或混凝土路面	0.018～0.020
碎石路面	0.020～0.025
良好的卵石路面	0.025～0.030
坑洼的卵石路面	0.035～0.050
压紧土路：干燥的	0.025～0.035
压紧土路：雨后的	0.050～0.150
泥泞土路（雨季或解冻期）	0.100～0.250
干砂	0.100～0.300
湿砂	0.060～0.15
结冰路面	0.015～0.030
压紧的雪道	0.030～0.050

可以用经验公式，大致估算在良好路面上滚动阻力系数的数值。例如有人推荐轿车轮胎的滚动阻力系数可用下式来估算：

$$f=f_0(1+V_a^2/19\ 400)$$

式中的 f_0 值：良好沥青或水泥路面为 0.014，卵石路面为 0.025，砂石路为 0.020。

货车轮胎气压高，有人推荐用如下计算公式来计算滚动阻力系数：

$$f=0.007\ 6+0.000\ 056V_a$$

上面讨论滚动阻力时，是在汽车直线行驶条件下进行的。在转弯行驶时，轮胎发生侧偏现象，滚动阻力大幅度增加。试验表明，这种由于转弯行驶增加的滚动阻力，已接近直线行驶时的 50%～100%。

2）空气阻力

汽车直线行驶时受到的空气作用力在行驶方向上的分力称为空气阻力。空气阻力分为压力阻力与摩擦阻力两部分。作用在汽车外形表面上的法向压力的合力在行驶方向的分力称为压力阻力。摩擦阻力是由于空气的黏性在车身表面产生的切向力的合力在行驶方向的分力。压力阻力又分为四部分：形状阻力、干扰阻力、内循环阻力和诱导阻力。形状阻力占压力阻力的大部分，与车身主体形状有很大关系；干扰阻力是车身表面突起物如后视镜、门把、引水槽、悬架导向杆、驱动轴等引起的阻力；发动机冷却系、车身通风等所需空气流经车体内部时构成的阻力即为内循环阻力；诱导阻力是空气升力在水平方向的投影。

在轿车中，这几部分阻力的大致比例为：形状阻力占 58%，干扰阻力占 14%，内循环阻力占 12%，诱导阻力占 7%，摩擦阻力占 9%。

汽车空气阻力的数值通常都总结成与气流相对速度的动压力成正比的形式，即

$$F_W=\frac{1}{2}C_D A\rho V_r^2$$

式中，C_D——空气阻力系数，由试验测得；

ρ——空气密度，一般 $\rho=1.225\ 8\ \mathrm{Ns^2m^{-4}}$；

A——迎风面积，即汽车行驶方向的投影面积，单位 $\mathrm{m^2}$；

V_r——相对速度，在无风时即汽车的行驶速度，单位 $\mathrm{m\cdot s^{-1}}$。

如汽车行驶速度 V_a 以 $\mathrm{km\cdot h^{-1}}$ 计，则空气阻力 F_W（单位为 N）为

$$F_W=C_D A V_a^2/21.15$$

此式表明，空气阻力是与 C_D 及 A 值成正比的。A 值受到乘坐使用空间的限制不易进一步减少，所以降低 C_D 值是降低空气阻力的主要手段。20 世纪 50～70 年代，轿车 C_D 值维持在 0.4～0.6 之间，但在 70 年代能源危机后，为了进一步降低油耗，各国都致力于设法降低 C_D 值，在 90 年代 C_D 值已减小到 0.25～0.40。

目前，对货车与半挂车的空气阻力也很重视，不少半挂车的牵引车驾驶室上已开始装用导流板等装置，以减小空气阻力节约燃油。

值得指出的是，汽车的 C_D 值实际上随着车身的离地距离，俯仰角以及侧向风的大小而变化。一般应给出额定载荷下（如轿车为半载），无侧向风时的空气阻力系 C_D 值。

3）坡度阻力

当汽车上坡行驶时，参看图 2.6，汽车重力沿波道的分力表现为汽车坡度阻力 F_i，即

$$F_i=G\sin\alpha$$

式中，G 为作用于汽车上的重力，单位 N。

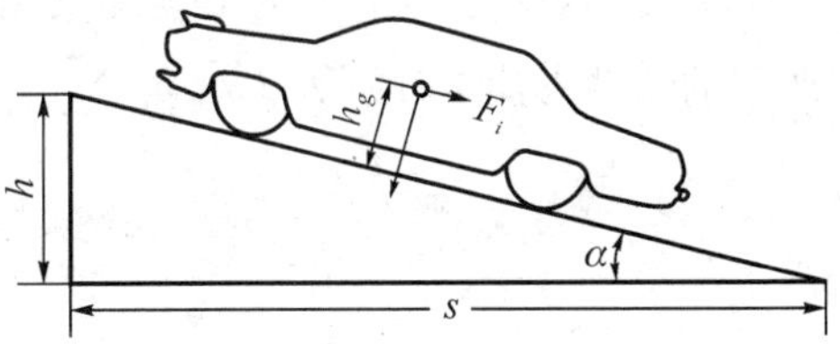

图 2.6 汽车坡度阻力

道路坡度以坡高和底长之比来表示，即

$$i=h/S=\mathrm{tg}\alpha$$

根据我国的公路工程技术标准，平原微丘区 1 级路面最大坡度为 4%，山岭重丘区 1 级路面最大坡度为 9%。所以在一般路面上坡度较小，此时

$$\sin\alpha\approx\mathrm{tg}\alpha=i$$

故
$$F_i=G\sin\alpha\approx G\mathrm{tg}\alpha=Gi$$

由于坡度阻力与滚动阻力均属于与道路有关的阻力，而且均与汽车重力成正比，故可把这两种阻力合在一起称作道路阻力，以 F_ψ 表示，即

$$F_\psi=F_f+F_i=f\cdot G\cos\alpha+G\sin\alpha$$

当 α 不大时，$\cos\alpha\approx1$，$\sin\alpha\approx\mathrm{tg}\alpha=i$。则

$$F_\psi=Gf+Gi=G(f+i)$$

令 $\psi=f+i$，ψ 称为道路阻力系数，则

$$F_{\varphi}=G\psi$$

4) 加速阻力

汽车加速行驶时，需要克服其质量加速运动时的惯性力，就是加速阻力 F_j。汽车的质量分为平移的质量和旋转的质量两部分。加速时不仅平移的质量产生惯性力，旋转的质量还要产生惯性力偶矩。为方便于计算，一般把旋转质量的惯性力偶矩转化为平移质量的惯性力，并以系数 δ 作为计入旋转质量惯性力偶矩后的汽车质量换算系数。因而汽车加速阻力(单位为 N)可写作：

$$F_j=\delta m\cdot \mathrm{d}V/\mathrm{d}t$$

式中，δ——汽车旋转质量换算系数，($\delta>1$)；

m——汽车质量，单位为(kg)；

$\frac{\mathrm{d}v}{\mathrm{d}t}$——行驶加速度，单位为($\mathrm{m}\cdot\mathrm{s}^{-2}$)。

δ 主要与飞轮的转动惯量、车轮的转动惯量以及传动系的传动比有关。

汽车旋转质量换算系数 δ 的定义可写成如下式子

$$\delta=(F'_j+F''_j)/F'_j$$

式中，F'_j——汽车加速时，平移质量产生的惯性力；

F''_j——汽车加速时，旋转质量产生的惯性力偶矩的转化力。

如果以 I_f 和 $\sum I_W$ 分别表示发动机飞轮的转动惯量与所有车轮的转动惯量之和，ε_f和ε_W分别表示发动机飞轮和车轮的角加速度，则汽车加速时，发动机飞轮和全部车轮产生的惯性力偶矩分别为 $I_f\varepsilon_f$与$\sum I_W\varepsilon_W$，它们转化到车轮边缘的力之和为

$$F''_j=(I_f\varepsilon_f i_g i_0\eta_T+\sum I_W\varepsilon_W)/r$$

由于

$$\varepsilon_f=\varepsilon_{W_g}i_0,\varepsilon_W=\frac{1}{r}\cdot\frac{\mathrm{d}V}{\mathrm{d}t}$$

则
$$F''_j=(I_f i_g^2 i_0^2\eta_T+\sum I_W)/r\cdot \mathrm{d}V/\mathrm{d}t$$

注意到 $F'_j=m\mathrm{d}V/\mathrm{d}t$，由此可求出汽车旋转质量换算系数

$$\delta=1+F''_j/F'_j=1+1/m\cdot\sum I_W/r^2+1/m\cdot I_f i_g^2 i_0^2\eta_T/r^2$$

式中，I_W——车轮的转动惯量，单位 $\mathrm{kg}\cdot\mathrm{m}^2$；

I_f——飞轮的转动惯量，单位 $\mathrm{kg}\cdot\mathrm{m}^2$。

在进行动力性初步计算时，若不知道准确的 I_W，I_f值，则作如下经验处理：

令

$$\delta_1=\sum I_W/mr^2,\delta_2=I_f i_0^2\eta_T/mr^2$$

则
$$\delta=1+\delta_1+\delta_2 i_g^2$$

系数 δ_1 和 δ_2 对一般汽车为 0.03～0.05，可取其平均值，则

$$\delta \approx 1.04 + 0.04 i_g^2$$

2.2.3 汽车行驶方程式

根据上面逐项分析的汽车行驶阻力，可以得到汽车的行驶方程式为

$$F_t = F_f + F_W + F_i + F_j$$

或
$$\frac{T_{tq} i_g i_0 \eta_T}{r} = Gf + \frac{C_D A}{21.15} V_a^2 + Gi + \delta m \frac{\mathrm{d}V}{\mathrm{d}t}$$

这个等式表示了驱动力与行驶阻力的数量关系，也可以根据对汽车各部分取隔离体进行受力分析推导出汽车行驶方程式。必须指出，上式只是表示了各物理量之间的数量关系，但式中有些项并不是真正作用于汽车的外力。例如我们称 $F_t = T_{tq} i_g i_0 \eta_T / r$ 为驱动力，但它并不是真正作用于驱动轮的地面切向反作用力，只是为了分析方便起见，才把它称为驱动力。此外，作用在汽车质心的惯性力为 $m \frac{\mathrm{d}V}{\mathrm{d}t}$，也不是 $\delta m \frac{\mathrm{d}V}{\mathrm{d}t}$；除此之外，飞轮的惯性力矩是作用在汽车横截面上的，所以 $F_j = \delta m \frac{\mathrm{d}V}{\mathrm{d}t}$ 只是进行动力性分析时代表惯性力和惯性力矩总效应的一个数值而已。

2.3 汽车行驶的驱动—附着条件与汽车的附着力

2.3.1 汽车行驶的驱动—附着条件

由汽车行驶方程可得

$$\delta m \frac{\mathrm{d}V}{\mathrm{d}t} = F_t - (F_f + F_W + F_i)$$

即驱动力必须大于滚动阻力、坡度阻力和空气阻力后才能加速行驶。若驱动力小于这三个阻力之和，则汽车无法开动，正在行驶的汽车将减速直至停车。所以汽车行驶的第一个条件为

$$F_t \geqslant F_f + F_W + F_i$$

上式称为汽车的驱动条件，但还不是汽车行驶的充分条件。可以采用增加发动机转矩、加大传动比等措施来增大汽车驱动力，但是这些措施只有在驱动轮与路面不发生滑转现象时才有效。如果驱动轮在路面滑转，则增大驱动力只会使驱动轮加速旋转，地面切向反作用力并不会增加，汽车仍不能行驶。这种现象说明，地面作用在驱动轮上的切向反作用力受地面接触强度的限制，并不能随意加大，即汽车行驶除受驱动条件制约外还受轮胎与地面附着条件的限制。

地面对轮胎切向反作用力的极限值称为附着力 F_φ，在硬路面上附着力取决于轮胎与地面间的相互摩擦，它与驱动轮法向反作用力 F_Z 成正比，常写成

$$F_{x\max}=F_{\varphi}=F_z\varphi$$

式中，φ——附着系数，它是由路面与轮胎决定的。所以地面切向反作用力不能大于附着力，否则将发生驱动轮滑转现象，即对于后轮驱动的汽车

$$F_{x2}=(T_t-T_{f2})/r\leqslant F_{z2}\varphi$$

$$F_t\leqslant F_{z2}(\varphi+f)$$

比起附着系数 φ 来，滚动阻力系数 f 的值很小，可近似写成

$$F_t\leqslant F_{z2}\varphi$$

或更一般地

$$F_t\leqslant F_{z\varphi}\varphi$$

式中，$F_{z\varphi}$——作用于所有驱动轮上的地面法向反作用力。

此即为汽车行驶的第二个条件——附着条件。

把汽车的驱动条件和附着条件两公式合起来写，则有

$$F_f+F_W+F_i\leqslant F_t\leqslant F_{z\varphi}\varphi$$

这就是汽车行驶的必要与充分条件，称为汽车行驶的驱动——附着条件。

2.3.2 汽车的附着力

汽车的附着力取决于附着系数以及地面作用于驱动轮的法向反作用力。

附着系数主要取决于路面的种类和状况，行驶车速对附着系数也有影响，还受到车轮运动状况的影响。一般动力性分析中只需取附着系数的平均值。在良好的混凝土或沥青路面上，路面干燥时 φ 值为 0.7～0.8；路面潮湿时为 0.5～0.6；干燥的碎石路 φ 值为 0.6～0.7；干燥的土路为 0.5～0.6；湿路面时为 0.2～0.4。

驱动轮地面法向反作用力与汽车的总体布置、行驶状况及道路的坡度有关。图 2.7 画出了汽车加速上坡时的受力图。

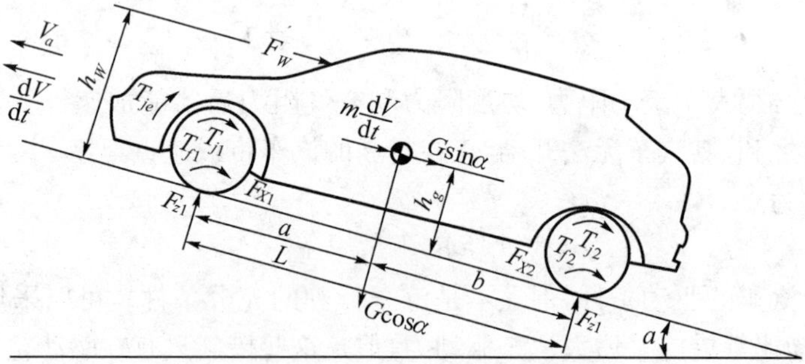

图 2.7 汽车加速上坡时的受力图

G—汽车重力；α—道路坡度角；h_g—汽车质心高度；h_W—风压中心高度；T_{f2}，T_{f1}—作用在前、后轮上的滚动阻力偶矩；T_{j1}，T_{j2}—作用在前、后轮上的惯性阻力偶矩；F_{z1}，F_{z2}—作用在前、后轮上的法向反作用力；F_{x2}，F_{x1}—作用在前、后轮上的地面切向反作用力；L—汽车轴距；a，b—汽车质心至前、后轴之距离

若将作用在汽车上诸力对前、后轮与道路接触面中心取力矩，则得

$$F_{z1}=\left[G\cos\alpha(b-f_r)-Gh_g\sin\alpha-mh_g\frac{\mathrm{d}V}{\mathrm{d}t}-\sum T_j-F_Wh_W\right]/L$$

$$F_{z2}=\left[G\cos\alpha(a+f_r)+Gh_g\sin\alpha+mh_g\frac{\mathrm{d}V}{\mathrm{d}t}+\sum T_j+F_Wh_W\right]/L$$

式中，$\sum T_j=T_{j1}+T_{j2}$。

为便于分析将上式简化。因一般坡道的坡度不大，故 $\cos\alpha\approx1$；良好路面 f 值很小，可令 $b-f_r\approx b$，$a+f_r\approx a$，$\sum T_j$ 的数值较小可以忽略不计；对轿车而言 $h_g\approx h_W$。这样，上式可写为

$$F_{z1}=[Gb-h_g(G\sin\alpha+m\frac{\mathrm{d}V}{\mathrm{d}t}+F_W)]/L$$

$$F_{z1}=[Ga+h_g(G\sin\alpha+m\frac{\mathrm{d}V}{\mathrm{d}t}+F_W)]/L$$

上式中第一项为汽车静止时前、后轴上的静载荷，第二项为行驶中产生的动载荷，动载荷的绝对值随坡度与加速度的增加而增大。当汽车利用其极限附着能力以通过大坡度和以高加速度行驶时，动载荷的绝对值也达到最大值。此时，汽车的附着力与各阻力有近似关系

$$F_\varphi=G\sin\alpha+m\frac{\mathrm{d}V}{\mathrm{d}t}+F_W+F_f$$

故

$$F_{z1}=[Gb-h_g(F_\varphi-F_f)]/L$$

$$F_{z2}=[Gb+h_g(F_\varphi-F_f)]/L$$

因此，对后轴驱动汽车而言，其附着力 $F_{\varphi2}$ 为

$$F_{\varphi2}=F_{x2}\varphi=\varphi[Ga+h_g(F_{\varphi2}-F_f)]/L$$

或

$$F_{\varphi2}=\varphi G(a-fh_g)/(L-\varphi h_g)$$

对于前轮驱动汽车而言，其附着力 $F_{\varphi1}$ 为

$$F_{\varphi1}=\varphi G(b+fh_g)/(L+\varphi h_g)$$

显然，对于四轮驱动汽车而言，其附着力为

$$F_{\varphi4}=(F_{z1}+F_{z2})\varphi=G\cos\alpha\varphi\approx G\varphi$$

应当指出，只有汽车前、后驱动力的分配比值刚好等于其前、后轮法向反作用力的分配比值时，四轮驱动汽车才能真正利用此附着力。

由此可见，在一定附着系数的路面上，不同驱动方式的汽车具有不同的汽车附着力。只有四轮驱动汽车才可能充分利用整部汽车的重力来产生汽车附着力。

常用附着利用率，即汽车附着力与四轮驱动汽车附着力之比 $F_{\varphi2}/F_{\varphi4}$ 或 $F_{\varphi1}/F_{\varphi4}\times100\%$，来表示汽车对附着力的利用程度。

后轮驱动方式汽车的附着利用率为

$$F_{\varphi2}/F_{\varphi4}=(a-fh_g)/(L-\varphi h_g)\times100\%$$

前轮驱动汽车的附着利用率为

$$F_{\varphi 1}/F_{\varphi 4}=(b+fh_g)/(L+\varphi h_g)\times 100\%$$

图 2.8 为在不同路面附着系数下，不同驱动方式汽车的附着利用率曲线。从图 2.8 可知，前轮驱动汽车的附着利用率不如后轮驱动汽车。为克服此缺点，前轮驱动轿车的质心位置都布置得偏前。

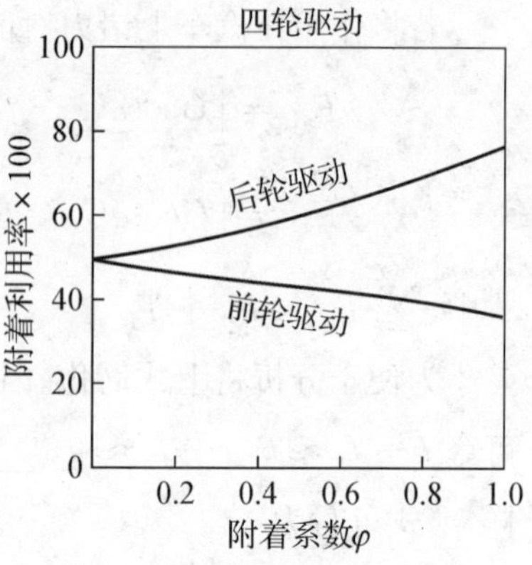

图 2.8 不同驱动方式汽车的附着利用率曲线

2.4 汽车的动力性分析

2.4.1 驱动力—行驶阻力平衡图

前面曾得出汽车的行驶方程式为

$$F_t=F_f+F_W+F_i+F_j$$

或

$$\frac{T_{tq}i_g i_0\eta_T}{r}=Gf+\frac{C_D A}{21.15}V_a^2+Gi+\delta m\frac{\mathrm{d}V}{\mathrm{d}t}$$

此公式表明了汽车行驶时驱动力和行驶阻力平衡关系的普遍情况。当发动机的转速特性、变速器的传动比、主减速比、传动效率、车轮半径、空气阻力系数、汽车迎风面积以及汽车质量等初步确定后或已知，便可利用此式分析在附着性能良好的典型路面(混凝土、沥青路面)上的行驶能力，即确定汽车的最高车速、加速能力和爬坡能力。

为了清晰而形象地表明汽车行驶时的受力情况及其平衡关系，一般将汽车行驶方程式用图解法来进行分析。

图 2.9 为一具有四挡变速器汽车的驱动力—行驶阻力平衡图。图上画出了各挡的驱动力、滚动阻力及滚动阻力和空气阻力叠加后得到的行驶阻力曲线。

从图 2.9 可清楚地看出不同车速时驱动力和行驶阻力之间的关系。汽车以最高挡行驶时的最高车速，可以直接从图上得到。显然，F_{t4} 曲线与 (F_W+F_f) 曲线的交点便是 $V_{a\max}$。

从图 2.9 中还可以看出，当车速低于最高车速时，驱动力大于行驶阻力。这样，汽车就可以利用剩下来的驱动力来加速或爬坡。当需要中速或低速行驶时，驾驶员可以关小节流阀开度(图中虚线)，此时发动机只用部分负荷特性工作，相应地得到虚线所示驱动力曲线以使汽车达到新的平衡。

汽车的加速能力可用它在水平良好路面上行驶时能产生的加速度来评价，但因加速度的数值不易测量，一般常用加速时间来表明汽车的加速能力，譬如用直接挡行驶时，由最低稳定速度加速到一定距离或 $80\%V_{a\max}$ 所需的时间。现在根据图 2.9 来求汽车的加速时间。

设 $F_i=0$，由汽车行驶方程得

$$\frac{F_t-F_W}{G}=D\frac{\mathrm{d}V}{\mathrm{d}t}=\frac{1}{\delta m}[F_t-(F_t+F_W)]$$

由图 2.9 和上式可计算得到各挡油门全开时的加速度曲线，见图 2.10。

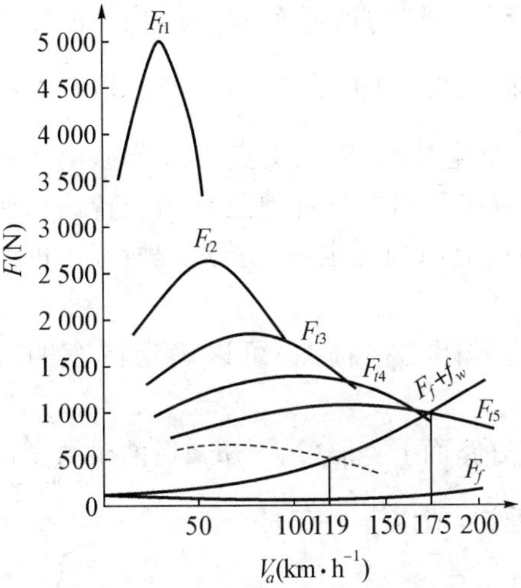

图 2.9　某具有四挡变速器汽车的驱动力—行驶阻力平衡图

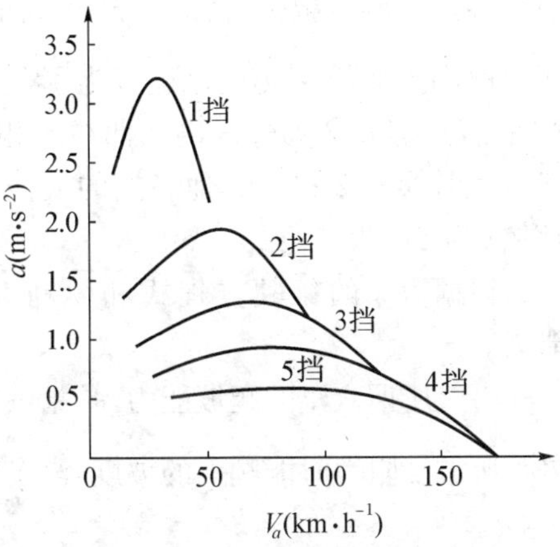

图 2.10　各挡油门全开时的加速度曲线

有的汽车 1 挡 δ 值甚大，2 挡的加速度可能比 1 挡的加速度还大。根据加速度图可以进一步求出由某一车速 4 加速至另较高车速 5 所需的时间。

由运动学可知

$$dt=\frac{1}{a_j}dV$$

$$t=\int_0^t dt=\int_{V1}^{V2}\frac{1}{a_j}dV=A$$

即加速时间可用计算机进行积分或用图解积分法求出。用图解积分法时，将 a_j—V_a 曲线转化成 $\frac{1}{a_j}$—V_a 曲线，曲线下两个速度区间的面积就是通过此速度区间的加速时间；常将速度区间分为若干间隔，通过确定面积 Δ_1、Δ_2…来计算（总）加速时间（参见图 2.11(b)）。

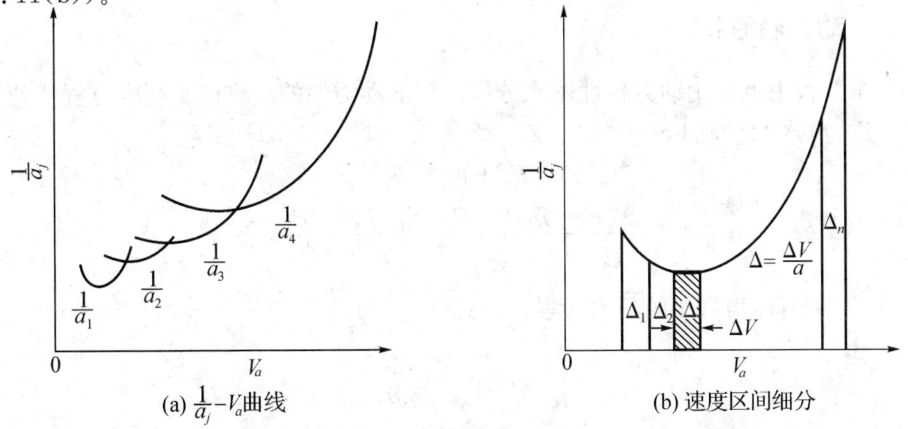

图 2.11　加速度倒数曲线

在进行一般动力性分析而计算原地起步加速时间时，可以忽略原地起步时的离合器打滑过程，即设在最初时刻，汽车已具有起步挡的最低车速来计算。加速过程中的换挡时刻可根据各挡的$\frac{1}{a_j}$—V_a 曲线来确定，参见图 2.11(a)。若 1 挡和 2 挡的加速度倒数曲线有交点，显然，为了获得最短加速时间，应在交点对应车速由 1 挡换 2 挡，若 1 挡和 2 加速度倒数曲线不相交，则应在 1 挡加速行驶至发动机转速达到最高转速时换入 2 挡。其他各挡的换挡时刻亦按此原则确定。换挡过程所经历的时间常忽略不计。

根据汽车的行驶方程式和驱动力——行驶阻力平衡图，可以确定汽车的爬坡能力。

一般所谓汽车的爬坡能力，是指汽车在良好路面上克服(F_W+F_f)后的余力全部用来克服坡度阻力时能爬上的坡度(汽车等速行驶)，所以$\frac{\mathrm{d}V}{\mathrm{d}t}=0$，故

$$F_i=F_t-(F_f+F_W)$$

式中，F_f 应为$Gf\cos\alpha$，但 F_f 的数值本来就小，且 $\cos\alpha\approx1$ 故可认为

$$F_f+F_W=Gf+\frac{C_DA}{21.15}V_a^2$$

从而
$$F_i=G\sin\alpha=F_t-(F_f+F_W)$$

或
$$\alpha=\arcsin\frac{F_t-(F_f+F_W)}{G}$$

汽车最大爬坡度 $i_{\max}$ 为 1 挡时的最大爬坡度。直接挡最大爬坡度 $i_{0\max}$ 亦应引起注意，因为汽车经常是以直接挡行驶的，如果 $i_{0\max}$ 过小，迫使汽车遇到较小的坡时经常换挡，这样就影响了行驶的平均速度。其数值可按下式近似计算

$$i_{0\max}=\frac{F_{tD\max}-(F_f+F_W)}{G}$$

式中，$F_{tD\max}$——直接挡时的最大驱动力。

2.4.2 动力特性图

汽车工程中也有用动力特性图来分析汽车的动力性的。将汽车行驶方程式两边除以汽车重力 G 并整理如下

$$F_t=F_f+F_W+F_i+F_j$$

$$\frac{(F_t-F_W)}{G}=\frac{F_f+F_i}{G}+\frac{\delta m}{G}\frac{\mathrm{d}V}{\mathrm{d}t}$$

令$\frac{F_t-F_W}{G}=D$，称为汽车的动力因素。注意到 $\frac{F_f+F_i}{G}=\frac{G(f+i)}{G}=f+i=\psi$

故
$$D=\psi+\frac{\delta}{g}\frac{\mathrm{d}V}{\mathrm{d}t}$$

汽车在各挡下的动力因素与车速的关系曲线称为动力特性图(见图 2.12)。在动力特性图上作滚动阻力系数曲线 $f—V_a$,显然,f 线与 $D—V_a$ 曲线的交点即为汽车的最高车速。

在求最大爬坡度时,$\frac{dV}{dt}=0$,则

$$D=\psi=f+i$$

因此 D 曲线与 f 曲线间的距离就表示汽车的上坡能力。1 挡时,坡度较大,此时 $i_{max}=D_{1max}-f$ 计算误差较大,应用下式计算

$$D_{1max}=f\cos\alpha_{max}+\sin\alpha_{max}$$

用 $\cos\alpha_{max}=\sqrt{1-\sin^2\alpha_{max}}$ 代入上式并整理得

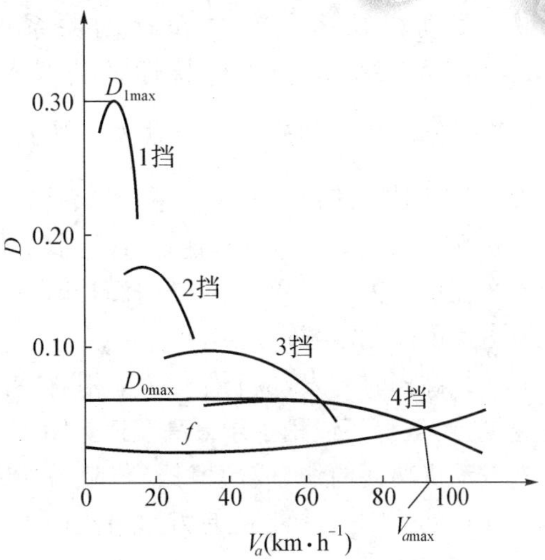

图 2.12 汽车动力特性图

$$\alpha_{max}=\arcsin\frac{D_{1max}-f\sqrt{1-D_{1max}^2+f^2}}{1+f^2}$$

$i_{max}=\mathrm{tg}\alpha_{max}$ 即为最大爬坡度。

加速时,$i=0$,故

$$\frac{dV}{dt}=\frac{g}{\delta}(D-f)$$

用动力特性图亦可求得加速度值,然后换算为加速时间。

2.4.3 功率平衡图

汽车行驶时,不仅驱动力和行驶阻力互相平衡,发动机功率和汽车行驶的阻力功率也是互相平衡的,即在汽车行驶的每一瞬间,发动机发出的功率始终等于机械传动损失和全部运动阻力所消耗的功率。

汽车运动所消耗的功率有滚动阻力功率 P_f、空气阻力功率 P_W、坡度阻力功率 P_i 及加速阻力功率 P_j。将汽车行驶方程式两边乘以行驶车速 V_a,并经单位换算整理出汽车功率平衡方程式(式中功率单位为 kW)如下

$$P_e=\frac{1}{\eta_T}\left(\frac{GfV_a}{3\,600}+\frac{GiV_a}{3\,600}+\frac{C_DAV_a^3}{76\,140}+\frac{\delta mV_a}{3\,600}\frac{dV}{dt}\right)$$

与力的平衡处理方式相同,功率平衡方程式可用图解法表示。若以纵坐标表示功率,横坐标表示车速,将发动机功率 P_e、汽车经常遇到的阻力功率$\frac{1}{\eta_T}(P_f+P_W)$对车速的关系曲线绘在坐标图上,即为汽车功率平衡图,见图 2.13。

发动机功率与行驶车速的关系曲线 $P_e - V_a$ 可根据发动机外特性及公式 $V_a = \frac{0.377nr}{i_g i_0}$,将发动机转速转换成车速绘得。显然,在不同挡位时,功率大小不变,只是各挡发动机功率曲线所对应的车速位置不同,且低挡时车速低所占速度变化区域窄;高挡时车速高所占速度变化区域宽。

最高挡时与发动机最大功率相对应的车速 V_p 一般等于或稍小于最高车速。图中直接挡发动机功率曲线(或超速挡)与阻力功率曲线交点处的车速,便是在良好水平路面上汽车的最高车速 $V_{a\max}$。

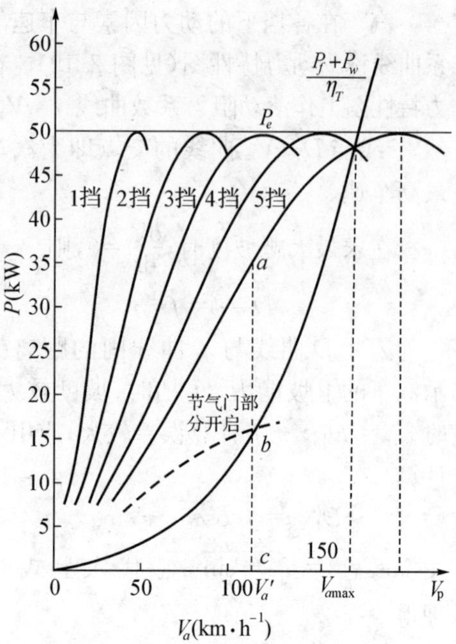

图 2.13　汽车功率平衡图

当汽车在水平良好路面上以车速 V'_a 行驶时(等速),汽车的阻力功率(见图 2.13)为

$$\frac{1}{\eta_T}(P_f + P_W) = \overline{bc}$$

此时,驾驶员部分开启节流阀,发动机功率曲线如图中虚线所示,以维持汽车等速行驶。但是发动机在汽车行驶速度为 V'_a 时能发出的功率(节流阀全开时)为 $P_e = \overline{ac}$(见图 2.13),于是

$$P_e - \frac{1}{\eta_T}(P_f + P_W) = \overline{ac} - \overline{bc} = \overline{ab}$$

可用来加速或爬坡。$P_e - \frac{1}{\eta_T}(P_f + P_W)$ 被称为汽车的后备功率。就是说,在一般情况下维持汽车等速行驶所需的发动机功率并不大,发动机节流阀开度较小。当需要爬坡或加速时,驾驶员加大节流阀开度,使汽车的全部或部分后备功率发挥作用。因此,汽车的后备功率愈大,汽车的动力性愈好。图 2.14 是各个排挡的后备功率。利用后备功率也可以具体地确定汽车的爬坡度或加速度。

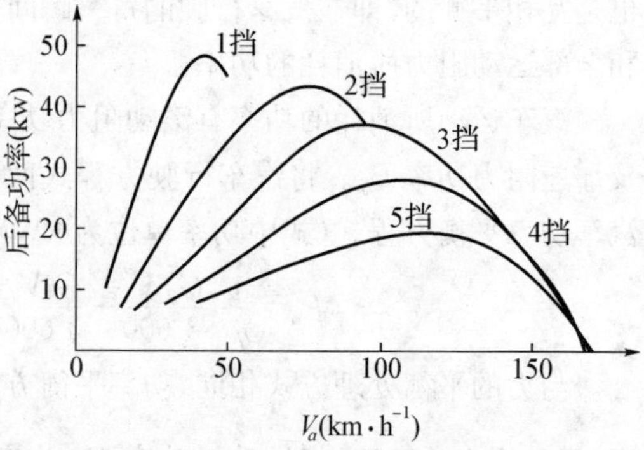

图 2.14　汽车的后备功率

利用功率平衡定性分析、设计使用中有关动力性问题较为方便,因为它是从能量转换角度研究汽车动力性,利用功率平衡图可以形象地表明后备功率,能看出汽车行驶时发动机的负荷率,所以燃油经济性分析中常用它。

2.5 影响汽车动力性的因素

从对汽车行驶方程式的分析中知道，汽车的动力性与汽车结构参数、载荷及道路条件密切相关。下面从汽车结构和使用条件两个方面来讨论各种因素对汽车动力性的影响。

2.5.1 汽车结构参数对动力性的影响

1) 发动机参数对汽车动力性的影响

发动机的外特性、最大功率和最大转矩对汽车动力性影响最大。

在附着条件允许时，显然，发动机功率转矩越大，汽车的动力性就越好。但发动机功率过大，也是不合理的，一方面发动机功率过大将导致发动机尺寸、质量、制造成本增加，特别是运行时的燃油经济性显著下降；另一方面，从前面的分析知道，汽车驱动力的提高受到附着条件的限制，不能无限地加大，所以过大地增大发动机功率也是无益的。通常用发动机比功率（即发动机最大功率与汽车总重力之比）来衡量汽车发动机功率匹配。发动机比功率的大小对汽车的动力性和燃油经济性等有很大影响，是选择发动机功率的重要依据之一。

2) 传动系参数对汽车动力性的影响

(1) 传动效率 η_T

传动系损失功率可表示为 $P_t=P_e(1-\eta_T)$，可见传动系机械效率越高，传动损失功率越小，发动机有效功率更多地转变为驱动力，汽车动力性好。目前可在润滑油中加入减磨添加剂和选用黏度适当且受温度影响小的润滑油，对提高传动效率有明显效果。

(2) 主减速器传动比

变速器处于直接挡时，主减速器传动比将直接影响汽车的动力性。

图 2.15 表示其他条件相同而主减速器传动比不同时的直接挡功率平衡图，其中 $i_{01}>i_{02}>i_{03}$ 分析该功率平衡图可知，$i_0=i_{02}$ 时汽车的最高车速为最大。因为 $i_0=i_{02}$ 时，汽车以最高车速行驶消耗的阻力功率等于发动机的最大功率，汽车的最高车速等于发动机最大功率相对应的车速，即 $V_{ap}=V_{amax}$；其他条件不变，无论使主减速器传动比 i_0 增大或减小，都使汽车的最高车速降低。在这些情况下，$(P_f+P_W)/\eta_T-V_a$ 曲线

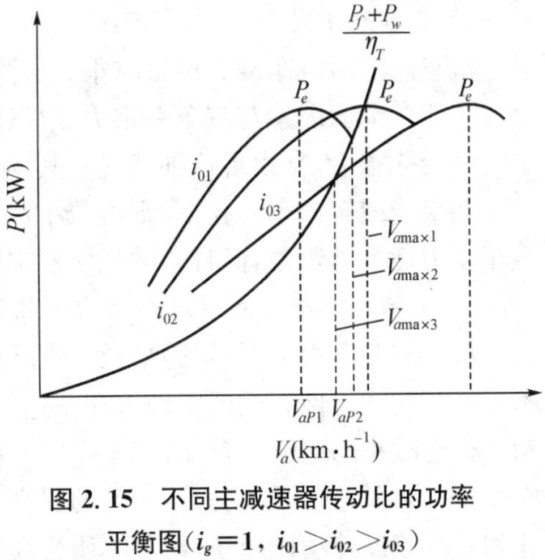

图 2.15 不同主减速器传动比的功率平衡图（$i_g=1$，$i_{01}>i_{02}>i_{03}$）

与发动机外特性曲线不再相交于发动机输出最大功率处，即 $V_{ap} \neq V_{amax}$ 发动机最大功率，不能利用来提高汽车车速。当 $i_0 = i_{01}(>i_{02})$ 时，汽车的最高车速 V_{amax1} 大于发动机最大功率 P_{emax} 相对应车速 V_{ap1}；当 $i_{01}=i_{03}(<i_{02})$ 时，汽车的最高车速小于发动机最大功率相对应车速不存在，使汽车发动机最大功率不能利用。这不仅使汽车的最高车速降低，同时汽车后备功率也明显降低，汽车动力性全面变坏。因此，一般汽油发动机汽车最高车速 V_{amax} 与最大功率时相应车速 V_{ap} 之比为 $V_{amax}/V_{ap}=1.0\sim1.1$，柴油车为 $V_{amax}/V_{ap}=1$。

(3) 变速器传动比及挡数对汽车动力性的影响

汽车以最低挡(1 挡)行驶时，必须保证汽车具有足够的驱动力，以使汽车具有克服最大行驶阻力的能力。如其他条件相同，1 挡的传动比直接影响汽车起步加速性能和最大爬坡能力。

现代汽车大多仍保持变速器的最小传动比为 1，即最高挡为直接挡；少数汽车变速器最小传动比小于 1，即最高挡为超速挡。利用超速挡的目的主要是提高汽车在良好道路上行驶的最高车速和高速时的燃油经济性。

变速器挡位多，增加了发动机发挥最大功率的机会，提高了汽车的加速能力和爬坡能力。

3) 空气阻力系数 C_D 对汽车动力性的影响

根据 $D=(F_t-F_W)/G$，若汽车总重和驱动力相同时，则空气阻力越小，汽车动力因素越大，即克服道路阻力和加速阻力的能力增强，最高车速也越高，汽车的动力性越好。

空气阻力系数 C_D、迎风面积 A 及车速决定了汽车空气阻力的大小。空气阻力在汽车低速行驶时，对汽车动力性影响较小；而在汽车高速行驶时，空气阻力在汽车行驶阻力中占很大比重，对汽车动力性影响较大。所以改善汽车流线型，减少空气阻力，对高速行驶汽车是非常必要的。

4) 汽车总重对动力性的影响

汽车总重对汽车动力性影响很大。除空气阻力外，其他行驶阻力都与汽车的总重力成正比。动力因素与汽车总重力成反比。因此，随着汽车总重力的增加(在汽车使用中装载变化很大，常出现这种情况)，其动力性变差，汽车行驶的平均速度下降。

如果能减轻汽车的自重，则可减小汽车行驶的滚动阻力、上坡阻力和加速阻力，使汽车动力性得到改善，而且燃油经济性也变好。

5) 轮胎尺寸与型式对汽车动力性的影响

汽车的驱动力 F_t 与轮胎半径 r 成反比，而车速 V_a 与轮胎半径 r 成正比，因此，轮胎半径对与动力性有关的驱动力和车速是矛盾的。现在，在良好路面上行驶的汽车，轮胎半径有减小的趋势。首先，汽车在良好路面上行驶时，附着力较大；允许用小直径的轮胎，可得到较大的驱动力。车速的提高可以用减小主减速器传动比来解决。轮胎尺寸和主减速器传动比减小，使汽车质心高度降低，提高了汽车的行驶稳定性，有利于汽车的高速行驶。软路面行驶的汽车，车速不高，要求轮胎半径大些，主要是为了增加轮胎与路面间的附着系数。

轮胎型式、花纹、气压对汽车的动力性也有影响。为提高汽车的动力性，应尽量减少汽车轮胎的滚动阻力，同时增加道路与轮胎间的附着力。根据这一原则，在硬路面上行驶的汽车，用子午线轮胎、小而浅的花纹、较高的轮胎气压，对提高汽车的动力性有一定作用；在松软路面上行驶的汽车，用大而深的轮胎花纹、较低的轮胎气压，对提高汽车的动力性和通过性有很好的作用。

2.5.2 使用因素对汽车动力性的影响

使用因素对汽车动力性有重要影响，如一台本来动力性良好的汽车，若使用、保养、调整不当，发动机发不出应有的功率，传动系统机械效率较低，则汽车就不能充分发挥它的动力性。使用因素对汽车动力性的影响主要包括以下几个方面：

(1) 发动机技术状况　这是保证汽车动力性的关键。应保证发动机的功率、转矩，不然汽车的动力性将下降。

(2) 汽车底盘的技术状况　汽车传动系各轴承的紧度与润滑、前轮定位角度、轮胎气压、制动器的调整、离合器的调整、传动系润滑油的质量等都直接影响汽车的动力性。

(3) 驾驶员驾驶技术　熟练地驾驶、适时和迅速地换挡、正确选择挡位，对发挥和利用汽车的动力性有很大作用。例如，充分利用惯性冲坡，可以使汽车通过比使用说明书指出的最大爬坡度还大的短坡。

(4) 汽车行驶条件　路面和气候也影响汽车的动力性，在坏路上行驶时，路面和轮胎间的滚动阻力增大，附着系数下降，汽车的动力性变差。在炎热地区，发动机进气温度高，引起发动机功率下降，试验表明，CA10B 汽车长期在 32～35℃环境工作，在发动机转速为 2 400 $r \cdot min^{-1}$时，其有效功率只能发出原来的 34%。在高原地区，由于气压低，发动机进气充量下降导致有效功率下降，使汽车动力性变差。试验表明，在海拔 4 000 m地区，发动机有效功率只有原来的 50%。

2.6 汽车动力的合理使用

从汽车技术状况变化规律的分析表明，汽车在正常使用时期，是汽车技术状况处在最佳阶段。在这个时期内如何合理使用车辆，充分发挥其经济效益，是汽车使用研究的主要内容，而最重要的内容是研究如何充分发挥汽车的动力。充分发挥汽车动力主要是提高汽车的平均技术速度和有效载重量，即提高汽车发动机功率的利用程度。

2.6.1 汽车平均技术速度

汽车平均技术速度不同于汽车的最高车速，它不仅能反映汽车的动力性能，同时也能反映各种运行条件的影响，因此，它是影响运行生产率和成本的重要因素之一。

汽车平均技术速度等于汽车总行驶里程与总行驶时间之比。汽车的平均技术速度不仅取决于汽车的动力性能,同时还受到汽车的其他使用性能以及道路条件、运输工作的组织因素、驾驶员技术水平和交通条件的影响。它不是汽车的实际行驶速度,也不是汽车的最高车速,而是一个计算值,是汽车运输企业在编制运输工作时计算生产率和成本的一个重要参数。

汽车平均技术速度是驾驶员技术水平、车辆技术性能与状况、道路、交通条件、运输组织、载荷等功能效率的综合反映。因此,影响汽车平均技术速度的因素有驾驶员的技术水平、车辆技术性能与状况、道路条件、交通条件、运输生产组织、载重量等。

1) 驾驶员的技术水平

驾驶员的技术水平主要是指驾驶员操作技能的熟练程度及对所驾车辆技术状况、性能、结构原理的掌握深度,对交通环境及各种情况处理是否正确等。一个技术良好的驾驶员,应具有操作技术熟练,熟知所驾车辆的结构、性能和状况,在各种道路上以及在较复杂的交通条件下,既使是车速高一些,也能安全行车。一个好的驾驶员能提高汽车的平均技术速度。统计表明,同一台汽车,由于驾驶员的技术水平不同,平均技术速度约产生 10%的偏差。另外,驾驶员的生理特性差异(如反应能力、视觉功能等)对平均技术速度也有很大的影响。

2) 车辆技术性能与状况

车辆的技术性能主要是指动力性、制动性、操纵稳定性等。汽车技术状况,如发动机、转向和制动装置等的技术状况。另外,前桥、车轮总成、照明装置、喇叭、灯光、信号以及玻璃刮雨器等的技术状况好坏都直接影响着平均技术速度。对于相同车型不同车辆,车辆技术性能与技术状况好的,其平均技术速度就高些。对于不同的车型,车辆性能优越的,在同样行驶条件下,其平均技术速度就好些。因此,在确定平均技术速度时,应考虑不同类型或同类型汽车的技术性能和状况方面的差异。

3) 道路条件

道路条件对汽车平均技术速度有很大影响。如公路等级、行车路面宽度、颜色、道路的照明、拐弯半径、安全设施、尘土的多少、纵向坡度和坡长、路面平整度及附着系数、交叉路口数量、上下坡的多少等,都影响汽车的行驶速度。目前,我国三、四级公路占的比例较大,一、二级公路占的比例较小。表 2.3 为路面等级对平均技术速度的影响。表 2.4 为路面种类对平均技术速度的影响。

表 2.3　路面等级对平均技术速度的影响

公路等级	高级(一、二 级)	中级(三级)	低级(四级以下)
最大车速($km \cdot h^{-1}$)	60	45	35
平均技术速度($km \cdot h^{-1}$)	40～50	30～35	20～25

表 2.4 路面种类对平均技术速度的影响

路面状况良好的沥青	100%
路面状况良好的条石路、碎石路、修整的土路	75%～80%
路面磨损的条石路、碎石路、修整的土路	70%
路面严重磨损的道路或土路	50%

道路宽度的影响：车辆在运行时，随时都可能与迎面来的车辆相会或超越前车。当两车交会时，考虑车辆左右摇摆情况，要有一定的侧向安全距离。车与车的侧向间距大，车速可以高些；反之应低些，以免发生事故。

表 2.5 为车与车的侧向最小安全间距和车轮至路边的最小距离与车速的关系。

表 2.5 在不同车速下的侧向最小安全间距和车轮至路边的最小距离

车速(两车车速相同)($km \cdot h^{-1}$)	侧向最小安全间距(m)	车轮至路边的最小距离(m)
20	0.50	0.5
30	0.57	0.6
40	0.64	0.7
50	0.69	0.8
60	0.74	0.9
70	0.79	1.0
80	0.84	1.1
90	0.89	1.2
100	0.94	1.3

4) 交通条件

交通条件对平均技术速度的影响也是十分显著的。如在市区交通密度(台·千米$^{-1}$)大，交通量(台·小时$^{-1}$)也相应增大，车与车之间的速度差依次减小，平均技术速度也相应下降。交通量最大时，各种不同型号的汽车的行驶速度几乎相同，速度差为零。当交通量、交通密度很小时，车辆可自由选择速度，车辆的平均技术速度就较高。

5) 运输生产组织

对公共汽车主要是考虑站距长短和停车站的设置。对载货汽车主要是考虑运货的性质、装载情况、是否拖带挂车、运距、货运组织方法等。

如果运距短，停车频繁，而每次停车都要把行驶速度降为零又重新起步加速，则平均技术速度较低。如果运距较长，特别是在长途运输中，其技术速度要比城市短途运输高得多。因此，合理组织运输对提高平均技术速度有重要作用。

6）载重量的影响

载重量对小客车的平均技术速度没有实际影响。但对载货汽车，其满载和空载的技术速度相差5%～10%。单车比汽车列车的技术速度要高。可是，有的车辆使用单位过多的增加载重量（超载、超挂），因而使汽车动力性变坏，导致平均技术速度下降过多。此外，由于汽车负荷增加，使技术状况变差。发动机曲轴转数相应增加，而行驶速度却下降很多，从而使发动机磨损量增大，这样使用车辆是不合理的。

由以上分析影响汽车平均技术速度的因素可以看出，平均技术速度是一个随机变化的量，因此，它是难以确定的。在实际应用时采用试运行方法来测定，试验时，应尽量避免或尽可能减少与汽车结构无关的那些因素，如驾驶员技术水平、道路条件、载荷等对试验结果的影响，并随上述条件的改善而及时地修正。

测试汽车平均技术速度的试验，最好同时试验三组以上，以比较不同型号的汽车。被试车辆应具有相同的技术状况和额定载荷。试验时要在同一道路同一里程（100～150 km），单独地进行正常地行驶，每组汽车应不少于三辆，尽可能多一些，以避免驾驶技术的影响。试验后，求得每组汽车的平均技术速度即为该类车辆的平均技术速度的平均值。

通过试运行和分析计算所确定的平均技术速度，能反映目前车辆的实际水平，可以用来修正经济数据和评价、比较不同车型的汽车或汽车列车。

提高汽车平均技术速度的途径很多，主要有以下几个方面：

（1）提高驾驶员的素质和操作技能，使汽车经常在合理的工况下运行。

（2）提高汽车的技术性能，保持汽车具有良好的技术状况。采用现代诊断技术检验汽车并及时维护，从车辆本身去提高技术速度。

（3）加强公路的管理和工程建设。一是要加强道路的管理与维护，搞好路面标志、标线、信号；二是改善现有道路状况，提高公路等级，加宽路面宽度，改善弯道、坡度和视野，提高轮胎与路面间的附着系数，新建和改建高速公路等。在交通量大，密度高的繁华城市里，建立立体交叉专用车道，对提高汽车平均技术速度有明显效果。

此外，采用先进的运输组织和改进交通管理，也是提高平均技术速度的途径。

2.6.2 汽车合理拖载

合理组织拖挂运输，增加车轴数，组成汽车列车，是充分利用汽车的动力，发挥车辆的潜力，增加车辆的载重量，提高运输生产率，降低运输成本的有效措施。汽车列车比单车不仅载重量大，运输效率高，而且还能节约油料，车辆制造成本和使用成本相比都很低，并且对道路也没有更高的要求。因此，可以在少增加公路投资的情况下，大幅度地增加车辆的载重量，以提高公路运输的经济效益。我国交通部于1955年就提出开展汽车拖挂运输，至1981年全国公路货运中有全挂车近17万辆，半挂车约0.6万辆，使运输效率提高了30%～50%，成本降低了30%～40%，油耗下降了20%～30%。可见，汽车合理拖载有其显著的经济效益。

公路货运的发展趋势是以重型汽车列车为主，运输的经济距离一般在 400 km 以上。一些发达国家已大量采用汽车列车，如美国 800～1 000 km 以内的货运基本上都采用汽车列车实现门对门的运输，运输效率和经济效益显著提高。

1）组织拖挂运输的可能性

汽车发动机的功率利用程度，主要取决于汽车结构、载重量和道路条件三个因素。

根据试验，一般汽车在规定载荷下用直接挡{或超速挡}和常用经济车速行驶于良好道路上，其节气门约只需开 35%～40%的位置，仅仅利用发动机在同转速下最大功率的 45%～50%，约为发动机最大功率的 20%。尤其在低速行驶时，发动机功率利用率将更低。如东风 EQ140 汽车载重量为 5 t，拖载 4.5 t，在平路上以正常车速 35～45 km·h^{-1}行驶，只是利用发动力最大功率的 50%。所以，汽车发动机在一般情况下处于部分负荷状态，而保持着相当大的后备功率。

汽车的牵引力是评价汽车牵引性能的指标。它的大小与传动系传动比、驱动轮的滚动半径和传动系机械效率有关，与发动机的功率有关。所以，发动机的备用功率，同样可以用剩余牵引力来表示。

由于目前我国道路技术条件的限制，汽车最高车速很少能达到，同时为安全起见又提倡中速行车，因此，汽车发动机发出的牵引力比较高，而相应的汽车行驶阻力又比较低，所以，利用发动机的后备功率拖带挂车，组织拖挂运输是完全可能并有理论依据的。

2）合理拖挂重量的确定

对汽车的合理拖挂重量的选择，需要进行全面地分析和研究。当拖挂重量确定之后，还要在生产实践中考查运输效率，油耗量和发动机磨损量（车公里磨损量）及当地自然条件等。

（1）确定汽车拖挂重量的原则

①基本上保持单车的使用性能，或者下降不多。

②汽车拖挂运输时，在最大坡道上要用 1 挡起步，2 挡通过。

③保持有足够的牵引力，同时保证牵引车的驱动轮不打滑。

④应保证在直接挡有较好的加速性能，即拖载不宜过重，否则会严重降低加速能力和平均技术速度。

⑤拖载后的油耗量应不超过原厂规定的单车油耗量的 50%。

⑥汽车列车的比功率（发动机功率 P/汽车列车总重 G）是汽车拖挂后牵引性能的一个综合评价指标。各国对比功率的规定见表 2.6。

⑦从道路交通条件和交通安全等情况出发，汽车拖挂最好一车一挂。

表 2.6 几个国家的汽车比功率值

国家	前苏联	美国	日本	德国	瑞士	英国	荷兰
比功率 kW·kN^{-1}	0.44～0.74	0.66～0.81	0.63～0.66	0.59	0.44～0.59	0.44～0.52	0.54
比功率 PS·t^{-1}	6～10	9～11	8.5～9	8	6～8	6～7	7.3

(2) 合理拖挂重量的选择

在选择拖挂重量时，首先应确定汽车总重量，使其比功率不小于 0.48 kW·kN^{-1}(4.5 PS·t)$^{-1}$，所以初步估计汽车列车总重量 $G_L=P_e/0.48$(kN)。

①在运行路线上大部分时间能用直接挡行驶

直接挡最大动力因素 $D_{0\max}$是评价汽车合理拖载重量的重要指标。$D_{0\max}$过小，汽车在公路上行驶时使用高速挡时间较少，换挡次数增多，燃油消耗量增加，平均车速和运输生产率下降，并使牵引装置、发动机和传动系等早期磨损和损坏。

汽车列车直接链的最大动力因数应比沥青路上的滚动阻力系数大一些，因此，汽车列车直接挡的动力因数可取 $D_{0\max}=0.025\sim0.03$。

由

$$D_{0\max}=(F_{t0\max}-F_W)/G_L$$

得汽车列车总重量为

$$G_L=(F_{t0\max}-F_W)/G_{0\max}$$

式中，$F_{t0\max}$——牵引车直接挡最大牵引力(驱动力)，单位为 N；

F_W——$F_{t0\max}$相应车速时的空气阻力。

②在运行路线的最大坡道上用 1 挡起步

我国各级公路允许的纵向坡度见表 2.7。在四级公路难行的山岭区，最大纵坡度可增 1%。

表 2.7　各级公路纵坡标准

公路等级	一级	二级		三级		四级
		平原微丘	山岭重丘	平原微丘	山岭重丘	
最大纵坡度(%)	4	5	6	7	8	8

汽车列车在坡道上起步时，与其正常行驶不同，道路有较大的变形，引起额外的附加阻力，使道路阻力增大；又由于起步时发动机的热状况尚未稳定，其功率、转矩均比额定值小。所以，在起步时引用一个系数 β 加入计算，相当于滚动阻力系数 f 加大 β 倍。

不计空气阻力，由汽车行驶方程式得汽车列车总重为

$$G_L=\frac{F_{t1\max}}{(\beta f+i+\frac{\delta_L}{g}j)}$$

式中，β——汽车列车起步时的附加阻力系数，其数值取决于运行条件，一般夏季取 1.5～2.5，冬季取 2.5～5.0；

δ_L——汽车列车的旋转质量换算系数，粗略计算可取为 1；

j——汽车列车起步时的加速度，取其值为 0.3～0.5 m·s^{-2}；

$F_{t1\max}$——1 挡最大牵引力(驱动力)，单位为 N；

i,f——坡道坡度，滚动阻力系数。

③在运行路线上的最大坡道上能用 2 挡通过

忽略空气阻力，认为是等速上坡，故 $F_W=0$，$F_j=0$，从汽车行驶方程式可得允许的汽车列车总重为

$$G_L=\frac{F_{t2\max}}{(f+j)}$$

式中，$F_{t2\max}$——2 挡最大牵引力(驱动力)，单位为 N。

④汽车列车必须符合附着条件，保证牵引车驱动轮不打滑。即牵引力必须小于牵引车驱动轮与路面之间的附着力

$$F_t \leqslant F_\varphi$$

式中，F_t——牵引力(N)；

F_φ——牵引车驱动轮与路面间的附着力(N)。

一般汽车列车行驶时，其车速不高，且为等速行驶，$F_j=0$ $F_W\approx 0$ 由汽车行驶方程式得

$$F_t=G_L\psi$$

式中，ψ——道路阻力系数，$\psi=f+i$。

而牵引车驱动轮与路面间的附着力为

$$F_\varphi=G_t\cdot\varphi(\text{N})$$

式中，G——驱动轮的附着重量(N)；

φ——驱动轮与路面间的附着系数。

由此得

$$G_L\psi\leqslant G_t\cdot\varphi$$

因此，汽车列车的总重量

$$G_L\leqslant\frac{G_t\varphi}{\psi}$$

综上所述，在确定汽车合理拖载重量时，为保证汽车列车行驶能力的要求，应计算出汽车列车的总重量，显然，计算值可能各不相同，应取其最小值作为汽车列车的总重量，再减去牵引车的总重量，即得挂车或半挂车的总重量，并取其为符合我国挂车系列型谱规定的值。

3) 汽车拖载后对各总成的影响

汽车拖挂后，与单车的工作情况不同，拖挂后所需发动机的输出功率增大；传动系传递的转矩增加；起步时间增长；行驶中由于冲击、摇摆和振动所造成交变负荷也变大。因此，汽车各总成机件磨损增加，大修间隔里程缩短，使汽车使用寿命降低。

(1) 对发动机使用寿命的影响

汽车拖带挂车后，由于发动机的功率利用率提高，实际上增大了节气门的开度，使发动机发出较大的功率和转矩。由于进入汽缸的混合气量增多，燃烧后发出的热量增加，使汽缸壁、活塞、燃烧室和气门的温度均大为增加。

在炎热的季节或爬坡行驶时,汽车低挡运行时间加长,发动机温度升高,使润滑油黏度下降,润滑条件变坏,因而增加了曲轴连杆机构零件的磨损,特别是汽缸壁、活塞、活塞环的磨损。另外,发动机经常在重负荷下工作,较高的气体压力将加速曲轴连杆颈和主轴颈以及轴承的磨损。

汽车拖挂后单位里程的发动机曲轴转数也要比单车工作时增加较多,也使发动机加快磨损。另外,随着曲轴转数的增加,对发动机某些机件的磨损也发生影响,如分电器的触点和火花塞电极工作次数增加,磨损也加快。

(2) 对传动系使用寿命的影响

汽车拖带挂车后,由于拖挂重量较大,起步阻力增大。为避免传动系受到冲击载荷,起步时须缓慢而平顺地接合离合器。单车起步时离合器接合延续时间一般约为0.5～2.0 s,拖带挂车后应增加到5 s,有时甚至更长。因此,易于引起离合器摩擦片温度升高而较快地磨损。传动系的变速器、传动轴、主减速器和差速器,由于传递的功率和转矩增加,使齿轮,齿槽和轴承所受到的压力增加。齿轮与齿轮的啮合间隙和工作面要求相应比单车要求严格,否则会引起齿轮的异常磨损。另外,由于汽车拖挂后在中间挡行驶的时间加长,所以,变速器2、3挡齿轮的磨损也较显著。

(3) 对车架和行走系使用寿命的影响

汽车拖挂后起步、换挡、加速和在不平道路上行驶时,均增加了牵引挂钩上的交变载荷,这些巨大的冲击力,使车架的纵、横梁承受额外的应力,常导致车架产生裂纹和紧固连接部分的松动。起步加速时的冲击力使钢板弹簧的反应转矩和纵向推力增加,特别易引起后悬挂上连接螺栓的松动。

由于拖挂后驱动力(牵引力)增加使驱动轮打滑的次数较多,因而轮胎磨损比单车大。如有的地区东风汽车行驶40 000 km左右就出现了轮胎严重磨损、早期报废现象。

(4) 对制动系使用寿命的影响

由于汽车总重量增加,制动距离增大,特别是在高岭山区公路使用,制动器的使用时间长,使用条件恶劣,制动强度增加,所以,制动磨擦片的使用寿命降低(约5 000 km)。因此,汽车拖挂后应加强对制动器及其驱动机构技术状况的检验、调整,润滑作业,以使汽车获得最佳制动效能。

由于上述的影响,不言而喻,汽车拖挂后寿命将降低,大修间隔里程将缩短。

2.7 汽车动力性的试验

2.7.1 汽车动力性指标

1) 底盘输出功率检验标准

汽车底盘输出功率的限值见《汽车动力性台架试验方法和评价指标》(GB/T18276-2000)的规定。

2) 滑行性能检测标准

(1) 用底盘测功机检测或路试时，初速度为 30 $km \cdot h^{-1}$的滑行距离，应符合表 2.8 的规定。

(2) 测得的滑行阻力 P_s，应符合

$$P_s \leqslant 1.5\% M \cdot g$$

式中，P_s——滑行阻力(N)；

M——汽车的整备质量(kg)；

g——重力加速度，9.8 $m \cdot s^{-2}$。

(3) 车辆的滑行性能符合上述(1)、(2)条中任一项即为合格。

表 2.8　车辆滑行距离要求

汽车整备质量 M(kg)	双轴驱动车辆滑行距离(m)	单轴驱动车辆滑行距离(m)
$M<1\ 000$	≥104	≥130
$1\ 000 \leqslant M \leqslant 4\ 000$	≥120	≥160
$4\ 000<M \leqslant 5\ 000$	≥144	≥180
$5\ 000<M \leqslant 8\ 000$	≥154	≥230
$8\ 000<M \leqslant 11\ 000$	≥200	≥250
$M>11\ 000$	≥214	≥270

2.7.2 汽车动力性试验方法

汽车动力性试验方法一般采用道路试验和室内台架试验两种。

1) 汽车动力性的道路试验

(1) 试验条件

①试验汽车的装载质量为厂定的最大装载质量，且装载物均匀分布，固定牢靠，不因潮湿等条件变化而改变其质量。

②轮胎气压应符合该试验车技术条件的规定，误差不超过±10 kPa。

③试验车使用的燃料、润滑油(脂)、制动液的牌号和规格均应符合该车技术条件和现行国家标准的规定，同一次试验必须使用同一批燃料和润滑油。

④试验必须在无雨无雾的天气中，相对湿度小于 95%，气温 0～40℃，风速不大于 3 $m \cdot s^{-1}$。

⑤试验道路应是清洁、干燥、平坦的混凝土或沥青铺成的平直路面，长 2～3 km，宽不小于 8 m，纵向坡度在 0.1%以内。

⑥试验用仪器、设备必须经过检查，符合精度要求。

(2) 试验仪器

道路试验通常采用五轮仪或非接触式汽车速度计来进行记录汽车行程、车速、

时间。

五轮仪主要由主机、第五轮传感器和脚踏开关等部分组成。检测时把第五轮安装在汽车车身上(汽车本身有四个轮子,传感器为第五轮,故称五轮仪),使其能够在地面上滚动。第五轮支架上,装有一磁电式速度传感器,其磁头靠近圆盘矩形齿。第五轮旋转时,磁头与矩形齿间的间隙周期性变化,引起传感器线圈的磁通量也发生相应变化,主机可据此计算出汽车行驶距离及行驶速度。

有些五轮仪采用了光电式速度传感器,还有一些采用了非接触式速度传感器。非接触式速度传感器没有滚动的第五轮,检测时把传感器安装在汽车保险杠(或其他部位)下部,这种传感器可以向路面发射某种波束,并能接收路面的反射波,根据反射波的变化情况,可测出汽车的行驶速度。

五轮仪主机由单片计算机控制,有传感器信号接口、键盘、显示器、微型打印机等部分,如图 2.16 所示。第五轮、脚踏开关等传感器产生的电信号经电缆线输送到主机,再经主机放大、处理、运算后,在显示器上显示出检测过程的数据变化及检测结果,微型打印机可把检测结果及检测过程中汽车行驶速度的变化曲线打印出来,还可以通过键盘输入检测项目及预先设定的初始值等。

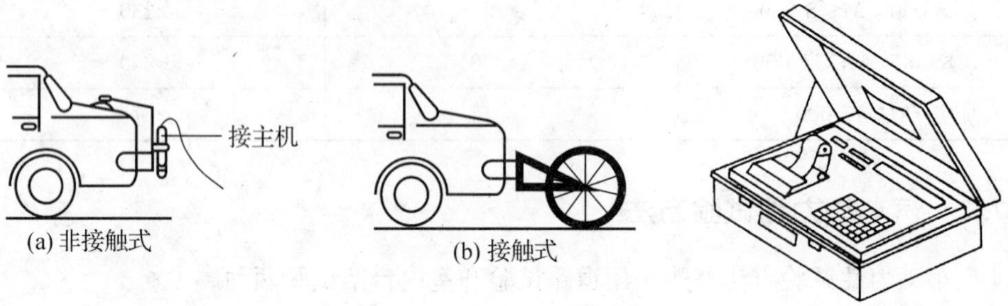

图 2.16　五轮仪

(3) 试验内容

汽车最高车速试验　在符合试验条件的道路上,选择中间 200 m 为测量路段,并用标杆做好标志,测量路段两端为试验加速区间。选择合适的加速区间,使汽车在驶入测量路段前能够达到最高的稳定车速。试验汽车在加速区间以最佳的加速状态行驶,在到达测量路段前保持变速器(及分动器)在汽车设计最高车速的相应挡位,节气门全开,使汽车以最高稳定车速通过测量路段,以秒表或光电测时仪记录通过时间(也可以用五轮仪直接测出汽车车速)。试验往返各进行一次,记录试验结果。

(4) 汽车加速性能测定

汽车最高挡或次高挡加速性能试验,是在试验路段上选取合适长度的路段,作为加速性能的测试路段,在两端放置标杆作为记号。汽车在变速器预定挡位,以稍高于该挡最低稳定车速起(选 5 的整数倍的速度,如 30 $km \cdot h^{-1}$、35 $km \cdot h^{-1}$,40 $km \cdot h^{-1}$)作等速行驶，用五轮仪监测初速度；当车速稳定后（$\pm 1\ km \cdot h^{-1}$），驶入试验路段，迅速将加速踏板踏到底，使汽车加速行驶至该挡最高车速的 80%以上；对于轿车应达到 $100\ km \cdot h^{-1}$以上；用五轮仪记录汽车的初速度和加速行驶的全过程。试验往返各进行一次，往返加速试验的路段应是同一段道路。

汽车起步连续换挡加速性能试验时，将汽车停于试验路段一端，变速器置于该车的起步挡位（1 挡或 2 挡），迅速起步，并将加速踏板快速踏到底，使汽车尽快加速行驶，当发动机达到最大功率转速时，力求迅速无声地换挡，换挡后立即将加速踏板快速踏到底，用五轮仪测定汽车加速行驶的全过程，往返各进行一次，往返试验的路段应是同一段道路，记录试验结果。

2）汽车动力性的室内台架试验

（1）室内台架试验原理

汽车动力性的室内台架试验是在底盘测功机上完成。在底盘测功机上检测汽车动力性时，驱动车轮放置在滚筒表面驱动滚筒旋转，测功机以滚筒表面模拟路面，加载装置通过给滚筒加载，模拟各种阻力；测量装置可以测出驱动车轮上的输出功率或驱动力。

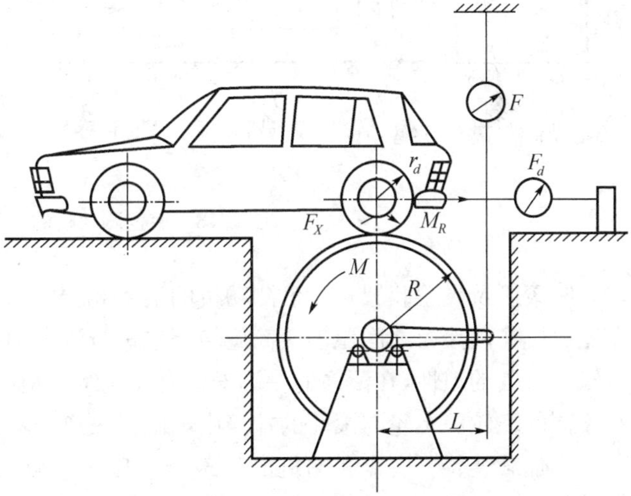

图 2.17　汽车动力性的室内台架试验原理

底盘测功机的转鼓轴端装有液力或电子测功器，测功器能产生一定阻力矩，以调节转鼓转速，控制汽车驱动轮的转速（见图 2.17）。

汽车驱动轮施加于转鼓的力矩由测力装置求出

$$M=FL$$

式中，L——测功器外壳测力臂长；

F——测力臂上拉力。

此外，由固定汽车的钢丝绳上拉力表测得挂钩拉力 F_d，$F_d=F_x$。由驱动轮力矩平衡得

$$M_t=F_x r_d+M_R$$

由转鼓力矩平衡得 $M=F_x R-M_R$。则驱动力

$$F_t=\frac{M_t}{r_d}=\frac{F_d(r_d+R)-FL}{r_d}$$

测出各种车速下，节气门全开时的 F_d 和 F 值，即可得到汽车的驱动力——车速曲

线图。

(2) 底盘测功机的基本构造

底盘测功机主要由滚筒装置、加载装置、飞轮装置、测量装置、控制与指示装置和辅助装置等部分组成,各部分支撑在型钢焊接成的框架上。图 2.18 为某型底盘测功机机械部分结构示意图。

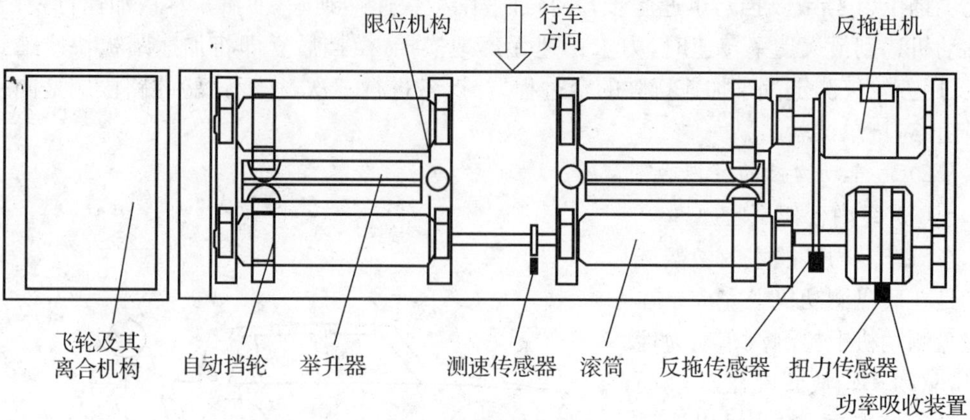

图 2.18　底盘测功机的结构

①滚筒及飞轮装置　底盘测功机的滚筒相当于一个连续移动的路面,被测汽车的车轮放置在两滚筒之间驱动滚筒旋转。在进行汽车加速性能、滑行性能检测时,为了模拟汽车行驶的惯性,在滚筒的一端安装有飞轮组。检测时根据汽车质量的不同,挂接大小不同的飞轮。飞轮与滚筒的挂接由电磁操纵离合器或气压传动离合器控制。

②加载装置　底盘测功机的加载装置用于吸收和测量驱动车轮上的功率和驱动力。加载装置就是测功器,有水力式、电力式、电涡流式等。电涡流式测功器使用较多。

电涡流式测功器主要由定子和转子两部分组成。在定子四周装有励磁线圈,转子与测功机主动滚筒相连,在定子中间转动。当励磁线圈通以直流电时,线圈周围的定子、转子之间产生磁场。转子的外圆周上加工或镶有齿环,其齿顶与定子励磁线圈之间有很小的空气间隙。主动滚筒带动转子在磁场中转动时,转子边缘的齿环上会产生涡电流,该涡电流存在于定子磁场中,使转子产生一个与其转动方向相反的转矩。由于转子与滚筒相连,相当于给滚筒施加了一个转动阻力,这样就模拟了汽车在道路上行驶的阻力。调节定子励磁电流的大小,可改变磁场强度,因而可以方便地调节测功器的制动力矩。

③测量装置　驱动车轮的输出功率是根据测出的转速、转矩或车速、驱动力计算得出的。测量装置包括测力装置、测速及测距装置。

④控制与指示装置　控制与指示装置以微机为核心,对各传感器输送过来的电信号进行运算、处理,指示出检测结果。同时,根据试验要求,对加载负荷、试验车速等进

行控制调节。

⑤辅助装置　辅助装置包括举升装置、冷风装置和纵向约束装置等。举升装置是为方便汽车驶入、驶出而在两滚筒之间设立的举升器和托板，举升器主要有气压式（汽缸式或气囊式）、液压式（液压油缸）和机械式（机械千斤顶）等；冷风装置是可移动的风扇或冷风机，由于汽车在底盘测功机上试验时没有迎面风，采用冷风装置可以加强发动机及驱动车轮轮胎的散热；纵向约束装置是在汽车前后设置的钢索或三角木，防止试验时驱动车轮驶出测功机。

（3）底盘测功机的基本功能

底盘测功机是一种不解体检验汽车动力性能的室内试验设备，利用功率吸收装置模拟汽车在实际行驶时所受的空气阻力、滚动阻力及底盘传动阻力等，测定汽车的动力性能以及检测汽车的技术状况，诊断汽车故障。一般具有以下功能：

①车辆底盘输出功率检测

可按额定转矩工况额定功率工况或自定义工况进行功率检测，并可进行驱动轮输出功率试验，绘制驱动轮输出功率曲线。

②加速、滑行性能检测

按系统设定的测试范围测量汽车的加速时间和滑行距离。

③速度表、里程表检测

按系统设定的测试点进行车速表误差与里程表误差校验。

④反拖阻力测试

在测功机上加装由变频器、电机、测力传感器系统和同步带组成的反拖装置，可实现 GB/T 18276－2000 规定的反拖阻力测试要求。在 0～100 $km \cdot h^{-1}$ 范围内，对测功机台架空转阻力、汽车车轮滚动阻力、汽车底盘传动系阻力进行测量和效率计算。

⑤燃油经济性试验

将油耗仪联网后，在驾驶员的配合下（控制到预设速度），系统根据预设模拟路面行驶需加载阻力的大小，控制电涡流测功器进行阻力模拟加载，控制稳定后由油耗仪测取百公里油耗。

⑥ASM 尾气简易工况法试验

增配专用尾气分析仪，可在测功机上进行 ASM5025 工况、ASM2540 工况的汽车排气污染物测量。

3 汽车燃料经济性

3.1 汽车燃料经济性的评价指标

汽车燃料经济性是指汽车以最少的燃油消耗量完成单位运输工作的能力，它是汽车的主要使用性能之一。

发动机的燃料经济性通常由有效燃料消耗率 g_e 或有效效率 η_e 来评价。因其未能反映发动机在具体汽车上的功率利用情况与行驶条件两因素的影响，所以，它不能直接用以评价整个汽车的燃料经济性。

为了评价整个汽车的经济性，应将上述两因素同时考虑，而选取单位行驶里程的燃油消耗量[单位：当燃料按质量计算时为 $kg\cdot(100\ km)^{-1}$，当燃料按容积计算时为 $L\cdot(100\ km)^{-1}$]或单位运输工作的燃料经济性[单位：[$kg\cdot(100\ t\cdot km)^{-1}$；$kg\cdot(1\,000$ 人·千米$)^{-1}$；$L\cdot(100\ t\cdot km)^{-1}$；$L\cdot(1\,000$ 人·千米$)^{-1}$]作为评价指标。前者用于比较相同容载量的汽车燃料经济性，也可用于分析不同部件（如发动机、传动系等）装在同一汽车上对汽车燃料经济性的影响；后者常用于比较评价不同容载量的汽车燃料经济性。其数值越大，汽车燃料经济性越差。

3.1.1 百公里燃油消耗量

百公里燃油消耗量是指汽车在一定运行工况下行驶 100 km 的燃油消耗量。一般情况下，燃油消耗量采用容积（升）计算，百公里油耗是最常采用的燃油经济性评价指标。

根据不同的测试条件，百公里油耗又分为等速行驶百公里油耗、多工况百公里油耗、一般道路平均百公里油耗等。

1）等速百公里燃油消耗量

等速百公里燃油消耗量，是常用的一种评价指标，指汽车在一定的载荷下(GB/T 12545.1－2001、GB/T 12545.2－2001)，以最高挡在水平良好路面上等速行驶 100 km 的燃油消耗量。通常是测出每隔 10 $km\cdot h^{-1}$ 速度间隔的等速百公里燃油消耗量，然后在图上连成曲线，称为等速百公里燃油消耗量曲线，用它来评价汽车的燃油经济性，如图 3.1 所示。

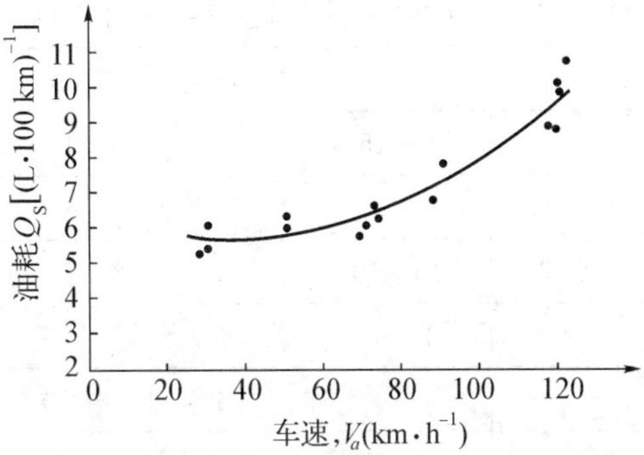

图 3.1　汽车等速行驶百公里燃油消耗量曲线

不同车型的等速百公里油耗曲线差别较大，但大多数车型在中等车速范围的百公里油耗较低。

2) 循环工况行驶百公里燃油消耗量

等速百公里油耗不能全面反映汽车的实际运行情况，特别是在市区行驶中频繁使用的加速、减速、怠速、停车等行驶工况。因此，各国根据本国的道路、交通状况制定了一些典型的循环工况来模拟汽车的实际运行工况，并以其百公里油耗来评定相应工况的燃油经济性。

多工况燃油消耗量是按照规定的多工况循环试验得出的车辆百公里油耗。多工况循环行驶试验规定了车速—时间行驶规范，确定了何时换挡、何时制动以及行车的速度、加速度等数值。多工况循环试验规定严格，大多是在室内汽车底盘测功机上进行，简单的循环工况也可在道路上完成。

(1) 我国多工况法

我国制定了乘用车模拟城市工况循环燃油消耗量试验方法（GB/T 12545.1－2001）和商用车模拟城市工况循环燃油消耗量试验方法（GB/T 12545.2－2001）。其中，规定乘用车采用十五工况试验法、商用车采用六工况试验法、城市客车采用四工况试验法。

①十五工况法

我国的《乘用车燃油消耗量试验法》（GB/T 12545.1－2001）规定了模拟城市工况循环燃油消耗量试验法——即十五工况法。

十五工况法严格规定了每一个工况的运转次序、加速度、速度、每次运转时间、变速器挡位等数值，十五工况法的累计时间为 195 s。乘用车十五工况循环试验参数和方法见表 3.1 和图 3.2。

表 3.1　乘用车十五工况循环试验参数

工况	运转次序	加速度 (m·s⁻²)	速度 (km·h⁻¹)	每次时间		累计时间	手动变速器使用挡位
				运转(s)	工况(s)		
1	1 怠速	—	—	11	11	11	6sPM① ＋5sK₁②
2	2 加速	1.04	0→15	4	4	15	1
3	3 等速	—	15	8	8	23	1
4	4 等速	−0.69	15→10	2	5	25	1
	5 减速离合器脱开	−0.92	10→0	3		28	K_1
5	6 怠速	—	—	21	21	49	16sPM＋5sK₁
6	7 加速	0.83	0→15	12	12	54	1
	8 换挡					56	—
	9 加速	0.94	15→32			61	2
7	10 等速	—	32	24	24	85	2
8	11 减速	−0.75	32→10	8	11	93	2
	12 减速离合器脱开	−0.92	10→0	3		96	K_2
9	13 怠速	—	—	21	21	117	16sPM＋5sK₁
10	14 怠速	0.83	0→15	26	26	122	1
	15 换挡					124	—
	16 加速	0.62	15→35			133	2
	17 换挡					135	—
	18 加速	0.62	35→50			143	3
11	19 等速		50	12	12	155	3
12	20 减速	0.52	50→35	8	8	163	3
13	21 等速	—	35	13	13	176	3
14	22 换挡	—	—	12	12	178	
	23 减速	−0.86	32→10			185	2
	24 减速离合器脱开	−0.92	10→0			188	K_2
15	25 怠速	—	—	7	7	195	7sPM

注：①—PM 指变速器在空挡，离合器接合；

②—K_1(或 K_2)指变速器挂 1 挡(或 2 挡)，离合器脱开。

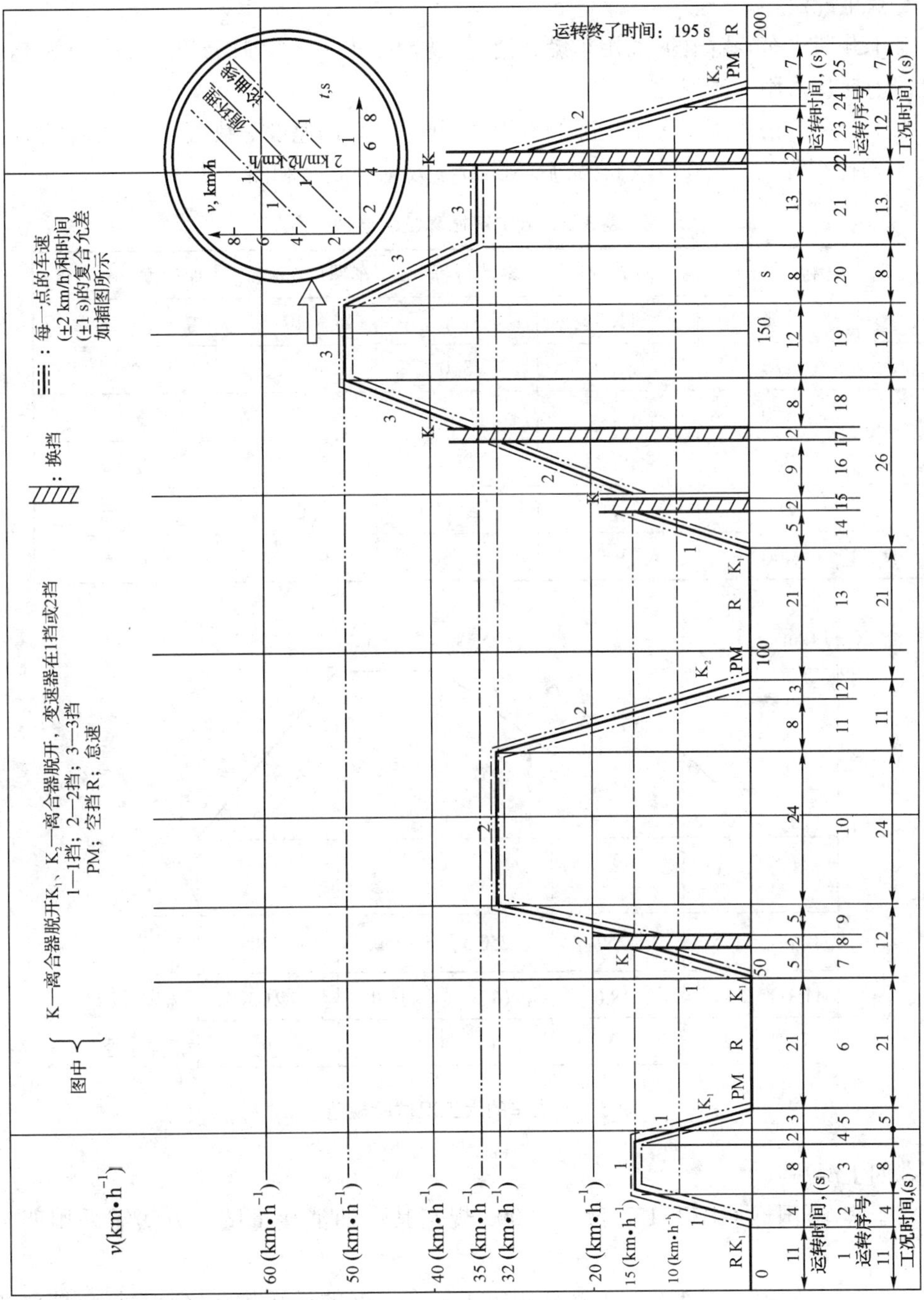

图3.2 乘用车的十五工况循环试验规范

②六工况法

对于载荷汽车，我国的《商用车燃料消耗试验方法》(GB/T 12545.2－2001)规定了其燃油消耗量采用六工况法。

六工况法严格规定了每个工况的行程、时间、车速、加速度等数值，一次循环共需要96.2 s，累计行程为1 350 m，六工况循环试验参数见表3.2和图3.3。

表3.2　六工况循环试验参数

工况	行程(m)	时间(s)	累计行程(m)	车速($km \cdot h^{-1}$)	加速度($m \cdot s^{-2}$)
1	125	11.3	125	40	—
2	175	14.0	300	40～50	0.2
3	250	18.0	550	50	—
4	250	16.3	800	50～60	0.17
5	250	15.0	1 050	60	—
6	300	21.6	1 350	60～40	0.26

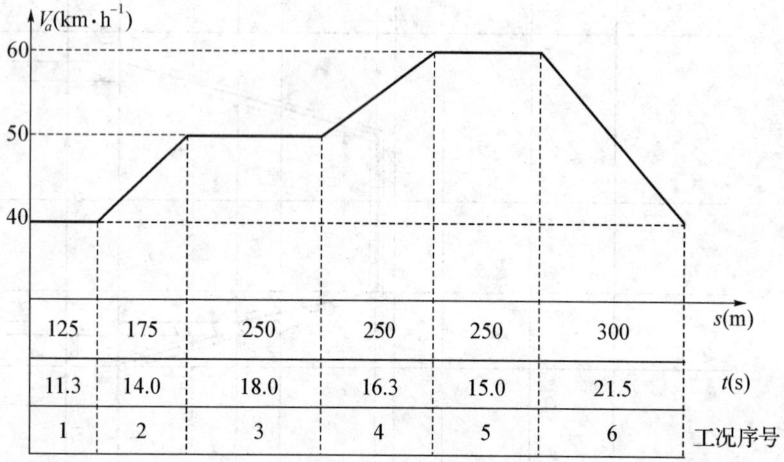

图3.3　货车的六工况试验规范

③四工况法

对于客车，国标GB/T 12545.2－2001规定其燃油消耗量试验方法需采用四工况法。

与六工况法相似，四工况法亦严格规定了每个工况的运转状态、行程时间、挡位和车速等数值。每完成一个循环需要72.5(或75.7)s，累计行驶为700 m。四工况循环试验参数见表3.3和图3.4。

表 3.3　城市客车和双层客车四工况循环试验参数

工况序号	运转状态 (km·h^{-1})	行程(m)	累计行程 (m)	时间 (min)	变速器挡位及换挡车速 (km·h^{-1})	
					挡位	换挡车速
1	0～25 换挡加速	5.5	5.5	5.6	2～3	6～8
		24.5	30	8.8	3～4	13～15
		50	80	11.8	4～5	19～21
		70	150	11.4	5	
2	25	120	270	17.2	5	
3	(30)25～40	160	430	(20.9)17.7	5	
4	减速行驶	270	700		空挡	

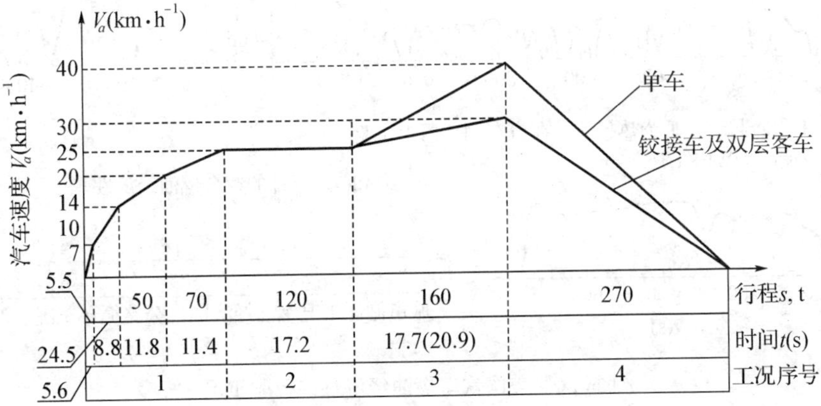

图 3.4　客车的四工况试验循环规范

(2) 欧洲多工况法

欧洲经济委员会(ECE)规定，要测量车速为 90 km·h^{-1}和 120 km·h^{-1}的等速百公里燃油消耗量和按 ECE - R.15 循环工况的百公里燃油消耗量，并各取 1/3 相加作为混合百公里燃油消耗量来评定汽车燃油经济性(见图 3.5)。

(3) 美国多工况法

美国环境保护局(EPA)规定，要测量城市循环工况(UDDS)及公路循环工况(HW—FET)的燃油经济性(单位为每加仑燃油汽车行驶英里数)，并按下式计算综合燃油经济性(单位为 mile·gal^{-1})：

$$综合燃油经济性=\cfrac{1}{\cfrac{0.55}{城市循环工况燃油经济性}+\cfrac{0.45}{公路循环工况燃油经济性}}$$

以它作为燃油经济性的综合评价指标(见图 3.6)。

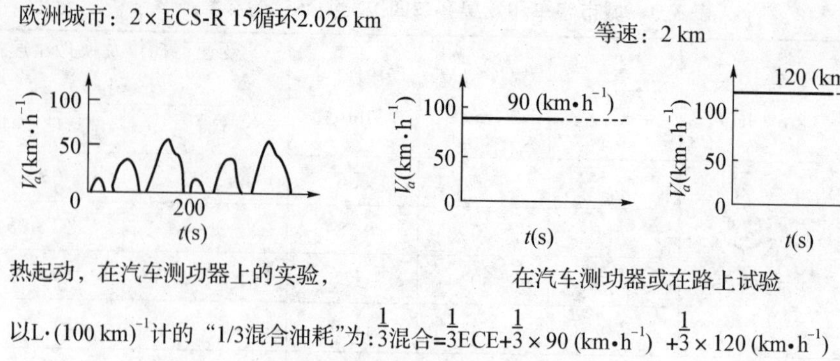

图 3.5 欧洲汽车燃油经济性的行驶工况

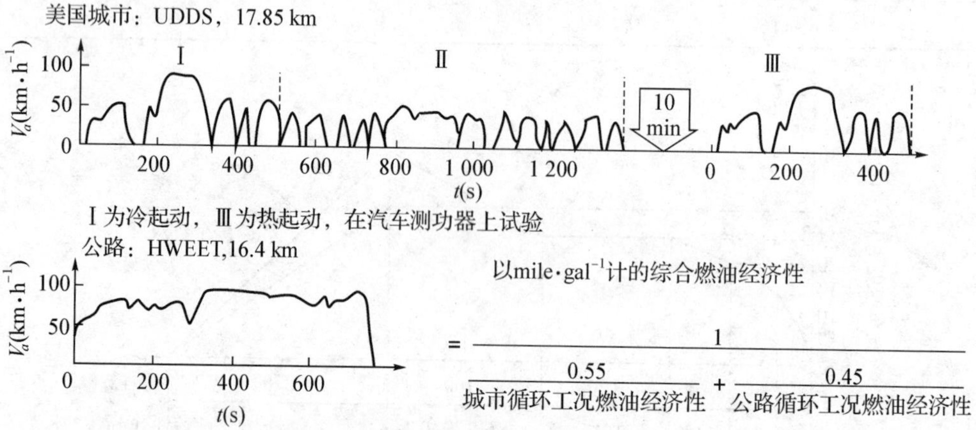

图 3.6 美国汽车燃油经济性的行驶工况

3.1.2 其他评价指标

1）百吨或千人公里燃油消耗量

汽车运输企业还常用完成每百吨公里或千人公里运输工作量的燃油消耗量来表示汽车的燃油经济性，该指标便于比较不同装载量汽车的燃油经济性。表示方法如下

$$Q_t=\frac{100q}{W\times s} \quad 或 \quad Q_P=\frac{1\ 000q}{N\times s}$$

式中，Q_t——汽车百吨公里油耗[L·(ht·km)$^{-1}$]；

W——汽车载质量(t)；

q——汽车通过测试路段的燃油消耗量(mL)；

s——汽车行驶里程(m)；

Q_P——汽车千人公里油耗[L·(kp·km)$^{-1}$]；

N——载客量(p 或人)。

利用百吨公里或千人公里燃油消耗量，参考道路状况及其他纠正参数，可以合理确定商用车的燃油消耗定额，进行汽车运输成本分析核算。

2) MPG

在美国、英国等一些国家则用MPG($mile \cdot gal^{-1}$)表示法作为汽车燃油经济性的指标，即用每消耗1加仑的燃油汽车行驶的英里数来表示(1mile＝1.609 3 km，1美加仑(US gal)＝3.785 L，1英加仑＝4.546 L)，相同载质(客)量的汽车，该数字越大，说明该车的燃油经济性越好。

3) 汽车平均燃料消耗特性

由于汽车在使用过程中载荷和道路条件对汽车燃料的消耗影响很大，可用平均燃料运行消耗特性来评价汽车的燃料经济性。平均运行燃料消耗特性是指在不同的道路条件下，燃油消耗量与有效载荷之间的关系。图3.7中a、b、c、d各曲线表示不同的道路条件下的最小燃油消耗量。其中a表示最好的道路条件，d表示最坏的道路条件。

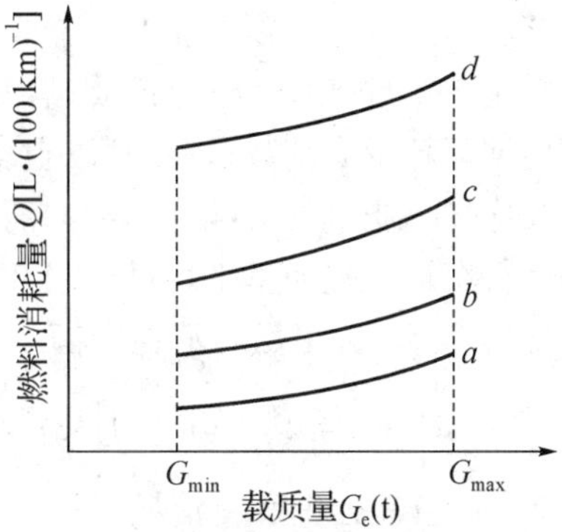

图3.7 平均运行燃料消耗特性曲线

平均燃料运行消耗特性是用道路试验方法求得的。试验方法是：

(1) 在某一种道路条件下，分别测量各种不同装载质量时的燃油消耗量[$L \cdot (100\ km)^{-1}$]，而得到相应道路条件下的平均燃料运行消耗特性。试验时，汽车应按照通常在该种道路和装载质量情况下行驶时的平均技术速度行驶(不可规定为匀速行驶)。

(2) 按同样的方法在其他类型的道路条件下做不同装载质量的运行试验。

为使试验结果更为准确，试验要求：

①有一定数量的试验汽车(至少有3辆)，且技术状况良好；

②选择具有代表性的路线，且同一路线上的路面质量应相同，路线长度不短于100 km；

③同一参数的测定至少应重复3次，并应在相同的气候条件和相同的交通量的条件下进行。

由此可见，平均燃料运行消耗特性反映了车辆类型、道路条件、交通量、装载质量以及气候等因素对燃料消耗的影响，可用来比较全面地评价汽车使用中的燃料经济性。

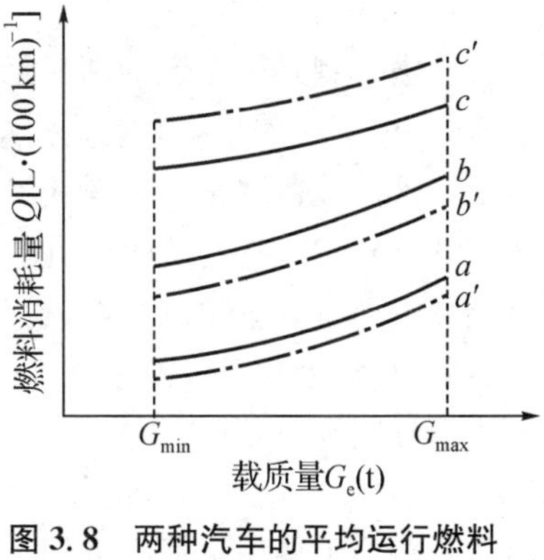

图3.8 两种汽车的平均运行燃料消耗特型的比较

当掌握了同一类型的两种汽车的平均燃料运行消耗特性时，如图3.8所示，也可进行比较。图中实线和虚线分别代表两种汽车的平均燃料运行消耗特性，a、a'表示良好道路条件，b、b'表示一般道路条件，c、c'表示坏道路条件。由图3.8可见，在良好道路条件和一般道路条件运行时，虚线车辆的平均燃料运行消耗特性优于实线车辆；而在坏道路条件运行时，实线车辆的平均燃料运行消耗特性反而优于虚线车辆。所以，用平均燃料运行消耗特性进行比较可作为车辆合理选用的依据之一。

对于典型路线试验得到的平均燃料运行消耗特性，可作为运输企业制定燃料消耗定额的依据。

4）燃料消耗定额

燃料消耗定额是指汽车每行驶百车公里或完成百吨公里所消耗燃料的限额，它是考核单车和汽车运输企业在运输生产中物料消耗的主要定额指标之一。燃料消耗定额通常是按车型、使用条件、载质（客）量和燃料种类等分别制定。客车一般按百车公里平均燃油消耗量为基数；货车则以空车百车公里平均燃油消耗量为基数，再按其实际载质量及拖挂总质量的百吨公里燃油消耗量为附加数，进行考核。对汽车运输企业，则按全部运行车辆百吨公里平均燃油消耗量为基数进行考核。

（1）百车公里燃料消耗定额

$$\text{百车公里燃料平均消耗量}=\frac{\text{燃料实际消耗量}}{\text{总行驶里程}}\times 100[\mathrm{L}\cdot(\text{百车km})^{-1}]$$

（2）百吨公里燃料消耗定额

$$\text{百吨公里燃料平均消耗量}=\frac{\text{燃料实际消耗量}}{\text{实际完成周转量}}\times 100[\mathrm{L}\cdot(\text{百吨km})^{-1}]$$

燃料消耗定额是个综合性的考核指标。要降低燃料消耗定额一方面要提高驾驶员的操作技术水平和提高车辆的技术状况；另一方面调度人员要根据运输任务的批量大小、气象与道路条件，合理地确定营运路线，科学地调派车辆，以保证运输任务的完成。因此，燃料消耗定额能反映技术与经济的综合管理效果。

3.1.3 汽车燃油消耗量标准

1）乘用车油耗标准

我国控制乘用车燃油消耗量的第一个强制性国家标准《乘用车燃油消耗量限值》，于 2004 年 9 月 2 日经国家质检总局和国家标准委员会批准发布，2005 年 7 月 1 日正式实施。该标准适用于以点燃式发动机或压燃式发动机为动力，最大设计车速大于或等于 50 km·h^{-1}，最大设计总质量不超过 3 500 kg 的 M 类车辆（包括驾驶员座位在内，座位数不超过 9 座位的载客汽车）。该标准按照整车整备质量规定了乘用车燃油消耗量的限值，对于新开发车型从 2005 年 7 月 1 日开始执行第一阶段限值要求，第二阶段的执行日期为 2008 年 1 月 1 日。对于在生产车型，从 2006 年 7 月 1 日开始执行第一阶段限值要求，第二阶段的执行日期为 2009 年 1 月 1 日，比新开发车型推迟 1 年实施。表 3.4 给出了各质量段内乘用车应达到的燃油消耗量限值。具体测量方法按照 GB/T 19233－2003《轻型汽车燃油消耗量试验方法》进行。

表 3.4　乘用车燃油消耗量限值(GB 19578 - 2004)

整车整备质量(CM)(kg)	手动挡且 2 排座椅		自动挡或 3 排及 3 排以上座椅	
	第一阶段	第二阶段	第一阶段	第二阶段
CM≤750	7.2	6.2	7.6	6.6
750<CM≤865	7.2	6.5	7.6	6.9
865<CM≤980	7.7	7.0	8.2	7.4
980<CM≤1090	8.3	7.5	8.8	8.0
1 090<CM≤1 205	8.9	8.1	9.4	8.6
1 205<CM≤1 320	9.5	8.6	10.1	9.1
1 320<CM≤1 430	10.1	9.2	10.7	9.8
1 430<CM≤1 540	10.7	9.7	11.3	10.3
1 540<CM≤1 660	11.3	10.2	12.0	10.8
1 660<CM≤1 770	11.9	10.7	12.5	11.3
1 770<CM≤1 880	12.4	11.1	13.1	11.8
1 880<CM≤2 000	12.8	11.5	13.6	12.3
2 000<CM≤2 110	13.2	11.9	14.0	12.6
2 110<CM≤2 280	13.7	12.3	14.5	13.0
2 280<CM≤2 510	14.6	13.1	15.5	13.9
2 510<CM	15.5	13.9	16.4	14.7

注:对于新认证车,第一阶段的执行日期为 2005.7.1,第二阶段的执行日期为 2008.1.1。
对于在生产车,第一阶段的执行日期为 2006.7.1,第二阶段的执行日期为 2009.1.1。

标准规定汽车在模拟城市和市郊的运转循环下,通过测定排放的二氧化碳(CO_2)、一氧化碳(CO)和碳氢化合物(HC)的排放量,用碳平衡法计算出燃油消耗量。测量方法中的运转循环为 GB 18352.2 - 2001(GB 18352.3 - 2005)附录 C 的附件 CA 中所述的模拟市区和市郊行驶工况的试验循环。这个试验循环由一部(市区运转循环)和二部(市郊运转循环)组成,如图 3.9 所示。一部由四个市区运转循环单元构成,市区运转循环单元平均车速为 19 $km \cdot h^{-1}$,总计时间为 780 s,其当量行驶距离为 4.052 km;市郊运转循环平均车速 62.6 $km \cdot h^{-1}$,最大车速 120 $km \cdot h^{-1}$,时间为 400 s,当量行驶距离为6.955 km。试验在专用的底盘测功器上进行,用专用仪器测出排气中以克每公里($g \cdot km^{-1}$)计的 CO_2、CO 及 HC 的排放量。用碳平衡法便可求得燃油消耗量。

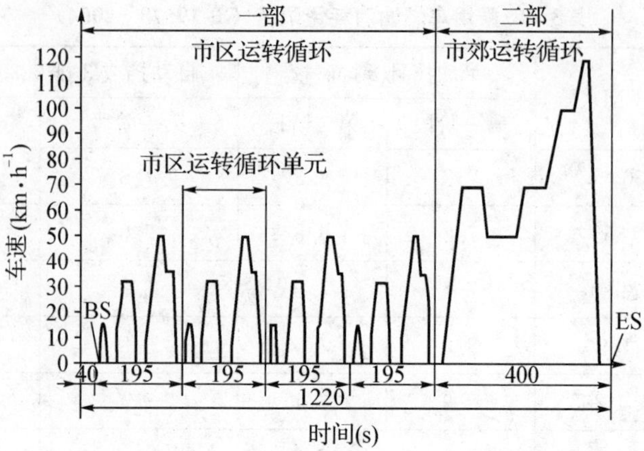

图 3.9　GB 18352.2－2001 标准中试验用的运转循环

2）货车油耗标准

为节约能源，保护环境，国家对现生产及计划投产的载货汽车规定了百吨公里燃油消耗量限值，要求车辆在满足动力性的前提下，其百吨公里油耗应符合“载货汽车燃油消耗量限值表”的规定，见表 3.5、表 3.6、表 3.7。

表 3.5　汽油载货汽车燃油消耗量限值

汽车总质量(t)	燃油消耗量 [L·(100 t·km)$^{-1}$]	汽车总质量 (t)	燃油消耗量 [L·(100 t·km)$^{-1}$]
2.5～4.0	4.05～3.17	>9.0～12.0	2.64～2.50
>4.0～6.0	3.15～2.83	>12.0～15.0	2.48～2.39
>6.0～9.0	2.82～2.65		

表 3.6　柴油载货汽车燃油消耗量限值

汽车总质量(t)	燃油消耗量 [L·(100 t·km)$^{-1}$]	汽车总质量 (t)	燃油消耗量 [L·(100 t·km)$^{-1}$]
2.5～4.0	2.82～2.16	>9.0～12.0	1.68～1.55
>4.0～6.0	2.14～1.88	>12.0～15.0	1.53～1.43
>6.0～9.0	1.86～1.76		

表 3.7　重型载货汽车燃油消耗量限值

汽车总质量(t)	燃油消耗量 [L·(100 t·km)$^{-1}$]	汽车总质量 (t)	燃油消耗量 [L·(100 t·km)$^{-1}$]
>15～17	1.42～1.40	>22～26	1.37～1.33
>17～22	1.39～1.37	>26～32	1.32～1.30

3.2 汽车燃油经济性的计算

3.2.1 利用万有特性图与汽车功率平衡图进行燃油消耗量的计算

在汽车设计与开发工作中，常需要根据发动机台架试验得到的万有特性图与汽车功率平衡图，对汽车燃油经济性进行估算。下面分析燃油经济性循环行驶试验工况的各个工况如等速行驶、加速、减速和怠速、停车等行驶工况的燃油消耗量计算方法。

1）等速行驶工况燃油消耗量的计算

图 3.10 为一汽油发动机万有特性曲线。在万有特性图上有等燃油消耗率曲线。根据这些曲线，可以确定发动机在一定转速 n，发出一定功率 P_e 时的燃油消耗率 b。为了便于进行计算，按照转速 n 和车速 V_a 的转换关系在横坐标上画出汽车（最高挡）的行驶车速比例尺。此外，计算时还需要汽车在水平路面上等速行驶时，为克服滚动阻力与空气阻力，发动机应提供的功率为 $P=\frac{1}{\eta_T}(P_f+P_W)$。

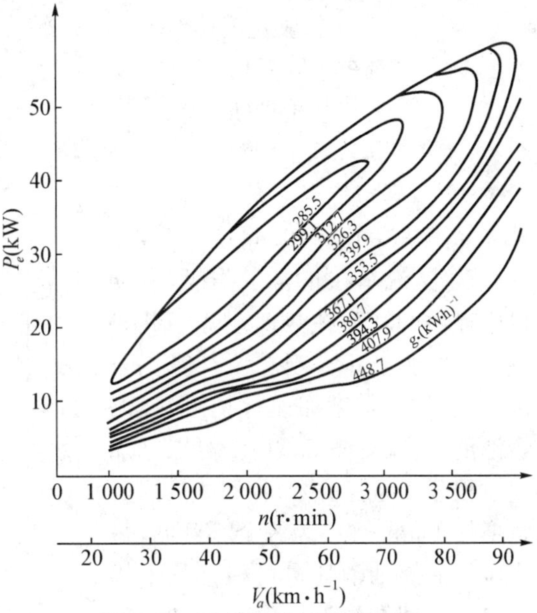

图 3.10 汽油发动机万有特性

根据等速行驶车速 V_a 及阻力功率 P，在万有特性图上（利用插值法）可确定相应的燃油消耗率 b。从而计算出以该车速等速行驶时单位时间内的燃油消耗量 Q_t（单位为 mL·s^{-1}）为

$$Q_t=\frac{Pb}{367.1\gamma}$$

式中，b——燃油消耗率，单位为 g·(kW·h)$^{-1}$；

γ——燃油的重度（N·L^{-1}），汽油可取为 6.96～7.15 N·L^{-1}，柴油可取为 7.94～8.13 N·L^{-1}。

整个等速过程经 S(m)行程的燃油消耗量(mL)为：

$$Q=\frac{PbS}{102V_a\gamma}$$

折算成等速百公里燃油消耗量(L/100 km)为

$$Q=\frac{Pb}{1.02V_a\gamma}$$

2）等加速行驶工况燃油消耗量的计算

在汽车加速行驶时，发动机还要提供为克服加速阻力所消耗的功率。若加速度为 $\frac{dV}{dt}$（单位为 $m \cdot s^{-2}$），则汽车的阻力功率 P(kW)应为

$$P = \frac{1}{\eta_T}(P_f + P_W + P_j)$$
$$= \frac{1}{\eta_T}\left(\frac{G_f V_a}{3\,600} + \frac{C_D A V_a^2}{76\,140} + \frac{\delta m V_a}{3\,600}\frac{dV}{dt}\right)$$

式中，P——功率(kW)；

G——汽车总重力(N)；

V_a——汽车行驶速度($km \cdot h^{-1}$)；

A——汽车迎风面积(m^2)；

m——汽车总质量(kg)；

η_T——传动系的机械效率；

C_D——空气阻力系数；

δ——汽车旋转质量换算系数。

显然，汽车在正常工作时，发动机应提供的功率在数值上等于此时汽车的阻力功率。现在要计算汽车由 V_{a1} 以等加速度加速行驶至 V_{a2} 的燃油消耗量（见图 3.11）。可以把加速过程分隔为若干区间，例如按速度每增加 $1\ km \cdot h^{-1}$ 为一个小区间，每个区间的燃油消耗量可根据其平均的单位时间燃油消耗量与行驶时间之积来求得。小区间划分越细，则结果越精确。整个加速过程的燃油消耗量 Q_a 为各个小区间的燃油消耗量之和，即

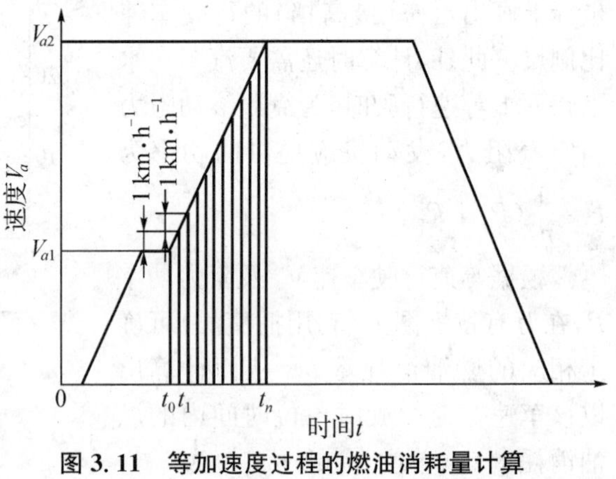

图 3.11　等加速度过程的燃油消耗量计算

$$Q_a = \sum_{i=1}^{n} Q_i = Q_1 + Q_2 + \cdots + Q_n$$

式中，Q_1、Q_2、…、Q_n——各个小区间的燃油消耗量(mL)。

3）等减速行驶工况燃油消耗量的计算

减速行驶时，节气门松开（关至最小位置）并进行轻微制动，发动机处于强制怠速状态，其油耗量即为正常怠速油耗。减速工况燃油消耗量 Q_d 应等于减速行驶时间 t_d 与怠速油耗 Q_i 的乘积，即

$$Q_d = Q_i t_d$$

4）怠速停车时的燃油消耗量

若怠速停车时间为 t_{id}（s），则怠速停车时的燃油消耗量 Q_{id}（mL）应等于怠速停车时间 t_{id} 与怠速油耗 Q_i 的乘积，即

$$Q_{id}=Q_i t_{id}$$

5）整个循环工况的百公里燃油消耗量

对于由等速、等加速、等减速、怠速、停车等行驶工况组成的循环，如 ECE－R.15 和我国货车六工况法等，其整个试验循环的百公里燃油消耗量(L·100 km)$^{-1}$可按下式计算。

$$Q_s=\frac{\sum Q}{S}\times 100$$

式中，Q_s——整个循环工况的百公里燃油消耗量[L·(100 km^{-1})]；

$\sum Q$—— 所有过程油耗量之和(mL)；

S——整个循环的行驶距离(m)。

3.2.2 利用定额计算法进行汽车运行燃油消耗量的计算

确定汽车运行燃油消耗量的方法有多种。定额计算法是一种能反映运输工作，而且计算方便的方法。汽车运行燃油消耗量的影响因素，除汽车结构、工艺水平、车况外，尚有道路、载荷、运距、环境条件(如气温、风、雨、雾、交通情况等)及驾驶水平等，其中包括随机因素、自然因素和人为因素。为了全面地建立数学表达式，需要考虑可等级化和数量化的因素，如道路、载荷、气温、海拔高度等。交通因素将在道路分类中予以考虑，而车况、驾驶水平等因素，尽管它们对运行燃料消耗也有较大影响，但计算时将其视为一般正常水平，而不予以考虑。对风、雨、雾等特殊环境因素，由于它们的影响是局部的、地区性的，而且也难于等级化和数量化，其影响可根据实际情况在制定燃料消耗定额时确定。

汽车运行燃油消耗量的计算式用于计算汽车在不同运行条件下运行时所消耗的燃料限额，以限制和考核汽车运行燃料经济性。它由汽车基本运行燃油消耗量和汽车运行条件修正系数两部分构成。

载货汽车运行燃油消耗量计算公式为

$$Q=\sum_{i=1}^{n}(q_a+q_bW_i+q_c\Delta m)\frac{S_ik_{ri}k_{hi}k_{ti}k_{ri}}{100}$$

大型载客汽车运行燃油消耗量计算公式为

$$Q=\sum_{i=1}^{n}(q_a+q_bN_i+q_c\Delta m)\frac{S_ik_{ri}k_{hi}k_{ti}k_{ri}}{100}$$

小轿车运行燃油消耗量计算公式为

$$Q=\sum_{i=1}^{n}q\frac{S_ik_{ri}k_{hi}k_{ti}k_{ri}}{100}$$

以上三式中，q_a——汽车空驶基本燃油消耗量[L·(100 km)$^{-1}$]；

q_b——货物(旅客)周转量的基本附加燃油消耗量[L·(100 t·km)$^{-1}$][L·(kP·km)$^{-1}$)]；

q_c——整备质量变化的基本附加燃油消耗量[L·(100 t·km)$^{-1}$]；

q——汽车空车质量综合基本燃油消耗量[L·(100 km)$^{-1}$]；

S_i——该运行条件下的行驶里程(km)；

W_i——该运行条件下汽车的载质量(t)；

N_i——该运行条件下乘客人数(P)；

Δm——汽车整备质量增量，其值为汽车实际整备质量与标准给出的汽车整备质量 m_0 之差(t)；

k_{ri}——该运行条件下道路修正系数(见表 3.8)；

k_{hi}——该运行条件下海拔高度修正系数(见表 3.9)；

k_{ti}——该运行条件下气温修正系数(见表 3.10)；

$k_{\gamma i}$——燃油密度修正系数，对于汽油：k_{ri}：$1+0.8(0.742-\gamma_g)$；对于柴油：l：$1+0.8(0.830—\gamma_d)$。γ_g、γ_d 分别为汽油和柴油在气温为 20℃、气压为 100 kPa 时的密度，单位为 g·mL^{-1}。

表 3.8　道路修正系数 k_r

道路类别	公路等级	城市道路等级	修正系数 k_r
1 类道路	平原、微丘一、二、三级公路		1.00
2 类道路	平原、微丘四级公路	平原、微丘地形的一、二、三、四级道路	1.10
3 类道路	山岭、重丘一、二、三级公路	重丘地形的一、二、三、四级道路	1.25
4 类道路	平原、微丘级外公路	级外道路	1.35
5 类道路	山岭、重丘四级公路		1.45
6 类道路	山岭、重丘级外公路		1.70

表 3.9　海拔高度修正系数 k_h

海拔高度 h(m)	≤500	500～1 500	1 500—2 500	2 500—3 500	>3 500
k_h	1.00	1.03	1.07	1.13	1.20

表 3.10　气温修正系数 k_t

月平均气温 t(℃)	>28	28～5	5～−5	−5～−15	−15～−25	<−25
k_t	1.02	1.00	1.03	1.06	1.09	1.13

3.2.3 利用试验法进行燃油消耗量的计算

试验法计算燃油消耗量的计算方法主要有质量法、容积法和碳平衡法等。

1）采用质量法确定燃油消耗量 Q

采用质量法确定燃油消耗量 Q 的计算公式如下：

$$Q=\frac{M}{S\rho_g}\times 100\ [\mathrm{L}\cdot(100\ \mathrm{km})^{-1}]$$

式中，ρ_g——标准温度 20℃下的燃料密度（$\mathrm{kg}\cdot\mathrm{dm}^{-3}$）；

S——试验期间的实际行驶距离（km）；

M——燃油消耗量测量值（kg）。

2）采用容积法确定燃油消耗量 Q

采用容积法确定燃油消耗量 Q 的计算公式如下：

$$Q=\frac{V[1+\alpha(T_0-T_F)]}{S}\times 100\ [\mathrm{L}\cdot(100\ \mathrm{km})^{-1}]$$

式中：V——燃油消耗量（体积）测量值（L）；

α——燃料容积膨胀系数（燃料为汽油和柴油时，该系数为 0.001・℃$^{-1}$）；

T_0——标准温度为 20℃；

T_F——燃料平均温度，即每次试验开始和结束时，在容积测量装置上读取的燃料温度的算术平均值（℃）。

3）碳平衡法

碳平衡法是通过测定排放的二氧化碳（CO_2）、一氧化碳（CO）、碳氢化合物（HC）的碳质量来计算燃油消耗量。

碳平衡法的理论依据是质量守恒定律，即汽（柴）油经过发动机燃烧后，排气中碳质量的总和等于燃烧前的燃油中碳质量总和。

碳平衡法计算汽车燃油消耗量 Q 的方法如下：

$$Q=\frac{0.866\times G}{0.429\times WM\ \mathrm{CO}+0.866\times W_{\mathrm{HC}}+0.273\times W_{\mathrm{CO_2}}}$$

式中，G——1 L 燃油的质量（g）；

W_{CO}——一氧化碳排出量（$\mathrm{g}\cdot\mathrm{km}^{-1}$）；

W_{HC}——碳氢化合物排出量（$\mathrm{g}\cdot\mathrm{km}^{-1}$）；

$W_{\mathrm{CO_2}}$——二氧化碳排出量（$\mathrm{g}\cdot\mathrm{km}^{-1}$）。

3.3 汽车燃料经济性的分析

3.3.1 影响汽车燃料经济性的因素

汽车燃料经济性主要取决于发动机有效燃油消耗率、汽车行驶阻力及汽车传动效率。实际运行过程中,汽车的燃油消耗还与车辆技术状况、驾驶技术以及运行条件有关。

1) 汽车发动机对燃油经济性的影响

发动机的热效率直接影响发动机的有效燃油消耗率,影响汽车的燃油消耗量。而发动机的热效率又取决于发动机的种类、设计与制造水平、负荷率的大小及使用方法。

(1) 发动机种类

与汽油机相比,柴油机热效率高、有效燃油消耗率较低,特别是在部分负荷时,柴油机的有效燃油消耗率比汽油机低许多,这一点对车用发动机尤为有利。现代柴油机的燃油消耗比汽油机要低 20%～45%,同时柴油机排气污染较汽油机小,因此载货汽车尤其是大、中吨位的载货汽车已普遍采用柴油发动机。随着柴油机性能的不断改进,一些小吨位车辆甚至小型轿车也装用柴油发动机。

目前世界各国正在积极推行轻型货车和轿车的柴油化进程,在总质量为 2～5 t 的载货汽车中,德国有 95%左右已用柴油机,日本约为 90%。所以,扩大柴油机的应用范围是改善汽车燃油经济性的主要途径之一。

(2) 压缩比

当发动机压缩比提高时,热效率增加,发动机动力性提高,发动机油耗率降低。

但压缩比过高会引起爆燃和表面点火,同时排气污染严重,因此只能在控制发动机爆燃,满足排放要求的前提下适当提高压缩比,以改善燃油经济性。

(3) 负荷率

由发动机负荷特性可知,在转速一定的情况下,负荷率较高时,有效燃油消耗率较低,发动机在中等转速较高负荷率时,其燃油消耗率最低,经济性较好。但一般汽车在水平良好道路上以正常速度行驶时只用到最大功率的 20%左右,大部分时间都在较低负荷率下工作。因此在保证动力性的前提下,不宜装用功率过大的发动机,以提高发动机功率利用率,同时在使用中,应力求提高发动机负荷率以改善燃油经济性。

改变发动机负荷率的方法,通常是采用闭缸技术,其主要方法是变行程法和变缸法。

变缸法是改变有效汽缸数目,即在中小负荷时,关闭一部分汽缸,而提高另一部分汽缸的功率利用率,使之工作在较经济工况。变缸法的效果取决于变缸时机的掌握,最好用计算机自动控制。

减少发动机工作汽缸数的方法很多,有的采用堵塞进气道的方法;有的采用关闭进、排气门的方法。关闭进、排气门的方法能减少泵气损失和气门驱动损失,节油效果显著。

(4) 发动机的燃烧过程

改进燃烧室形状,采用稀薄混合气分层燃烧技术,利用电控燃油喷射系统精确控制供油量等措施可改善汽油机的燃烧过程,能显著提高燃油经济性,又可降低排放污染。

稀混合气可以提高发动机燃料经济性的主要原因是,由于稀混合气中的汽油分子有更多的机会与空气中的氧分子接触，容易燃烧完全，同时混合气越接近于空气循环，绝热指数越大，热效率随之提高；燃用稀混合气，由于其燃烧后最高温度降低，使汽缸壁传热损失较少，并使燃烧产物的离解减少，从而提高了热效率。另外，采用稀混合气，由于汽缸内压力、温度低，不易发生爆燃，则可以提高压缩比，增大混合气的膨胀比和温度，减少燃烧室残余废气量，因而可以提高燃油的能量利用效率。但若混合气过稀，燃烧速度过于缓慢，等容燃烧速度下降，混合气发热量和分子改变系数减少，指示功减小，但机械损失功变化很小，使机械效率下降；混合气过稀，发动机的工作对混合气分配的均匀性和汽油、空气及废气三者的混合均匀性变得更加敏感. 循环变动率增加，个别缸失火的概率增加。

使用稀薄燃烧技术的汽油发动机，空然比可达 20∶1 以上，甚至高达 23∶1。

(5) 进、排气系统

改善进、排气系统的目的是，减少进气管气流阻力，减少排气干扰，提高充气效率。进气管的结构和尺寸要保证有足够的流通截面，并保证管理的表面光洁，连接处平整，要减少气流转折以及流通截面突变，以减少气流的局部阻力。进气门是整个进气管道中产生阻力最大的地方。捷达轿车发动机每缸采用 5 气门(3 个进气门，2 个排气门)结构，以增加进气充量。

汽油机进气管断面形状和尺寸，对燃料的雾化、蒸发和分配影响很大。进气管断面过大，气流速度低，燃油液态颗粒易沉积于管壁，而且液态燃油的蒸发速率比较慢，结果使各缸混合气的分配不均匀，发动机油耗增加。

2) 传动系的影响

汽车传动系的挡位数、传动比、传动系效率对汽车的燃油经济性有很大的影响。

(1) 变速器挡位数

在水平良好道路上，应尽可能使用最高挡行驶，这样可以使发动机处于中等转速较高负荷下工作，有利于降低燃油消耗。当变速器挡位数增多时，可根据汽车行驶阻力的变化选择合适的挡位，使发动机处于经济工况的机会增多；但过多的挡位会使变速器或传动系结构复杂，操作不便。

采用自动变速器的车辆简化了操作过程，但自动变速器的液力变矩器部分传动效率较低，因此这类车辆的燃油经济性并不是最好。

若无级变速器的传动效率与机械式有级变速器相同，采用无级变速器可以使发动机工作特性与汽车的行驶工况达到最佳匹配，则可显著提高燃油经济性，同时简化了驾驶操作。目前欧洲生产的少数汽车上应用了一种 CAT 自动变速器，采用推力式钢带传动的无级变速器，但这种自动变速器的传动效率与机械式有级变速器相比仍有一定的差距，因而装用这种无级变速器的车辆实际油耗较装用机械式手动变速器车辆略高。

(2) 超速挡的应用

传动系直接挡的总减速比(主减速器传动比)是根据良好道路上车辆动力性的要求选择的。这样的传动比，在中等车速下行驶时，发动机的负荷率不高，使得汽车燃油消耗率没有达到最佳值。为改善汽车在水平良好道路上行驶时的燃油经济性，在不改变主减速器传动比的情况下，在变速器中增加一个传动比小于1的超速挡，提高了汽车中速行驶时发动机的负荷率，可降低中速行驶时的百公里油耗。

(3) 主减速器传动比的影响

选择较小的主减速器传动比，在相同的车速和道路条件下，可以提高汽车的负荷率，有利于降低燃油消耗。但若主减速器传动比过小，会导致车辆经常使用低1挡的挡位，最小传动比挡位的利用率降低，反而使燃油消耗率增加。因而经常在良好道路上行驶的汽车可选用较小的主减速器传动比。

(4) 传动系的机械效率

传动系效率越高，传动过程中的损失功率越少，汽车的燃油经济性越好。

3) 汽车总质量的影响

汽车的滚动阻力、坡道阻力和加速阻力都和汽车总质量成正比。当汽车载质量或拖挂总质量增加时，汽车的百公里油耗增加。但载质量增加使发动机的负荷率提高，有效燃油消耗量减少，百吨公里油耗降低。因此，减少汽车自身质量和增大汽车载质量或拖带挂车，都能改善汽车的燃油经济性。

目前，在汽车轻量化方面采用的主要措施有：用优化设计的方法充分利用材料的强度，提高结构的刚度；采用高强度轻材料，如采用高强度低合金刚、销合金、镁合金、塑料和各种纤维强化等材料制造汽车零件；改进汽车结构，如轿车采用前轮驱动、高町靠性轮胎(可以去掉备胎)、少片或单片弹簧钢板、承载式车身、风冷式发动机、二冲程发动机、绝热发动机，以及各种零件的薄壁化、复合化、小型化等；减少车身尺寸，这还有利于减少行驶时的空气阻力；取消一些附加设备及器材等。质量轻的电子产品的大量应用，也对汽车的轻量化发挥了作用。

4) 空气阻力系数和汽车迎风面积的影响

汽车空气阻力与汽车的迎风面积、空气阻力系数、车速的平方成正比。车速越高，空气阻力占全部行驶阻力的比例越大。在高速行驶时，降低空气阻力可显著提高燃油经济性。

图3.12是Audi 100轿车通过变动车身形状而具有不同C_D值时的试验结果。当C_D值由0.42降低到0.3时，其混合百公里燃油消耗可降低9%，而以150 km·h^{-1}等速行驶的油耗则可降低25%左右。

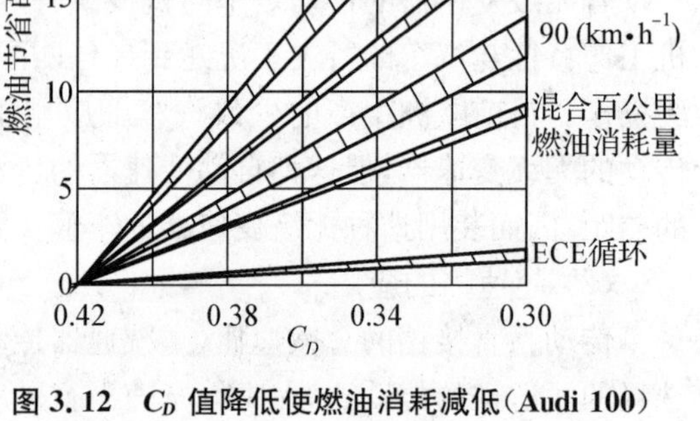

图3.12 C_D值降低使燃油消耗减低(Audi 100)

20世纪60年代轿车的C_D值在0.45左右，现代不少轿车的C_D值已降

0.3 左右，今后 C_D 值仍可能继续下降到 0.2，通用公司电动车 EV－I 的 C_D 值为 0.19。

5）滚动阻力系数的影响

滚动阻力在汽车行驶阻力中所占比例很大，在汽车使用过程中应力求降低滚动阻力系数。轮胎的结构、花纹、气压，路面的种类和状况，汽车的运行状况等对滚动阻力系数都有影响。

美国环保局的试验表明，滚动阻力减少 10%，油耗可降低 2%。采用子午线胎，提高轮胎气压，是减少滚动阻力的主要途径。

试验表明，大型货车装用子午线胎后，滚动阻力可减少 15%～30%，节油 5%～8%，轿车装用和子午线轮胎的汽车节油率为 6%～9%。据德国资料，采用轮胎制造新技术，可使轮胎滚动阻力系数由 0.016 降至 0.008。

6）汽车使用因素的影响

对一定型号的汽车，燃油消耗量的多少，主要取决于汽车的技术状况，驾驶员的操作技术以及相关的运行条件。

（1）发动机技术状况

发动机技术状况不仅影响汽车的动力性，而且直接影响汽车的燃油经济性。化油器调整不当或汽油喷射系统发生故障，点火正时不准，点火能量不足，配气相位失准，汽缸压缩力下降都会使汽车燃油经济性下降。发动机润滑系、冷却系工作不良也会对汽车燃油消耗产生一定影响。

（2）底盘技术状况

汽车底盘技术状况直接影响到传动系效率和汽车行驶阻力，做好车辆维护，保持底盘技术状况良好，可提高车辆燃油经济性。汽车滑行距离较长，则燃油经济性较好。

（3）驾驶操作技术

汽车驾驶员的驾驶操作技术对燃油消耗影响很大。据测试，仅由于驾驶员操作技术的不同所引起的燃油消耗可相差 7%～15%。正确驾驶操作可明显降低汽车燃油消耗量。

7）运行条件的影响

海拔高度、气候条件、道路状况等运行条件对汽车燃油经济性有较大影响。汽车设计是按照一般条件考虑的。针对特殊的使用环境，可采取相应的措施减少环境因素的影响，达到节油的目的。高速公路路面坚实平整，道路线形好，采取了严格的隔离措施，有效地排除和减少了交通干扰与冲突，大大降低了车辆的滚动阻力系数。选择高速公路通行，可提高行车速度，降低燃油消耗。但若行车速度过快，空气阻力会迅速增加，当车速超过 100 $km \cdot h^{-1}$时，滚动阻力系数也会增加，进而导致车辆燃油消耗增大。

3.3.2 提高汽车燃料经济性的措施

提高燃油经济性，必须从车辆的选购、使用、维护、修理、改造、报废全过程加以控制，应用有效的节油技术。

1）择优选购车型

不同车型的汽车燃油消耗量相差很大。选购车辆时，应充分考虑当地的运输市场情况和道路运输条件，根据主要承担运输任务的性质、运量、运距、道路、气候等条件，合理选配车辆结构，如大、中、小车型比例；汽油车、柴油车比例；通用车、专用车比例等；择优选择性能好、油耗低、适应本地运行条件的经济车型。

2）正确使用车辆

根据运输任务的不同，合理调配车辆，尽可能提高车辆的实载率。在条件许可的情况下，合理安排拖挂运输。不要随意增加车辆附属装置，以减轻汽车自重。

在特殊条件下使用车辆时，可采取相应的技术措施。如在高原行驶的车辆，通过适当提高压缩比，降低混合气浓度，改善汽车的燃油经济性；在山区和丘岭地区行驶的车辆安装下坡或怠速节油器，可在下坡时切断发动机供油，节约下坡滑行时不必要的燃油消耗，并充分利用发动机制动作用，保证行车安全。在驾驶室和车箱间加装导流罩，可降低空气阻力，减少燃油消耗。

3）加强车辆维护

严格按规定进行车辆各级维护，认真执行发动机、底盘系统的维护作业，确保车辆技术状况良好，可提高车辆的燃油经济性。做好发动机冷却系、润滑系维护，正确调整供给系、点火系，可降低发动机燃油消耗量；正确调整传动系齿轮传动副的啮合间隙，正确调整轴承和油封的松紧度，保证车轮定位正确，制动器无阻滞，保持轮胎气压正常，均可减小汽车行驶阻力，可提高汽车燃油经济性。对发动机油、电路调整不当，火花塞工作不良，制动器拖滞，行驶跑偏等故障，要及时修理，以减少燃油消耗。

发动机技术状况良好，不仅使汽车具有良好的动力性，同时也使其具有良好的燃油经济性。保持发动机良好技术状况的主要措施有：

（1）定期检查并保持足够的汽缸压缩压力。若汽缸压力不足不仅使发动机动力性下降，也使燃烧速度减慢，致使燃料经济性下降。

（2）保持发动机正常工作温度。水温过高会使发动机过热，减少充气量，出现爆燃、早燃等不正常现象，供油系统容易产生气阻，不但功率降低，而且燃料消耗增加；水温过低会使燃料不易汽化，各缸进气不均匀，向缸盖及缸壁的散热损失加大，燃烧速度下降，同样造成发动机功率及转矩下降，燃料消耗率增加。

（3）维持合适的混合气浓度。对化油器发动机，要定期对化油器进行检验和调整，保持所有装置技术状况良好。

（4）保持点火系的良好技术状况。保证足够的电火花能量、合适的点火时刻、真空自动点火提前及离心自动点火提前装置的正常工作、高速不断火等，均有利于降低发动机燃料消耗率，提高汽车的燃油经济性。

4）正确选用燃油，使用子午线轮胎

要按车辆使用说明书的规定选择燃油牌号。汽油牌号过低，容易引发爆燃，损伤机件，增加油耗；电喷发动机使用含铅汽油易引起汽油喷射系统发生故障。机油黏度不合适，会增加运动阻力，增加燃油消耗。

子午线轮胎行驶阻力小。使用子午线轮胎，可降低汽车行驶阻力，减少燃油消耗。子午线轮胎不能与普通轮胎混合使用。

5）提高驾驶技术

实践证明，良好的驾驶技术可以大大降低汽车的燃油消耗量。不同技术水平的驾驶员在相同使用条件下驾驶同一类型的汽车，其燃油消耗量可相差 20%～40%。欲降低燃油消耗量，除合理起动、预热起步及行驶中要缓加速，保持正常的冷却水温度，安全、合理的使用制动外，还应注意以下几个方面：

（1）行车挡位

在良好的路面上，汽车在一定车速范围内，既可以用最高挡行驶，也可用次高挡行驶时，应选用最高挡行驶。

图 3.13 为汽车直接挡及超速挡的功率平衡图。在某一车速下，两种挡位汽车的阻力功率相同（以线段 ab 表示）。而用超速挡行驶时发动机的负荷率较大，只要节气门开度不超过 80% 的范围内（混合气不加浓），根据发动机负荷特性可知，有效燃料消耗率 b 较小；再由等速行驶燃料消耗方程 $Q=\dfrac{Pb}{1.02v_a\gamma}$ 可知，这将使每百公里燃料消耗下降，故选用高挡较省油。

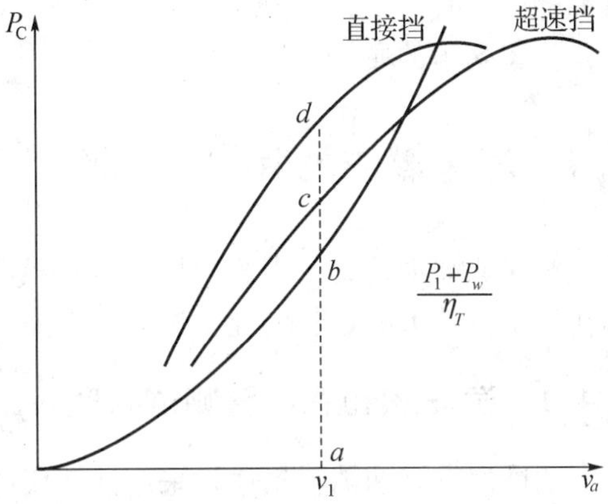

图 3.13 汽车直接挡及超速挡的功率平衡图

（2）行驶车速

由汽车的等速行驶百公里燃料消耗曲线图 3.1 可见，汽车用最高挡在平直良好的路面上驶的百公里燃料消耗的升数 Q 最少，此车速称为技术经济车速，用 v_{aj} 表示。

当 $v_a<v_{aj}$ 时，车速较低，空气阻力可以忽略不计。故随着车速的增加，行驶阻力增加很少；而随着发动机发出的功率加大，负荷率提高，有效燃料消耗率 b 较快，使 Q 下降。

当 $v_a>v_{aj}$ 时，发动机已在较大负荷下工作，随着车速的提高，b 随输出功率增加而下降较小，在加浓装置起作用后，还会使 b 增加。而随着车速的增加，行驶阻力增加较快，百公里燃料消耗 Q 增加。

由于技术经济车速为一个速度点，驾驶员难以掌握，故将技术经济车速点前后燃料消耗比较低的车速划为一组，称为技术经济车速范围。车辆在此速度范围内行驶可以节省燃料。

（3）在良好的道路上采用加速滑行技术

汽车在高挡上加速至较高的车速后，脱挡滑行至较低的车速，再挂该挡加速，这种加速与脱挡滑行交替的驾驶方法，称为加速滑行法。

加速时，虽然行驶阻力增加，但人为地提高发动机的负荷率，降低了有效燃料消耗率 b，故燃油消耗量增加不多。而发动机怠速滑行时，单位时间的燃油消耗量是很小的，两者相加，采用加速滑行技术仍比等速行驶节省燃料。

试验表明：在平均速度相同的条件下，加速滑行的最佳模式与等速行驶相比较，满载时节省燃料率达 16.72%～11.80%；空载时节省燃料率达 23.37%～21.32%。但应注意车速忽快忽慢不安全。

(4) 合理采用拖挂运输方式

运输企业常常采用拖挂方式提高运输生产率，降低成本。汽车采用拖挂后，虽然总的燃油消耗量增加了，但分摊到每吨货物上的消耗量（即吨百公里燃油消耗量）小了。省油的原因有两个：一是拖挂车后，提高发动机的负荷率，降低了有效燃料消耗率 g_e；二是汽车列车的质量利用系数大。

3.4 汽车燃油消耗量的试验

汽车燃油消耗量的大小是评价燃料经济性好坏的标志。燃料经济性试验是测量汽车在一定条件下的燃料消耗。试验在道路上或试验室内进行。

3.4.1 汽车燃油消耗量测试原理

测试汽车燃油消耗量通常采用油耗仪法。油耗仪法是通过在燃油管路安装油耗仪来直接测定汽车燃油消耗量。

油耗仪（又称油耗传感器、油耗计）是检测汽车燃油消耗量的仪器，通常由油耗传感器和显示仪器（又称二次仪表）两部分组成。按测量原理的不同，油耗计可分为：容积式、质量式、流量式、流速式等，其中容积式油耗计和质量式油耗计应用较为广泛。显示仪器大多采用计算机控制，可对油耗传感器输送来的油耗量信号进行分析处理后，用数字显示检测结果。

(1) 容积式油耗仪

①玻璃量杯式油耗仪

图 3.14 所示为一种容积式油耗检测装置示意图。计量燃油的容器是几个相连的玻璃量杯，每个量杯的容积为标定值（如 25 mL、50 mL，100 mL 等），在量杯狭颈处两侧分别装有发光管（光源）和光敏管。当油液充满到量杯狭颈处时，发光管发出的光线穿过油液经折射后不能照在光敏管上；而当液面下降，量杯狭颈处没有油液时，光线则直接照射在光敏管上。据此原理，若油面下降到量杯上部狭颈处开始计量，到量杯下部狭颈处停止计量，此时消耗的油量即为该量杯的容量。计量检测过程自动控制。

这种玻璃量杯结构的容积式油耗计检测过程直观方便，但测量误差较大，装置的体积较大，只能在室内汽车底盘测功机或发动机台架试验时进行燃油消耗量检测，不能使用在车辆上进行道路油耗试验。

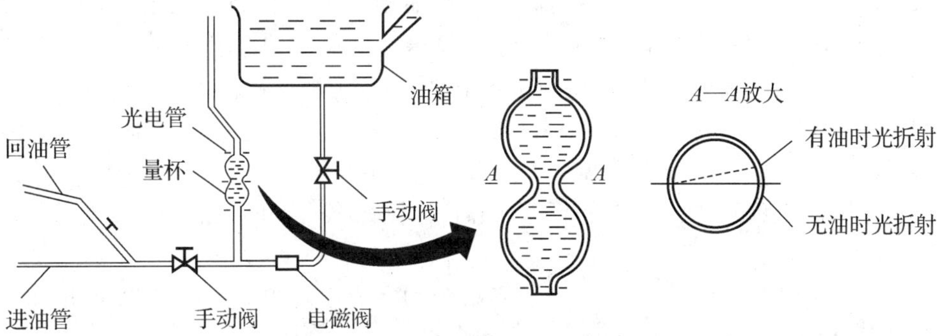

图 3.14　玻璃量杯式油耗仪

②行星活塞式油耗仪

这种油耗传感器目前应用最广，主要由流量变换机构和信号转换机构两部分组成。

流量变换机构如图 3.15 所示，流量变换机构把燃油消耗量转变为曲轴的转动圈数，主要由油缸机体、四个呈十字形辐射状布置的活塞、曲柄连杆机构等组成。燃油经进油口进入到传感器的油缸机体中央，经油道 P 到达排油口 E，再从传感器出油口流出。在燃油流动时，燃油压力推动活塞使曲轴顺时针方向旋转，曲轴每转动一周，各缸完成一次排油过程。

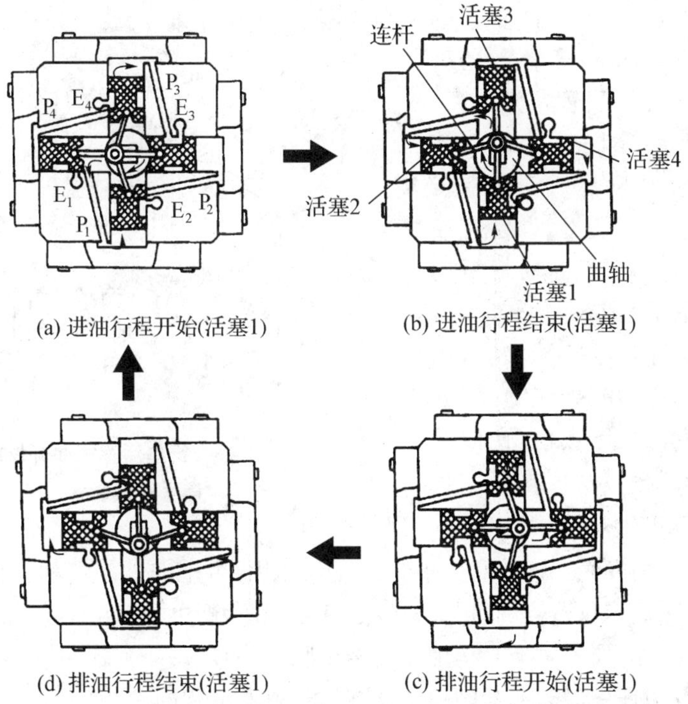

图 3.15　行星活塞式油耗仪的工作原理

图 3.15(a)表示活塞 1 位于进油行程，从油缸机体中央来的燃油经油道 P_1 推动活塞 1 向曲轴中心运动，使曲轴作顺时针旋转；活塞 2 位于进油终了位置；活塞 3 位于排油行程中，燃油从活塞 3 上部经油道 P_3 从排油口 E_3 排出；活塞 4 位于排油终了位置。当曲轴旋转，活塞和曲轴的位置到达图 3.15(b)所示位置时，活塞 1 进油终了；活塞 2 位于排油行程中，燃油经排油孔 E_2 排出；活塞 3 排油终了；活塞 4 处于进油行程，油道 P_4 导通，燃油从油缸机体中央到达活塞 4 顶部。图 3.15(c)和(d)的活塞及曲轴位置如图中箭头所示。

这种油耗传感器，曲轴每旋转一周，各缸分别完成一次排油过程，其总的排油量可用下式确定：

$$V=4\times\frac{\pi d^2}{4}\times 2h=2h\pi d^2$$

式中，V——四缸的总排油量(mL)；

$2h$——2 倍的曲轴偏心距，即活塞行程(cm)；

d——活塞直径(cm)。

显然，通过测量曲轴转过的圈数，就可以测出燃油消耗量值。

信号转换机构是用来检测曲轴转动圈数的，如图 3.16 所示。由主动磁铁与从动磁铁组成的磁性联轴器、转轴、光栅板(其上有许多孔或槽，可遮光，也可做成筒状)、光源(发光二极管或红外线管)、光电管、电缆插座及壳体等组成。主动磁铁安装在曲轴上，从动磁铁安装在转轴上，两者之间相互隔开，以防燃油流入信号转换机构。信号转换机构的壳体通常用铝制成，曲轴转动时，通过磁铁的吸引力可使转轴转动。转轴通过轴承支撑在壳体上，转轴上端固定有转动光栅板，在光栅板上下方有发光二极管和光敏管。转轴随曲轴转动，可带动光栅板转动，通过光栅板上下的发光二极管和光敏管的光电作用，可把曲轴的转动变换成光电脉冲信号输送到计量显示仪器(二次仪表)，经运算处理后，即可显示出燃油消耗量。

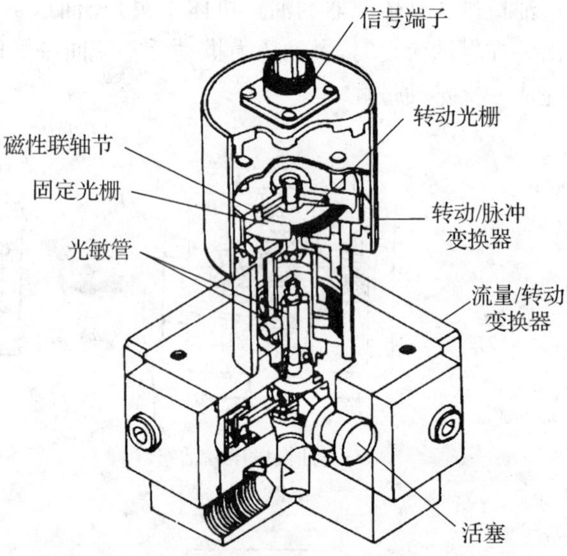

图 3.16　行星活塞式油耗仪的信号转换装置

曲轴每转一圈，信号转换机构可输出多个脉冲信号，每一个脉冲信号表示的燃油消耗量在仪器出厂时已经标定，不同的仪器其标定值不尽相同。

这种油耗传感器的活塞与油缸之间有较好的配合，检测精度较高，运转灵敏，从进油口吹气就可使活塞转动。但检测时对燃油的清洁程度要求较高,如果燃油中有杂质,会使活塞卡死,燃油无法通过油耗计,发动机将熄火。油耗传感器存放时,为防止燃油中的胶质粘住活塞,应倒出其中的燃油,用清洁的压缩空气吹干,充入黏度较低的机械油,再用软管把进、出油口两端连通。

(2) 质量式油耗仪

图 3.17 为一种质量式油耗仪结构示意图。该油耗仪为一称量装置,秤盘上有油杯,伸进油杯中的出油管吸入燃油供发动机使用。燃油箱中的燃油由电磁阀控制,经加油管输送到油杯中,电磁阀的开启或关闭受两个微型限位开关控制,这两个限位开关又随油杯中油量的多少受行程限位器的摆动控制。

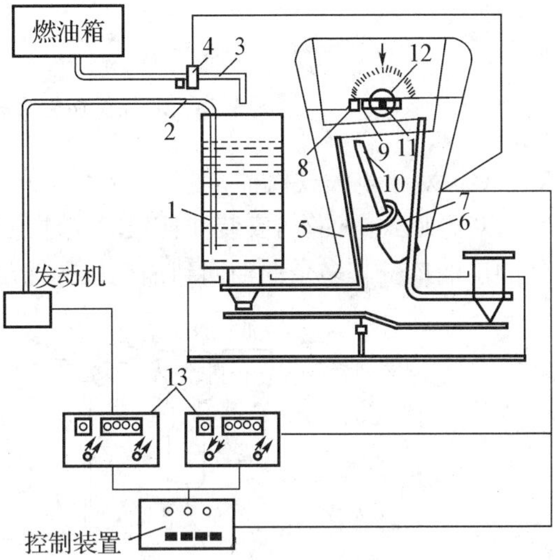

图 3.17 质量式油耗仪的工作原理

1—油杯;2—出油管;3—加油管;4—电磁阀;5、6—限位开关;7—限位器;8、9—光电二极管;10—光源;11—鼓轮机构;12—鼓轮;13—计数器

这种油耗称量燃油机构是一个光电传感器。该光电传感器由两个光电二极管和装在棱形指针上的光源组成,一个光电二极管为固定式,用以确定油耗始点;另一光电二极管为活动式,用以确定油耗终点。计量的燃油量通过转动鼓轮从刻度盘上读出,鼓轮又与齿轮轴相连,齿轮轴与齿条相啮合,光电二极管即装在与齿条相连的活动滑块上。计量开始时,光源的光束射在光电二极管 8 上,光电二极管 8 发出信号,使计数器开始计数,随着油杯中燃油的不断消耗,指针摆动,活动滑块移动。当光束照射到光电二极管 9 上时,光电二极管 9 发出信号,使计数器停止计数。计数器显示出的数据反映了油耗量的大小。

3.4.2 汽车燃油消耗量的道路试验

汽车燃油消耗量的道路试验一般采用油耗仪直接测量油耗。

1) 仪器的安装

(1) 对于化油器式汽油车

对于一般无回油管路的化油器式汽油车,可将油耗仪串接在汽油泵与化油器之间,使油耗仪的入口接汽油泵的出口,传感器出口接化油器入口,如图 3.18 所示。

轿车上多设有回油管路,这种汽车汽油泵供油量较化油器的出油量大得多,多余燃油经回油管流回油箱。此时,油耗仪的安装应避免因回油造成的多余计数。如:桑塔纳轿车是从储油罐回油,传感器应安装在储油罐与化油器之间。

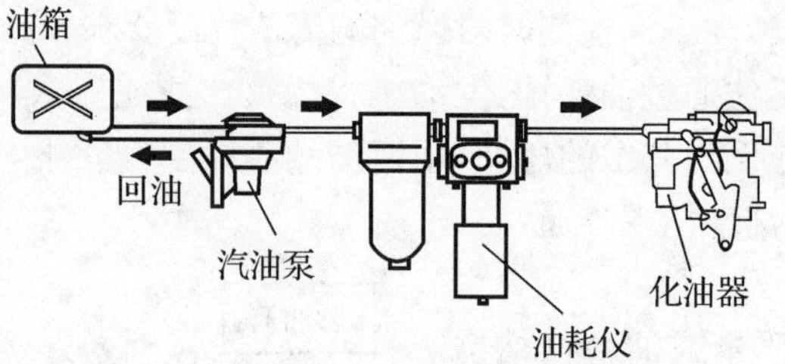

图 3.18　油耗仪在化油器式汽油车上的安装方法

(2) 对于电喷式汽油车

对电喷式汽油车，安装油耗仪时应注意使压力调节器回流的多余燃油流回到油耗仪的出油口。其多余的油回到油耗仪的输出端才算正确，见图 3.19。

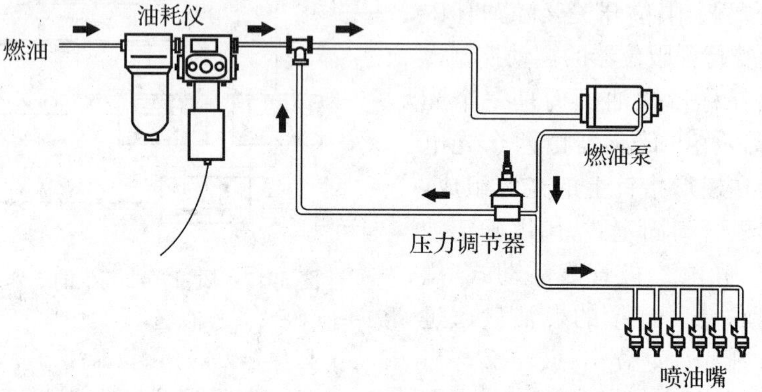

图 3.19　油耗仪在电喷式汽油车上的安装方法

如果油耗仪及燃油泵间产生负压而产生气泡，有必要加一个辅助泵。该辅助泵使燃油泵进油端的油路保持正压，气穴现象不易发生，可以进行稳定的油耗测量。

当回流管路内有阻力，压力调节器的工作压力比规定压力高时，采用回注处理用油罐，使回油向大气开放，可解决上述问题。另外，调整装置可作为燃油从油耗仪流入回流处理用油罐的作用，但是回流处理用油罐的进口端最大截止压力为 50 kPa，调整装置的加压部加压后，在减压部减到 50 kPa 以下。当压力为 40～50 kPa 时，调整装置没有必要装。当供油压力为 50 kPa 以上时，仅使用调整装置的减压部。

(3) 对于柴油车

图 3.20(a)所示为油耗仪在柴油车中的连接方法。这种连接方法的主要特点是把油耗仪串联在油箱到高压油泵的油路当中。值得注意的是应该为其接好回油管路，并且必须把回油管路接在油耗仪的出口管路上，以免燃油被油耗仪重复计量使油耗检测数据失真。图 3.20(a)的连接方法在小流量测试时没有问题，但在大流量的发动机测量时，由于气穴现象产生气泡，引起测量误差，所以应在油箱和油耗仪之间装上辅助油泵，见图 3.20(b)。

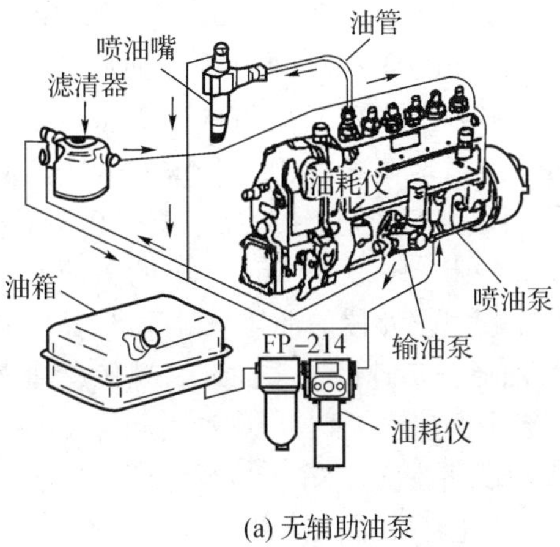

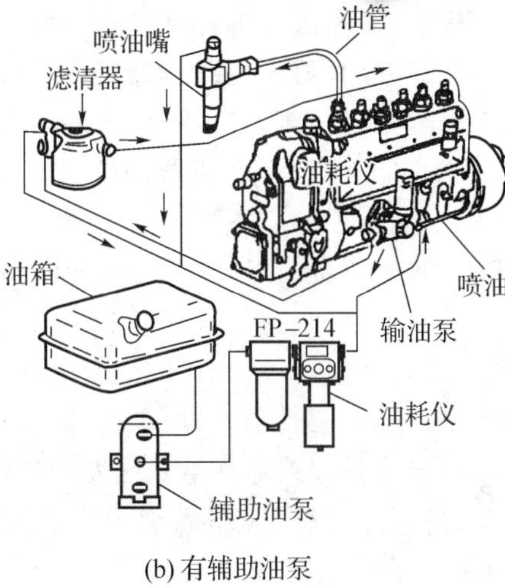

图 3.20　油耗仪在柴油车上的安装方法

2）试验条件

（1）试验车辆载荷

除有特殊规定外，轿车为规定乘员数的一半，城市客车为总质量的 65%，其他车辆为满载，乘员质量及其装载要求按国标 GB/T 12534－1990《汽车道路试验方法通则》的规定。

（2）试验仪器

①车速测定仪和燃料消耗仪：精度为 0.5%。

②计时器：最小读数为 0.1 s。

（3）试验的一般规定：

①试验车辆必须清洁，关闭车窗和驾驶室通风口，只允许开动为驱动车辆所必须的设备。

②由恒温器控制的空气流必须处于正常调整状态。

③试验车辆必须按规定进行磨合，其他试验条件、试验车辆准备按国标 GB/T 12534－1990《汽车道路试验方法通则》的规定。

3）试验项目

①等速行驶燃油消耗量试验；

②加速行驶燃油消耗量试验；

③多工况燃油消耗量试验；

④限制条件下燃油消耗量试验；

⑤不限制条件下燃油消耗量试验。

4）试验方法

（1）等速行驶燃油消耗量的试验方法

等速行驶百公里油耗试验是一种早就广泛采用的、最简单的路上循环试验。试验路段设在路面良好、平直的道路上，长度为 500 m(GB/T 12545.2－2001《商用车燃油消耗量试验方法》规定)或不少于 2 000 m(GB/T 12545.1－2001《乘用车燃油消耗量试验方法》规定)。汽车变速器挡位置于常用挡位，一般是最高挡；使用自动变速器的车辆，采用高挡测量。试验车速从 20 km·h^{-1}(最小稳定车速高于 20 km·h^{-1}时，从 30 km·h^{-1})开始，以车速 10 km·h^{-1}整数倍均匀选取车速，直到最高车速的 90%，至少测定 5 个试验车速。例如以 20 km·h^{-1}、30 km·h^{-1}…等 10 km·h^{-1}的整倍数车速等速驶过测量路段，利用燃油流量计与秒表测出通过该路段的油耗与时间，计算出相应的百公里油耗与实际平均车速，即得到百公里油耗与车速的关系曲线。现代燃油流量计，可与五轮仪或非接触式速度计连接，而直接测出速度与百公里燃油消耗量。

试验场地要有足够的稳速路段，以保证进入测试路段前，汽车能以预定的车速稳定地行驶，并匀速通过测试路段。在匀速行驶阶段，加速踏板应保持在一定的位置，要避免反复"泵油"操作。测量汽车通过测试路段的时间及燃油消耗量，实际车速按下式计算：

$$V_a=\frac{s}{t}\times 3.6$$

式中，V_a——车速(km·h^{-1})；

s——测量路段长度(m)；

t——测量路段行驶时间(s)。

为了提高测量准确度，在每一车速下，至少要在往、返方向各测量两次，并对测量结果进行重复性检验和计算置信区间，试验结果校正为标准状态下的数值。

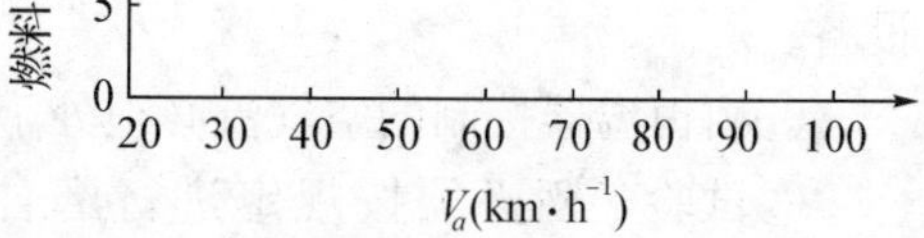

图 3.21 汽车直接挡等速行驶燃料消耗量特性曲线

根据测量出的各车速下百公里油耗数据，用最小二乘法拟合出油耗特性曲线。图 3.21 是某汽车直接挡等速行驶燃油消耗量特性曲线。

对等速行驶燃料消耗经济性评价，要注意三个方面的特征，一是经济车速，二是最低燃油消耗量，三是高速油耗相对于最低油耗的增量(%)。

(2) 加速行驶燃油消耗量试验

加速行驶燃油消耗量试验是对汽车加速工况燃料消耗的测量，以评价汽车加速时的油耗水平。一般用直接挡节气门全开加速 500 m 的方法来测量。

试验时，汽车挂直接挡(没有直接挡可用最高挡)，在稳速段以(30±1)km·h^{-1}的车速匀速行驶，从测量路段的起点开始，把加速踏板踩到底，加速通过测试路段，测量并记录通过测试路段的加速时间、燃油消耗量和汽车到达测试终点的车速。

(3) 多工况燃油消耗量的试验方法

汽车在实际使用中工作状态的变化非常复杂，尤其在城市行驶中，车辆经常碰到红灯、频繁停车、低速行驶、经常制动、减速等工况。为了测量出反映汽车实际使用特点的燃油消耗量，人们针对不同车型，对大量的行驶工况进行了统计和分析，制定出了一套针对不同车型按不同的行驶工况运行的燃油消耗量试验方法。我国的《乘用车燃油消耗量试验方法》(GB/T 12545.1－2001)规定了模拟城市工况循环燃油消耗量试验方法——十五工况法；我国的《商用车燃油消耗量试验方法》(GB/T 12545.2－2001)规定了六工况法和四工况法。

多工况试验应严格按各试验循环的规定进行。换挡应迅速、平稳；怠速工况时，离合器应接合，变速器置于空挡；从怠速工况转换为加速工况时，在转换前 5 s 分离离合器，把变速器挡位换为低速挡。减速工况中，应完全抬起加速踏板，离合器仍接合，当车速降至 10 $km \cdot h^{-1}$时，分离离合器。必要时，减速工况中，允许使用车辆制动器。

进行多工况试验时，每循环试验后，应记录通过循环试验的燃油消耗量和通过时间。当按各试验循环完成一次试验后，车辆应迅速掉头，重复试验，以保持车辆相同的工况。试验应往返进行两次，取四次试验结果的算术平均值为多工况燃油消耗量试验的测定值。

多工况燃油消耗量试验在实际道路上进行时是比较困难的，为了模拟实际汽车运行状况以进行汽车排放污染物与燃油消耗的测量，多工况燃油消耗试验基本上都在室内底盘测功机——转鼓试验台上进行。

(4) 限制条件下燃油消耗量的试验方法

汽车在实际使用中的燃料消耗直接地反映了汽车的燃油经济性水平，但是由于汽车实际使用条件的复杂性，实际燃油消耗量的离散性很大。为了使实际运行条件下的测试结果有一定的可比性，要求对实际运行条件加以适当的限制和规定，这就是限定条件下的燃油消耗量试验。

试验时，测试路段应设在三级以上的平原干线公路上，试验路段长度不小于50 km。

所选择道路的变通情况应正常。试验车在保证交通安全和遵守交通法规规定的前提下，应基本保持一定的行驶速度。对于轿车，车速为 60 $km \cdot h^{-1}$；对于铰接式客车，车速为 35 $km \cdot h^{-1}$；对于其他车辆，车速为 50 $km \cdot h^{-1}$。各车速的速度偏差为±2 $km \cdot h^{-1}$。

客车试验时，每隔 10 km 停车一次，怠速运转 1 min 后重新起步。

试验中记录制动次数、各挡位使用次数、行驶时间和行程、停车时间等，要测量 50 km单程的燃油消耗量，并计算汽车百公里油耗和平均车速。

测定每 50 km 单程的燃油消耗量，并换算成百公里燃油消耗量。试验往返各进行一次，以两次测量结果的算术平均值作为限定条件下的平均使用燃油消耗量的测定值。

(5) 不限制条件下燃油消耗量的试验方法

不限定条件的燃油消耗量试验是指对汽车行驶道路、交通情况、驾驶习惯、周围环境等因素不加控制的试验方法。当然对被测试车辆的维护、调整规范及所用燃料、润滑油规格是有明确规定的。由于各种使用因素的随机变化，要获得分散度小的数据是很困难的。为此，要求试验车辆数量多（几十辆以上）、行驶里程长（10 000～15 000 km），是一种测量实际使用油耗的方法。但测量困难，同时需要很长时间，是种较少采用的试验。

进行这一试验工作，可在某一地区、某汽车使用单位，把试验车辆投入实际使用，在使用过程中统计汽车行驶里程与油耗量，最后确定平均燃油消耗量。

3.4.3 燃油消耗量的室内试验

多工况燃油消耗试验基本上都在室内底盘测功机——转鼓试验台上进行，如图3.22所示。测试汽车固定于转鼓试验台上，从动轮置于固定台面，驱动轮置于转鼓上。起动发动机挂挡后，汽车使驱动转鼓（及与其相连接的旋转质量与电力测功器）旋转。

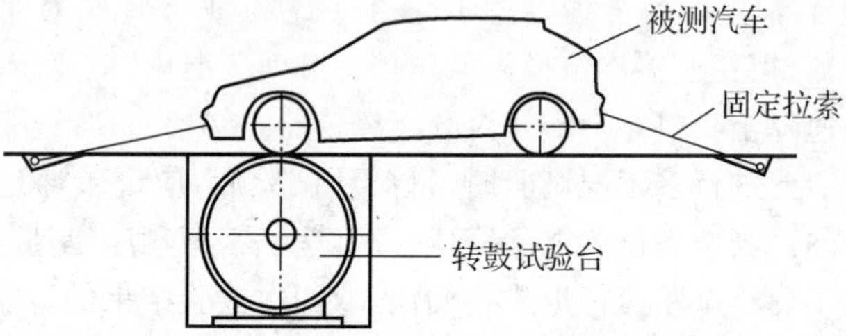

图 3.22 燃油消耗量的室内试验

用室内转鼓试验台进行汽车燃油经济性试验时，需要知道被测试汽车在行驶中遇到的空气阻力与滚动阻力，它们是通过路上滑行试验求得的。所谓滑行是指汽车在水平路面且无风的条件下加速至某预定速度后，摘挡脱开发动机，利用汽车的动能继续行驶的减速运动。试验中用五轮仪等测速仪器记录滑行过程的曲线。显然，滑行时汽车的滚动阻力与空气阻力之和为

$$F_f+F_w=\delta_c m\ \frac{\mathrm{d}V}{\mathrm{d}t}-\frac{T_r}{r}$$

式中，δ_c——滑行时的汽车旋转质量换算系数；

T_r——滑行时传动系加于驱动轮的摩擦阻力矩与从动轮摩擦阻力矩之和，一般常忽略 T_r 不计。

滑行时汽车的运动只决定于 F_f+F_w 与汽车质量参数，因此可以根据滑行中的减速度、滑行时间、滑行距离等来求得汽车行驶阻力。利用减速度的方法精度得不到保证，现在采用的方法主要有时间法、行程法以及曲线拟合法，曲线拟合法可以取得较准确的结果。

将滑行试验结果及汽车质量参数输入转鼓试验控制中心，静止的汽车驱动转鼓时将会遇到与道路上行驶完全一样的阻力，包括整车的滚动阻力、空气阻力与加速阻力。因此，固定在转鼓试验台上的汽车可以在室内进行多工况燃油消耗试验。

显然，在试验室内还应配备排气分析、碳平衡法与燃油量测定的仪器。在转鼓试验台上还可以做等速百公里油耗试验。

4 汽车的行驶安全性

4.1 汽车行驶安全性

4.1.1 交通事故

1) 交通事故的分类

道路交通事故(简称交通事故),是指车辆在道路上因过错或者意外造成的人身伤亡或者财产损失的事件。

我国现行交通管理的有关规定,把交通事故按所造成后果的严重程度分为:轻微事故、一般事故、重大事故和特大事故四类。

轻微事故是指一次交通事故造成轻伤 1～2 人;或者财产损失机动车不足 1 000 元,非机动车不足 200 元的事故。

一般事故是指一次交通事故造成重伤 1～2 人;或轻伤 3 人及 3 人以上;或者财产损失不足 3 万元的事故。

重大事故是指一次交通事故造成死亡 1～2 人;或重伤 3～10 人;或财产损失 3 万元以上不足 6 万元的事故。

特大事故是指一次交通事故造成死亡 3 人或 3 人以上;或重伤 11 人以上;或死亡 1 人,同时重伤 8 人以上;或死亡 2 人,同时重伤 5 人以上;或财产损失 6 万元以上的事故。

2) 交通事故的影响因素

道路交通事故是在特定的交通条件下,由于人、车、路、环境诸要素配合失调而引发的。因此,其影响因素可归结到人、车、路、环境和交通管理诸方面。如果从宏观的角度讨论问题,影响交通事故的因素还有许多,例如气候、地理条件、社会环境等。

3) 交通事故的预防措施

交通事故是由人、车、路、交通环境等诸多因素共同影响下的复杂交通事件,因此解决交通安全问题,必须把人—车—路—环境作为一个有机整体进行分析和处理,从谋求该系统的平衡出发，规划和协调解决其中各组成部分的结构、性能、行为等问题。保障交通安全、预防交通事故可从以下几方面着手。

(1) 改善线形与交叉路口设计；

(2) 强化交通安全设施；

(3) 加强交通管理与控制；

(4) 提高驾驶员的素质、水平与职业道德。

4.1.2 交通安全

道路交通安全主要是和“驾驶员—汽车—道路”系统有关(见图 4.1)，而汽车则是这一系统中潜在危机性最大的环节。

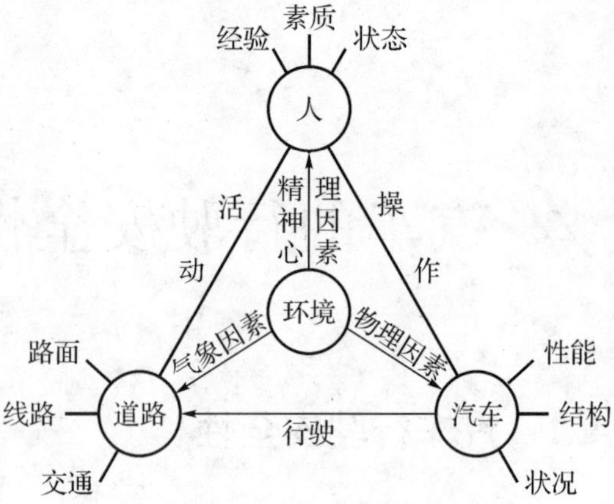

图 4.1 影响道路交通安全性的主要因素

交通安全可划分为交通参与人的安全、交通工具的安全和交通环境的安全。道路交通安全仅限于研究人、道路车辆和环境的安全。

道路交通安全又包括主动安全和被动安全。主动安全是指可以降低道路交通事故率的事故避免措施，即预防性措施。被动安全是为了降低预计损害所采取的降低事故后果的措施。主动安全措施由人、车辆和环境三个方面组成。

1) 主动交通安全

(1) 人的主动安全性

交通教育和宣传以及交通安全的解释。交通安全教育可使交通参与人及早发现可能发生事故的各种关键状态(Critical Situation)，从而避免交通事故的发生。

交通医学。影响驾驶员感受信息量的界限值，例如，疲劳预防和报警。

交通的法律安全。血液酒精浓度检验，兴奋剂、麻醉剂、安定、吸毒检验及法律裁决。

(2) 车辆的主动行驶安全。避免因驾驶不当或驾驶行为不当，例如违反交通法规，而引起交通事故。

工作环境安全。降低汽车驾驶员空间(驾驶室)的噪声、震动强度，改善通风和空调性能，从而减少造成驾驶员工作疲劳的可能性。

操作安全。依据人体工程学的原理，正确布置驾驶员的操作元件以及防止误操作的可能性。

感觉安全。改善驾驶员的工作视野(装饰物、大视野后视镜)范围，合理设计刮水器的工作范围，选择油漆色彩符合视觉舒适原理。

(3) 环境安全

交通流的控制。交通流诱导，速度监测，合理绿信比，道路标志，增加交叉/丁字路口等的信号灯装备率、限速期、限速横线、限速噪音路面等。

道路管理与建设。避免将直线路段设计得过长，雾、雨、风、冰雪、动物等经常出没等区域的改善或预告(预报)；事故常发区(黑段或黑点)环境的改善，例如平曲线和竖曲线的搭配以及与自然环境的适应。

使交通法规适应相应交通运输的发展。例如，交通管理规则、先行权规则等。

2) 被动交通安全

(1) 人的被动安全

安全带的佩戴意识(安全气囊必须和安全带联合使用)。

发展救护事业。快速救护，进行现场救护或迅速将伤员运送医院抢救，这也包括交通事故通讯；事故救护专业人员培训，鼓励建立交通事故志愿救护队。

保险事业。对事故受害者进行治疗和生活抚恤。

(2) 车辆的被动安全

自保护措施(相对碰撞对手而言)。例如，轿车乘员保护(正面气囊、侧面气囊以及防翻车加强杆和横向加强杆)，主要考虑与商用汽车如载货汽车的碰撞或者轿车与轿车的碰撞事故。

4.1.3 安全行驶

汽车行驶过程中的运行条件和交通环境总是经常变化的，而安全行驶的核心内容就是使车辆去适应这些变化，并有效地发挥其速度性能而不发生任何事故，圆满完成运输任务。如果运行条件恶劣，交通环境复杂，这种适应的难度就大，驾驶操纵的动作也多。不管运行条件怎样变化，驾驶过程主要是由起步、选择车速、保持安全间距、会车、超车、转向、掉头、倒车、滑行、制动、停车等环节组成。从行车的外界条件来看，除一般运行条件下的行车外，还有一些特殊环境下的行驶，如:夜间行车、雨雾和雪天行车、坏路和无路条件下的行车及拖挂等。

4.2 汽车制动性

汽车的制动性是指行驶中的汽车能在短距离内停车且维持行驶方向稳定，以及在下长坡时能控制一定车速的能力。

制动性是汽车的主要性能之一，是汽车安全行驶的保证，直接关系到人民生命财产的安全。汽车具有良好的制动性能，才能充分发挥动力性，提高汽车的平均技术速度，从而获得较高的运输生产率。

4.2.1 汽车制动性的评价指标

汽车制动性主要由制动效能、制动效能的恒定性和制动时汽车的方向稳定性三方面评价。

1）制动效能

制动效能是指汽车迅速降低行驶速度直至停车的能力，是制动性最基本的评价指标。它是用制动力、制动减速度、制动距离和制动时间等指标来评定。

（1）制动力

汽车在制动过程中人为地使汽车受到一个与其行驶方向相反的外力，汽车在这一外力作用下迅速地降低车速以至停车，这个外力只能由地面和空气提供。通常空气阻力较小，起决定作用的是地面提供的制动力，称为汽车的制动力。

一般汽车是通过车轮制动器使汽车车轮受到与汽车行驶方向相反的地面切向反作用力来实行制动作用的，这个地面对车轮的切向反作用力称为地面制动力。

图 4.2 为汽车在良好的硬路面上制动时的车轮受力图。图中 T_μ 为车轮制动器的摩擦力矩，T_j 为汽车回转质量的惯性力矩，T_f 为车轮的滚动阻力矩，F 为车轴对车轮的推力，G 为车轮的垂直载荷，Z 是地面对车轮的法向反作用力。

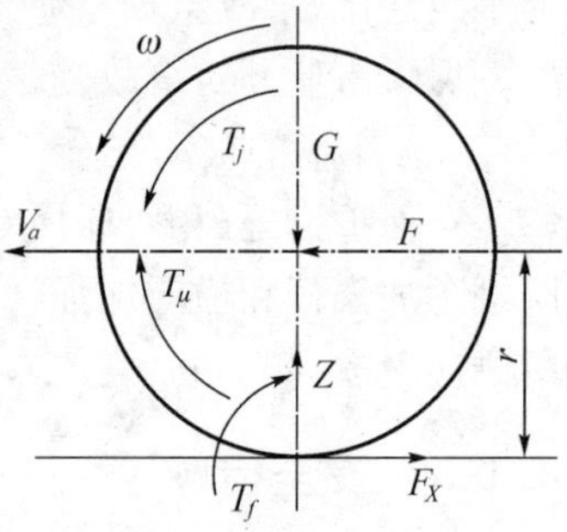

图 4.2　制动时车轮受力情况

在制动过程中滚动阻力矩 T_f，惯性力矩 T_j 相对都较小时可忽略不计。由力矩平衡方程可得

$$F_X=\frac{T_\mu}{r}$$

式中，r——车轮半径。

地面制动力 F_X 是汽车制动时地面作用于车轮的外力，F_X 值取决于车轮的半径与制动器的摩擦力矩 T_μ。

在轮胎周缘克服车轮制动器摩擦力矩所需的力称为制动器制动力。

$$F_\mu=\frac{T_\mu}{r}$$

式中，T_μ——车轮制动器（制动蹄与制动鼓相对滑转时）的摩擦力矩。

制动器制动力 T_μ 取决于制动器结构、型式与尺寸大小、制动器摩擦副摩擦系数和车轮半径。一般情况下其数值与制动踏板力成正比，即与制动系的液压或气压大小成线性关系。对于结构、尺寸一定的制动器而言，制动器制动力主要取决于制动踏板力与摩擦副的表面状况，如接触面大小、表面有无油污等。

与驱动的情况相同，制动时地面作用于车轮的地面制动力 F_X 要受到一极限值的限制，这个极限值叫做地面附着力，用符号 F_φ 表示，其大小为

$$F_\varphi=Z\cdot\varphi$$

式中，Z——地面对车轮的法向反作用力；

φ——地面的附着系数，与路面材料、路面状况、轮胎结构及汽车的行驶速度有关。

在不考虑附着系数变化的制动过程中，地面制动力 F_X、制动器制动力矩 T_μ 及附着力 F_φ 随制动踏板力 F_p 的变化关系如图 4.3 所示。车辆制动时，车轮有滚动或抱死滑

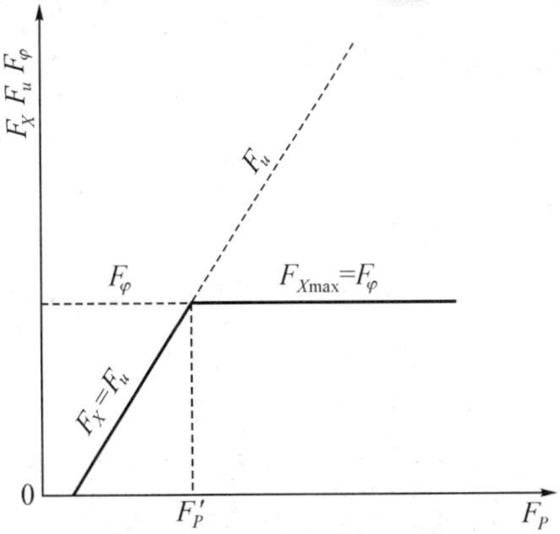

图 4.3　制动过程中地面制动力与附着力之间的关系

移两种运动状态。当制动踏板力 F_p($F_p<F_p'$)较小时,制动器摩擦力矩不大,路面与轮胎间摩擦力(即地面制动力 F_X)足以克服制动器摩擦力矩使车轮滚动。车轮滚动时的地面制动力等于制动器制动力矩(T_μ),且随踏板力 F_p 的增长成正比增长。但当制动踏板力 $F_p=F_p'$时,地面制动力 F_X 等于附着力 F_φ 时,车轮即抱死不转而出现拖滑现象,显然,地面制动力 F_X 受轮胎与路面附着条件的限制,其最大值 $F_{X\max}$不可能超过附着力 F_φ,即

$$F_X\leqslant F_\varphi=Z\cdot\varphi \text{ 或 } F_{X\max}=F_\varphi=Z\cdot\varphi$$

当车轮抱死而拖滑后,随着制动踏板力继续增大($F_p>F'_p$),制动器制动力矩 T_μ 由于制动器摩擦力矩的增长而直线上升,但地面制动力 F_X 达到极限值 F_φ 后不再增加。可见,地面制动力 F_X 首先取决于制动器制动力矩 T_μ,但同时又受到地面附着条件(F_φ)的限制。所以,汽车制动时必须具有足够的制动器制动力矩(制动器摩擦力矩),同时路面又能提供足够高的附着力,才能获得足够的地面制动力。

由上述分析可见,制动力是评价汽车制动性能的最本质因素。制动力便于在制动试验台上测量。这种检测方法在汽车综合性能检测站广泛采用。通过制动力的检测不仅可以测得各车轮制动力的大小,还可了解汽车前、后轴制动力合理分配,以及各轴两侧车轮制动力平衡状况。若同时测得制动协调时间便能较全面地检验车辆的制动性能。

值得指出的是,在试验台上检测车轮制动时,与车辆行驶中制动情况类似,车轮也会出现两种运动状态:一种是车轮转动状态,此时试验台将测得与制动踏板力相对应的最大车轮制动力(等于制动器制动力);另一种是车轮处于停转(试验台滚筒相对车轮轮胎滑转)状态,此时试验台测得的车轮制动力(相当于前述的地面制动力)将等于轮胎与试验台滚筒之间的附着力。这往往小于车轮制动器制动力,而无法测得车轮制动器制动力的最大值。因为附着力大小是和轮胎与滚筒之间的正压力及附着系数有关。正压力与轴荷大小及车轮在试验台上与滚筒之间的安置角有关,在实际检测时该轴荷多半是车辆空载状态。为排除这种检测的不确切性,在 GB 7258－2004《机动车运行安全技术条件》内规定可通过增加相应车轴上的附加质量或作用力来获得足够的附着力。

(2) 制动距离

各国对制动距离的定义不一致。在我国安全法规中,是指在指定的道路条件下,机动车在规定的初速度下急踩制动踏板时,从脚接触制动踏板(或手触动制动手柄)时起至车辆停住时止车辆驶过的距离。制动距离与行车安全有直接关系,而且最为直观。驾驶员可按预计停车地点的距离来控制制动强度,故政府职能部门通常按制动距离的

要求制订安全法规。制动距离与制动过程中产生的地面制动力以及制动传动机构、制动器工作滞后时间有关,而地面制动力与检验时施加在制动踏板上的踏板力或制动系的压力(液压或气压)以及路面的附着条件有关。因此,测试制动距离时必须对制动踏板力或制动系的压力以及轮胎与路面的附着条件作出相应的规定。

(3) 制动减速度

对某一具体车辆而言,制动减速度与地面制动力是等效的。因此,也常用制动减速度作为评价制动效能的指标。

制动减速度 j 与地面制动力 F_X 及车辆总质量有关,以下式表示:

$$j=\frac{g}{\delta G}F_X$$

式中,G——汽车总重力;

g——重力加速度;

δ——汽车回转质量换算系数。

制动减速度在制动过程中是变化的,如图 4.4 所示。当车辆制动到全部车轮抱死滑移时,回转质量换算系数 $\delta=1$,而此时地面制动力 $F_X=F_\varphi=G\cdot\varphi$,由此可得最大制动减速度:

$$j_{\max}=g\varphi$$

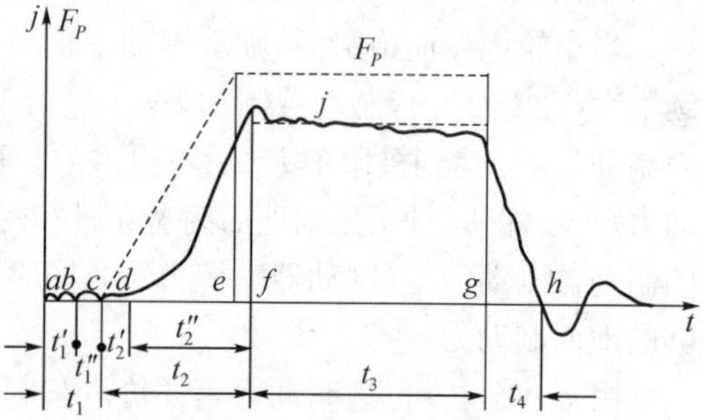

图 4.4　制动过程中制动减速度变化规

通常车辆检测时用平均减速度或最大减速度作为制动效能的评价指标。在我国的安全法规中采用充分发出的平均减速度 MFDD(Mean Fully Development Deceleration):

$$\mathrm{MFDD}=\frac{v_b^2-v_e^2}{25.92(S_e-S_b)}$$

式中,v_b——$0.8v_0$,车辆制动的末速度($\mathrm{km\cdot h^{-1}}$);

v_e——$0.1v_0$,车辆制动的初速度($\mathrm{km\cdot h^{-1}}$);

S_b——在速度 v_0 和 v_0 之间车辆驶过的距离(m);

S_e——在速度 v_0 和 v_e 之间车辆驶过的距离(m)。

(4) 制动时间

制动过程所经历的时间即制动时间,很少作为单纯的评价指标。但是作为分析制动过程和评价制动效能时又是不可缺少的参数。如对于同一型号的两辆汽车产生同样制动力所经历的时间不同,则两辆汽车的制动距离就可能相差较大,对行驶安全将产生不同效果。因此通常把制动时间作为一辅助的评价指标。制动过程各阶段的时间分布大致如图 4.4 所示。图中所示时间 $t_1=t'_1+t''_1$ 为驾驶员反应时间,从接受需要制动的信号到脚踩到制动踏板为止,一般需 0.7～1.0 s。该期间车辆按原车速继续行驶。$t_2=t'_2+t''_2$ 为制动器作用时间(又称制动协调时间),该期间制动减速度逐渐增大,直至达到最大制动减速度，一般为 0.2～0.7 s，主要取决于驾驶员踩制动踏板的速度和制动系的型式和结构。t_3 为持续制动时间，该期间制动减速度基本不变。t_4 为制动释放时间，一般在 0.2～1.0 s 之间。

2）制动效能的恒定性

制动效能的恒定性主要指制动效能的抗热衰退能力，反映了汽车高速制动或下长坡连续；制动时制动效能的稳定程度。汽车制动时，车辆的行驶动能转化为车轮制动器的摩擦热能，使制动器。温度升高，制动器摩擦衬片摩擦系数下降，制动力下降。所以，在制动器温度升高后能否保持足够的制动效能，是车辆制动性能的一个方面。

汽车长时间进行强度较大的制动时，制动器的温度升高，常在 300℃以上，有时甚至能达到 600～700℃。温度升高后，制动器摩擦副的摩擦系数下降，摩擦力矩减小，因而制动效能下降，这种现象称之为制动器的热衰退。山区行驶的货车和高速行驶的轿车应有较好的制动抗热衰退性能。

试验制动器热衰退性能时可做一系列的连续制动，检验制动效能的保持程度。国家行业标准 ZBT 24007－89 规定，以一定车速连续制动 15 次，每次的制动强度为 $3\ m \cdot s^{-2}$，最后车辆的制动效能应不低于冷态制动效能（$5.8\ m \cdot s^{-2}$）的 60%。

影响制动抗热衰退性能的主要因素是制动器摩擦副的材料及制动器的结构形式。一般的制动鼓、制动盘由铸铁制成，摩擦衬片由石棉、石棉与金属等几种材料制成。在正常制动时，摩擦副的温度在 200℃左右，但在更高温度时，摩擦系数迅速下降。选用耐高温的摩擦衬片材料可明显提高制动器的抗热衰退性能；采用散热条件好和热容量高的制动鼓，或者在制动鼓上铸出散热筋，也能提高制动抗热衰退性能。

制动器的结构形式不同，其制动效率也不同。双向助势制动蹄结构的制动器，由于具有增力作用，可得到较高的制动效能因数，但摩擦系数的变化程度大，制动器的抗热衰退性能较差。虽然盘式制动器的制动效能较低，但其随摩擦系数的变化程度小，因而具有较好的抗热衰退性能。

3）制动时汽车的方向稳定性

制动时的方向稳定性指制动时汽车不发生跑偏、侧滑及失去转向控制的能力。制动时方向稳定性较好的汽车，能够按驾驶员给定轨迹行驶，即能够维持直线行驶或能按预定弯道行驶。制动时汽车行驶方向的不稳定是引起交通事故的一个主要原因，为提高汽车行驶的安全性，应充分重视制动时汽车的方向稳定性。

制动跑偏：汽车在制动时自动向左或向右偏离行驶方向称为制动跑偏，制动跑偏时后轮沿前轮轨迹运动。

制动侧滑：制动时汽车某一轴或两轴发生横向移动称为制动侧滑，制动侧滑时前后轮的行驶轨迹不重合。制动跑偏和制动侧滑是有联系的，严重的跑偏会引起后轴的侧滑，容易发生侧滑的汽车也容易跑偏。

众所周知，制动时若车轮抱死，车辆的转向能力或稳定性就会丧失，下面将按前轮抱死、后轮抱死和全部车轮抱死三种情况进行讨论。

图 4.5(a)的前轮在制动力 $F_{\mu1}$ 作用下还在滚动，而后轮已经抱死。如果在制动惯性力 G_z 基础上还存在一个侧向干扰力 F_y，那么合力将与车辆纵轴线成 β 角。F_y 必须用车轮上的等值侧向力来平衡。因为后轮已经滑移，所以侧向力实际上只能作用在前轮上，即 $F_y \approx F_{y1}$；相应的力矩使车轮绕铅垂轴旋转，并使 β 角增大，车辆回转趋势增大，处于不稳定状态。

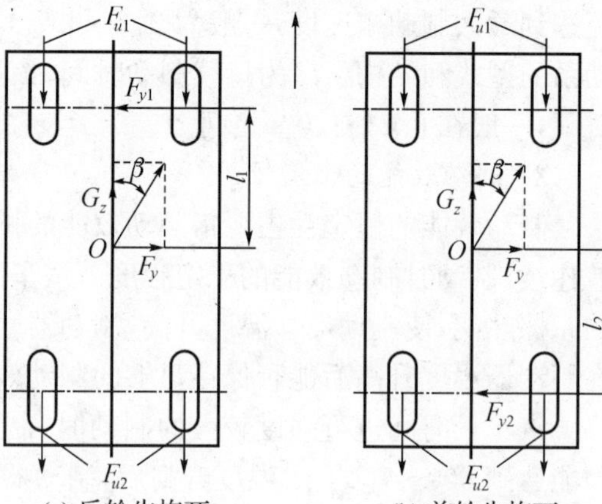

(a) 后轮先抱死　　(b) 前轮先抱死

图 4.5　车轮抱死时的方向稳定性

反之，如果前轮抱死，后轮继续滚动(见图 4.5(b))，则相应的力矩将使 β 角减小。车辆处于稳定状态。这时，车辆将继续大致沿着原来的方向运动，也就是说失去了转向能力。

在直线行驶时，还是宁愿取前轮抱死。而在弯道行驶时，前轮抱死将使车辆从弯道滑出。所以，过去曾有人提出后轮应先抱死，以保持前轮的转向能力；同时还认为，直线行驶时，驾驶员可以通过转向操纵来纠正尾部侧滑。但是，研究表明，驾驶员在意外情况下，突然紧急制动使后轮抱死时，往往来不及转向，或者转向失误；此外，驾驶员还往往错误地继续踏紧制动踏板，而不松开。其实，从物理上讲，保持制动稳定性最简单的方法是减小制动力，使原来抱死的车轮又可以承受侧向力，这样，侧滑就可以终止。

各轮都抱死，车辆无法承受侧向力。这样在侧向干扰下，车辆将向侧向运动，不会绕铅垂轴剧烈旋转。

因此，从保证汽车方向稳定性的角度出发，首先不能出现只有后轴车轮抱死或后轴车轮先抱死的情况，以防止后轴侧滑的危险。其次，尽量少出现只有前轴车轮抱死或前、后轮都抱死的情况，以维持汽车的转向能力。最理想的制动状况就是防止任何车轮抱死，前、后轮都处于滚动状态，这样就可以确保制动时的方向稳定性。但对于普通行车制动系统，实际是以实现前、后轮同时抱死为目标，以求较好地利用附着系数，缩短制动距离。

4.2.2　影响汽车制动性的因素

汽车制动性与道路、气候、汽车结构、汽车技术状况及使用等条件有关。

1) 道路与气候条件

道路的路面是汽车制动赖以存在的条件，而车轮最大制动力受到道路附着系数 φ 的限制。所以，道路路面的状况对充分发挥汽车的制动性有着决定性的影响。

气候条件在很大程度上是通过路面来对汽车制动产生影响的。表 4.1 列出了不同类型的路面及其干湿状态的附着系数值。

表 4.1 不同类型的路面及其干湿状态的附着系数

路面		轮胎		
类型	状态	高压轮胎	低压轮胎	越野轮胎
沥青或混凝土路面	干燥 潮湿 污染	0.50～0.70 0.35～0.45 0.25～0.45	0.70～0.80 0.45～0.55 0.25～0.40	0.70～0.80 0.50～0.60 0.25～0.45
卵石路面	干燥 潮湿	0.50～0.60 0.30～0.40	0.60～0.70 0.40～0.50	0.60～0.70 0.40～0.55
土路	干燥 湿润 泥泞	0.40～0.50 0.20～0.40 0.15～0.20	0.50～0.60 0.30～0.45 0.15～0.25	0.50～0.60 0.35～0.50 0.20～0.30
积雪荒地	松软 压实	0.20～0.30 0.15～0.20	0.20～0.40 0.20～0.25	0.20～0.40 0.30～0.50
结冰路面	零下气温	0.08～0.15	0.10～0.20	0.05～0.10

在相同的沥青或混凝土路面上，因干湿状态不同，在车速为 30 $km \cdot h^{-1}$ 时的制动距离相差约 1 倍；干燥的沥青路面与结冰路面相比，在 30 $km \cdot h^{-1}$ 的车速下的制动距离相差约 6 倍。

2）驾驶员因素

驾驶员的反应快慢对汽车制动的安全是很重要的。确切地说，反应时间 t_1 就是一个评价的参数。反应敏捷的驾驶员，一般的反应时间在 0.39～0.63 s 之间；1.5 s 以内算正常的；当超过 2.0 s 时，被认为不正常。

反应时间的长短对汽车制动安全的影响可用下例说明。当汽车以 36 $km \cdot h^{-1}$（即相当于 10 $m \cdot s^{-1}$）的速度运行时，反应快的驾驶员可以在 3 m 以内作出正确的判断，并采取制动的动作。而反应慢的则需在 15 m 以后才能作出正确的判断和动作，许多突然事故在这种反应慢的情况下发生，想通过紧急制动来防止事故的发生往往已经来不及了。

反应时间长短还与驾驶员的生理状态有关。主要是注意力不集中、过分疲劳、精神状态不佳，从而引起反应时间的增加。特别是高速行驶时，反应时间随车速提高而延长的原因是由于车速提高后，驾驶员精神紧张、发现危险信号后受惊吓和操作程序慌乱带来的结果。

3）车速

在汽车制动的 t_2 阶段，制动距离与车速的增加成正比；在 t_3 阶段，制动距离与车速的平方成正比增加（见图 4.4）。

高速行驶的汽车在干硬路面上制动时，橡胶胎面来不及与路面微观凹凸构造完全“啮合”时，使附着系数略有降低（见图 4.6）；在潮湿路面上制动时，汽车轮胎不易将粘液体挤出而使附着系数显著下降；在结冰的路面上制动时，附着系数比于硬路面要低。随着车速的提高，因与轮胎接触的冰层受压时间短，来不及在接触面间形成水膜，附着系数会略有提高。无论怎样，在结冰的路面上汽车行驶的稳定性和汽车制动时的稳定性极差。

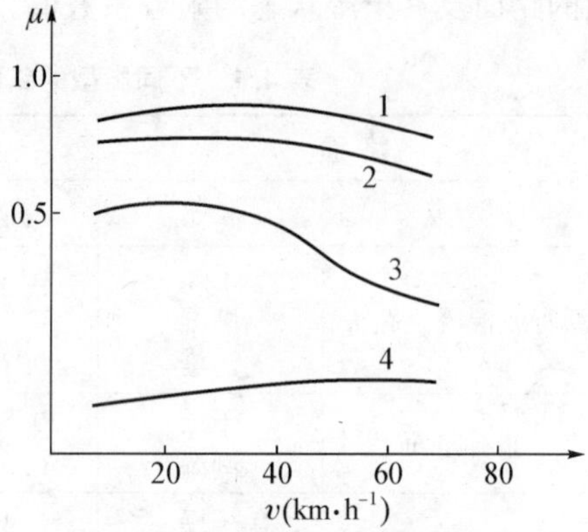

图 4.6 不同路面的附着系数与车速的关系

1—干燥的混凝土路面；2—潮湿的混凝土路面；3—积雪的混凝土路面；4—软路面

4）汽车的装载

在设计汽车制动器时，为了提高制动性，充分利用各车轮上的附着重量，应根据汽车制动时轴载荷再分配的情况，使汽车制动系满足前、后轮同时制动到全滑移状态。这样就获得了汽车前、后轮制动力与制动时作用于前、后轮上的法向载荷成正比的关系。前、后轮的法向载荷的比值并非是一常数，而是随着道路附着系数和重心位置的不同而改变。为此，在汽车设计时，应以某一种路面为假设条件，而这个假设路面的附着系数称为同步附着系数。

5）汽车拖挂

为了保证汽车列车的制动安全，挂车的各个车轮上均应安装制动器，以充分利用其附着重量，提高汽车列车的制动性能。

当汽车列车制动时，如果保持挂钩上仍然传递不大的牵引力，就可以改善汽车列车制动的稳定性。所以，设计汽车列车的制动传力机构时，要求它保证汽车制动的开始时间较汽车制动略为提前。

6）制动系技术状况

制动器的鼓与蹄摩擦片在使用过程中，因磨损而使其间隙逐渐增大。制动器间隙的增大，将引起制动作用迟缓、制动力不足以及制动距离增大。必须指出，制动器故障对汽车制动性影响极大。例如：制动鼓与制动蹄片磨损不均匀或调整不当，可以使制动不平稳或制动力不足；左右轮制动器技术状况不同可能因制动力不均而引起汽车制动跑偏等。

制动系传力机构的技术状况也会影响制动效能。气压驱动的制动系，气压降低引起制动距离增大的原因是制动迟滞时间增加及制动力不足。

7）汽车车轮的技术状况

车轮的技术状况（如轮胎气压、轮胎花纹磨损程度等）也影响汽车的制动性。大多数情况下，车轮的技术状况不正常现象是个别的，因此它对汽车制动的影响在于造成各车轮制动力的不均匀，而导致汽车制动的跑偏。

轮胎在路面上的单位压力（即车轮载荷与印痕面积之比）与轮胎的附着能力关系很

大。单位压力的数值取决于轮胎气压、路面性质等因素(见图 4.7)。

对于同一辆汽车上的各个车轮，会因气压不相等或在制动时轮胎与地面接触处性质有差异而造成汽车制动时各车轮的最大制动力不均匀。轮胎气压的降低会使轮胎与地面的接触面积显著增大，磨损较轻的胎面花纹嵌入土壤及排水能力较强，也会使附着系数显著提高。

汽车制动安全要求同一车轴上的左右轮胎应具有相同花纹、磨损程度相近，并具有相同的气压。

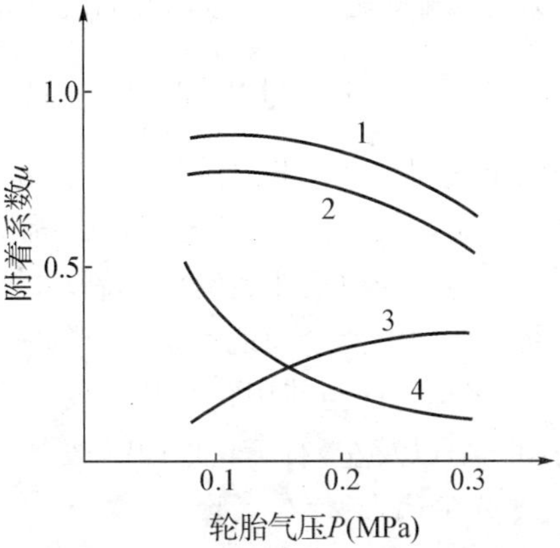

图 4.7 在不同路面上的轮胎气压与附着系数的关系

1—干燥的混凝土路面；2—潮湿的混凝土路面；3—积雪的混凝土路；4—软路面

8) 发动机制动与排气制动

山区行驶的车辆下坡时，为避免车轮制动器长时间工作而发生过热，造成制动效能降低，或冬季行驶在冰雪路面上时，为避免制动力过大而引起侧滑，常利用发动机制动。

用发动机制动时，驾驶员放松油门，不脱开发动机，驱动轮在汽车惯性作用下通过传动系迫使发动机以高于怠速时的转速旋转。这时汽车需要克服发动机内摩擦阻力矩和进排气阻力，且这个阻力矩随发动机转速(被迫转动)的增高而增大。发动机内摩擦阻力矩换算到驱动轮上的制动力 F'_μ 为

$$F'_\mu=\frac{T_{er}i_g i_0}{\eta'_T r}$$

式中，T_{er}——发动机内阻力矩；

i_g——变速器传动比；

i_0——主减速器传动比；

r——轮胎的有效半径；

η'_T——从驱动轮到发动机的传动效率。

由上式可见，传动系传动比越大(低速挡)，发动机转速越高，则发动机内阻力矩消耗的能量越多，制动效果显著。

同时应注意到利用发动机制动时，发动机的旋转质量惯性力偶矩是阻碍发动机制动的，也就是说发动机内阻力矩大于发动机旋转质量惯性力偶矩时，发动机制动才有效果。因此，在紧急制动时，仅用车轮制动，制动效果好。

采用发动机制动不需要安装其他设备，也不需要对发动机作任何改造，所以成为驾驶员常采用的一种方法，但其制动效能不大。山区行驶的车辆用排气制动是比较理想的。制动时关闭排气节流阀，切断油路、电路，利用发动机急剧增加的排气阻力而增大其

内阻力矩。排气制动功率可达发动机有效功率的80%～90%。排气制动多用于柴油车。

4.2.3 汽车制动性的试验

汽车的制动性试验分为道路试验和室内试验，主要是通过道路试验来评定。一般要测定冷制动及高温下(热态)汽车的制动距离、制动减速度、制动时间等参数。另外还要测定在转弯与变更车道时汽车制动的方向稳定性。

路面试验虽能全面地反映汽车的制动性，但试验需要有特定的场地，且颇费时间。因此，在汽车生产与使用企业及一般实验单位，也常用室内制动试验台通过测定汽车的地面制动力以及左、右车轮地面制动力差来评定汽车的制动性。

1) 道路试验(行车试验)

机动车制动性道路检测项目有冷态制动效能试验、应急制动系统效能试验、热衰退恢复试验、涉水恢复试验等，其试验规范和方法依照国家标准GB/T 12676－1990《汽车制动性能试验方法》的要求进行。

(1) 冷态制动效能试验

①每次制动试验前，制动器初始温度不超过90℃。

②制动初速度为30 km·h^{-1}和65 km·h^{-1}。对于最大车速超过100 km·h^{-1}的汽车，需增加制动初速度为80 km·h^{-1}的制动效能试验。

③在驶经测初速区段，车辆应保持等速行驶；驶至试验区段起点，按试验员口令，以最大减速度制动至停车。制动时，离合器断开或变速器置空挡。每种制动初速度试验往返各进行一次。

④记录制动初速度、踏板力或管路压力、制动减速度、制动距离、车辆是否偏出3.7 m宽通道等数据。

(2) 应急制动系统效能试验

对于具有应急制动系统的车辆，按上述方法进行应急制动系统最大效能试验。

(3) 热衰退恢复试验

①基准检验：制动初速度为65 km·h^{-1}，制动时变速器在最高挡位(超速挡除外)，制动器初始温度不高于90℃。制动减速度：A类车辆(厂定最大总质量小于4 500 kg)保持为4.5 m·s^{-2}，B类车辆(厂定最大总质量大于或等于4 500 kg)保持为3.0 m·s^{-2}。直至车辆完全停止；制动3次，记录制动踏板力或管路压力及制动减速度。

②衰退试验：制动初速度～末速度：A类车辆为65～0 km·h^{-1}，B类车辆为65～30 km·h^{-1}；制动时变速器在最高挡位(超速挡除外)；制动器初始温度仅第一次不超过90℃。

A类车辆保持以4.5 m·s^{-2}、B类车辆保持以3.0 m·s^{-2}的恒定减速度进行制动，连续制动20次，每次间隔60 s，记录制动踏板力或管路压力、制动减速度、制动器初始温度。

③恢复试验：衰退试验后应立即进行恢复试验。

制动初速度～末速度：A类车辆为65～0 km·h^{-1}，B类车辆为65～30 km·h^{-1}。A类车辆保持以4.5 m·s^{-2}。B类车辆保持以3.0 m·s^{-2}的恒定减速度进行制动，连续制动15次，每次间隔180 s，最后1次制动初温应降至120℃以下进行，记录制动踏板力或管路压力、制动减速度、制动器初始温度。

(4) 涉水恢复试验

①基准检验：制动初速度～末速度：30～0 km·h^{-1}，制动器初始温度不高于90℃。A类车辆保持以4.5 m·s^{-2}、B类车辆保持以3.0 m·s^{-2}的恒定减速度进行制动，制动3次，记录制动踏板力或管路压力及制动减速度。

②涉水：将车轮浸入水深大于车轮半径的水槽中，制动器为放松状态。汽车以10 km·h^{-1}以下的速度往返行驶，2 min后汽车驶出水槽，在离开水槽后1 min进行恢复试验，恢复试验前不得进行制动。

③恢复试验：制动初速度～末速度：30～0 km·h^{-1}。A类车辆保持以4.5 m·s^{-2}、B类车辆保持以3.0 m·s^{-2}的恒定减速度进行制动，连续制动15次，制动间隔为0.5 km，记录制动踏板力或管路压力、制动减速度。

(5) 制动时方向稳定性试验

汽车转弯制动试验在平坦的干地面上进行。试验时汽车沿一定半径作圆周行驶，侧向加速度为(5±0.5)m·s^{-2}，相应车速为51 km·h^{-1}或57 km·h^{-1}；或者转弯半径为100 m，侧向加速度为(4±0.4)m·s^{-2}，相应车速为72 km·h^{-1}。保持转向盘转角不变，关节气门，迅速踩制动踏板，离合器可以分离也可以不分离，使汽车以不同的等减速度制动。记录制动减速度、汽车横摆角速度、航向角的变动量、制动时侧向路径偏离量等参数。

因为湿路面附着系数降低很多，转弯制动试验也常在湿路面上进行。评定制动时方向稳定性的试验，也在汽车的左、右两侧车轮行经不同附着系数的路面上进行，如左轮行经$\varphi=0.7$的路面，右轮为$\varphi=0.3$的路面。

(6) 防抱死制动系统试验

驾乘人员多于9人的客车，满载质量超过3.5 t的货车要进行制动防抱死系统试验。试验包括直线行驶紧急制动试验和转向行驶紧急制动试验。直线行驶试验道路包括均匀的各种附着系数路面，非对称的各种组合路面，以及阶跃附着系数路面(先高后低，或先低后高)，参看图4.8。试验时测定有无防抱死系统的制动性能比和防抱死系统工作时的地面最大附着力利用程度。在非对称路面上测定跑偏控制；在阶跃路面测定防抱死系统对路面的识别能力。转向行驶试验内容是湿路面上的换道试验和弯道试验，测定可通过的最高制动初速度以及车辆躲避距离，用以评定制动方向稳定性。

GB 13594－2003《机动车和挂车防抱死制动性能和试验方法》中规定了汽车防抱死制动系统的分类、性能要求和试验方法。

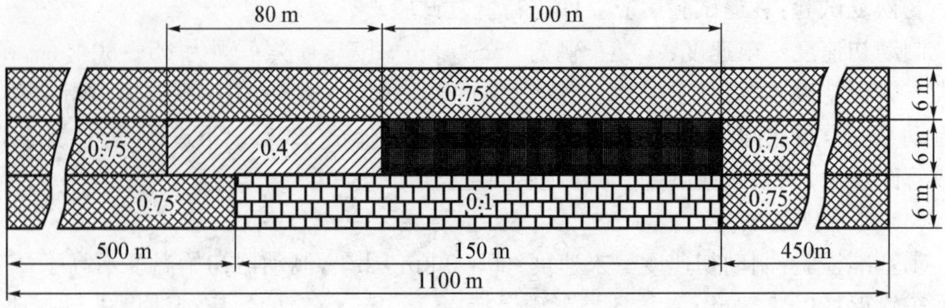

图 4.8　防抱死制动系统试验道路

2) 室内制动试验

汽车室内试验是在制动试验台上进行的,其工作原理是用测试汽车制动器的摩擦力矩来检查汽车的制动性。

(1) 制动试验台的结构原理

制动试验台按不同的分类方法,可以分出不同的类型。常见的分类方法有:按试验台测量原理不同,可分为反力式和惯性式两类;按试验台支承车轮形式不同,可分为滚筒式和平板式两类;按试验台检测参数不同,可分为测制动力式、测制动距离式和多功能综合式三类;按试验台测量装置至指示装置传递信号方式不同,可分为机械式、液压式和电气式三类;按试验台同时能测车轴数不同,又可分为单轴式、双轴式和多轴式三类。

①反力式滚筒制动试验台

反力式滚筒制动试验台(测制动力式)获得了广泛应用。特别是单轴反力式滚筒制动试验台应用最为普遍,国内外汽车检测站和维修企业所用制动检测设备多为这种形式。我国目前生产和使用的制动试验台绝大多数也为反力式滚筒制动试验台。

单轴反力式滚筒制动试验台的结构简图如图 4.9 所示。它由框架、驱动装置、滚筒装置、测量装置、举升装置、指示与控制装置等组成。为使制动试验台能同时检测车轴两端左右车轮的制动力,除框架、指示与控制装置外,其他装置是分别独立设置的。

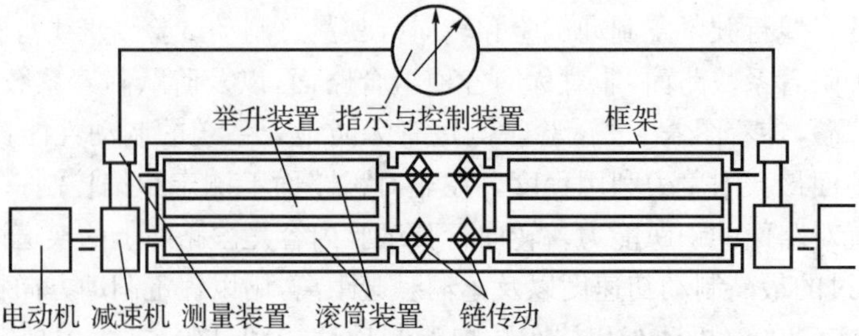

图 4.9　反力式滚筒制动试验的构造

测量时,汽车开上反力式滚筒制动试验台,使被检车轴左右车轮处于每对滚筒之间,放下举升器,起动电动机,通过减速器、链传动使主、从动滚筒带动车轮低速旋转,然后用力踩下制动踏板。此时,车轮制动器产生的摩擦力矩作用在滚筒上,与滚筒的转动方向相反,因而产生一反作用力矩。减速器壳体在这一反作用力矩作用下,其前端发生绕其输出轴向下的偏转,带动测力刀压下测力臂,迫使测力杠杆前端向上位移,拉伸测力弹簧,通过测力传感器转换成反映制动力大小的电信号,由微机采集、处理后,指令电动机停转,并由指示装置指示或由打印机打印检测到的制动力数值(见图 4.10)。

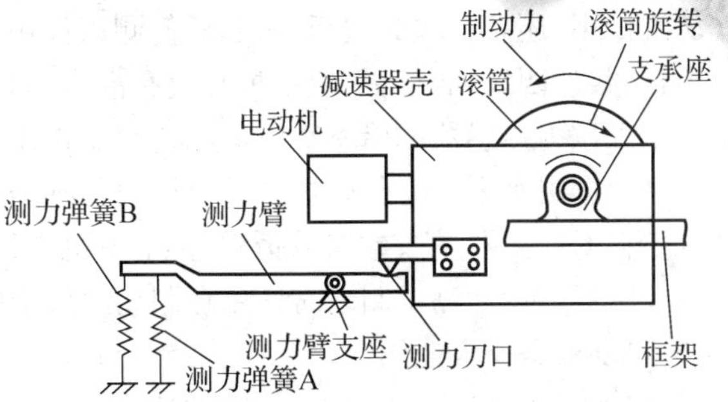

图 4.10 反力式滚筒制动试验台的测量原理

②惯性式滚筒制动试验台

惯性式滚筒制动试验台,用滚筒模拟移动的路面,用旋转飞轮的转动惯量模拟车辆在道路上行驶时的动能,因此滚筒传动系统具有相当于汽车在道路上行驶的惯性。制动时,轮胎对滚筒表面产生阻力,这时虽然驱动滚筒的动力(如电动机或汽车发动机的动力)已被切断,但由于滚筒传动系统具有一定的惯性,因而滚筒表面将相对于车轮移过一定距离。由此可见,在惯性式制动试验台上可以模拟道路制动试验工况。这种试验台的主要检测参数是各轮的制动距离,同时还可测得制动时间和减速度。

惯性式滚筒制动试验台的滚筒,可由电动机或车辆的驱动轮驱动,并能进行高速试验,因而测试结果与实际工况更为接近。

该种试验台的主要检测参数是各轮的制动距离,同时还可测得制动时间或制动减速度。如果采用运算电路,则可获得整车制动距离或制动减速度。

③惯性式平板制动试验台

惯性式平板制动试验台不仅能检测制动性能,而且能检测轴重、侧滑和悬架的技术状况等,因而又称为平板式检测设备或平板式底盘检测设备。

惯性式平板制动试验台由测试平板、数据处理系统和踏板力计等组成,如图 4.11 所示。测试平板一共有六块。其中四块为制动、悬架、轴重测试用,一块为侧

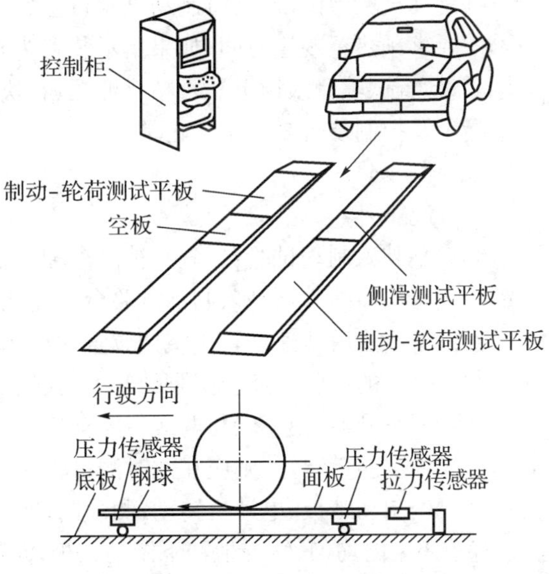

图 4.11 惯性式平板制动试验台

滑测试用，还有一块为空板，不起任何测试作用。仅就图中承担制动、悬架、轴重测试的平板（共计四块）而言，每块平板都设有沿汽车行驶方向能测得汽车轮胎作用于平板上的水平拉力传感器和沿垂直方向测得轮胎作用于平板上的垂直压力传感器。

数据由水平拉力传感器和垂直压力传感器采集。两个传感器中产生的模拟信号通过各自的放大器进入数据采集板，再由微机进行处理、显示和打印。

踏板力计能测得制动时作用在制动踏板上的力，其形式有有线式、无线式和红外线式，可以根据要求选用。

被测汽车以 5～10 km·h^{-1}的速度开上测试平板，驾驶员根据指示信号及时踩下装有踏板力计的制动踏板，使车辆在制动、悬架、轴重测试平板上制动并停住。与此同时，数据处理系统采集制动过程中的全部数据，进行分析、处理，并在微机显示屏上以图形、符号和数字显示，由打印机打印输出。

（2）制动性能台试检测项目

制动性能台试检测的主要项目包括制动力、制动力平衡、车轮阻滞力和制动协调时间。

（3）试验方法

制动试验台的型号不同，其试验方法也不同，下面以反力式滚筒试验台为例，介绍其试验方法。

①检测前的准备

ⓐ被测车辆的准备：检查并清除汽车轮胎粘有的泥、水、砂、石等杂物。核实汽车各轴轴荷，汽车轴荷不得超过试验台允许载荷。同时，轮胎气压应符合规定气压。

ⓑ制动试验台的准备：将制动试验台指示与控制装置上的电源开关打开，按使用说明书的要求预热至规定时间；如果指示装置为指针式仪表，检查指针是否在零位，否则应调零；检查试验台滚筒上是否粘有油泥、石块及各种杂物等，若存在杂物应清除干净；检查显示及控制装置是否工作正常。

②检测步骤

ⓐ升起举升器。

ⓑ汽车驶入制动试验台，汽车被测车轴在轴重计或轮重仪上检测完轴荷后，应尽可能沿垂直于滚筒的方向驶入制动试验台。先前轴，再后轴，使车轮处于两滚筒之间。

ⓒ汽车停稳后变速杆置于空挡位置，行车制动器和驻车制动器处于完全放松状态，能测制动时间的试验台还应把脚踏开关套在制动踏板上。

ⓓ降下举升器，使车轮与两滚筒完全接触，与举升平板完全脱离。如制动试验台带有内置式轴重测量装置，则应在此时测量轴荷。

ⓔ放松制动踏板，电动机转动，测量制动器拖滞力，判断制动器是否拖滞。

ⓕ在 6 s 内均匀、缓慢地踏下制动踏板，测出轴制动力，一般在 1.5～3.0 s 后，制动试验台滚筒自动停转。有些制动试验台在两滚筒之间设有一个直径较小的第三滚筒，上面设有转速传感器。当车轮抱死时，该滚筒发出电信号，使滚筒停转。

ⓖ读取并打印测量结果。

ⓗ升起举升器,汽车驶出制动试验台。驶出已测车轴,驶入下一车轴,按上述同样方法检测轴荷和制动力。

ⓘ当与驻车制动器相关的车轴在制动试验台上时,检测完行车制动性能后应重新起动电动机,在行车制动器完全放松的情况下,用力拉紧驻车制动器操纵杆,检测驻车制动性能。

ⓙ所有车轴的行车制动性能及驻车制动性能检测完毕后,升起举升器,汽车驶出制动试验台。

ⓚ切断制动试验台电源。

4.2.4 汽车制动性的标准

1)路试检测制动性的要求

机动车行车制动性能和应急制动性能检验应在平坦、硬实、清洁、干燥且轮胎与地面间的附着系数不小于0.7的水泥或沥青路面上进行。试验时应脱开发动机。

(1)行车制动性能检验

①用制动距离检验行车制动性能:机动车在规定的初速度下的制动距离和制动稳定性,应符合表4.2的要求。对空载检验制动距离有质疑时,可用表4.2满载检验的制动性能要求进行。

表4.2 制动距离和制动稳定性要求

机动车类型	制动初速度($km \cdot h^{-1}$)	满载检验制动距离要求(m)	空载检验制动距离要求(m)	试验通道宽度(m)
三轮汽车	20	≤5.0		2.5
乘用车	50	≤20.0	≤19.0	2.5
总质量不大于3 500 kg的低速货车	30	≤9.0	≤8.0	2.5
其他总质量不大于3 500 kg的汽车	50	≤22.0	≤21.0	2.5
其他汽车、汽车列车	30	≤10.0	≤9.0	3.0
两轮摩托车	30	≤7.0		—
边三轮摩托车	30	≤8.0		2.5
正三轮摩托车	30	≤7.5		2.3
轻便摩托车	20	≤4.0		—
轮式拖拉机运输机组	20	≤6.5	≤6.0	3.0
手扶变型运输机	20	≤6.5		2.3

②用充分发出的平均减速度检验行车制动性能：汽车、汽车列车和无轨电车在规定的初速度下急踩制动时充分发出的平均减速度和制动稳定性能应符合表 4.3 的要求。单车制动协调时间应不大于 0.6 s，列车制动协调时间应不大于 0.8 s。对空载检验制动性能有质疑时，可用表 4.3 中满载检验的制动性能要求进行。

制动协调时间是指在急踩制动踏板时，从踏板开始动作至车辆减速度（或制动力）达到表 4.3 规定的车辆充分发出的平均减速度 75%时所需的时间。

表 4.3　制动减速度和制动稳定性要求

机动车类型	制动初速度 $(km \cdot h^{-1})$	满载检验充分发出的平均减速度 $(m \cdot s^{-2})$	空载检验充分发出的平均减速度 $(m \cdot s^{-2})$	试验通道宽度 (m)
三轮汽车	20	≥3.8		2.5
乘用车	50	≥5.9	≥6.2	2.5
总质量不大于 3 500 kg 的低速货车	30	≥5.2	≥5.6	2.5
其他总质量不大于 3 500 kg 的汽车	50	≥5.4	≥5.8	2.5
其他汽车、汽车列车	30	≥5.0	≥5.4	3.0

③进行制动性能检验时的制动踏板力或制动气压应符合以下要求：

ⓐ满载检验时

气压制动系：气压表的指示气压小于等于额定工作气压；

液压制动系：踏板力：乘用车≤500 N；其他机动车≤700 N。

ⓑ空载检验时

气压制动系：气压表的指示气压≤600 kPa；

液压制动系：踏板力：乘用车≤400 N；其他机动车≤450 N。

两轮、边三轮摩托车和轻便摩托车检验时，踏板力不应大于 400 N，手握力不应大于 250 N。

三轮汽车、正三轮摩托车和拖拉机运输机组检验时，踏板力不应大于 600 N。

④汽车、汽车列车和无轨电车路试行车制动性能检验，若符合用制动距离检验或用充分发出的平均减速度检验之一即为合格。

(2) 应急制动性能检验

汽车在空载和满载状态下，按表 4.4 所列初速度进行应急制动性能检验，测量从应急制动操纵始点至车辆停住时的制动距离。应急制动中的制动距离应符合表 4.2 的要求。

表 4.4 应急制动性能要求

机动车类型	制动初速度（$km \cdot h^{-1}$）	制动距离（m）	充分发出的平均减速度（$m \cdot s^{-2}$）	允许操纵力不应大于(N)	
				手操纵	脚操纵
乘用车	50	≤38.0	≥2.9	400	500
客车	30	≤18.0	≥2.5	600	700
其他汽车(三轮汽车除外)	30	≤20.0	≥2.2	600	700

(3) 驻车制动性能检验

在空载状态下，驻车制动装置应能保证车辆在坡度为20%（总质量为整备质量的1.2倍以下的车辆为15%），轮胎与路面间的附着系数不小于0.7的坡道上正、反两个方向保持固定不动，其时间不少于5 min，检验时施加于操纵装置上的力如下：

手操纵时，座位数小于或等于9座的载客汽车应不大于400 N，其他车辆应不大于600 N；脚操纵时，座位数小于或等于9座的载客汽车应不大于500 N，其他车辆应不大于700 N。

2) 室内台架检测制动性能的要求

国家标准GB 7258－2004《机动车运行安全技术条件》中对采用制动试验台检测制动力有如下规定：

(1) 行车制动性能检验

汽车、汽车列车在制动检验台上测出的制动力应符合表4.5的要求。对空载检验制动力有质疑时，可用表4.5规定的满载检验制动力要求进行检验。

摩托车及轻便摩托车的前、后轴制动力应符合表4.5的要求，测试时只允许乘坐一名驾驶员。

表 4.5 台试检验制动力要求

机动车类型	制动力总和与整车重量的百分比(%)		轴制动力与轴荷①的百分比(%)	
	空载	满载	前轴	后轴
三轮汽车	≥45		—	≥60②
乘用车，总质量不大于3 500 kg的货车	≥60	≥50	≥60②	≥20②
其他汽车、汽车列车	≥60	≥50	≥60②	—
摩托车	—	—	≥60	≥55
轻便摩托车	—	—	≥60	≥50

①用平板制动检验台检验乘用车时应按动态轴荷计算。

②空载和满载状态下测试均应满足此要求。

(2) 驻车制动性能

用制动检验台检验汽车和正三轮摩托车驻车制动装置的制动力时，机动车空载，乘坐一名驾驶员，使用驻车制动装置，驻车制动力的总和不应小于该车在测试状态下整车重量的20%(对总质量为整备质量1.2倍以下的机动车为不小于15%)。

(3) 制动力平衡要求

ⓐ制动力差：在制动力增长全过程中同时测得的左右轮制动力差的最大值，与全过程中测得的该轴左、右轮最大制动力中大者之比，对前轴不应大于20%，对后轴(及其他轴)在轴制动力不小于该轴轴荷的60%时不应大于24%；当后轴(及其他轴)制动力小于该轴轴荷的60%时，在制动力增长全过程中同时测得的左、右轮制动力差的最大值不应大于该轴轴荷的8%。

ⓑ车轮阻滞：汽车车轮阻滞力要求；进行制动力检验时各车轮的阻滞力均不应大于车轮所在轴轴荷的5%。

4.3 汽车操纵稳定性

汽车的操纵稳定性包括相互联系的两个部分，一是操纵性，二是稳定性。操纵性是指汽车能够确切地响应驾驶员转向指令的能力；稳定性是指汽车在行驶过程中，具有抵抗改变其行驶方向的各种干扰，并保持稳定行驶而不致失去控制甚至翻车或侧滑的能力。实际上两者很难截然分开，稳定性的好坏直接影响操纵性，常统称为汽车的操纵稳定性。

汽车的操纵稳定性不仅影响到汽车驾驶的操纵方便程度，而且也是决定高速汽车安全行驶的一个主要性能，还与运输生产率和驾驶者的劳动强度有关。随着汽车保有量的增加和车速的提高，汽车的操纵稳定性显得越来越重要，被人们称之为“高速行车的生命线”。研究汽车操纵稳定性及其影响因素，不仅对汽车设计至关重要，而且与修好车、用好车的关系也甚为密切。

汽车的操纵稳定性涉及到的问题较为广泛，与前面讨论的几个性能有所不同，它需要采用较多的物理参量从几个方面来进行评价。可以通过考察下列关系来评价操纵稳定性的好坏。

(1) 在一定车速下，车辆质心轨迹曲线与转向盘转角的关系；

(2) 以一定角速度转动转向盘后，车辆转向角速度随时间变化的关系；

(3) 车辆在圆周行驶时其转向盘上的作用力与车辆侧向加速度的关系；

(4) 为保证额定车速行驶的车辆，其轨迹曲率半径能按额定要求变化而必须在转向盘上施加作用。

另外还有转向半径、转向轻便性等评价指标。

轮胎的侧偏性是研究汽车操纵稳定性的出发点，为此先讨论轮胎的侧偏特性。

4.3.1 轮胎的侧偏特性

汽车充气轮胎具有一定的径向和侧向弹性，在受到侧向力的作用滚动时，将因侧向变形而引起侧向偏离行驶。轮胎的侧向偏离特性是指侧向力和侧偏角之间的关系。

1）轮胎的侧偏现象和侧偏力—侧偏角曲线

汽车在行驶过程中受到侧向力作用时，若轮胎是刚性的，则有两种情况发生：一种是地面侧向反作用力未超过车轮与地面的附着极限时，轮胎与地面之间无侧滑，如图4.12(a)所示；另一种情况是地面侧向反作用力达到车轮与地面之间的附着极限而侧向滑移，如图4.12(b)所示。

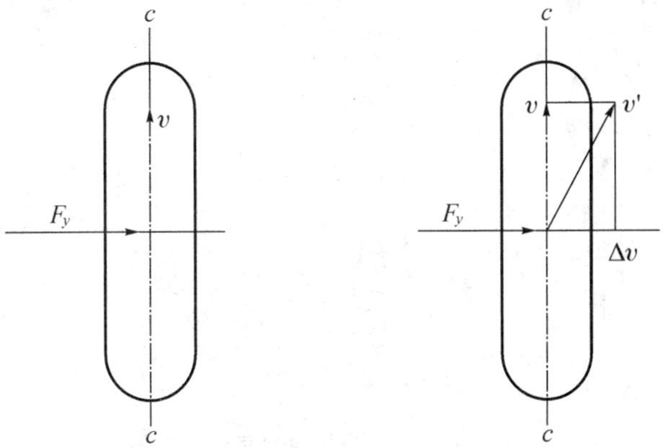

(a) 没有侧向滑移　　(b) 有侧向滑移

图4.12　有侧向力作用时刚性车轮的滚动

当轮胎有侧向变形时，即使侧向反作用力未达到附着极限，车轮行驶方向也将偏离直线 cc 方向，这就是轮胎的侧偏现象。下面结合图4.13分析侧偏力与侧偏角的关系。

当车轮静止不动时，由于轮胎的侧向变形，轮胎与地面之间接触印迹的中心线 aa 与车轮平面 cc 不重合，偏离 Δh，但 aa 仍与 cc 平行，如图4.13(a)所示。

当轮胎有侧向变形而滚动时，接触印迹的中心线 aa 不但偏离 cc，而且与 cc 不平行，其夹角 α 即为侧偏角，如图4.13(b)所示。

为了分析产生侧偏角的原因，在轮胎胎面的中心线上标出 A_1、A_2、A_3 等各点，随着车轮的滚动，各点将依次落在地面上 A'_1、A'_2、A'_3 等各点。在图4.13上可以看出，A'_1、A'_2、A'_3 等各点的连线是一条斜线，不平行于 cc 线，与 cc 形成 α 的夹角。显然，侧偏角的大小与侧向力有关。

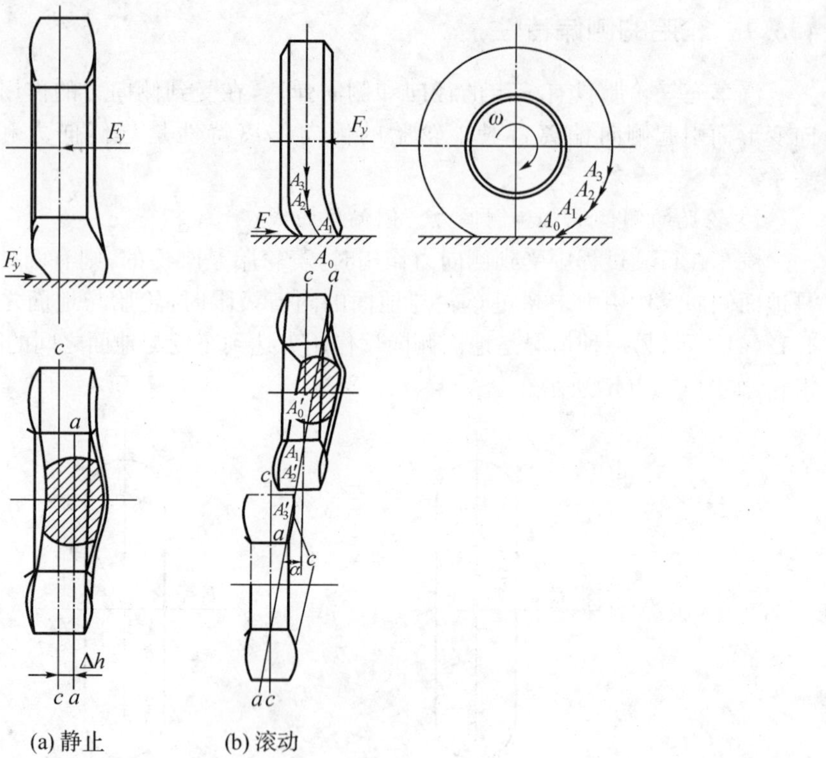

图 4.13　轮胎的侧偏现象

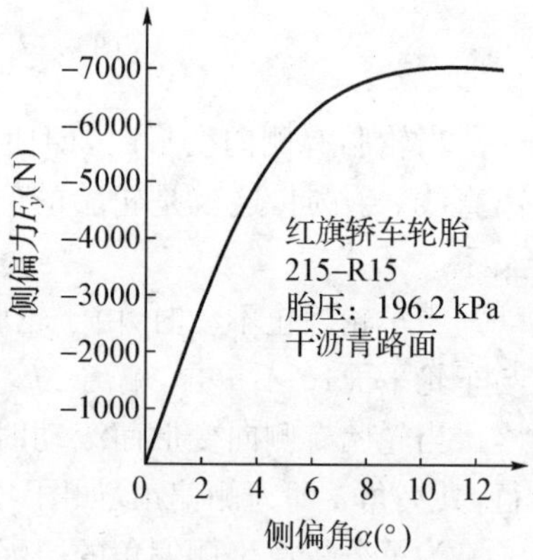

图 4.14　轮胎的侧偏离特性曲线

图 4.14 为轮胎的侧偏特性曲线。可以看出，侧偏角不超过 5°时，侧向力 F_y 与 α 成线性关系。由于 $\alpha=0$ 时，$F_y=0$，即该曲线经过原点，故 $F_y=k\alpha$，k 称为侧向刚度，即弹性轮胎产生 1°侧偏角所需施加的侧向力。

侧偏刚度是衡量轮胎操纵稳定性的重要参数，轮胎应具有较高的侧偏刚度，以保证汽车具有良好的操纵稳定性。

从图中还可以看出，在较大侧向力的作用下，侧偏角以较大速率增长，即 F_y 与 α 关系由直线而变为曲线，这时轮胎在接触地面处发生部分侧滑。当侧偏力增加到附着极限时，整个轮胎侧滑。显然，轮胎的最大侧偏力决定于附着条件，即垂直载荷、轮胎花纹、材料、结构、气压、路面材料、潮湿程度及车轮的外倾角等。

2) 影响轮胎侧偏的因素

(1) 轮胎结构的影响

尺寸较大的轮胎具有较高的侧偏刚度；子午线轮胎接触地面宽，其侧偏刚度也较高，钢丝子午线轮胎比尼龙子午线轮胎的侧偏刚度高。

轮胎的扁平率是指轮胎的断面高度 H 与断面宽度 B 之间的比值，即$\frac{H}{B}$(%)。扁平率较小时，轮胎侧偏刚度较大。现代轿车轮胎的扁平率逐渐变小，以获得较高的侧偏刚度。目前，不少轿车采用 60(扁平率 60%)系列轮胎，而追求高性能的运动型轿车采用扁平率为 50%或 40%的轮胎。

(2) 轮胎工作条件的影响

汽车在使用过程中，如在转弯、侧坡、装载不匀状况下行驶时轮胎的垂直载荷常发生变化，影响到轮胎的侧偏特性。一般地，轮胎垂直载荷增大后，侧偏刚度也随之增大；但当垂直载荷过大时，轮胎与地面之间接触区的压力极不均匀，轮胎的侧偏刚度反而有所减小。

轮胎受到的侧向力和切向力与侧偏特性有关。在一定的侧偏刚度下，驱动力增加，侧偏力减小，这是由于驱动力增加后，轮胎侧向弹性发生了改变。当驱动力相当大，以至于接近附着极限时，轮胎的侧偏力将很小。车辆在制动时也有同样的变化。

轮胎充气压力也与轮胎侧偏特性有一定的关系。随着充气气压的提高，轮胎弹性下降，侧偏刚度增大。当轮胎充气压力过高后，受附着力的限制，轮胎侧偏力不再增加。

(3) 地面切向反作用力的影响

地面切向反作用力对轮胎侧偏特性的影响，如图 4.15 所示。当有地面切向作用力(制动力或驱动力)作用时，轮胎侧偏力的极限值会因此而下降；同样，当有侧偏力存在时，无论是制动还是驱动，所能获得的切向反作用力的极限值(即纵向附着能力)也会下降。并且地面切向作用力越大，侧偏力的极限值越小；同样，侧偏力越大，所能产生的切向反作用力的极限值就越小。

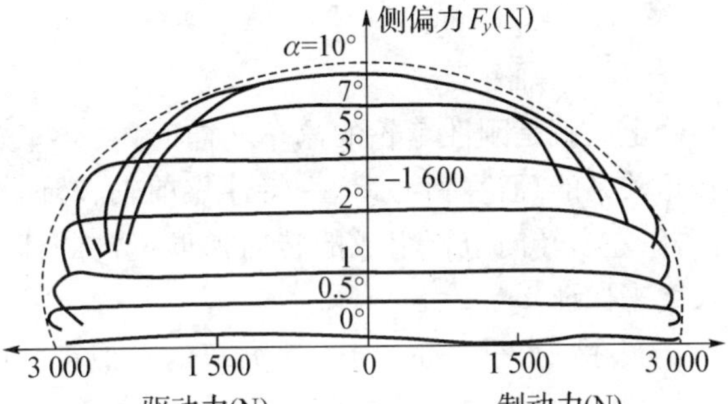

图 4.15　地面切向反作用力对侧偏特性的影响

(4) 路面状况对侧偏特性的影响

经试验证明，粗糙的路面使最大侧偏力增加；干路面上的最大侧偏力比湿路面大；当路面有薄水层时，车速达到一定值，会出现“滑水”现象而完全丧失侧偏力。

另外，车轮的外倾角也会对侧偏特性产生影响。一般说来，当车轮外倾角为正时，有助于减小侧偏角；当车轮采用负外倾时，侧偏角会加大。

4.3.2 汽车稳态转向特性

1）刚性轮胎转向时的几何关系

为使汽车转向时所有轮胎都保持纯滚动，减小轮胎磨损和提高汽车行驶的稳定性，汽车所有轮胎必须在同一瞬时围绕转向中心作曲线运动。若不考虑轮胎的侧偏特性，其转向简图如图 4.16 所示。

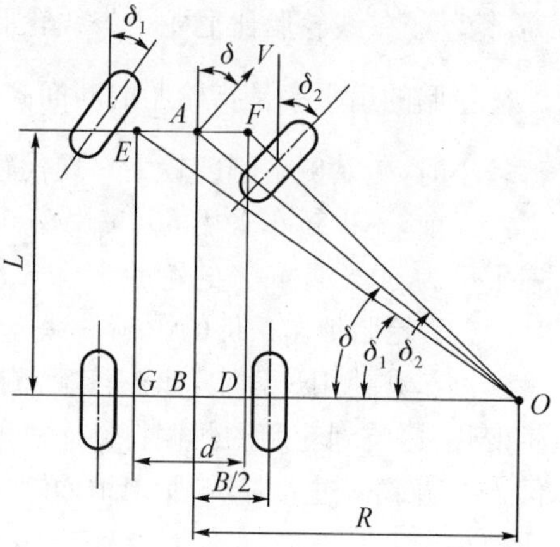

图 4.16 刚性车轮的汽车转向简图

从图中可以看出，转向时内外车轮的偏转角度是不同的。由图中的三角关系可知：

$$\cot\delta_1=\frac{OG}{EG}=\frac{R+\frac{d}{2}}{L}$$

$$\cot\delta_2=\frac{OD}{FD}=\frac{R-\frac{d}{2}}{L}$$

故

$$\cot\delta_1-\cot\delta_2=\frac{OG-OD}{L}=\frac{d}{L}\approx\frac{B}{L}$$

式中，δ_1、δ_2——左、右转向节 E、F 的转角(°)；

d——左、右转向节主销中心的距离(m)；

B——轮距(m)；

L——轴距(m)。

上式就是刚性车轮的汽车转向时内、外车轮转角关系的理论特性。这一特性靠前轴、转向横拉杆、左右转向节臂组成的转向梯形机构的杆件长度来保证。

实际汽车只是在较小转向角度时近似符合理论特性，较大转角时偏差较大。同时由于较大转角时大多车速较低，使用次数也少，对轮胎磨损影响较小。汽车转向梯形机构的结构简单，又比较符合转向特性要求，在各种车辆上均采用。

2）有侧向偏离时的汽车转向特性

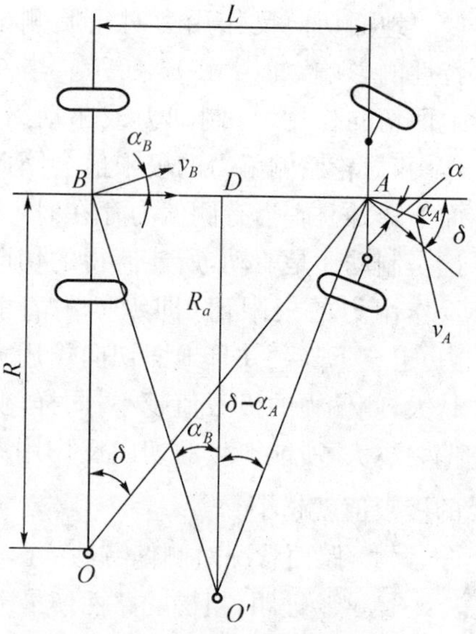

图 4.17 弹性车轮的汽车转向简图

由于轮胎侧向偏离的原因，汽车的实际转向特性与刚性轮胎的转向特性有明显差异。为了分析侧偏对转向特性的影响，假设转向时受离心力的作用，前、后轮胎产生相应的侧偏角 α_A 和 α_B，且同轴轮胎的侧偏角相等，如图 4.17 所示。

汽车转向行驶时，由于弹性轮胎的侧偏特性，在汽车转向侧向力的影响下，汽车前轴中点运动速度 V_A 方向与汽车纵向轴线成 α_A 角，后轴中点运动速度 V_B 方向与汽车纵向轴线成 α_B 角，这样，前、后轴的瞬时转向中心移到 O' 点。从 O' 向汽车纵向轴线引垂直线 $O'D$，$O'D$ 即为有侧向偏离时的汽车转向半径 R。

在三角形 $BO'D$ 和三角形 $AO'D$ 中

$$\tan\alpha_B=\frac{BD}{O'D}$$

$$\tan(\delta-\alpha_A)=\frac{AD}{O'D}$$

将上面两式相加，且 $AD+BD=L$，故

$$R_a=O'D=\frac{1}{\tan\alpha_B+\tan(\delta-\alpha_A)}$$

因为汽车在高速行驶时，其前轮转角不大，同时侧偏角值一般不超过 6°～8°，故可认为

$$R_a\approx\frac{1}{\delta+\alpha_B-\alpha_A}$$

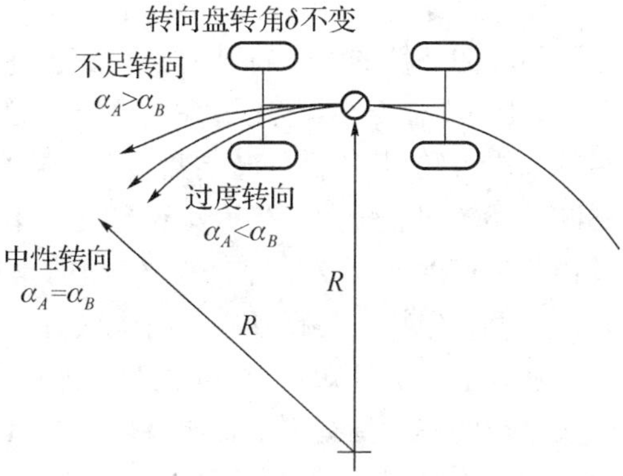

图 4.18　汽车的不同转向特性

对上式做如下分析(如图 4.18 所示)：

当 $\alpha_A=\alpha_B$ 时，转向半径和刚性轮胎的转向半径相等，称为中性转向。具有中性转向特性的汽车，在转向盘转角不变的条件下，随着车速的提高，转向半径维持不变。

当 $\alpha_A>\alpha_B$ 时，$R_a>R$，汽车将沿着更为平缓的曲线行驶，称为不足转向。具有不足转向特性的汽车，在转向盘保持某一固定转角条件下，缓慢加速或以不同车速等速行驶时，随着车速的增加，转向半径 R 增大。

当 $\alpha_A<\alpha_B$ 时，$R_a<R$，汽车将沿着更为弯曲的曲线行驶，称为过度转向。具有过多转向特性的汽车，在转向盘转角保持不变的条件下，随着车速的增加，转向半径越来越小。

3) 转向特性分析

(1) 具有中性转向特性的汽车行驶的特点：具有中性转向特性的汽车的转向轮偏转角为 $\delta=\dfrac{L}{R_a}$，该角度与汽车行驶速度无关；当转向盘角度固定不变时，汽车沿给定半径的圆周行驶，转弯半径与车速亦无关。这种特性的汽车在沿直线行驶时，若遇侧向力作用于汽车重心，则汽车将沿着与原直线成一定夹角的另一条直线行驶，若欲维持原行驶方向，驾驶员只要将转向盘向侧向偏离的相反方向转动，然后再将转向盘回到中间位置即可。

(2) 具有不足转向特性的汽车行驶的特点：具有不足转向特性的汽车以不同的车速行驶时，其转向半径大于同样条件下的刚性轮胎车辆的转向半径，并随车速的提高，转向半径不断增大；当这种特性的汽车直线行驶时，若遇侧向力作用于其重心，汽车将

朝侧向力的方向偏转,绕瞬时转向中心作曲线运动,这时转向离心力的方向与侧向力方向相反,有削弱侧向力的作用,侧向力消失后,汽车可自动恢复直线行驶。驾驶这种特性的汽车沿给定半径的圆周加速行驶时,驾驶员应随车速的提高不断增加转向盘的转角。

(3) 具有过度转向特性的汽车行驶的特点:具有过度转向特性的汽车行驶时与具有不足转向特性的汽车行驶时的特点正好相反,当转向盘转角固定不动时,随着车速的升高,转向半径变小,车速过高时可能将导致汽车侧滑。这种转向特性的汽车沿给定半径的圆周行驶,其所需的转向盘转角应随车速的提高而减小,即驾驶员应随车速的提高不断减小转向盘转角。当汽车达到临界车速时,只要有微小的前轮转角也将产生极大的横摆角速度(汽车绕转向中心转动的角速度),即转向半径越来越小,汽车将发生急转。过度转向特性在行驶中具有失去方向稳定性的危险。

从以上分析可知:具有适度不足转向特性的汽车具有良好的操纵稳定性,所以目前绝大多数的汽车具有不足转向特性。在汽车设计和使用中应注意重心的前后位置,并要求在转向时,前轮的侧偏角大于后轮的侧偏角,以使汽车具有一定的不足转向特性。轮胎的气压对侧偏刚度也有影响,前轮气压低于后轮气压,可使 $\alpha_A > \alpha_B$,便于获得不足转向特性。错误地在前轮装用子午线轮胎而后轮为普通轮胎,或者前轴负荷过大时,可能会使汽车由不足转向特性变为过度转向特性。但应注意,不足转向特性只能在一定的范围内,过度的不足转向会使汽车转弯时行驶阻力增大,也会加剧轮胎磨损。

4) 稳态响应和瞬态响应

如果驾驶员将转向盘转过一定角度维持前轮转角不变时,会引起汽车运动状态发生变化,这就叫做车辆响应。车辆响应分为稳态响应和瞬态响应两种。对于原处于等速直线运动的汽车,如果驾驶员突然将转向盘转过一定角度保持不变,一般汽车经过短暂的时间后即进入等速圆周行驶状态,并且不再随时间而改变,这就是稳态响应。稳态响应是评价汽车操纵稳定性的重要特性之一。一般称它为汽车的稳态转向特性。由一种状态到另一种状态的过渡过程为瞬态,相应的响应称为瞬态响应。在汽车行驶中,驾驶员不断接触到的是汽车的瞬态响应。汽车的操纵性与汽车的瞬态响应密切相关。评定汽车瞬态响应的指标主要有:迅速转动转向盘后车轮的反应时间、车轮转角的偏离程度、转向后的稳定时间。

4.3.3 汽车纵向稳定性

汽车在纵向坡道上行驶时,随着道路坡度的增大,前轮的地面法向反作用力不断减小。当坡度达到一定程度时,前轮的地面法向反作用力为零,此时,前轮将失去转向操纵能力,并可能产生仰翻。另外,如果为了克服道路阻力所需的驱动力大于附着力时,有出现驱动轮滑转现象。以上两种情况都将使汽车的行驶稳定性遭到破坏。

1) 汽车纵翻的条件

汽车在纵向坡道上等速行驶时,其受力如图 4.19 所示。不难看出,随着坡度的增大，前轮的地面法向反作用力逐渐减小，当 $F_{z1}=0$ 时，汽车将绕后轴纵翻。

当坡度较大时，车速较低，空气阻力 F_W 及滚动阻力矩 T_f 都很小，可忽略不计。则前、后轮法向反作用力表达式为

$$F_{z1}=\frac{bG\cos\alpha-h_g G\sin\alpha}{L}$$

$$F_{z2}=\frac{aG\cos\alpha-h_g G\sin\alpha}{L}$$

当 $F_{z1}=0$ 时，则有

$$bG\cos\alpha-h_g\sin\alpha=0$$

将此式整理可得汽车纵翻的临界条件

$$\tan\alpha_{\max}=\frac{b}{h_g}$$

当道路的坡度 $\alpha\geqslant\alpha_{\min}$ 时，汽车将失控而纵向翻倒。

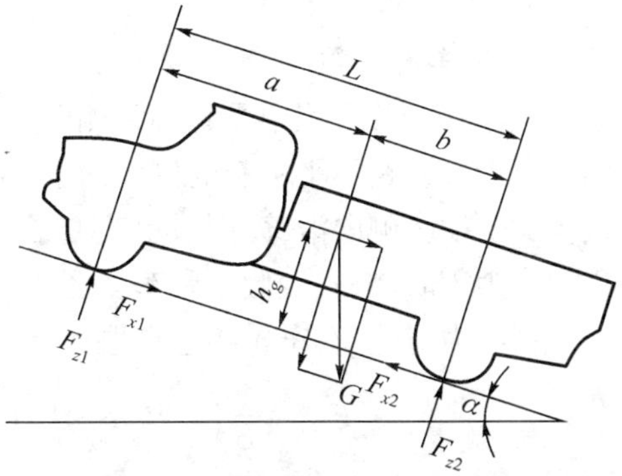

图 4.19 汽车在纵向坡道上等速行驶受力图

F_{z1}—作用在前轮的法向反作用力；F_{z2}—作用在后轮的法向反作用力；F_{x1}—作用在前轮的切向反作用力；F_{x2}—作用在后轮的切向反作用力；h_g—汽车的重心高度；a—汽车的重心到前轴之间的距离；b—汽车的重心到后轴之间的距离；L—汽车的轴距；G—汽车的重力；α—道路的坡度角

2）避免纵翻的条件

另一方面，汽车所能驶上的最大坡道，要受到驱动轮的附着条件限制。以后轴驱动汽车为例，汽车以较低速度等速上坡时，驱动轮不发生滑转的临界状态为

$$F_{t\max}=G\sin\alpha_{\varphi\max}=F_{z2}\cdot\varphi=\frac{aG\cos\alpha+h_g G\sin\alpha}{L}\cdot\varphi$$

式中，$\alpha_{\varphi\max}$——汽车后轮不发生滑转所能克服的最大道路坡度角，其大小为

$$\tan\alpha_{\varphi\max}=\frac{\alpha\varphi}{L-\varphi h_g}$$

显然，如果 $\alpha_{\max}<\alpha_{\varphi\max}$，则当汽车遇有坡度角为 $\alpha_{\max}$ 的坡道时，驱动轮因受附着条件的限制而滑转，地面不能提供足够的驱动力以克服坡道阻力，因而无法上坡，也就避免了汽车的纵向翻倒。所以汽车避免纵翻的条件是

$$\frac{\alpha\varphi}{L-\varphi h_g}<\frac{b}{h_g}$$

由此整理可得后轴驱动汽车纵向稳定性条件是

$$\frac{b}{h_g}>\varphi$$

同样可以求出前轴驱动汽车避免纵翻的条件为 $L>0$；全轴驱动汽车避免纵翻的条件与后轴驱动相同。

4.3.4 汽车侧向稳定性

1) 汽车的侧翻

汽车在行驶过程中受到各种侧向力的作用，如重力的侧向分力、转向时的离心力、侧向风力及道路不平引起的侧向冲击力等。如果车轮的侧向反作用力达到附着力时，汽车就会发生侧向滑移，同时也改变了左、右轮的法向反作用力。当一侧车轮的法向反作用力为零时，将发生侧向翻车。图 4.20 为汽车在侧坡上转弯行驶时的受力情况。

将各力对左、右车轮接地点取力矩，经整理得

$$F_{ZL}=\frac{1}{B}\left(\frac{1}{2}BG\cos\beta-Gh_g\sin\beta+\frac{1}{2}BF_{CY}\sin\beta+F_{CY}h_g\cos\beta\right)$$

$$F_{ZR}=\frac{1}{B}\left(\frac{1}{2}BG\cos\beta+Gh_g\sin\beta+\frac{1}{2}BF_{CY}\sin\beta-F_{CY}h_g\cos\beta\right)$$

若汽车沿半径 R 做圆周等速运动，故作用在汽车上的离心力为

$$F_{CY}=\frac{G}{g}\cdot\frac{{v_a}^2}{R}$$

当无纵向坡度时，作用在全部车轮上的侧向及法向反作用力之和为

$$\sum F_Y=F_{CY}\cos\beta-G\sin\beta$$

$$\sum F_Z=F_{CY}\sin\beta+G\cos\beta$$

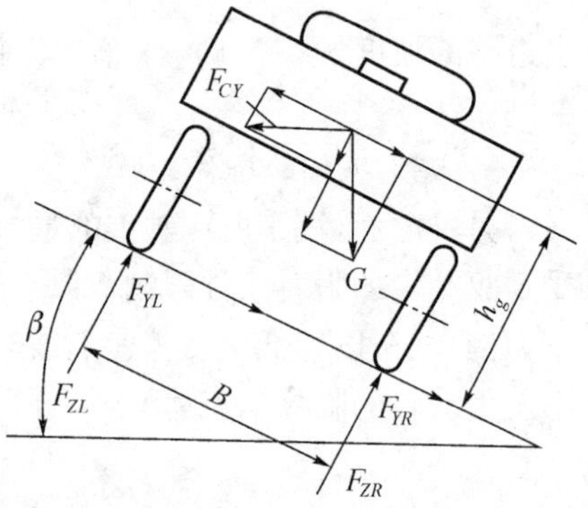

图 4.20 汽车在侧坡上转弯行驶时的受力图

β—道路的横向坡度角；B—汽车的轮距；h_g—汽车的重心高度；F_{ZL}、F_{ZR}—左、右车轮的法向反作用力；F_{YL}、F_{YR}—左、右车轮的侧向反作用力；F_{CY}—作用在汽车重心上的离心力；G—汽车总重力

由图 4.20 可知，随着转弯时行驶车速的提高，离心力增大，内侧车轮(图中右侧车轮)的法向反作用力 F_{ZR} 减少。当 $F_{ZR}=0$ 时，汽车将失去侧向稳定性而向外翻(图中向左侧翻)。将离心力计算公式 F_{CY} 及 $F_{ZR}=0$ 代入 F_{ZR} 的计算公式，可求出汽车在侧坡上转弯行驶时允许的最大车速为

$$v_{\beta\max}=\sqrt{\frac{gR(B+2h_g\tan\beta)}{2h_g-B\tan\beta}}$$

依据上式，分析以下几种特殊情况。

①当道路横向坡度角 $\tan\beta=\frac{2h_g}{B}$ 时，式中的分母近似于 0，即 $v_{\beta\max}$ 趋于无穷大。所以，汽车在这一侧坡角度的道路上可以以任意速度转向行驶。公路的弯道处有内低外高的侧向坡，可以保证汽车转弯行驶时的安全性。

②当 $\beta=0$，即汽车在无侧坡的水平弯道上等速转弯行驶时，其不侧翻的最大车速为

$$v_{0max}=\sqrt{\frac{gBR}{2h_g}}$$

以上两种是汽车在弯道上行驶的特殊情况，通过分析比较可知 $v_{0max}<v_{\beta max}$。从公式中可以看出，汽车的轮距(B)越宽、重心(h_g)越低、转弯半径 R 越大，汽车侧翻的临界速度就越高。

③如果汽车在侧坡上等速直线行驶，这时离心力等于 0，即 $F_{CY}=0$，这时作用在车轮上的法向反作用力只有重力的分力。若外侧（图 4.20 中左侧）处车轮的法向反作用力为零，汽车将失去侧向稳定性而向内翻。经推导（过程从略）可得出直线行驶时无翻车的最大侧坡角度为

$$\tan\beta_{omax}=\frac{B}{2h_g}$$

2) 汽车的侧滑

汽车发生侧滑时其侧向附着力等于侧向反作用力，经推导（过程从略）后可得出汽车在侧滑前的最高车速为

$$v_{\varphi max}=\sqrt{\frac{gR(\varphi+\tan\beta)}{1-\varphi\tan\beta}}$$

依据上式，做以下三种特例分析：

①当 $\tan\beta=\frac{1}{\varphi}$ 时，$v_{\varphi max}$ 趋于无穷大，即汽车在具有这一侧向坡度的道路上可以任意车速转向行驶而不发生侧滑。

②当无横向坡度，即 $\beta=0$ 时，汽车侧滑前所允许的最大车速为

$$v_{\varphi 0max}=\sqrt{gR\varphi}$$

③当汽车直线行驶时，即离心力 $F_{CY}=0$ 时，车轮不发生侧滑的作用力为 $G\sin\beta$，阻止车轮侧滑的附着力为 $G\varphi\cos\beta$。这时车轮不发生侧滑的条件为

$$G\sin\beta\leqslant G\varphi\cos\beta$$

即

$$\tan\beta\leqslant\varphi$$

3) 汽车侧向稳定性系数

汽车在弯道上行驶的速度提高时，是否发生侧滑或侧翻，只要在水平路面的条件下，比较水平路面（坡度角为 0）的 v_{0max} 与 $v_{\varphi 0max}$ 两值的大小即可。从安全考虑，应使侧滑发生在侧翻之前，即

$$v_{\varphi 0max}<v_{0max}$$

也就是

$$\sqrt{gR\varphi}<\sqrt{\frac{gBR}{2h_g}}$$

所以

$$\frac{B}{2h_g}>\varphi$$

通常把$\frac{B}{2h_g}$称为汽车侧向稳定系数。

一般汽车即使处于φ值较大的干燥沥青或水泥路面上行驶时(φ值约为0.7～0.8),也能满足上述稳定性的条件。但是,汽车重心提高后,上述稳定条件就有可能得不到满足。所以,在汽车设计和使用中装载货物时,应尽量降低汽车的重心高度。

4.3.5 影响汽车操纵稳定性的因素

由于汽车机件的磨损、变形等原因,或因汽车保养和修理作业中调整不正确,容易引起汽车转向操纵性能恶化,具体表现为:转向轮摇摆(蛇行)、转向轮震动、汽车单向偏驶以及转向沉重等。

(1) 转向轮的震动及其原因

汽车转向轮绕主销摆振的现象通常称为“摇头”,汽车前轴也会因在横向垂直平面内产生角震动而引起左右转向轮的上下跳动。转向轮的摆振和跳动可以用震动的原理来解释。

汽车转向轮通过悬挂及转向传动机构与车架相连。这些互相联系的机构组成了复杂的震动系统,它可简化为转向轮绕汽车纵轴线的角震动(即转向轮跳动)和转向轮绕主销的摆震动(即摆头)。当转向轮受外界干扰的一次激励时,转向轮的弹性系统产生位移变形;当外界激励消除时,由于弹性元件材料内部摩擦阻力和相互配合件之间摩擦阻力的共同作用,将使该弹性系统形成阻尼衰振。若外界干扰力以一定的频率作用于转向轮的弹性系统时,震动现象便继续下去。当外界激励的频率与该弹性系统的自然频率相接近时,则发生强烈的共振现象。

大多数情况下,汽车转向轮的震动是由于汽车使用过程中某些机件的磨损、变形、位置不正或连接件的松动以及调整不当等原因所造成的。

①车轮不平衡的影响:在某种情况下,由于车轮的不平衡所带来的干扰比路面的干扰尤为严重,对转向轮的震动影响很大。由于车轮不平衡产生的力随车速的增加而增大,当车轮角速度接近转向轮在垂直面内震动系统的自然频率时,即产生转向轮的角震动(车轮跳动)。当车轮角速度接近转向轮轴水平面内震动系统的自然频率时,就会产生转向轮绕主销的摆振。如果左、右转向轮的不平衡质量处在对称位置时,将使转向轮的震动变得严重。

车轮的不平衡往往是因在生产和修理过程中轮盘、轮毂和轮胎的精度差,轮胎材料的密度不均匀,或者因轮盘与轮胎中心在安装中不重合而产生的。在汽车使用过程中,轮胎磨损不均匀、轮盘变形以及轮胎修补所造成的局部加厚也将产生不平衡。

②前轮定位角不正确的影响:汽车在使用过程中前桥及转向拉杆的变形或调整不当等原因将引起前轮定位角的改变,从而导致转向轮的稳定效应变差。转向轮稳定力矩的减小使得转向轮绕主销震动的自然频率减小,从而促成共振现象的提前出现。

应该指出,主销后倾角过大而使稳定力矩过大,也会因转向轮在转向后返回中间位置时过于猛烈而对震动有影响。

③转向系机件松动的影响：当转向传动连接部分松动、转向器安装处松动、转向轮轴承松动以及转向节轴承松动时，均会使转向震动系统的阻尼作用降低，震动位移量加大，从而造成转向轮震动的加剧。此外，钢板弹簧中心夹紧螺栓及 U 形螺栓的松动也往往导致转向轮震动加剧。

④轮胎气压的影响：转向轮轮胎的侧向弹性具有稳定效应的作用。轮胎气压的不正常对转向轮的稳定效应是有影响的。此外，轮胎气压的改变还会引起轮胎的法向刚度改变。此外，钢板弹簧变形下沉或折断降低了转向震动系统的刚度，进而引起该震动系统的自然频率降低，这也促成共振现象的提前出现。减振器的失效也影响转向轮的震动。

(2) 转向轮摇摆(蛇行)的原因

转向轮摇摆现象大多数情况下是由于前桥及转向系机件的松动引起的。前轮定位不正确、制动器调节不均匀或车轮和制动鼓失圆都会引起转向轮的摇摆。汽车后部超载会使转向轮的摇摆加剧。

(3) 汽车转向沉重的原因

汽车转向沉重大多数情况下是由于转向器调整过紧，前轮定位不正确，轮胎气压降低或车桥与车架位置不正以及汽车超载等引起的。

(4) 汽车单向跑偏的原因

汽车单向跑偏，一般都是左、右车轮的轮胎气压不一致，前轮定位不正确，制动器调整不正确，以及车架、车桥、转向节与弯度等变形或相互位置不正确，轮胎尺寸不统一等原因所引起的。

4.3.6 汽车操纵稳定性的试验

对汽车操纵稳定性进行综合评价，常通过道路试验。我国已制定了“汽车操纵稳定性试验方法”国家推荐标准，包括六项试验，即稳态回转试验、转向回正性能试验、转向轻便性试验、转向瞬态响应试验(转向盘转角阶跃输入)、转向瞬态响应试验(转向盘转角脉冲输入)和蛇行试验。

操纵稳定性试验可在试车场或实际路面上进行，测定的参数是：车速、侧向加速度、侧倾角、侧倾角速度、车轮轨迹、航向角、转向盘操纵力等。使用的仪器主要有五车轮仪、测力方向盘、加速度计以及陀螺仪等。

1) 稳态回转试验

为判断汽车稳态转向特性，常采用固定转向盘转角连续加速试验法。试验前在试验场地上，用明显颜色画出半径为 15 m 或 20 m 的圆周。试验时驾驶员操纵汽车以最低稳定车速沿所画圆周行驶，待拖挂于汽车后部中点的第五车轮在半圈内都能对准地面所画圆周时，固定转向盘不动，停车并开始记录，记下各变量的零线。然后起步，缓缓而均匀地连续加速，直至汽车的侧向加速度达到 $6.5\ m \cdot s^{-1}$(或受发动机功率限制而所能达到的最大侧向加速度、或汽车出现不稳定状态)为止,记录整个过程的车速、横摆角速度、车身侧倾角、侧向加速度、纵向加速度等参量,经数据处理评价汽车稳态转向特性。

也可采用定转弯半径法。在试验场地上用明显颜色画出半径为 30 m 的圆弧形试验路径,试验时汽车以最低稳定车速行驶,调整转向盘转角,使汽车能沿圆弧行驶,在进入圆弧路径并达到稳定状态后,开始记录并保持油门和转向盘位置在 3 秒内不动(允许转向盘转角在±10°范围内调正),之后停止记录。增加车速,但侧向加速度增量每次不得大于 $0.5\ m\cdot s^{-2}$,重复上述试验,直至做到侧向加速度达到 $6.5\ m\cdot s^{-2}$,或受发动机功率限制或汽车出现不稳定状态时的最大侧向加速度为止。记录转向盘转角、横摆角速度、汽车前进车速、车身侧倾角、侧向加速度等参量,经数据处理评价汽车的稳态转向特性。

试验按向左转和向右转两个方向分别进行。

2) 转向回正性能试验

回正力矩取决于汽车轮胎的侧偏特性以及主销定位角。回正力矩反映了汽车回复到直线行驶的能力。因此转向回正性能是评价汽车操纵稳定性的一个重要的参数。因此转向回正性能试验可以通过对转向盘施加一个力输入后,然后卸掉输入来记录汽车的运动特性。

一般的低速回正试验要求汽车沿半径为 15 m 的圆周行驶,并调整车速使侧向加速度达到 $4\ m\cdot s^{-2}$,稳定住车速后突然松开转向盘,在回正力矩的作用下,汽车前轮将回复到直线行驶状态。试验过程中汽车的节气门位置保持不变。记录时间、车速、转向盘转角和横摆角速度等参数。可利用横摆角速度与时间曲线进行汽车转向回正能力的评价。

3) 转向轻便性试验

驾驶员操纵汽车转向盘的轻重程度主要取决于转向系的阻力,即转向系零部件之间的摩擦力、轮胎与路面之间的滑移摩擦力、运动速度变化时零部件的惯性力以及轮胎与前轮定位角引起的回正力矩等。

当驾驶员操纵转向盘使转向角增大时,所作用的操纵力是主动力,也称为转向力。当转向盘转角减小时,回正力矩和复原力矩等转变为主动力,也称为保持力。因此汽车转向轻便性试验测量的参数主要有转向盘转角、转向盘力矩、转向盘直径和汽车行驶速度。

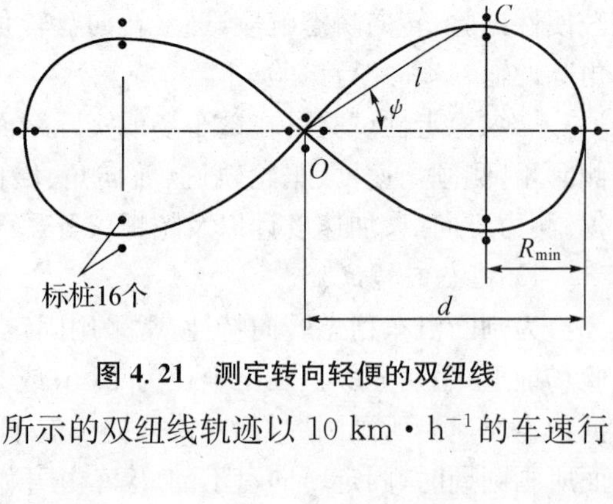

图 4.21 测定转向轻便的双纽线

汽车转向轻便性试验一般沿如图 4.21 所示的双纽线轨迹以 $10\ km\cdot h^{-1}$ 的车速行驶。双纽线轨迹的极坐标方程为

$$L=d\sqrt{\cos 2\psi}$$

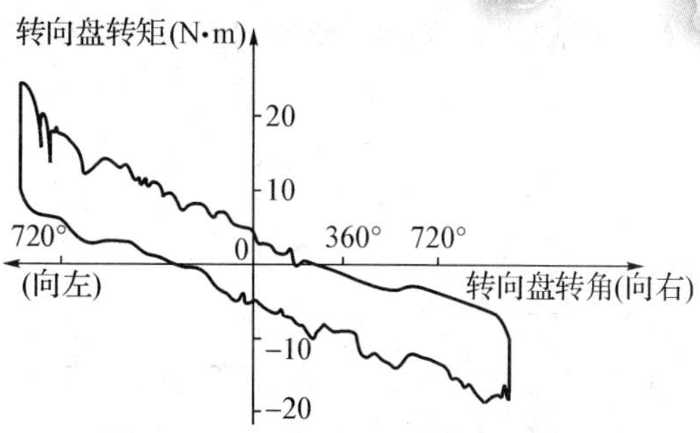

图 4.22　转向盘转矩与转向盘转角关系曲线

在 $\psi=0$ 时，双纽线顶点处的曲率半径最小，其数值为 $R_{\min}=\frac{d}{3}$。双纽线的最小曲率半径应按试验汽车的最小转弯半径乘以 1.1，并圆整到比此乘积大的一个整数来确定。

试验中记录转向盘转角以及转向盘转矩，并按照双纽线路经每一周整理出的转向盘转矩—转向盘转角曲线。通常以转向盘最大转矩、转向盘最大作用力及转向盘作用功等来评价转向轻便性。图 4.22 为某汽车转向轻便性试验所测得的转向盘转矩和转向盘转角之间的关系曲线。它同时与操纵稳定性其他的试验项目一起，进行汽车操纵稳定性的评价。

4）转向瞬态响应试验（转向盘转角阶跃输入试验）

目前，常用转向盘转角阶跃输入试验来测定汽车对转向盘转角输入时的瞬态响应，以此评价汽车的瞬态特性。

试验车速按被试汽车最高车速的 70%并四舍五入为 10 的整数倍确定，试验时汽车以试验车速直线行驶，先按输入方向轻轻靠紧转向盘，消除转向盘自由行程并开始记录各测量参数的零线，经过 0.2～0.5 s，以尽快的速度（起跃时间不大于 0.2 s 或起跃速度不低于 $100°\cdot s^{-1}$）转动转向盘，使其达到预先选好的位置并固定数秒钟（待所测变量过渡到新稳态值），停止记录。记录过程中保持车速不变。

通过对记录的转向盘转角，横摆角速度等信号，整理成横摆角速度随时间变化的曲线，从曲线上可求出反应时间、峰值反应时间、横摆角速度超调量等参数，评价汽车的瞬态特性。

试验按向左转和向右转两个方向进行。

5）转向瞬态响应试验（转向盘转角脉冲输入试验）

汽车的频率响应可以说明在一定的输入下汽车的真实响应程度。因此也可以用来对汽车的性能进行评价。试验要求给转向盘正弦角输入，利用在此输入下的汽车的横摆角速度的频响特性作为评价的指标。图 4.23(a)为转向盘正弦角位移输入曲线。在转向盘正弦角位移输入下汽车的横摆角速度响应曲线如图 4.23(b)所示。因为直接给汽车的转向盘正弦角位移是比较复杂的，通常用转向盘角位移脉冲试验来确定汽车的频率特性，如图 4.23(c)所示。

转向盘角位移脉冲在平坦的场地上进行，试验车速为最高车速的 70%。汽车以试验车速行驶，然后给转向盘一个三角脉冲转角输入，即向左或向右转动转向盘（见图 4.23(c)），转向盘转角输入脉宽 0.3～0.5 s，其最大转角应使汽车最大侧向加速度为 $4\ m\cdot s^{-2}$。输入转向三角脉冲时，汽车行驶方向发生摆动，经过不长时间回复到直线行驶。记录试验过程的时间 t、转向盘转角 δ_{sw}、车速 v、横摆角速度 ω_r，和侧向加速度 α_y。

对实验结果进行处理，便得到汽车的频率特性。

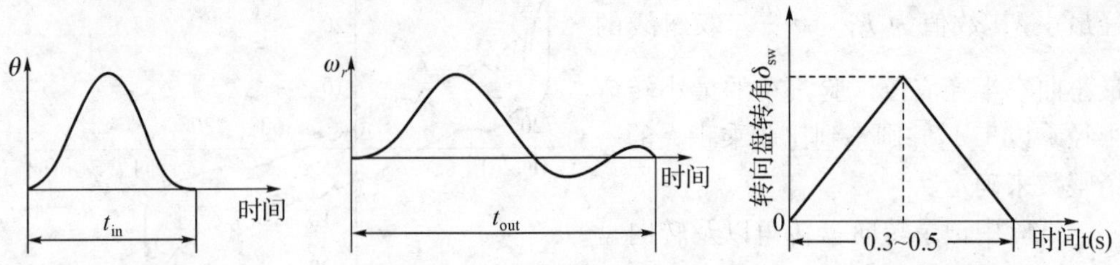

(a) 正弦角位移曲线　　(b) 横摆角速度响应　　(c) 转向盘角位移脉冲

图 4.23　转向瞬态响应试验

6）蛇行试验

汽车蛇行试验的方法如下：

①在试验场地上按如图 4.24 所示及表 4.6 的规定，布置标桩 10 根。

②接通仪器电源，使之预热到正常工作温度。

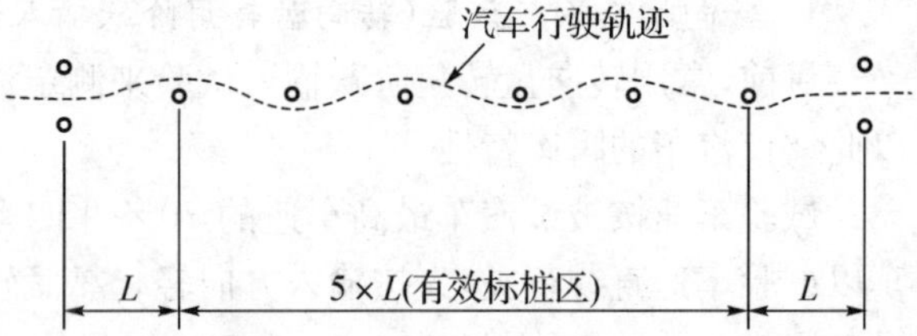

图 4.24　汽车蛇行试验的场地

③试验汽车以近似基准车速 1/2 的稳定车速直线行驶，在进入试验区段之前，记录各测量变量的零线，然后蛇行通过试验路段，同时记录各测量变量的时间历程曲线及通过有效标桩区的时间。

④提高车速（车速间隔自行选择），重复③的过程，共进行 10 次（撞倒标桩的次数不计在内），最高车速不超过80 km・h^{-1}。

⑤以图的形式，分别拟合画出平均横摆角速度、平均转向盘转角、平均车身侧倾角、平均侧向加速度与车速的关系图。

表 4.6　汽车蛇行试验的标桩间距与基准车速

<table>
<tr><th>汽车类型</th><th>标桩间距（m）</th><th>基准车速（km・h^{-1}）</th></tr>
<tr><td>轿车、轻型客车及最大总质量小于或等于 2.5 t 的货车和越野汽车</td><td rowspan="2">30</td><td>65</td></tr>
<tr><td>中型客车及最大总质量大于 2.5 t 而小于或等于 6 t 的货车和越野汽车</td><td>50</td></tr>
<tr><td>大型客车及最大总质量大于 6 t 而小于或等于 15 t 的货车和越野汽车</td><td rowspan="2">50</td><td>60</td></tr>
<tr><td>特大型客车及最大总质量大于 15 t 的货车和越野汽车</td><td>50</td></tr>
</table>

4.4 汽车被动安全性

4.4.1 汽车事故分析

1）汽车碰撞事故分类与特征

汽车碰撞事故可分为单车事故和多车事故，其中单车事故又可细分为翻车事故和与障碍物碰撞事故。翻车事故一般是驶离路面或高速转弯造成的，其严重程度主要与事故车辆的车速和翻车路况有关，既可能是人车均无大恙的局面，也可能造成车毁人亡的严重后果，图 4.25 列举了翻车的几种典型状态。

(a) 正向坠崖翻车　(b)侧向坠崖翻车　(c)高速转变翻车

图 4.25　翻车情形

与障碍物碰撞事故主要可分为前撞、尾撞和侧撞，其中前撞和尾撞较常见，而侧撞较少发生。与障碍物碰撞的前撞和尾撞又可根据障碍物的特征和碰撞方向的不同再分类，图 4.26 为几种典型的汽车与障碍物碰撞案例。尽管在单车事故中，侧撞较少发生，但当障碍物具有一定速度时也有可能发生。

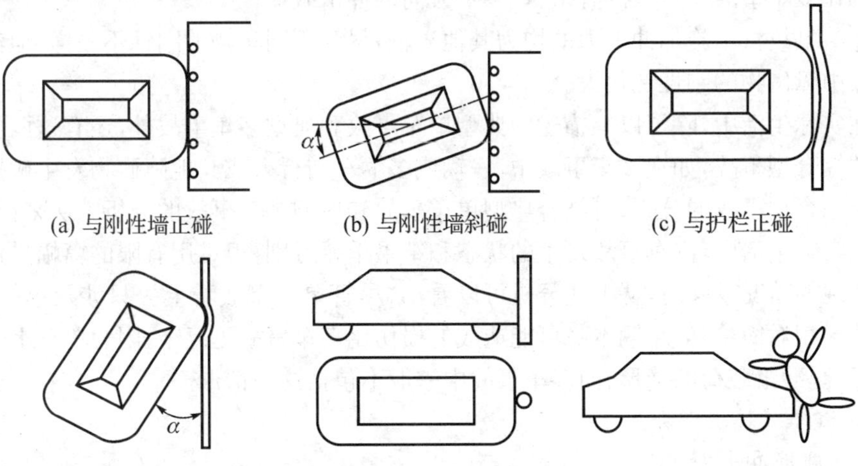

(a) 与刚性墙正碰　(b) 与刚性墙斜碰　(c) 与护栏正碰

(d) 与护栏斜碰　(e) 与刚性柱碰撞　(f) 与行人碰撞

图 4.26　汽车与障碍物碰撞情形

单车事故中汽车可受到前后、左右、上下的冲击载荷，且对汽车施加冲击载荷的障碍物可以是有生命的人体或动物体，也可以是无生命的物体。显然障碍物的特性和运动状态对汽车事故的后果影响较大。这些特性包括质量、形状、尺寸和刚性等。这些特性参数的实际变化范围很大，如人体的质量远比牛这类动物体的质量小，而路面和混凝土墙的刚性远比护栏和松土的刚性大。障碍物特性和状态的千变万化导致的结果是对事故车辆及乘员造成不同类型和不同程度的伤害。

多车事故为两辆以上的汽车在同一事故中发生碰撞。在多车事故中，两辆车相撞的情形较多。图 4.27(a)所示的正面相撞和图 4.27(c)所示的侧面相撞都是具有极大危险性的典型事故状态，且占事故的 70%以上。追尾事故在市内交通中发生时，一般相对碰撞速度较低。但由于追尾可造成被撞车辆中乘员颈部的严重损伤和致残，其后果仍然十分严重。

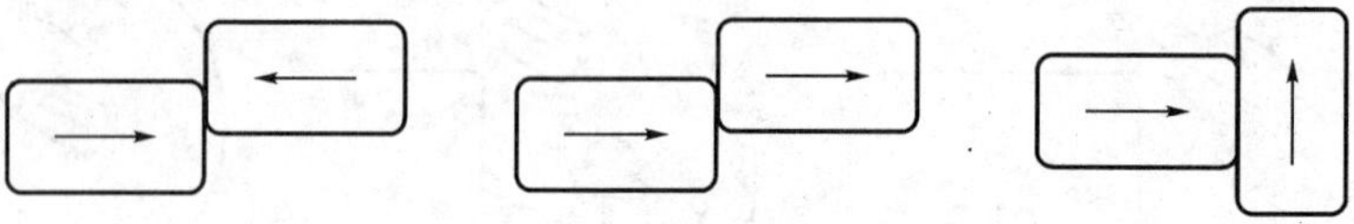

(a) 正碰　(b) 追尾　(c) 侧撞

图 4.27　两车相撞情形

从图 4.27 不难看出，在多车事故中，不同车辆所受到的碰撞类型是不一样的，如在图 4.27(a)所示的正面碰撞中，两辆车均受前撞；在图 4.27(b)所示的追尾事故中，前面车辆受到尾撞，而后面车辆却受到前撞；在图 4.27(c)所示的侧撞事故中，一辆汽车受到侧碰，而另一辆汽车却受到前撞。在多车事故中，汽车的变形模式也是千变万化的，但与单车事故比，有两个明显的特征：

①在多车事故中一般没有来自上、下方向的冲击载荷；

②给事故汽车施加冲击力的均为其他车辆，尽管不同车辆的刚性不一样，但没有单车事故中障碍物的刚性变化大。

在实际生活中，除了以上描述的典型单车事故和典型多车事故外，还有这两类典型事故的综合型事故，如在多车事故中，一辆或多辆车与行人或其他障碍物发生碰撞。对于这类综合型事故的分析，可结合典型单车事故和典型多车事故的分析方法来讨论。

在实际生活中，汽车事故发生的状态和结果千差万别，很难用有限的篇幅描述全部可能出现的情况。同时，从上述分析可以看出，尽管单车事故看上去只涉及单一车辆，似乎情况相对简单，但车辆本身可能造成的损伤比多车事故更复杂，因为单车事故包括了上、下受冲击载荷的情形，而多车事故中一般不包括这一情形。

2）汽车碰撞机理分析

(1) 碰撞冲击力

在汽车碰撞过程中，碰撞冲击力的方向总是与某点冲击力特定角度相关。因此，冲击合力可以分成分力，通过汽车向不同方向分散。

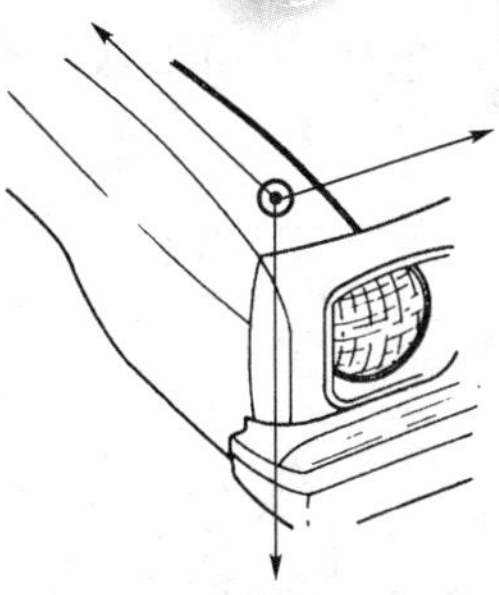

图 4.28　碰撞角度和方向对汽车损坏的影响

例如，某汽车在碰撞过程中，冲击力以垂直和侧向角度撞击汽车的右前翼子板，冲击合力可以分解成为三个分力：垂直分力、水平分力和侧向分力。这三个分力都被汽车零部件所吸收，如图 4.28 所示。水平分力使汽车右前翼子板变形方向指向发动机罩中心。侧向分力使汽车的右前翼子板向后变形。这些分力的大小及对汽车造成的损坏取决于碰撞角度。

冲击力造成大面积的损坏也同样取决于冲击力与汽车质心相对应的方向。假设冲击力的方向并不是沿着汽车的质心方向，一部分冲击力将形成使汽车绕着质心旋转的力矩，该力矩使汽车旋转，从而减少冲击力对汽车零部件的损坏，如图 4.29(a)所示。

另一种情况是，冲击力指向汽车的质心，汽车不会旋转，大部分能量将被汽车零件所吸收，造成的损坏是非常严重的，如图 4.29(b)所示。

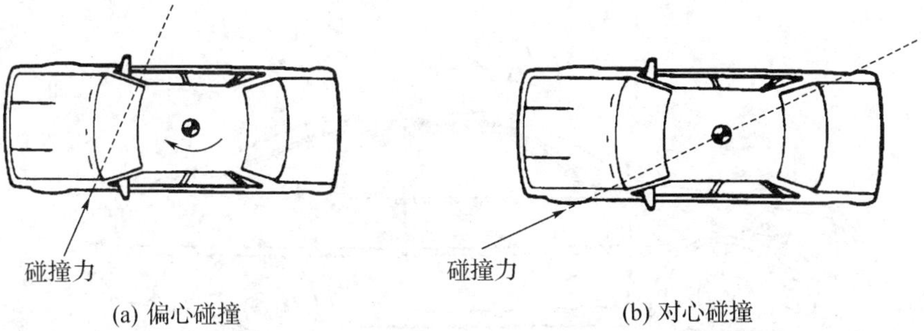

图 4.29　碰撞方向与汽车质心的关系

驾驶员的反应经常影响到冲击力的方向，尤其对于正面碰撞。驾驶员意识到碰撞不可避免时，其第一反应就是旋转转向盘以避免正面碰撞如图 4.30(a)所示。这种反应所导致的汽车碰撞被称为侧面损坏。在众多的碰撞类型中，人们应首先了解这种碰撞类型损坏。

驾驶员的第二反应就是试图踩制动踏板，汽车进入制动状态，使汽车从前沿向下俯冲。这种类型的碰撞一般发生在汽车的前沿，比正常接触位置低(见图 4.30(b))。由这种反应所导致的类型称为凹陷，经常在侧向损坏后立即发生。正面碰撞中的凹陷能导致碰撞点高于汽车的前沿。这将引起前罩板件和车顶盖向后移动及汽车尾部向下移动。如果碰撞点的位置低于汽车的前沿，汽车的车身质量将引起汽车的尾部向上变形，迫使车顶盖向前移动，这就是为什么在车门的前上部和车顶盖之间形成一个大缝隙的原因(见图 4.31)。

(2) 碰撞接触面积

假设汽车以相同的速度和相近的载货量行驶，碰撞的类型不同，损坏的程度也就不同。例如，撞击电线杆和一面墙，如果撞击的面积较大，损坏程度就较小，如图 4.32(a)所示。

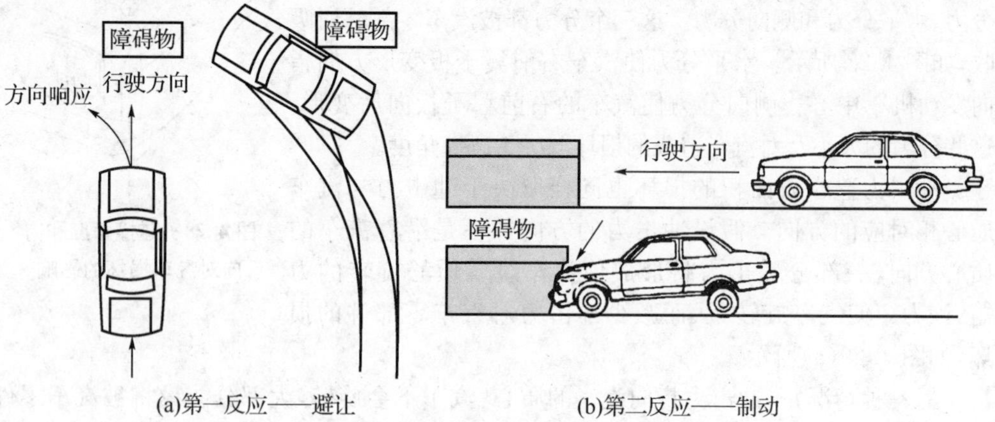

图 4.30　驾驶员反应对碰撞方向的影响

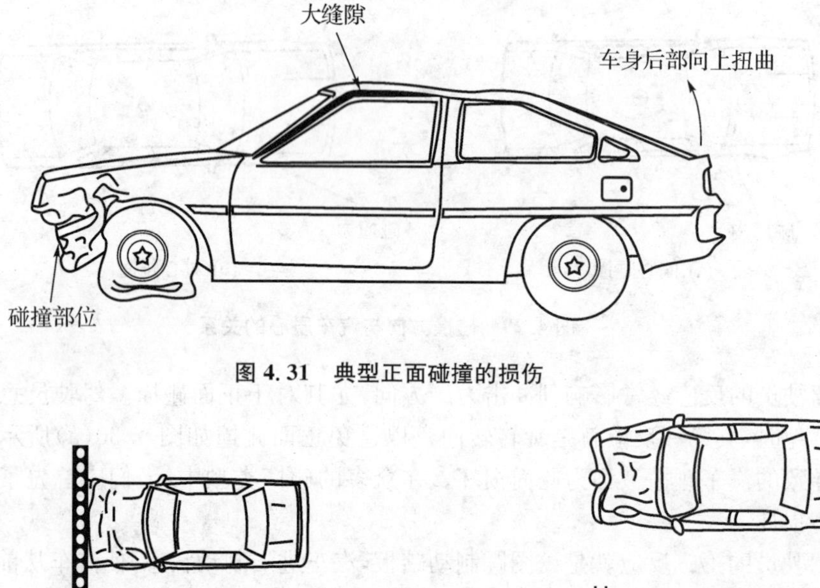

图 4.31　典型正面碰撞的损伤

图 4.32　不同的碰撞接触面积产生的损伤

从另一个角度说，接触面积越小，损坏就越严重。在图 4.32(b)中，保险杠、发动机罩、散热器等都发生严重的变形。发动机向后移动，碰撞所带来的影响甚至扩展到后悬架。

另一种情况是，一辆汽车撞击另一辆正在运动的汽车。如图 4.33 所示，假设汽车 1 向正在运动的汽车 2 侧面撞击。汽车 1 的运动使汽车前端向后运动，然而汽车 2 的运动将汽车 1 向侧面“拖动”。尽管这仅是一次碰撞，但是碰撞损失却是两个方向的。此外，在一个方向也可能出现二次碰撞，在高速公路连环相撞是一种普遍存在的现象。一辆轿车撞击另一辆轿车，然后冲向路边的立柱或栏杆，这是两种完全不同类型的碰撞。

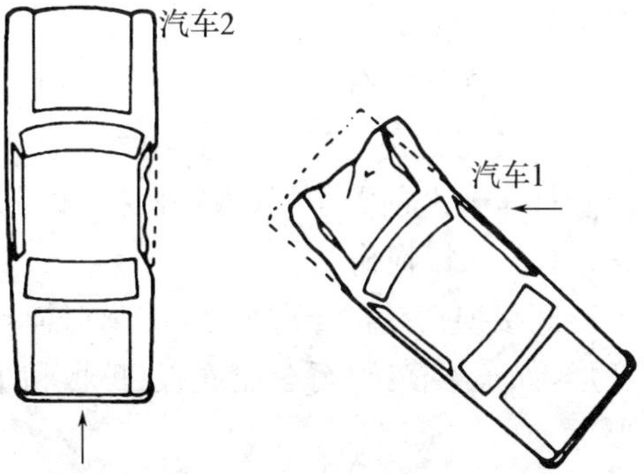

图 4.33　典型侧面碰撞的损伤

（前头方向为碰撞前汽车行驶方向）

还有许多其他类型的碰撞和混合碰撞的类型，要做出精确的损失评估，弄清楚汽车碰撞是如何发生的是非常重要的。获取大量的交通事故资料，并将它们同物理测量相结合，判定出汽车碰撞的类型及车身和哪些零件扭曲或折断。

(3) 冲击力的传递原理

现代汽车车身上有许多焊接缝。这些焊接缝可以作为汽车结构的刚性连接点。这些刚性连接点将冲击力传递给整个汽车上与之连接的钣金件和汽车零部件，因此大大降低了汽车的结构变形。

例如，如图 4.34 所示，假设汽车前角受到一个力 F_0 作用，B 区域将会变形，减小了 F_1 的冲击作用，剩下的冲击力传递到 C 点，金属将发生变形，能量继续减小到 F_2，F_2 将分解成两个方向传递到 D 点，冲击力继续减弱传递给 F_3，所受到的力继续改变方向并冲击着车身的支柱和车顶盖，E 点的冲击力 F_4 继续减小，汽车车顶盖金属轻微变形，在 F 点几乎不再有冲击力，也不再发生变形。碰撞能量大部分都被汽车零部件所吸收。刚性连接点、结构件、钣金件都可以吸收能量。不仅这些部分可以直接吸收碰撞能量，而且其他与该点相连零件也会发生变形，甚至在该点的对面的零部件也能够发生变形或偏离原来位置。

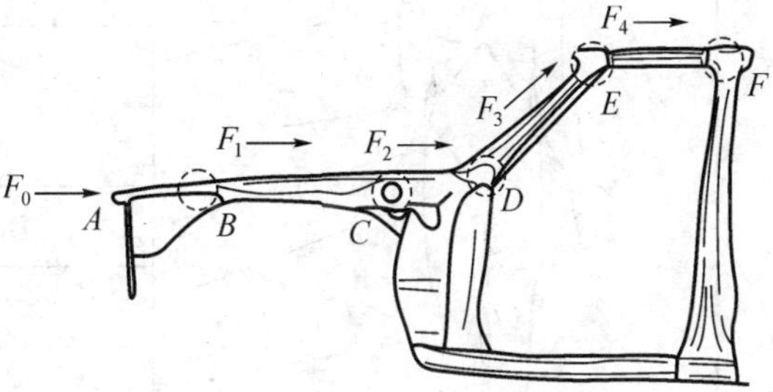

图 4.34　碰撞冲击力传递原理

要想完全掌握现代汽车特别是承载式车身汽车的碰撞损坏，了解汽车的冲击力传递原理是非常重要的。否则，就不能理解轻微损坏可能会引起汽车在操纵控制和运行性能上发生的严重故障。

3）汽车碰撞损伤类型

按汽车碰撞行为分，汽车碰撞损伤可分为直接损伤（或一次损伤）和间接损伤（或二次损伤）。

（1）直接损伤

直接损伤是指车辆直接碰撞部位出现的损伤。直接碰撞点为车辆左前方，推压前保险杠车辆左前翼子板、散热器护栅、发动机罩、左车灯等导致其变形，称为直接损伤。

（2）间接损伤

间接损伤是指二次损伤，并离碰撞点有一段距离的损伤，是因碰撞力传递而导致的变形，如车架横梁、行李舱底板、护板和车轮外壳等，因弯曲变形和各种钣金件的扭曲变形等。

按汽车碰撞后导致的损伤现象不同，汽车碰撞损伤可归纳为五大类，即侧弯、凹陷、折皱或压溃、菱形损伤、扭曲等。

4）人的碰撞负荷种类

交通事故涉及碰撞伤亡人员身躯受力部位，可区分为头部、颈部、胸部、脚部、腹部以及骨盆受伤。图 4.35 所示为 6 091 起轿车正面碰撞事故，乘员身体不同部位受伤的累积频度。

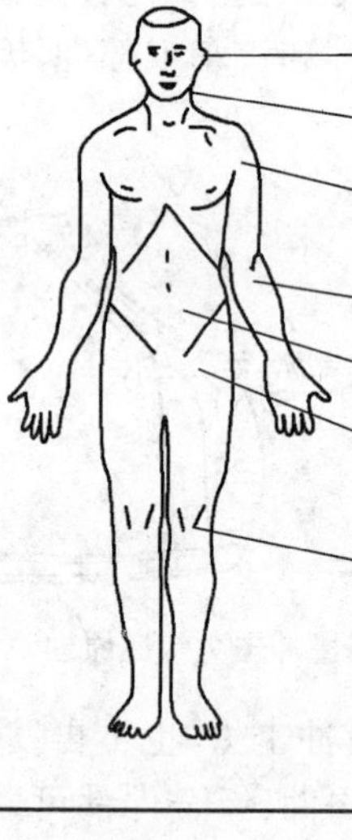

身体部位	受伤	频次(%)
头部	2 033	33.4
颈部	132	2.2
胸部	875	14.4
上肢	825	13.5
腹部	199	3.3
骨盆	243	4.0
下肢	1 777	29.1
不详	7	0.1
合计	6 091	100

图 4.35　人的碰撞负荷种类

事故中致死伤害的主要是头、胸、下腹和脊椎等部位。图 4.36、图 4.37 分别画出了纵向撞车事故中驾驶员和轿车前排乘客的伤害形成过程。

汽车和自行车碰撞时速度多在 40～50 $km \cdot h^{-1}$，而与摩托车碰撞速度则高得多，往往超过 65 $km \cdot h^{-1}$。

图 4.36　轿车碰撞时驾驶员受伤过程

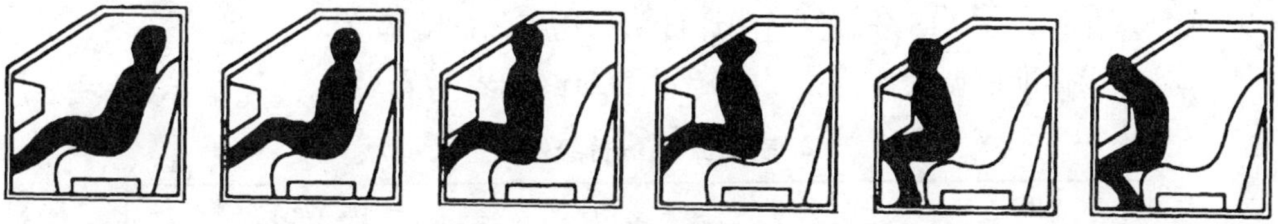

图 4.37　轿车碰撞时前排乘客受伤过程

大多数行人是在十字路口和道路入口处，从侧面被汽车前部所撞。就轿车来说，平均撞车速度不超过 35 km · h^{-1}。如果超过 40 km · h^{-1}，则往往导致死亡。而对于载货汽车，20 km · h^{-1}的速度已经会使行人头部受到致命伤害。

从撞车速度来看，前面撞车速度高于侧向撞车和后部相随撞车。有一半以上的前面撞车事故的速度高于 60 km · h^{-1}，而 90%的后部相随撞车事故的速度低于 30 km · h^{-1}。

4.4.2　被动安全性的评价方法

为了评价被动安全性，采用了不少指标。其中最简单的是事故的“严重性因素”F：

$$F=\frac{N_s}{N_{sh}}$$

式中，N_s——事故中的死亡人数(当场死亡或事故后存活不超过 7 昼夜的)；

N_{sh}——事故中的受伤人数。

各国统计数据表明，F 一般在 1/5～1/40 范围内。

常常还用每 100 万居民、每 100 万km 行程、每 100 万部汽车的事故死伤人数来衡量道路交通事故的程度。

考虑到事故中的伤亡情况的差异，前苏联学者 И. K. Kopliiakob 提出了“危险系数”的概念，危险系数 k 的计算公式如下：

$$k=\frac{(k_1N_q+k_2N_z+k_3N_s)}{(N_q+N_z+N_s+N_o)}$$

式中，N_q——轻伤人数(康复期不超过 4 周)；

N_z——重伤人数(康复期长于 4 周或丧失部分劳动能力)；

N_o——未受伤人数；

k_1、k_2、k_3——加权系数，建议取：$k_1=0.015$，$k_2=0.36$，$k_3=1$。

为了使得受伤程度规范化，世界各国经过多年的事故研究，提出 AIS(Abbreviated

Injury Scale,受伤标准)指数评价受伤。

当初 AIS 标准仅顾及事故对生命的威胁程度以及规范化事故伤害的评价,此外评价受伤引起的丧失工作能力时间以及工作能力的降低情况。

AIS 应用后不久,人们就发现,单独用所谓的 7 级标准值还不能完全评价受伤的四个方面,尤其这个标准关于能量吸收和生命危险程度往往是不一致的。除此之外,因缺乏可用数据,对于事故受伤的费用方面,极少进行评价。因此,受伤的费用评价目前尚难以实行量化评价。AIS 分级仅适用评价单一伤害的危险程度。

AIS 分级标准依据受伤严重程度分 7 级描述,见表 4.7。

表 4.7　AIS 分级标准

AIS0	未受伤	死亡率=0
AIS1	轻微受伤	死亡率=0.6%
AIS2	轻度受伤	死亡率=3.2%
AIS3	重伤,但没有生命危险	死亡率=9.3%
AIS4	重伤,有生命危险,但有存活的可能性	死亡率=28.3%
AIS5	重伤,无法肯定是否能够存活	死亡率=78.4%
AIS6	最大受伤,无法医治,死亡	死亡率=100%

4.4.3　内部被动安全性

研究表明,事故中人体内伤和脑损伤与减速度直接有关、骨折与作用力有关、组织损伤与剪切应力有关。所以研究内部被动安全性的重要内容是降低人体的减速度。

1）减少惯性载荷

轿车发生迎面碰撞或碰到固定障碍物上时,前部出现特别大的平均减速度 j_{cp}(300～400 g),而向后逐渐降低。其质心位置的平均减速度 j_{cp} 为 40～60 g,瞬时值可达 80～100 g(见图 4.38)。

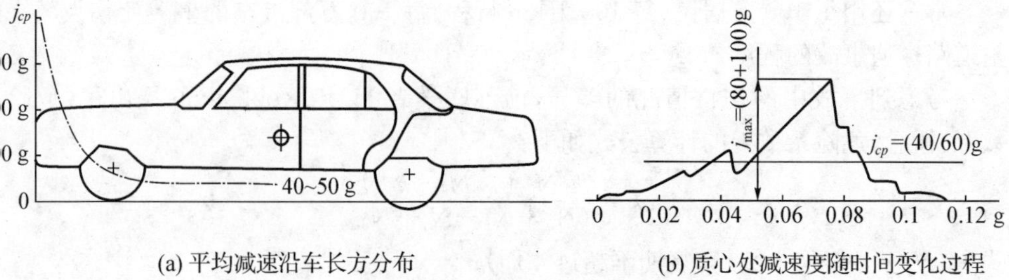

(a) 平均减速沿车长方分布　　(b) 质心处减速度随时间变化过程

图 4.38　汽车固定障碍物相碰撞时减速度的变化

为了降低迎面碰撞时的减速度,必须在轿车前部做成折叠区(见图 4.39)。这样,在撞车时可提供 400 mm 到 700 mm 的变形行程,通过前部折叠区的变形来吸收撞车时的动能。

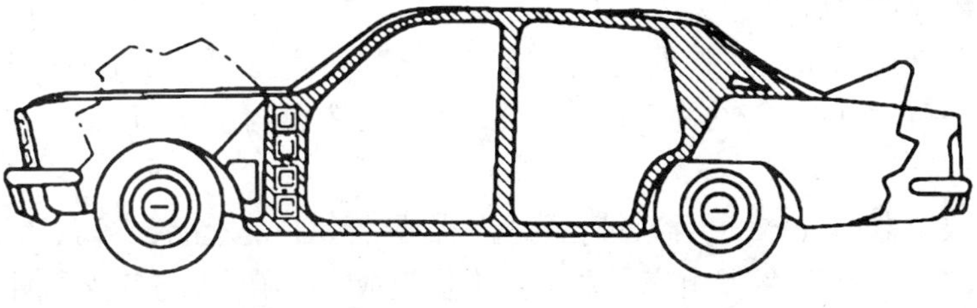

图 4.39　碰撞器轿车的前后部的折叠区

折叠区的变形力应满足梯度特性，如图 4.40 所示。即可分为五个区段：行人保护、低车速保护、对事故伙伴的协调保护、自身保护（针对本车乘员）以及幸存空间。变形力从前向后逐渐增加，使得撞车力较小时，变形仅限于前部零件。

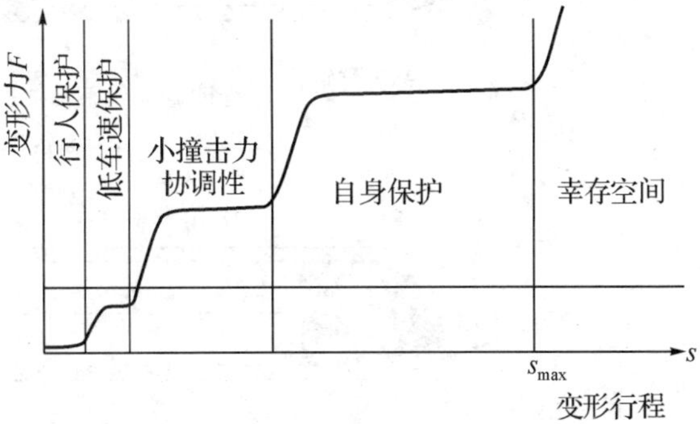

图 4.40　轿车前部变形力梯度特性

后部撞车的速度较低，轿车后部折叠区的变形过程约为 300～500 mm。备胎后置有助于减小冲撞加速度，而油箱位置则必须避开折叠区。行李箱盖边缘不能穿过后窗而撞入车内。

当车辆受到侧面碰撞时，受到撞击的部位一般是车门或立柱，而车门和立柱所围住的直接就是乘员乘坐空间。因此，对于绝大部分车辆而言，当其遭受侧撞时几乎没有可利用的缓冲吸能区间，也即其理想的侧撞特性应是足够大的刚性车门和立柱不应发生大的变形。另外，考虑到侧撞时乘员很可能会撞击到车门内板，因此，车门内板应柔软，或者在车门内侧安装侧撞安全气囊。

翻车时，车门应保证不能自开。在活顶式轿车上，可装设展开式翻车保护杆，并约束乘员头部。

2) 限制乘员位移

(1) 三点式安全带

在限位装置中，最简单有效的是安全带。轿车驾驶员和前排乘客多用三点式安全带（见 4.41），后排乘客或载货汽车、大客车乘员也有用腰部安全带的。赛车上则用四点式安全带的惯性式锁紧装置只要拉伸速度超过设计速度就可以把安全带紧固。腰部固定点承载能力不应低于 22.7 kN；肩部固定点则应高于 22.9 kN。在正常

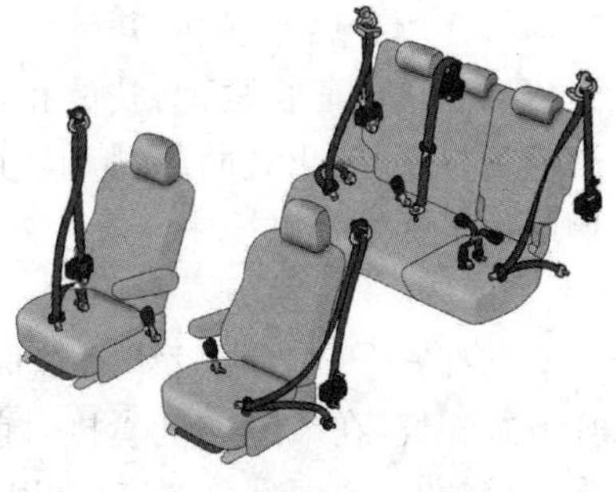

图 4.41　三点式安全带

行驶时，安全带可以随意伸长而不妨碍驾驶员的操作和乘员的基本活动。

(2) 安全带收紧器

为了避免在严重事故时乘员过分前移，在安全带上增设了收紧器。在碰撞时，收紧器被触发，收紧作用的时间约为 5 ms，乘员最大前移距离约 1 cm，因而减小了汽车和乘员间的速度差。

安全带收紧器由气体发生器、带轮、离合器、导管、自动安全带卷筒、活塞、缆绳等组成(见图 4.42)。气体发生器由充气器和点火器组成，结构原理与气囊组件的气体发生器基本相同。安全带缠绕在卷筒上，活塞安装在导管内；缆绳一端缠绕在带轮上，另一端固定在活塞上。

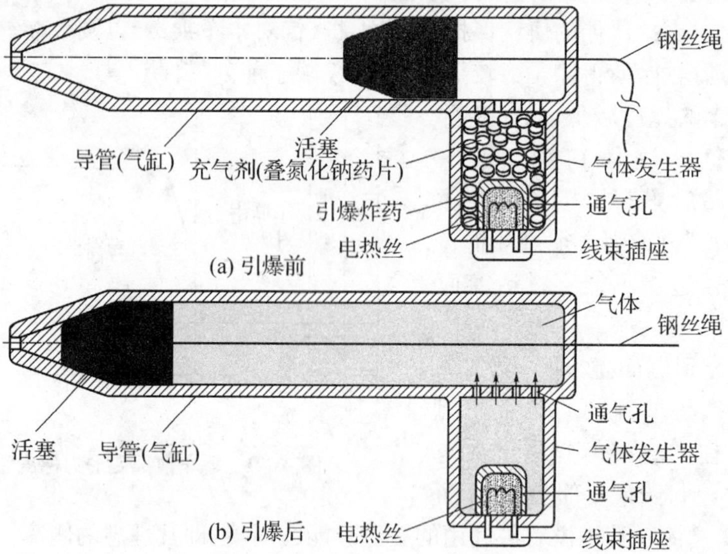

图 4.42 安全带收紧器

当安全带收紧器点火器电路接通电源时，点火器引爆点火剂，充气剂受热分解，活塞在膨胀气体的作用下迅速移动，并推动收紧器的弹簧装置将安全带迅速收紧，驾驶员和乘员向前移动距离缩短，从而防止其面部、胸部与转向盘、挡风玻璃或仪表板发生碰撞。

(3) 安全气囊

前部安全气囊在发生碰撞时，被以突然、爆炸方式充气，在乘员与气囊接触前充满。气囊与乘员接触时，立即部分放气，并以生理上可承受的表面压力和减速力柔和地吸收能量，这样至少在很大程度上可以减小乘员头部和胸部损伤(见图 4.43)。

图 4.43 安全气囊

驾驶员前部气囊容积 50～60 L,应在 30～35 ms 时间内充满氮气;前排乘员前部气囊容积100～140 L,要求在 50 ms 内充满。驾驶员的最大前移空间通常为 12.5 cm,气囊放气时间大约为 100 ms,碰撞和能量吸收全过程大约在 150 ms 内完成(见图 4.44)。

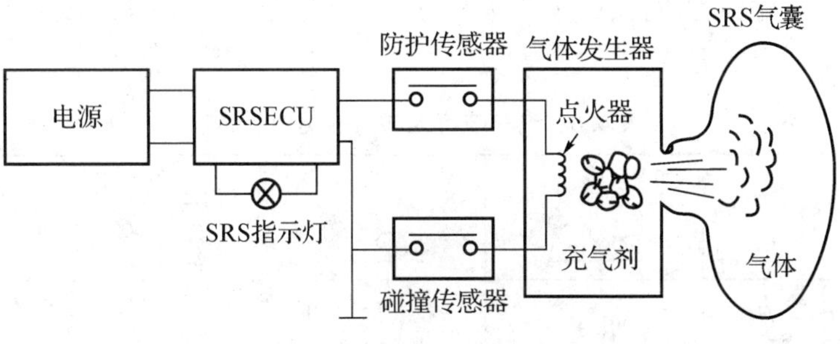

图 4.44　安全气囊工作过程

侧向安全气囊装在车门或座椅架上,由于乘员与向内移动的汽车部件之间距离很小,所以容积为 12 L 的侧向气囊响应时间不得超过 3 ms,充满时间应小于 10 ms。

3) 消除部件致伤因素

在乘坐区设计时必须保证在乘员幸存空间内设有致伤部件。在图 4.45 上画出了在撞车前和撞车后零件变形界限。界限 1—1 将引起轻伤,界限 2—2 导致重伤,而界限 3—3 将是致命的。由于人体尺寸的差异,乘员乘坐姿势的不同,幸存空间的形式也各不相同。

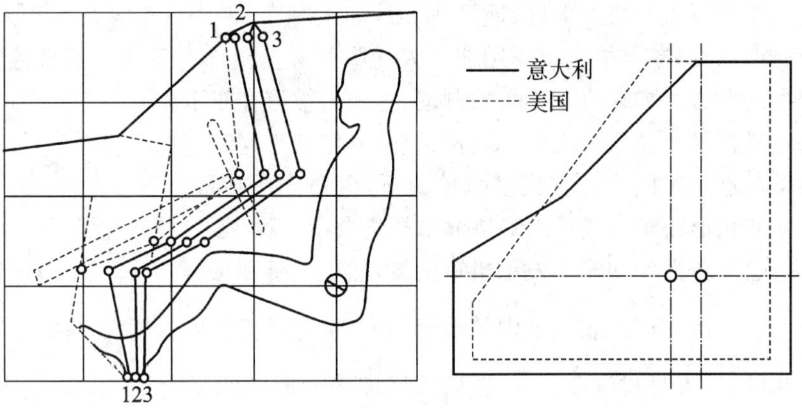

图 4.45　幸存空间

1—1. 轻伤;2—2. 重伤;3—3. 有生命危险

仪表板下部、转向盘和挡风玻璃引起伤害的事故频数较高。

仪表板下部应安装膝部缓冲垫。挡风玻璃应采用钢化玻璃或夹层玻璃。转向盘可采用弹性有波纹的结构,并且盘缘可以变形,转向柱能弯曲或伸缩。乘员室内各种部件应软化,材料的燃烧速度要小。

4.4.4 外部被动安全性

1) 汽车与行人的碰撞

汽车与行人碰撞后,行人的运动状态与汽车外形与尺寸、汽车速度、行人身材高矮、行人速度大小和方向有关(见表 4.8)。

表 4.8 汽车与行人碰撞的类型及影响

碰撞类型	类型 A 	类型 B 	类型 C 	类型 D 
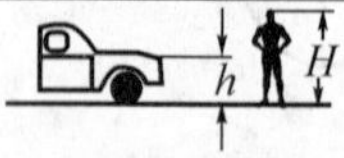 高度比 h/H	$<\frac{1}{2}$	$=\frac{1}{2}$	$\geqslant 1$	>1
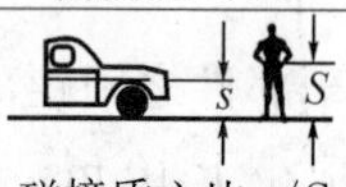 碰撞质心比 s/S	<1	$\leqslant 1$	$=1$	>1
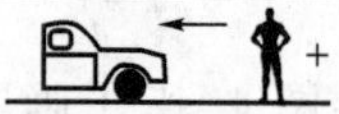 初始转动方向	+	+	+	+
 二次转动方向	+	+	+−	−

碰撞点位于行人质心上部(碰撞形式 D),如大客车、平头货车等与成年人碰撞,轿车与儿童碰撞时,碰撞可能直接作用在行人的胸部甚至头部。身体上部直接向远离汽车的方向抛向前方。如果汽车不采取制动,行人将被碾在车下。

如果碰撞接触点位于行人质心,行人整个身体几乎同时与汽车接触(碰撞形式 C),行人的运动状态基本同 D。在大多数情况下,碰撞作用在行人质心下面(碰撞形式 A 和 B),一般的船形轿车与成年人的碰撞事故均属于这种形式。汽车保险杠碰撞行人的小腿,随后大腿、臀部倒向汽车发动机罩前缘,然后上身和头部与发动机罩前部,甚至与挡风玻璃发生二次碰撞。表 4.8 中的$\frac{h}{H}$值越小,头部碰撞速度就越大。碰撞速度越高,汽车前端越低,行人身材越高,头部碰撞挡风玻璃的概率就越大。试验观察表明,当碰撞速度小于等于15 $km \cdot h^{-1}$,对于 A 和 B 两种形式的碰撞,行人被撞击后直接抛向前方。当汽车(轿车)速度很高,并且在碰撞时没有采取制动措施,可能会使行人从车顶掠过,直接摔跌在汽车后面的路上。

设计合理的保险杠应该不仅考虑到内部被动安全性,而且也顾及外部被动安全性。为此,要求一切在公路上行驶的车辆前后均应装有保险杠。从减轻事故中受伤程度看,行人与保险杠的碰撞部位在膝盖以下为好,希望保险杠降低。但保险杠过低,会加大头部在发动机罩或挡风玻璃上的撞击速度。所以保险杠高度取为 330～350 mm 是合适的，可以保证大部分行人的碰撞部位发生在膝盖以下。保险杠应该没有尖角和突出部，并且适当软化。

从安全角度看，发动机罩前端圆角半径应大些，机罩高度低，挡风玻璃倾角小。在头部撞击区要求妥善软化，并且取消突出部，如雨刷在停止状态时应位于发动机罩下，不设雨沿等。

2) 载货汽车的外部被动安全性

载货汽车与轿车相比，其质量、刚度和尺寸都要大得多，在与轿车迎面相撞时，轿车损坏比载货汽车严重得多。特别是两者尺寸相差悬殊时，轿车往往“楔入”载货汽车下面，轿车的前部折叠区不能发挥作用，而导致乘坐区受到破坏。

特别是一般载货汽车后部不装保险杠，跟随行驶的轿车在事故中楔入的可能性大大增加。因此对于尾部离地高度不小于 0.7 m 的车辆应装后保险杠，其离地高度为 0.38～0.56 m。现在正在研制装于载货汽车尾部的缓冲装置，以减小尾追的轿车相撞时的损坏。

载货汽车与行人相撞时造成的伤亡也远比轿车严重。这是因为一次碰撞中，无论是长头还是平头驾驶室载货汽车，都不可能存在轿车事故中的行人身体在发动机罩上翻转过程，而是在很短时间内行人被加速到货车速度，易于造成人的伤亡。驾驶室上突出的后视镜、驾驶员踏板以及保险杠也容易使行人头部、骨盆和大腿受伤。

4.4.5 汽车被动安全性的试验

根据国家法规要求，2003 年 7 月以后，所有 7 座以下的乘用车必须通过碰撞安全性试验。汽车被动安全性试验应尽量再现典型的公路撞车事故的现象。试验中需要测量车辆的变形、减速度及负荷。必要时用假人设置在车内，测定有关部位的负荷及变形情况。

1) 实车碰撞法

最常用的是对固定壁撞车，碰撞车速一般为 50 $km \cdot h^{-1}$。根据试验目的不同，也可采用可动壁撞静止车辆或以车撞车的方法。

(1) 固定壁碰撞试验

固定壁碰撞试验方法是把试验车辆加速到制定的碰撞速度，然后与固定壁进行碰撞。通常，汽车碰撞方向与固定壁垂直。由于固定壁的情况是不变的，可取固定试验特性，并可重复同样的撞车试验，因此可用固定壁碰撞试验评价汽车安全性。这是此种试验方法的优点。根据碰撞范围的不同可分为全宽碰撞和偏置碰撞(见图 4.46)，汽车碰撞方向也可与固定壁成一定角度。有时还可在固定壁前面附加各种形状的障碍物，以研究汽车在不同碰撞情况下的特征。

(2) 移动壁碰撞试验

在能行走的台车上装备有一定撞车面积的可移动壁，加速到一定的速度后，用它来碰撞处于静止状态的试验车。这种试验方法在检查被试验车的侧撞和尾撞安全性时使用。为了进行反复试验，台车的构造需要坚固耐用。在 SAEJ972 和美国安全标准中对可移动壁碰撞试验进行了规定。欧洲试验标准和美国标准有所不同。移动壁的碰撞形式参见图 4.47。试验时应该给碰撞后的试验车留出足够的滑动范围。

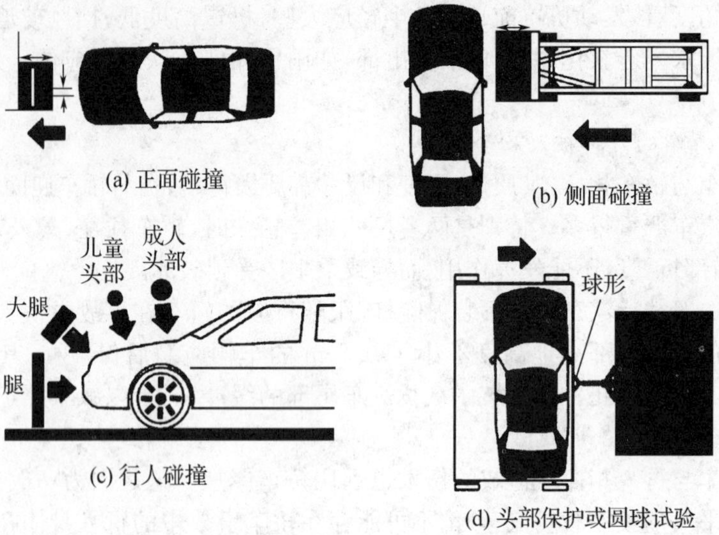

图 4.46　碰撞试验的基本类型

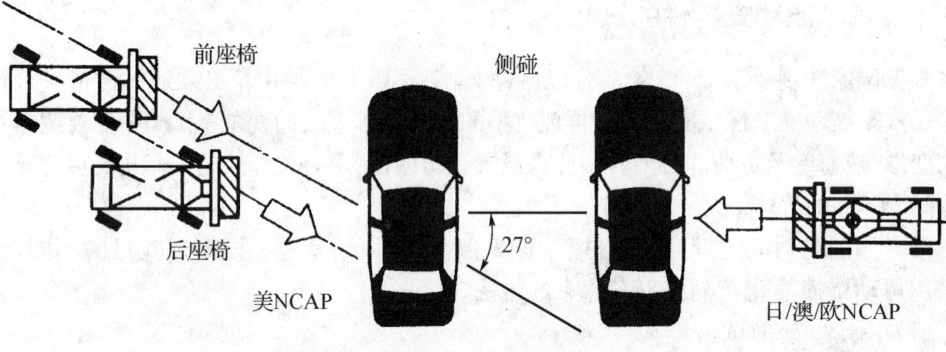

图 4.47　侧面碰撞

为了检查撞车后双方车辆的外形和刚度变化情况，要进行车对车的碰撞试验。试验一般有正面撞、侧面撞和尾撞三种。

2）模型撞车法

在新车设计阶段可以采用模型撞车法，一般用 1∶2 模型。这种试验方法费用较低，准备时间短，且便于多方案比较。如果仅对某些部件进行变形研究，可采用 1∶1 的复合试验车即在现在生产的车辆上作一定改动，装上研究的部件所构成的试验车作撞车试验。这种方法常用于理论研究和局部改进。

3）部件试验

常用静态加载法对车门、车顶、驾驶室后围、座椅和安全带进行强度和刚度试验。用冲击试验测定保险杠的性能，测定仪表板、方向盘等部件发生事故时对人体的伤害程度。

为了确定撞车试验中车内乘员所受伤害的严重程度，广泛采用专门制作的模拟人（假人）。其各部肢体在形状、运动学和动力学性能方面都与真人严格相似，头部还附有软化材料模拟肌肉和皮肤。在头、胸、背和大腿部都装有传感器，测定减速度和负荷。

5 汽车通过性

汽车通过性是指汽车在一定载质量条件下能以足够高的平均车速通过各种坏路及无路地带和克服各种障碍的能力。坏路及无路地带，是指松软土壤、沙漠、雪地、沼泽等松软地面及坎坷不平地段；各种障碍，是指陡坡、侧坡、台阶、壕沟等。

汽车通过性可分为轮廓通过性和牵引支承通过性。前者是表征车辆通过坎坷不平路段和障碍（如陡坡、侧坡、台阶、壕沟等）的能力；后者是指车辆能顺利地通过松软土壤、沙漠、雪地、冰面、沼泽等地面的能力。

通过性是汽车的主要使用性能之一，它不仅影响汽车的运输生产率，而且有时直接决定汽车能否进行运输工作。对军用、农用以及在矿山、建筑工地、林区等使用的汽车，因为要在坏路或无路条件下行驶，因此，要求这些汽车具有良好的通过性。

汽车在松软地面上行驶时，驱动轮对地面施加向后的水平力，地面随之发生剪切变形，相应的剪切力便构成土壤对汽车的推力，该力比在一般硬路面上的附着力要小得多；而汽车遇到的土壤阻力（指轮胎对土壤的压实作用和推移作用产生的压实阻力、推土阻力及充气轮胎变形引起的弹性迟滞损耗阻力）要比在硬路面上的滚动阻力大得多。因此，常不能满足汽车行驶的附着力条件的要求。这是松软路面限制汽车行驶的主要原因。

汽车的通过性主要决定于汽车的支承—牵引参数及几何参数，也与汽车的其他性能，如动力性、平顺性、机动性、稳定性、视野性等密切相关。

5.1 汽车通过性的评价指标

5.1.1 间隙失效

汽车行驶在高低不平地段和越过障碍物时，会出现间隙失效无法通过的现象。所谓间隙失效，是指汽车与地面间的间隙不足而被地面托住。间隙失效可分下列几种情况：

(1) 顶起失效

因车辆中间底部的零部件碰到地面而被顶住的现象,称为顶起失效。

(2) 触头失效

因车辆前端触及地面而使汽车不能通过,称为触头失效。

(3) 托尾失效

因车辆后端触及地面而不能通过,称为托尾失效。

5.1.2 汽车轮廓通过性

汽车轮廓通过性是指汽车通过坎坷不平路段障碍(陡坡、侧坡、台阶、壕沟等)的运行能力。

汽车轮廓通过性的评价指标是汽车通过性几何参数。

汽车通过性的几何参数是与防止间隙失效有关的汽车本身的几何参数。它们主要包括最小离地间隙、接近角、离去角、纵向通过角等,见图 5.1。各类汽车通过性几何参数值的范围见表 5.1。另外,汽车的最小转弯直径和内轮差、转弯通道圆及车轮半径也是汽车通过性的重要轮廓参数。

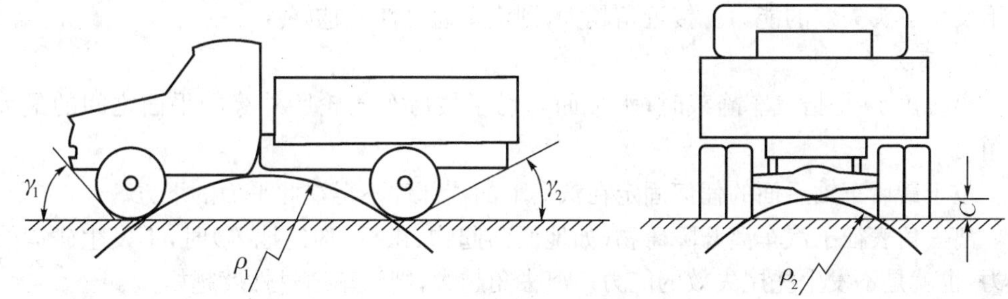

图 5.1 汽车通过性的几何参数

1) 最小离地间隙

最小离地间隙 C 是汽车除车轮之外的最低点与路面之间的距离。它表征了汽车无碰撞地越过石块、树桩等低矮障碍物的能力。汽车的前桥、飞轮壳、变速器壳、消声器以及主传动器外壳等通常有较小的离地间隙。汽车前桥(轴)的离地间隙一般比飞轮壳的还要小,以便利用前桥保护较弱的飞轮壳免受冲撞。后桥内装有直径较大的主传动齿轮,一般离地间隙最小。越野汽车一般有较大的最小离地间隙。

表 5.1　汽车通过性的几何参数

汽车类型	驱动形式	最小离地间隙 C(mm)	接近角 γ_1(°)	离去角 γ_2(°)	纵向通过半径 ρ(m)
轿车	4×2	120～200	20～30	15～22	3.0～8.3
	4×4	210～370	45～50	35～40	1.7～3.6
货车	4×2	250～300	25～60	25～45	2.3～6.0
	4×6、6×6	260～350	45～60	35～45	1.9～3.6
越野车(乘用)	4×4	210～370	45～50	35～40	1.9～3.6
客车	6×4、4×2	220～370	10～40	6～20	4.0～9.0

2) 接近角

接近角 γ_1 是指车辆静载时，水平面与切于前轮胎外缘的平面之间的最大夹角。前轴前面任何固定在车轴上的刚性部件不得在此平面的下方。

接近角表征了汽车接近地面凸起物、沟洼地等障碍物时，不发生碰撞的能力，也就是不发生触头失效的能力。接近角越大，则汽车通过性就越好。

3) 离去角

离去角 γ_2 是指汽车静载时，水平面与切于最后车轮轮胎外缘的平面之间的最大夹角。

位于最后车轴后面的任何固定在汽车上的零部件不得在此平面的下方。

离去角表征了汽车离开障碍物(如地面凸起物、拱桥、沟洼地等)时，不发生碰撞的能力，也就是不发生托尾失效的能力。离去角越大，则汽车通过性就越好。

4) 纵向通过角

纵向通过角是指在汽车空载、静止时，在汽车侧视图上通过前、后车轮外缘做切线交于车体下部较低部位所形成的最小锐角。它表征了汽车可无碰撞地通过小丘、拱桥等障碍物的轮廓尺寸。汽车纵向通过角越大，其通过性就越好。

纵向通过性又可用纵向通过半径来表示。纵向通过半径 ρ_1 是指在汽车侧视图上，作出与前、后轮及两辅间轮廓相切的圆的半径。它表征汽车可无碰撞地通过小丘、拱桥等障碍物的轮廓尺寸。纵向通过半径越小，汽车的通过性越好。

5) 横向通过半径

在汽车的正视图上所作与左右车轮及与两轮之间轮廓线相切的圆之半径，称为横向通过半径，用符号 ρ_2 表示。它表示了汽车通过小丘及凸起路面等横向凸起障碍物的能力，ρ_2 越小，通过性越好。

最小离地间隙不足，纵向和横向通过半径过大，都容易引起"顶起失效"。

6) 最小转弯直径

车辆在转向行驶过程中，转向盘向左或向右转到极限位置时，车辆外转向轮印迹中心在其支承面上的轨迹圆直径中的较大者，称为车辆的最小转弯直径 d_H。

由于转向轮左右极限转角一般不相等，故有左转弯直径与右转弯直径之别。

非转向内轮转弯直径是指非转向内轮的中心平面在车辆支撑平面上的轨迹圆直径 $d_{内}$（见图 5.2）。

内轮差是指最小转弯半径与非转向内轮转弯半径之差 d。

最小转弯直径与内轮差这两个参数共同表征了汽车在最小面积内回转能力和通过狭窄弯曲地带或绕过障碍物的能力。

《机动车运行安全技术条件》(GB 7258－2004)规定：机动车辆的最小转弯直径，以前轮轨迹中心为基线，测量其值不得大于 24 m。当转弯直径为 24 m 时，前转向轴和末轴的内轮差（以两内轮轨迹中心计）不得大于 3.5 m。

转向轮最大转角汽车轴距、轮距等对汽车最小转弯直径均有影响。对机动性要求高的汽车，D_{min}应取小。

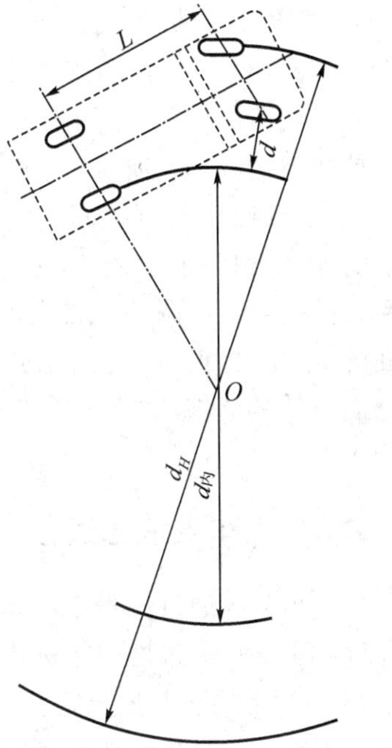

图 5.2　汽车最小转弯直径和非转向内轮转弯直径

7) 转弯通道圆

转向盘转至极限位置时，下述两圆为车辆转弯通道圆：车辆所有点在车辆支承平面上的投影均位于圆外的最大内圆和包含车辆所有点在车辆支承平面上的投影均位于圆内的最小外圆。车辆有左和右转弯通道圆，如图 5.3 所示。转弯通道圆的最大内圆直径越大，最小外圆直径越小，车辆所需的通道宽度越窄，通过性越好。

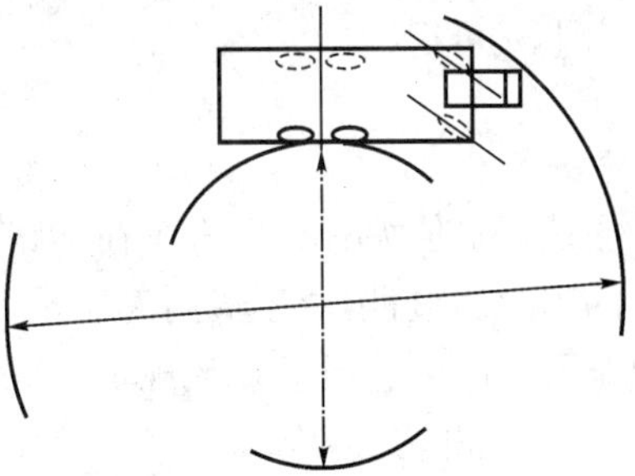
图 5.3　汽车转弯通道圆

国家标准 GB 7258－2004《机动车运行安全技术条件》规定：汽车和汽车列车（不计具有作业功能的专用装置的突出部分）、轮式拖拉机运输机组必须能在同一个车辆通道圆内通过，车辆通道圆的外圆直径为 25.00 m，车辆通道圆的内圆直径为 10.60 m。汽车和汽车列车、轮式拖拉机运输机组由直线行驶过渡到上述圆周运动时，任何部分超出直线行驶时的车辆外侧面垂直面的值（外摆值）不应大于 0.80 m（对铰接客车和铰接式无轨电车外摆值不允许大于 1.20 m。

8) 车轮半径

汽车在不平路面上行驶时，经常要越过垂直障碍物。汽车克服垂直障碍物（台阶、壕沟等）的能力与车轮半径和驱动型式有关，也与路面附着条件有关。其越过台阶的能力如图 5.4 所示。

图中纵坐标用台阶高度 h_w 与车轮直径 D 之比，横坐标为路面附着系数。由此图可以看出，全轴驱动汽车比单轴驱动汽车越过台阶能力强；路面附着条件越好，汽车能越过更高的台阶。

汽车越过壕沟的宽度 l_d 与其越过台阶的能力直接相关，两者只存在一个换算系数的关系。由图 5.4 查出汽车在某种路面的 h_w/D 之值，则可由下式计算在该种路面条件的 l_d/D 之值（l_d 为壕沟宽度，D 为车轮直径）。

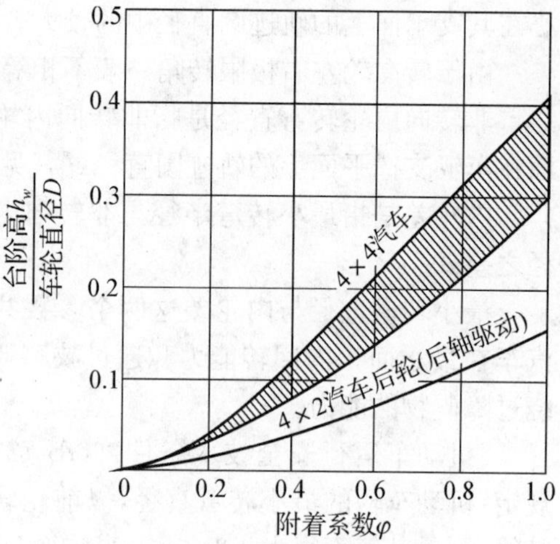

图 5.4　汽车越障能力与附着系数的关系

5.1.3　汽车支承通过性

汽车支承通过性是指汽车在松软土壤、雪地、冰面、沙漠、滑溜路面上的运行能力。评价汽车支承通过性的指标主要有附着系数和车轮接地比压。

1）附着质量与附着质量系数

附着质量是指轮式车辆的驱动轴的载质量，用 m_μ 表示。附着质量系数是指汽车附着质量与总质量 m_a 之比，用 K_μ 表示。为了满足车辆行驶的附着条件的要求，应有

$$m_\mu g \mu_g \geqslant m_a g \Psi$$

式中，Ψ——道路阻力系数（$\Psi = f_r + i$，其中：f_r 为车轮阻力系数，i 为坡度）；

μ_g——滑移系数。

由上式可得

$$K_\mu = \frac{m_\mu}{m_a} \geqslant \frac{\Psi}{\mu_g}$$

显然，K_μ 值大有利于汽车在坏路面上行驶，丧失通过性的可能性就小。为了保证车辆的支承通过性，对车辆附着质量有明确的要求。例如，意大利对 4×2 牵引车组成的汽车列车的附着质量系数规定为 0.27，英国规定为 0.263。

2）车轮接地比压

车轮接地比压，是指车轮对地面的单位压力。车辆在松软地面上行驶的滚动阻力系数和滑移系数 μ_g 与车轮接地比压直接有关。车轮接地比压小，轮辙深度小，车轮的行驶阻力和车轮沉陷失效的概率就小。同样，当汽车行驶在粘性土壤和松软雪地上时，降低车轮接地比压可使得车轮接地面积增加，提高地面承受的剪切力，使车轮不易打滑。

车轮接地比压 p 与轮胎气压 p_w 有关，车轮在硬路面上承受额定载荷时，其关系式为

$$p=k_w p_w$$

通常 $k_w=1.05\sim1.20$。k_w 值的大小取决于轮胎刚度。帘布层多的轮胎 k_w 值较大。

车轮接地比压与轮胎气压成正比，当汽车在松软的地面上行驶时，降低车轮接地比压，可减小轮辙深度，从而可减少行驶的滚动阻力。

5.2 汽车通过性的影响因素

5.2.1 结构因素对汽车通过性的影响

1) 汽车的最大单位驱动力

由于汽车越野行驶的阻力很大，为了充分利用地面提供的挂钩牵引力，保证汽车通过性，除了减少行驶阻力外，还必须增加汽车的最大单位驱动力。最大单位驱动力为

$$\frac{F_{X_{\max}}}{G}=\left(\frac{M_e i_g i'_R \eta_T}{G \cdot r}\right)_{\max}$$

式中，i'_R——分动器传动比；

Me——发动机转矩；

i_g——变速器传动比；

η_T——传动效率；

G——总质量；

r——车轮滚动半径。

在汽车低速行驶时，若忽略空气阻力，最大单位驱动力等于最大动力因数。为了获得足够大的单位驱动力，要求越野汽车有较大的比功率以及较大的传动比。这些要求可通过提高发动机功率，在传动系中增加副变速器或使分动器具有低挡，以增加传动系的总传动比来实现。在困难的行驶条件下，限制越野汽车的载质量能提高单位驱动力，同时也能降低在松软地面上的滚动阻力。

2) 行驶系结构

(1) 汽车车轮

车轮对汽车通过性有着决定性的影响，为了提高汽车通过性，必须正确选择轮胎花纹、结构参数、气压等，使汽车行驶滚动阻力较小，附着力较大。

①轮胎花纹

轮胎花纹对附着系数有很大影响，正确地选择轮胎花纹，对提高汽车在一定类型地面上的通过性有很大作用。轮胎花纹可分为三类：通用花纹、越野花纹及混合型花纹。

通用花纹有纵向肋，花纹细而浅，适用于较好路面，有较好的附着性和较小的滚动阻力系数，轿车、货车均可选用此种轮胎。通用花纹轮胎在潮湿的草地及泥泞地上行驶时，其自动脱泥性很差，当轮胎打滑时，泥土即陷入槽中不能脱出，而使轮胎胎面变成光

滑的表面，使附着系数降低，通过性变坏。

越野花纹宽而深，当在松软地面上行驶时，嵌入土壤的花纹增加了土壤的剪切面积，从而提高了附着系数。当汽车在潮湿的硬路面上行驶时，由于只有花纹的凸起部分与地面接触，使轮胎对地面有较强的压强，足以挤出水层，以保持足够的附着系数。越野花纹的脱泥性也较好，因凹槽宽而深，且凸条成人字形，凸条的方向与地面成一定角度，在汽车行驶过程中因凸条变形而能将淤泥从轮胎的沟槽中压出。矿山、建筑工地以及一些在松软路面上使用的越野汽车均选用越野花纹轮胎。

混合花纹介于通用花纹与越野花纹之间，适用于在城市乡村之间路面上行驶的汽车。现代重型货车驱动轮的轮胎也采用这种花纹。

②轮胎直径与宽度

增大轮胎直径和宽度都能降低轮胎的接地比压。用增加轮胎直径的方法来减小接地比压，增加接触面积以减少土壤阻力和减少滑转，要比增加轮胎宽度更为有效。但增大轮胎直径会使惯性增大，汽车重心升高，轮胎成本增加，还需要采用大传动比的传动系统。因此，大直径轮胎推广使用受到了限制。

加大轮胎宽度不仅直接降低轮胎接地面比压，还允许胎体有较大的变形，既不降低使用寿命，还可降低轮胎气压。若将后轮的双胎换为一个断面比普通轮胎大 2～2.5 倍、气压很低、断面具有拱形的“拱形轮胎”时，接地面积将增大 1.5～3 倍，接地比压可大幅度减小，使汽车在沙漠、雪地、沼泽地面上行驶时，具有特别良好的通过性。但这种专用于松软地面的特种轮胎，由于花纹较大，气压过低，不宜在硬路面上工作，否则轮胎将过早损坏和迅速磨损。

③车轮数

实践证明，在松软的土壤上，双轮胎的滚动阻力要比单轮胎的更大，因此，在增加车桥和车轮数时，如为单轮胎，可减小行驶阻力。增加驱动桥数，不但增加了附着重力及驱动轮接地面积，发挥了更大的驱动力和减少了滑转，而且有利于提高通过垂直台阶和壕沟的能力。因此，越野汽车都采用全轮驱动，如 6×6 型与 8×8 型都具有较高的通过性。

④车轮防滑链

在表面泥泞而下层坚硬(如雨后的泥路)的道路上，提高通过性的最简单办法是在轮胎上套上防滑链条，这时链条能挤开表面水层直接与地面坚实部分接触，提高了附着力。

⑤前轮距和后轮距

当汽车在松软地面上行驶时，各车轮都需克服形成轮辙的阻力(滚动阻力)。如果汽车前轮距与后轮距相等，并有相同的轮胎宽度，则前轮辙与后轮辙重合，后轮就可沿被前轮压实的轮辙行驶，使汽车总滚动阻力减小，提高汽车通过性。所以，多数越野汽车的前轮距与后轮距相等。

⑥前轮和后轮对地比压

试验证明，前轮距与后轮距相等的汽车行驶在松软地面时，当前轮对地面的单位压力比后轮的比压小 20%～30%时，汽车滚动阻力最小。为此，除在设计汽车时，可将负荷按此要求分配于前、后轴，也可以使前、后轮的轮胎气压不同，以产生不同的接地比压。

⑦从动车轮数和驱动车轮数

在越野行驶中，经常以很低的车速去越过某些障碍物，如台阶、壕沟等。4×2 汽车的越障能力要比 4×4 汽车差得多，后轮驱动的 4×2 汽车的越障能力比 4×4 汽车约降低一半。

驱动轮在汽车上的部位及其数目对通过性的影响还可从克服坡度能力加以论述。前驱动汽车上坡的通过性最差，全轮驱动车辆爬坡能力最大。此外，增加汽车驱动轮数，还可提高汽车附着质量，增加驱动轮与松软地面的接触面积，这是改善汽车通过性的最有效方法之一。因此，越野汽车都采用全轮驱动。

(2) 悬架

悬架 6×6 型和 8×8 型多轴驱动的越野汽车在坎坷不平的地面上行驶时，常会因非独立悬架的结构引起某驱动车轮的垂直载荷大幅度减小，乃至离开地面悬空的现象，使驱动车轮失去与地面的附着而影响通过性。独立悬架和平衡式悬架允许车轮与车架间有较大的相对位移，使驱动车轮与地面经常保持接触，以保证有较好的附着性能。同时独立悬架可显著地提高汽车的最小离地间隙，从而提高汽车的通过性。

3) 传动力结构

为了保证汽车的通过性，除了要减小行驶阻力外，还必须提高汽车的驱动力和附着力。采用副变速器可提高汽车的动力因素；采用液压传动能提高传动系工作的稳定性，使汽车能长时间地以低速行驶，从而提高了附着力；采用高摩擦式差速器也可以提高汽车的通过性。

(1) 副变速器和分动器

为了在驱动轮上获得足够大的驱动力，在高通过性汽车的传动系中增设了副变速器，或使分动器具有低挡，以增加传动系的总传动比。

副变速器或分动器的低挡传动比 i，往往选得比附着条件所限制的值还要大，这是为了使汽车能在极低的速度下稳定行驶。因为在低速下汽车能够克服较大的道路阻力而不发生土壤的剪切破坏，从而保证了较高的附着力。

(2) 液压传动

当汽车装有液压变矩器或液压偶合器时，能提高发动机工作的稳定性，使汽车长时间稳定地以低速($0.5\sim1.5\ km\cdot h^{-1}$)行驶，可以减小滚动阻力和提高附着力，改善汽车的通过性。装有普通机械式传动系的汽车在突然起动时，驱动轮转矩急剧上升，并产生对土壤起破坏作用的震动。即使在缓慢起步时，驱动转矩也比滚动阻力矩大得多。在松软地面上起步时，这种过大的驱动转矩并不能使汽车得到较大的加速度，相反地却使土壤被破坏，轮辙加深，起步困难；而液压传动能保证驱动轮转矩逐渐而平顺地增长，从而防止土壤被破坏和车轮滑移。

液压传动还能消除机械式传动系经常发生的扭转震动现象。这种扭转震动现象会引起驱动力产生周期性冲击，减少土壤颗粒间的摩擦，增加了轮辙深度，并减少轮胎与土壤间的附着力，因而使车轮滑转的可能性大为增加。转矩脉动所引起的土壤内摩擦力的减小，还会使汽车前轮所造成的韵轮辙立即展平，使后轮滚动阻力增加。

装有普通机械传动系的汽车在松软地面行驶时，由于车速低，汽车惯性不足，难以克服较大的行驶阻力，致使换挡时，因切断功率而停车。采用液压传动可消除因换挡所引起的功率传递间断现象，使汽车通过性显著提高。

(3) 差速器

对普通齿轮差速器，由于差速器的内摩擦力矩很小，可以忽略不计，故差速器左、右半轴的转矩近似相等。如果某一驱动轮与路面的附着较差(例如陷入泥泞或在冰面上)，作用在此车轮上受附着力所限制的驱动力为 $F_{\varphi h}$，在另一驱动轮上所能得到的驱动力也只能是 $F_{\varphi h}$，因此，总的驱动力 F_t 的可能最大值为

$$F_{t\max}=2F_{\varphi h}$$

由于汽车的驱动力的极限值受较小的附着力限制，致使汽车常因驱动力过小而失去通过性。

装有高摩擦式差速器的汽车，由于差速器的内摩擦力矩 M_r 较大，则传给差速器的转矩不是平均分配到各驱动轮上。如果一个驱动轮由于附着力不足而开始滑转，因其转速加快，则传给它的转矩就会减小$\frac{1}{2}M_r$，而另一车轮的转矩就增加$\frac{1}{2}M_r$，结果在两个驱动轮上的总驱动力可能达到的最大值为

$$F_{t\max}=2F_{\varphi h}+\frac{M_r}{r}$$

可见，允许的汽车驱动力最大值增加了$\frac{M_r}{r}$。越野汽车常采用高摩擦式差速器，例如凸轮式、蜗杆式等。这时总的牵引力可增加 10%～15%，因而提高了汽车的通过性。

(4) 驱动防滑系统(ASR)

汽车在泥泞道路或冰雪路面行驶时，因路面的附着系数小，经常出现驱动轮滑转现象。当驱动轮滑转时，产生的驱动力很小，特别是驱动轮原地空转时，产生的驱动力接近零。例如，汽车驱动轮陷入泥坑时，汽车不能前进。汽车的驱动轮一侧或两侧滑转后，汽车的总驱动力不足以克服行驶阻力，使汽车通过坏路的行驶能力受到限制。汽车驱动轮胎滑转，限制了汽车动力性的发挥；增加了轮胎的磨损，降低了轮胎的使用寿命；并使汽车抗侧向力的能力下降，当遇到侧风或横向斜坡时，容易发生侧滑，影响汽车行驶的横向稳定性。

ASR 系统的主要作用是，自动调节发动机转矩到驱动轮的传递量，使驾驶员的工作强度得以减小，稳定性和操纵性得到安全的调节，驱动力的发挥得以改善。汽车行驶中若出现一侧车轮滑转超过规定值时，控制系统发出控制指令，对滑转的车轮施加制

动，使得滑转的车轮减速，当其减速至规定值后，停止对其控制。若又开始滑转，则重复上述循环过程。整个过程中，一方面对滑转的车轮施加制动，另一方面又对另一侧无滑转车轮施加正常驱动力，其效果相当于差速锁的作用，车辆的方向稳定性和起步能力均可得到改善。另外，在驱动轮滑转时，ASR 系统自动向驾驶员发出警报，提示不要猛踏加速踏板，注意转向盘操作。

随着汽车电子技术的发展，汽车制动防抱死系统（ABS）在现代汽车上的应用逐渐增加，ASR 系统是 ABS 系统的延伸。ABS 和 ASR，分别保证汽车在制动和驱动过程中的稳定性和转向性。ASR 是保证驱动附着条件，充分发挥驱动力，保护汽车的驱动稳定性的装置。一般在汽车的 ABS 系统中设有 ASR 的接口电路。有时，ASR 系统也可独立装车使用。

5.2.2 使用因素对汽车通过性的影响

1）行驶车速

当汽车低速行驶时，土壤剪切和车轮滑转的倾向减少。因此，用低速行驶克服困难地段，可改善汽车通过性。为此，越野汽车传动系最大总传动比一般较大。越野汽车最低稳定车速可按表 5.2 选取，其值随汽车总质量而定。也可由发动机的最低稳定转速求得汽车的最低稳定行驶速度 v_{amin} 即

$$v_{amin}=0.377\frac{n_{emin}r}{i_g i'_R i_0}$$

式中，n_{emin}——发动机的最低稳定转速，r/min。

表 5.2 越野汽车的最低稳定车速

汽车总质量(kN)	<19.6	<63.7	<78.4	>78.4
最低稳定车速，km·h^{-1}	≤5	≤2～3	≤1.5～2.5	≤0.5～1

2）轮胎气压

在松软地面上行驶的汽车，轮胎应该有较低的气压，以增大轮胎与地面的接触面积，降低地面上单位面积上的压力，从而使轮辙深度减小，这样就降低了滚动阻力。

降低轮胎气压，增加接地面积，胎面凸起部分嵌入土壤之数目也增多，因而可显著提高附着系数。

必须指出，降低轮胎气压，虽然可以改善汽车在松软地面上的通过性，但当汽车在硬路面上行驶时，由于轮胎变形过大而导致滚动阻力显著上升，并缩短轮胎使用寿命。为了提高越野汽车通过松软地面的能力，而在硬路面上行驶时又不致引起大的滚动阻力和影响轮胎寿命，可装用轮胎的中央充气系统，驾驶员根据道路情况，可随时调节轮胎气压。通常，越野汽车的超低压轮胎气压可以在 49～343 kPa 范围内变化。

3）驾驶技术

驾驶技术对汽车通过性影响很大，为提高汽车通过性，应注意以下几点：

(1) 在通过沙地、泥泞、雪地等松软地面时，应该用低速挡，以保证车辆有较大的驱动力和较低的行驶速度。在行驶中应避免换挡和加速，并保持直线行驶，因为转弯时将引起前后轮辙不重合，而增加滚动阻力。

(2) 后轮双胎的汽车，常会在两胎间夹杂泥石，或使车轮表面粘附一层很厚的泥，因而使滑移系数降低，增加车轮滑转趋势。遇到这种情况，驾驶员可以适当提高车速，将车轮上的泥甩掉。

(3) 当汽车传动系装有差速锁时，驾驶员应该在估计有可能使车轮滑转的地区前就将差速器锁住。因为车轮一旦滑移后，土壤表面就会被破坏，滑移系数下降，再锁住差速锁时就不会起显著作用。当汽车离开坏路地段后，驾驶员应将差速锁脱开，避免由于功率循环现象使发动机、传动系和轮胎磨损增加，燃料经济性和动力性变坏，以及通过性降低等不良后果。

(4) 为了提高越野汽车的涉水能力，应注意发动机的分电器总成、火花塞、曲轴箱通气口等的密封问题，并提高空气滤清器的位置，不得浸入水中。普通汽车一般能通过深度为 0.5～0.6 m 的硬底浅水滩。

4) 拖带挂车

汽车拖带挂车后，由于总质量增加，动力性将有所降低，即汽车列车的最大动力因数将比单车的小。因而，汽车列车的通过性也随之变得差些。

为了保证汽车列车有足够高的通过性，经常拖带挂车工作的汽车应有较大的动力因数。增大传动系的总传动比可加大动力因数，但与此同时，汽车的最大行驶速度将会降低；加大发动机功率也会增大动力因数，但汽车在一般道路上行驶时，由于功率利用率低，将使汽车燃料经济性变坏。

汽车拖挂车后的相对附着重力$\frac{G_{\alpha}}{G'_a}$随之减少。在汽车列车总重力 G'_a 相同的条件下，因为半挂车的部分质量作用在牵引车上，则拖带半挂车时的相对附着质量比拖带全挂车时的大，因而半挂车汽车列车的通过性较好。

将汽车列车做成全轮驱动是提高相对附着质量的最有效方法。这可通过在挂车上也装上动力装置(动力挂车)，或将牵引车的动力通过传动轴或液压管路传输到挂车的车轮上(驱动力挂车)。

全轮驱动汽车列车的通过性较高，这不仅因其相对附着质量最大，同时，由于道路上各点的滑移系数一般是不同的(如道路上有积水小坑)，驱动车轮数目增多后，各驱动车轮均遇到滑移系数小的支承面的可能性大为减小，因而对汽车列车的通过性有利。此外，与相同质量的重型载货汽车相比，全轮驱动汽车列车的车轮数一般较多，因而车轮对地面的比压较小。另外，还可以把各轴轮距做成相等，以减少滚动阻力，提高通过性。

设计汽车列车时，应使挂车车轮轨迹在转弯时与牵引车后轮轨迹重合。这不仅可减小汽车列车的转弯宽度，提高机动性，同时也可降低汽车列车在松软地面上转弯时的滚动阻力，而提高其通过性。

汽车列车克服障碍的能力也与挂钩和牵引架的结构参数有关。如牵引架在垂直平面内的许可摆角($\alpha_\beta+\alpha_H$)，对汽车列车所能通过的凸起高度有很大影响(见图5.5)。

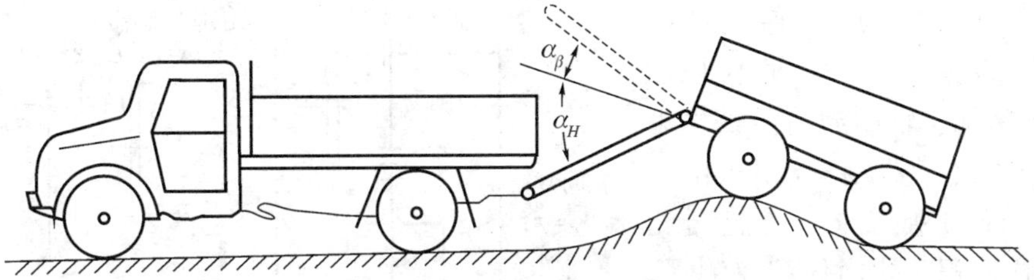

图5.5 汽车列车通过凸起

5.3 汽车通过性的试验

5.3.1 通过性试验的主要内容

由于汽车的通过性主要决定于它的几何参数与挂钩牵引性能，因此通过性试验的内容应包括对这两类参数的测定。

汽车通过性的几何参数是在满载的情况下测定的。有些亦可在按比例画出并经实践校正的汽车外形图上用作图法求得。

汽车越野行驶的挂钩牵引性能应在各种典型的坏路下，尤其是应在各种典型的无路地区(例如:泥泞、沼泽、水田、松软土壤、沙漠、草原、雪地等)进行测定。所测定的参数一般包括土壤阻力、汽车的挂钩牵引力、汽车行驶的滑转率以及轮胎在给定胎压下的接地面积与接地比压、驱动车轮上的转矩等。

还应进行越障性能的试验，以检验汽车通过某些典型障碍(如陡坡、侧坡、凸岭、路沟、壕沟、弹坑、灌木丛、河流、土坎、田梗及台阶等)的能力。

试验前应详细测定地面及障碍的物理状态，例如有关土壤参数(土壤内聚力或土壤粘聚系数C、土壤内摩擦角φ、土壤切应力τ、土壤剪切变形j、土壤剪切面法向压力σ、土壤水平剪切变形模数k、土壤沉陷量z、土壤单位面积压力p、土壤粘聚变形模数k_c)和几何尺寸(如坡度、垂直障碍高、壕沟宽、泥泞及雪层的厚度、河水深度)等。

5.3.2 土壤参数的确定

1) 试验设备

越野车辆在松软地面行驶时，行走机构下土壤的变形通常伴随有横向位移，土壤应变条件一般是三维的。这样，确定土壤的力学特性参数时，应由允许第三维变形的试验方法确定，因此采用三轴试验法。

目前所采用的土壤动态三轴仪都是用来做土木工程试验的，日本诚研舍（SEIKEN INC）制造的“土壤动态三轴仪”即是其中的一例。它可以进行土壤性质的静态试验与动态试验，其测量原理示意图见图 5.6。

试验时，试样所受轴向载荷和围压（也称为主应力）由液压加载系统施加。轴向载荷由试样帽上方的力传感器测量，围压由三轴腔底部的精密压力传感器测得，试样体积变化由体积仪测得，轴向位移由加载头上的位移传感器测得。各测得的信号均可显示于三轴仪控制柜的显示屏上，并根据需要，分别记录于 $X-Y$ 记录仪、光线记录仪和磁带记录机上。

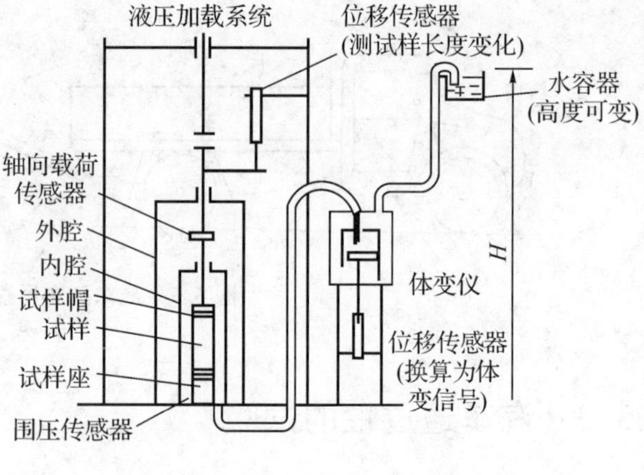

图 5.6　土壤动态三轴仪测量原理

由于该设备不是汽车地面力学研究的专用设备，很难准确施加 50 kPa 以下的围压（$\sigma_2=\sigma_3$）。三轴仪应用于车辆工程领域轴向载荷研究表层土的性质，与土力学和地质科学中的应用之明显区别，就在于需要特殊的小围压加载系统。车辆工程涉及的土是表层土，其最大特点就是所受的围压（或上覆压力）小，结构松散且不稳定，围压压力大于 100 kPa（1 kgf · cm^{-2}）的三轴试验结果对地面—车辆系统的研究很少有实用价值。因此，为获得准确的小围压加载，有必要对三轴仪进行改造。为此，在原结构中加入一个水容器装置。试验时，关闭原系统的围压加载装置，通过调节该水容器高度给试样加围压，准确又可靠，克服了三轴仪在小围压范围内不能准确施压的缺点。

2）试验方法

（1）静载轴向压缩试验

主要为分析土壤强度参数及沙变形特性。选定不同的轴向加载速率，从加载开始，直至试样破坏为止。为考察含水量、容重等因素的影响，可换取不同的土样，重复上述过程，即可得到不同工况下的试验结果。

（2）反复加卸载试验

为研究加卸载荷对土壤应力—应变关系的影响，试验时，在某一固定围压下，加轴向载荷，待产生一定轴向应变后卸载；然后再第二次加载，再卸载，如此反复 3～4 次后，加载至土样破坏为止。

（3）应变力路径试验

为考察应力路径不同时，分析土壤应力—应变关系的影响。试验时，改变围压，加轴向载荷至试样破坏，测得结果与固定围压工况进行对比研究。

(4) 动载荷试验

目的是分析土壤的动态特性,为轮胎与沙相互作用动态特性分析提供依据。动载荷分两种:一是快速加载,加载速率为静载速率的20倍;二是随机震动激励,输入的是白噪声信号。

6 汽车舒适性

汽车舒适性是指为乘员提供舒适、愉快的乘坐环境和方便安全的操作条件的性能。汽车舒适性包括:汽车平顺性、汽车空气调节性能、汽车乘坐环境及驾驶操作性能等。它是现代高速、高效率汽车的一个主要性能。

汽车平顺性就是保持汽车在行驶过程中乘员所处的震动环境具有一定舒适度的性能。对于载货汽车还包括保持货物完好的性能。汽车行驶时,由于路面不平等因素激起汽车的震动,震动影响人的舒适、工作效率和身体健康,并影响所运货物的完好;震动还在汽车上产生动载荷,加速零件磨损,导致疲劳失效。因此减少汽车震动是汽车平顺性研究的主要问题。

汽车空气调节性能是指对车内空气的温度、湿度、粉尘浓度实现控制调节,使汽车室内空气经常保持使乘员舒适状态的性能。汽车空调是改善工作条件、提高工作效率的重要手段。

汽车乘坐环境及驾驶操作性能是指乘坐空间大小、座椅及操纵件的布置、车内装饰、仪表信号设备的易辨认性等。

随着现代文明的进程,汽车越来越多地介入了社会的各个方面,成为与人们工作和生活紧密相关的、大众化的产品,汽车作为“活动房间”的功能日趋完善。与汽车其他性能不同,汽车舒适性各方面的评价都与人体主观感觉直接相关。

6.1 汽车行驶的平顺性

汽车行驶的平顺性是指保持汽车在行驶过程中乘员所处的震动和冲击环境在一定舒适度范围内的性能。因此,平顺性主要根据乘员主观感觉的舒适性来评价。对于载货汽车还包括保持货物完好的性能。行驶的平顺性既是决定汽车舒适性最主要的方面,它本身也是评价汽车性能的主要指标。

6.1.1 汽车震动及其传递途径

行驶平顺性问题可以用方框图 6.1 来分析。行驶中的汽车是一个复杂的“震动系统”，震动主要是由行驶路面的凹凸不平、高速旋转的轮胎和传动轴以及发动机的转矩变化而激发的。这些因素引起的震动又大多与车速相关，尤其是路面凹凸不平引起的震动，随着车速的变化，震动的频率和强弱会产生相应的变化。

输入		震动系统		输出		评价指标
路面不平 发动机 传动系 车速等	→	轮胎、悬架座垫等弹性、阻尼元件与质量构成	→	悬架系统质量的加速度或传至人体的加速度；车轮与路面间的动载	→	人体对振动的反应—舒适程度；轮胎的接地性

图 6.1 汽车震动系统方框图

上述诸多“信号”不断地“输入”行驶中的汽车，而汽车又可以看作是由轮胎、悬架、座垫等弹性、阻尼元件和悬架质量及非悬架质量构成的“震动系统”。各种“输入”信号沿不同的路径传至乘员人体，其主要传递路径如图 6.2 所示。

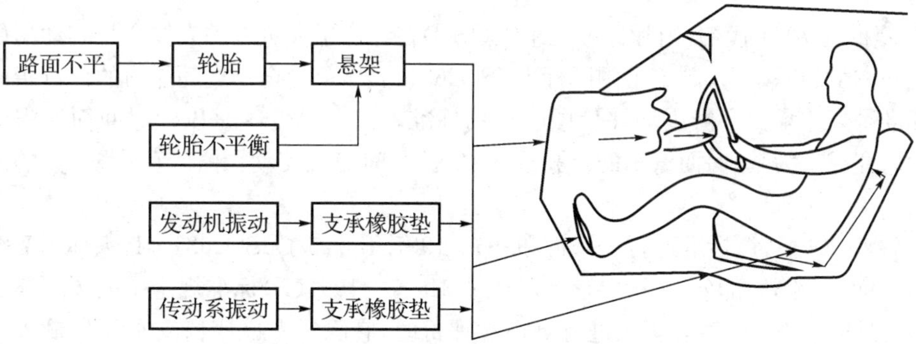

图 6.2 汽车行驶震动传递路径示意图

因路面、轮胎产生的震动，先传到悬架，受悬架自身的震动特性影响后再传给车身，通过车身传到乘客的脚部，同时通过座椅传给乘客的臀部和背部，还通过转向系，以转向盘抖动的形式传到驾驶员手部。

因发动机、传动系产生的震动，通过支承发动机、变速器和传动轴的缓冲橡胶块，经衰减后传给车身，再经上述途径传至人体各个部位。

当震动频率超过 40 Hz 以上，便形成噪声传进人的耳朵。

作为系统的“输出”，是人体或货物受到的震动，其中最重要的是震动的频率和震动加速度。任何一个“震动系统”均有一个“固有频率”，当外界激振频率接近或等于“固有频率”时，将出现“共振”现象，产生剧烈的震动，这既会影响汽车的操纵稳定性，也会影响行驶平顺性。

人体是一个复杂的机械震动系统，人体对震动的反应既与震动频率及强度、震动作用方向和暴露时间有关，也与乘员的心理、生理状态有关。

通过大量的震动试验表明，人体对不同方向的震动存在差异，对上下震动忍耐性最强，其次是前后震动，对左右震动最敏感。人体上下震动的共振点大约在 4～8 Hz，水平震动的共振点大约在 1～2 Hz。如果在共振点上加振，人的抗振能力会严重下降，氧气消耗量剧增，能量代谢加快。

所谓暴露时间是指人体处于震动环境的时间。暴露时间越长，人体所能承受的震动强度越小。

研究汽车行驶的平顺性实际上要解决两方面的问题：一是如何避免汽车这个"震动系统"的"共振"现象；二是使"震动系统"输出的震动频率避开人体敏感的范围，震动加速度不超过人体所能承受的强度。

6.1.2 行驶平顺性的评价

目前对行驶平顺性的评价仍是以人的主观感觉为最终依据，它既要受震动环境特点的影响，又要受人的心理、生理因素的影响，所以这种评价和衡量是非常困难和复杂的。

20 世纪 70 年代初，国际标准化组织(ISO)在综合了大量有关人体全身震动的研究工作和文献的基础上，制定了国际标准 ISO2631《人体承受全身震动能力的评价指南》，该标准是人体承受全身震动评价国际通用标准。但 ISO2631 是以短时间简谐震动的试验研究成果为基础，而汽车的行驶过程，是长时间随机震动，并伴有一些较大的冲击震动。

后来，ISO 对该标准进行了修订和补充，1997 年分布了 ISO2631－1《人体承受全身震动评价——第一部分：一般要求》。ISO2631－1：1997(E)标准规定了人体坐姿受振模型(见图 6.3)。模型表明在进行舒适性评价时，它除了考虑座椅支承面处输入点三个方向的线振动，还考虑该点三个方向的角振动(r_x、r_y、r_z)以及座椅靠背和脚支承面两个输入点各三个方向的线振动；共三个输入点 12 个轴向的振动。

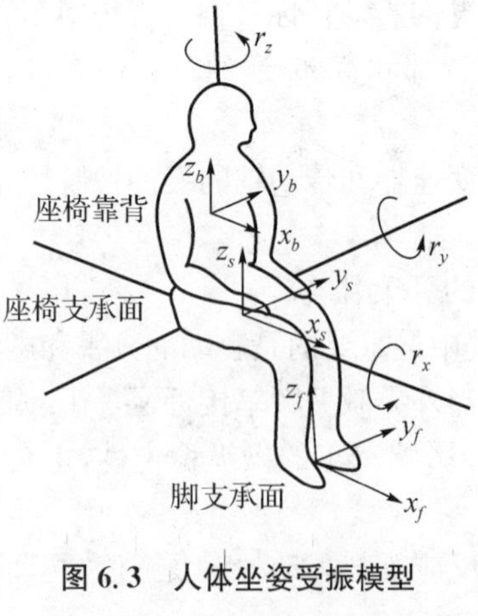

图 6.3 人体坐姿受振模型

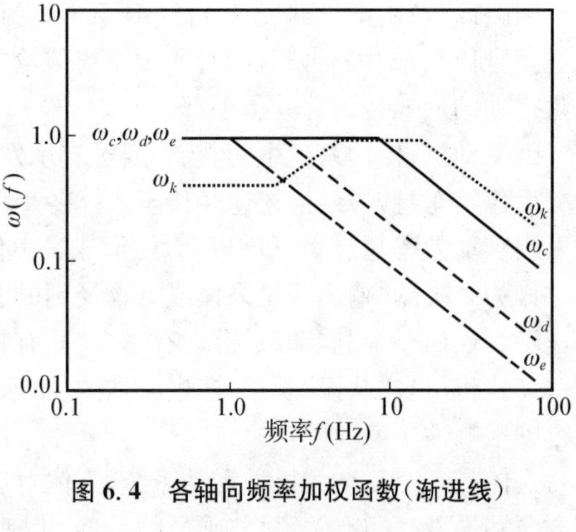

图 6.4 各轴向频率加权函数(渐进线)

此标准认为人体对不同频率振动的敏感程度不同，在图 6.4 上给出了各轴向0.5～

80 Hz 的频率加权函数(渐进线),又考虑不同输入点、不同轴向的振动对人体影响的差异,还给出了各轴向振动的轴加权系数 k。表 6.1 给出了三个输入点 12 个轴向,分别选用哪一个频率加权函数和相应的轴加权系数 k。

表 6.1 频率加权函数、轴加权系数

位置	坐标轴名称	频率加权函数	轴加权系数 k
座椅支承面	x_s	ω_d	1.00
	y_s	ω_d	1.00
	z_s	ω_k	1.00
	r_x	ω_e	0.63
	r_y	ω_e	0.40
	r_z	ω_e	0.20
靠背	x_b	ω_c	0.80
	x_b	ω_d	0.50
	x_b	ω_d	0.40
脚	x_f	ω_k	0.25
	x_f	ω_k	0.25
	x_f	ω_k	0.40

由表 6.1 上各轴向的轴加权系数可以看出,座椅面输入点 x_s、y_s、z_s 三个线振动的轴加权系数 $k=1$,是 12 个轴向中人体最敏感的,其余各轴向的轴加权系数均小于 0.8。另外,ISO2631－1∶1997(E)标准还规定,当评价振动对人体健康影响时,就考虑 x_s、y_s、z_s 这三个轴向,且 x_s、y_s 两个轴向的轴加权系数 $k=1.4$,比垂直轴向更敏感。标准还规定靠背水平轴向 x_b、y_b。可以由座椅面 x_s、y_s 水平轴向代替,此时,轴加权系数取 $k=1.4$。我国的相应标准 GB/T 4970－1996《汽车平顺性随机输入行驶试验方法》规定,评价汽车平顺性就考虑 x_s、y_s、z_s 这三个轴向。由图 6.4 可见,座椅面垂直轴向 z_s 的频率加权函数 ω_k 最敏感频率范围标准规定为 4～12.5 Hz。试验表明,在 4～8 Hz 这个频率范围,人的内脏器官产生共振,而 8～12.5 Hz 频率范围的振动对人的脊椎系统影响很大。座椅面水平轴向 x_s、y_s 的频率加权系数 ω_d 最敏感频率范围为 0.5～2 Hz。大约在 3 Hz 以下,水平振动比垂直振动更敏感,且汽车车身部分系统在此频率范围产生共振,故应对水平振动给予充分重视。

以前,有关标准及文章对人体的评价,用疲劳——降低工效界限,降低舒适界限以及加权加速度均方根值等指标作为对货车车厢振动的评价,用加速度均方根值和加速度功率谱密度函数。ISO2631－1∶1997(E)标准规定,当振动波形峰值系数$<$9(峰值系数是加权加速度时间历程的峰值与加权加速度均方根值的比值)时,用基本的评价方法——加权加速度均方根值来评价振动对人体舒适和健康的影响。根据测量,这一方法对各种汽车在正常行驶工况下均适用。

1) 单轴向加权加速度均方根 a_ω

用基本的评价方法来评价时，先计算各轴向加权加速度均方根值。具体计算方法如下：

(1) 对记录的加速度时间历程 $a(t)$，通过相应频率加权函数 $\omega(f)$ 的滤波网络得到加权加速度时间历程 $a_\omega(t)$，按下式计算加权加速度均方根值

$$a_\omega=\left[\frac{1}{T}\int_0^T a_\omega^2(t)\mathrm{d}t\right]^{\frac{1}{3}}$$

式中，T 为振动的分析时间，一般取 $T=120$ s。

频率加权函数 $\omega(f)$（渐进线）可用以下公式表示（式中频率 f 的单位为 Hz），

$$\omega_k(f)=\begin{cases}0.5 & (0.5<f<2)\\ f/4 & (2<f<4)\\ 1 & (4<f<12.5)\\ 12.5/f & (12.5<f<80)\end{cases}$$

$$\omega_d(f)=\begin{cases}1 & (0.5<f<2)\\ 2/f & (2<f<80)\end{cases}$$

$$\omega_c(f)=\begin{cases}1 & (0.5<f<8)\\ 8/f & (8<f<80)\end{cases}$$

$$\omega_e(f)=\begin{cases}1 & (0.5<f<1)\\ 1/f & (1<f<80)\end{cases}$$

(2) 对记录的加速度时间历程 $a(t)$ 进行频谱分析得到功率谱密度函数 $G_a(f)$，按下式计算

$$a_\omega=\left[\frac{1}{T}\int_{0.5}^{80}\omega^2(f)G_a(f)\mathrm{d}f\right]^{\frac{1}{2}}$$

2) 总加权加速度均方根值 $a_{\omega 0}$

当同时考虑椅面 x_s、y_s、z_s 这三个轴向振动时，三个轴向的总加权加速度均方根值按下式计算

$$a_{\omega 0}=\left[(1.4a_{x\omega})^2+(1.4a_{y\omega})^2+a_{z\omega}^2\right]^{\frac{1}{2}}$$

式中，$a_{x\omega}$——前后方向（x 轴方向）加权加速度均方根值；

$a_{y\omega}$——左右方向（y 轴方向）加权加速度均方根值；

$a_{z\omega}$——上下方向（z 轴方向）加权加速度均方根值。

3) 加权振级与加权加速度均方根值的换算

目前在具体测量时，有些“人体振动测量仪”采用加权振级 $L_{a\omega}$，加权振级表明振动的量级，可以理解为用分贝值表示的加权加速度均方根值。它与加权加速度均方根值 a_ω 的换算按下式进行

$$L_{a\omega}=20Lg(a_\omega/a_0)$$

式中，a_0——参考加速度均方根值(10^{-6} m·s^{-2})；

$L_{a\omega}$——加权振级(dB)。

ISO2631-1：1997(E)标准给出了在1～80 Hz振动频率范围内人体对振动的主观感觉(见表6.2)；由以上计算得到的加权加速度均方根值与表6.2比较，可得知人的主观感觉程度，即可评价汽车的平顺性优劣。

表6.2 $L_{a\omega}$和a_ω与人的主观感觉之间的关系

值a_ω(m·s^{-2})	加权振级$L_{a\omega}$(dB)	人的主观感觉
<0.315	110	没有不舒适
0.315～0.63	110～116	有一些不舒适
1.5～1.0	114～120	相当不舒适
0.8～1.6	118～124	不舒适
1.25～2.5	112～128	很不舒适
>2.0	126	极不舒适

目前，为符合国际标准新的发展趋势，我国关于平顺性评价也仅采用加权加速度均方根值评价方法。

6.1.3 改善平顺性的途径

1) 悬架结构

减小悬架刚度，降低固有频率，可以减少由于不平路面而引起乘员承受的加速度值，这是改善平顺性的基本措施。为此，需要采用软弹簧及低的轮胎气压。但悬架刚度也不宜过小，否则会引起悬架下质量高频震动幅值加大，影响操纵稳定性；还会引起紧急制动时汽车“点头”现象严重，转弯时车身容易产生较大的侧倾角等不良现象。

对于载荷变化较大的公共汽车和载货汽车，为满足不同载荷对悬架刚度的不同需要，常采用非线性悬架，即变刚度悬架。载荷较小时，悬架刚度较小，以避免震动频率过高，平顺性变差；当载荷较大时，刚度急剧增大，使汽车的侧倾和纵向角震动减轻。

为避免出现“共振”，前、后悬架的固有频率应避开激振频率。另外，由于来自路面的激振先作用于前轮，然后才作用到后轮，为减轻由此引起的纵向角震动，前悬架的固有频率应略低于后悬架，亦即前悬架刚度略低于后悬架。

2) 悬架阻尼

悬架系统的阻尼主要来自减振器、钢板弹簧叶片之间的摩擦以及轮胎变形时橡胶分子间的摩擦。其作用是使车身的震动迅速衰减，减小传递给乘员和货物的震动加速度，缩短震动时间，改善行驶平顺性；同时还能改善车轮与道路的接触状况，防止车轮跳离地面，提高操纵稳定性。在使用中，应防止减振器失效及弹簧片生锈锁住，影响行驶的平顺性。

3）轮胎

轮胎对行驶平顺性的影响主要取决于轮胎的径向刚度，适当减小轮胎径向刚度，可以改善行驶的平顺性。比如采用子午线轮胎径向刚度减小，轮胎的静挠度增加 40%以上，行驶平顺性得到改善。但轮胎刚度过低，会引起侧向偏离加大，影响汽车的操纵稳定性。在使用中，通过动平衡试验消除轮胎的动不平衡现象，也是保证行驶平顺性的必要措施。

4）座椅

座椅的布置对平顺性有较大的影响。接近车身中部的座位振幅较小，前、后两端的座位振幅较大，在相同频率下乘员感受到的震动加速度就不一致，所以轿车的座位均布置在前后轴轴距之内。载货汽车和公共汽车，为了减少水平前后方向的振幅，座位在高度方向上应尽量缩小与重心间的距离。

座垫也有一定减振作用。座垫的刚度和阻尼要作适当选择，以使人一座椅系统之间的固有频率避开人体最敏感的 4～8 Hz 范围，同时应使阻尼系数达到 0.2 以上。

5）非悬架质量

非悬架质量对汽车的平顺性有较大的影响，其质量的大小直接影响到传递至车身上的冲击力。质量越小，冲击力越小，反之将加大。非悬架质量对行驶平顺性的影响，常用非悬架质量与悬架质量之比 m/M 来评价，此比值轿车一般在 10.5%～14.5%之间，以小些为好。

6.1.4 汽车平顺性的试验

1）平顺性试验的主要内容

(1) 汽车悬挂系统的刚度、阻尼和惯性参数的测定

通过测定轮胎、悬架、座垫的弹性特性（载荷与变形的关系曲线），可以求出在规定载荷下轮胎、悬架、座垫的刚度。由加、卸载曲线包围的面积，可以确定这些元件的阻尼。另外，还要测量悬挂（车身）质量、非悬挂（车轮）质量、车身质量分配系数等。

(2) 悬挂系统部分固有频率（偏频）和阻尼比的测定

将汽车前轮、后轮分别从一定高度抛下，记录车身和车轮质量的衰减震动曲线，见图 6.5。由图上曲线可以得到车身质量震动周期 T 和车轮质量震动周期 T'，然后按下式算出各部分固有频率：

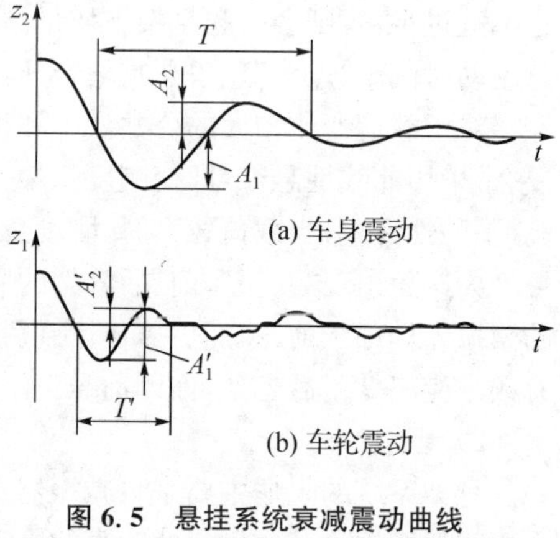

图 6.5 悬挂系统衰减震动曲线

车身部分固有频率 $$f_0=\frac{\omega}{2\pi}=\frac{1}{T}$$

车轮部分固有频率 $f_1=\frac{\omega_1}{2\pi}=\frac{1}{T'}$

由车身和车轮部分的衰减率 $\tau=A_1/A_2$、$\tau'=A'_1/A'_2$，按下式求出阻尼比 ζ、ζ'：

$$\zeta=\frac{1}{\sqrt{1+\frac{4\pi^2}{\ln^2\tau}}}\qquad \zeta'=\frac{1}{\sqrt{1+\frac{4\pi^2}{\ln^2\tau'}}}$$

用同样方法也可以求出“人体—座椅”系统之间的部分固有频率 f_0 和阻尼比 ζ。

(3) 汽车震动系统的频率响应函数的测定

在实际随机输入的路面上或在电液震动台上，给车轮 0.5～30 Hz 范围的震动输入，记录车轴、车身、座垫上各测点的震动响应；然后由数据统计分析仪处理，按车轴/输入、车身/车轴、坐垫/车身可相应得到车轮、悬架、座垫各环节的频率响应函数。其幅频特性的峰值所在频率即为各环节的固有频率，峰值幅值可用于近似求出各环节的阻尼比 ζ($\zeta=\frac{1}{2\sqrt{A^2-1}}$)。

(4) 实际路面随机输入行驶试验

此项试验是评定汽车平顺性的最主要试验。按照 GB/T 4970－1996《汽车平顺性随机输入行驶试验方法》进行。

各种车辆因工作条件不相同、试验要求的路况、车速、传感器安装位置等也有所不同。

平顺性随机输入试验主要以总加权加速度均方根值 a_w 来评价。根据试验中记录的震动加速度时间历程，通过数据处理设备得到加速度功率谱密度，并可计算各 1/3 倍频程带宽中心频率 f_{ci} 的加速度均方根 σ_i，进而可求得 a_w。这些评价指标随车速的变化曲线称为“车速特性”，可用于整个使用车速范围内全面地评价汽车平顺性。

(5) 汽车驶过凸块或凹坑脉冲输入行驶试验

汽车行驶时偶尔会遇到凸块或凹坑，其冲击会影响汽车的平顺性，严重时会损害人体健康，破坏运载的货物。此项试验按 GB/T 4970－1996《汽车平顺性单脉冲输入行驶试验方法》进行，汽车以一定车速驶过规定尺寸的三角形凸块得到脉冲输入。评价指标用坐垫上和地板上加速度最大值或加权加速度最大值。

2) 平顺性试验数据的采集和处理

平顺性试验要采集各种震动与冲击信号，特别是大量随机震动信号，然后以计算机为主体，配以采样、模一数转换以及各种软硬件的数据处理系统，进行平顺性评价指标、频谱及频率响应函数的处理。

(1) 测试仪器系统

测试仪器系统包括加速度传感器、前置放大器和磁带记录仪或数据采集器。图 6.6 为测试仪器系统的框图。

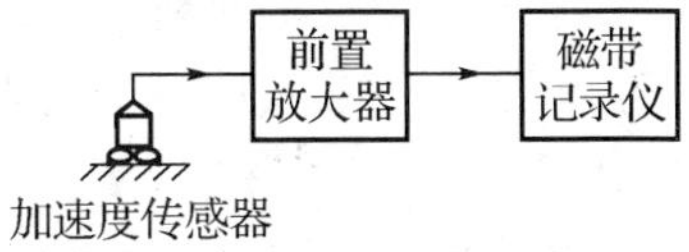

图 6.6 测试仪器系统框图

测试仪器系统的频率范围应当不小于0.1～300 Hz，动态范围不小于60 dB。传感器一般采用压电式加速度计。测量坐垫上的加速度时，要把传感器安装在一个半刚性的垫盘内，盘的最大厚度为12 mm，盘的直径为ϕ 200 mm±50 mm。

为了保证记录信号的精度和适应以后处理，在测试时要满足以下要求：

① 记录电平　磁带记录仪一般有10 mV左右的噪声电压，记录的信号电压保持在1 V左右比较合适，这样可以保证信噪比在40 dB以上。

② 记录时间　根据实测得到的有限长度记录，在数据处理设备上计算出的功率谱等参数只是所研究参数的估计值。以功率谱为例，其估计值波动的大小用标准化随机误差ε_r表示，它与分析带宽Δf以及记录时间T有关。

$$\varepsilon_r = \frac{1}{\sqrt{\Delta f T}}$$

在工程上，一般满足$\varepsilon_r \leqslant 0.2$即可，当选择分析带宽$\Delta f = 0.2$ Hz时，可以求出需要的记录时间$T = 125$ s。

(2) 数据处理设备

数据处理设备引进了快速傅里叶变换(FFT)，采用相应的软件可以快速、精确地进行自谱、互谱、传递函数、相干函数和概率统计等各种数据处理。

6.2　汽车的空气调节性能与居住性

汽车的空气调节性能与居住性都是影响汽车舒适性的重要因素。空气调节性能不好，会引起乘员胸闷、晕车等不适感觉，造成驾驶员反应迟钝，影响行车安全；居住性不好，会使乘员感到难以保持舒适的坐姿，驾驶员感到操作不便，易疲劳等。

6.2.1　汽车的空气调节性能

汽车空气调节是指对车内空气质量进行调节，即不管车外的天气情况如何，将车内的温度、湿度和清洁度都保持在一定的舒适范围内。

1) 人体对温度的感觉

人体在不断地产生和散发热量，当两者取得平衡而维持体温36℃时人就会感到舒适，若散热过多，人会感觉“冷”；多余的热量不能及时散发，人会感到“热”。试验表明，人体对温度的感觉主要受环境温度、湿度和风速三项因素的影响。

当环境温度一定时，若降低空气湿度，会使皮肤表面的汗加快蒸发，人便感觉到凉快。增大风速也有同样的效果。在$1\ \text{m} \cdot \text{s}^{-1}$的风速下，人会感觉比无风状态温度下降约1℃，若风速达到$3\ \text{m} \cdot \text{s}^{-1}$，会觉得温度下降约3℃。

2) 舒适的温度范围

人体感到舒适的环境温度随其工作内容、体质状况、性别、年龄和衣着等方面变化，还要受季节、昼夜等自然环境变化的影响。综合这些因素，冬季人体感到舒适的温度范围为16～20℃，湿度为55%～70%；夏季温度范围为19～23℃，湿度为60%～75%。

3）对空气清洁度要求

车厢内空气的洁净程度对舒适性会产生重要影响。由于车厢内乘员所拥有的空间有限，人所吸入的氧气80%变成二氧化碳排出；另外人体散发出的气味，燃油蒸气、汽车废气、道路尘埃的渗入等，都会导致车内空气质量恶化，影响乘员健康。对车内空气清洁度的指标是按照车厢内二氧化碳的浓度来评定的，一般允许车内的二氧化碳浓度为0.5%，最好控制在0.1%以下。

4）空气调节

汽车空气调节系统主要实现三大功能：一是换气，将车外的新鲜空气引入车内，将车内气体排到车外，以保持车内二氧化碳浓度不超过规定值；二是调节温度和湿度，包括冬季的加温除湿，夏季的降温除湿，使车内保持适宜的温度和湿度；三是净化空气，除去车内存在的灰尘和难闻的气味，使空气得到净化。汽车空气调节系统由四大装置构成，即通风装置、暖气装置、冷气装置、空气净化装置。

换气是空气调节的最基本的功能。要保持每个乘员应有(0.3～0.5)$m^3 \cdot min^{-1}$的换气量，使车内二氧化碳浓度在正常的范围内。要合理布置空气的出、入口，提高换气质量和效率。汽车外部的空气入口设置在正压力大的部位，车内气体的出口设置在负压力大的部位。轿车的进气口一般开在前挡风玻璃下的机罩上，排气口开在后排座位的左侧。在使用中应注意对空气进、出口及通道进行清洁维护，以免堵塞而影响换气质量。

除了适宜的温度外，温度的分布情况对人体是否感到舒适也有很大的影响。冬季要求脚下左右部位的温差尽可能小；头部的温度比脚部低2～5℃，即所谓“头寒足热”；前后座位温差要小，特别是后排座位脚部，应有充足的热风流通。夏季制冷时则要求尽可能保持上下身体相同的温度。

6.2.2 汽车的居住性

汽车的居住性主要是指合理分配车内空间，布置适应各种人体特征的要求，使驾驶员和乘员经过长时间行驶而不感到疲劳。

1）乘员的居住性

要使乘员长时间乘坐而不感到疲劳，就必须给乘员提供能够随意选择乘坐姿势的宽敞车内空间和舒适可靠的座椅。

由于汽车的外形尺寸有限，要给乘员提供宽敞的车内空间，一方面要在有限的外形尺寸内，制造出必要的居住空间；另一方面是要合理安排居住空间的形状，以更有效地发挥有限居住空间的功效。

车室内容积的确定，应考虑人体尺寸的参差不齐。以被测对象的尾椎点为基准，首先考虑适于各种情况下的坐姿以及供身体转动的足够空间，还要考虑不致因震动而令乘客触及车内装备件而受伤等，由这些因素决定车室空间的长、宽、高度尺寸。在汽车横截面积不变的情况下，采用发动机前置前轮驱动以及减少轮胎装置空间等可以扩大室内有效空间；采用曲面玻璃可以扩大乘员肩部空间。

要使座椅舒适可靠，首先是座椅的长、宽、高基本尺寸与人体尺寸相适应，能按照乘员的体型进行尺寸调整。对于大量生产的汽车，一般能做到的是座椅靠背的倾角可在一定范围内调整（一般为 3°～8°）。长途客车的座椅靠背要求可以倾斜到 25°以上，以便乘客休息。座椅背的结构采用头枕式，可以提高其舒适性。要进一步提高座椅的舒适性，还需对座椅的震动特性进行测试，使其共振频率避开人体和悬架的共振频率。

另外，座椅蒙皮的触感，室内装饰的色彩、乘员的视野等也影响其居住性。

2）驾驶员的居住性

要使驾驶员长时间驾驶而不感到过分疲劳，除上述因素之外，还应满足下列条件：

(1) 各类操纵机构布置应合理，便于操作；

(2) 各类操纵机构的操作力要适度；

(3) 驾驶员座椅高度、前后位置能适度调整，以便使驾驶员能获得与各操纵机构相协调的位置和舒适的坐姿；

(4) 良好的视野，以便于获取道路状况、各种信号标志和周围汽车情况等必需的外部信息；

(5) 易于辨认的仪表和警示灯等，以便及时获取汽车各装置工作状况和行驶状况的信息等。

6.2.3 汽车空气调节的性能试验

1）制冷系统的性能试验

(1) 试验条件

①试验车辆　应处于良好的技术状态，空调设备应能正常工作。

②装载条件　在用车可以空车进行试验，但车辆必需在日光下停车，门窗全开，使车内外温度平衡后方可进行以下试验。新车应乘坐不小于额定乘客数 80%的乘客。

③气候条件　晴天少云，有日光直射，气温不低于 30℃，风速小于 5 m·s^{-1}。

④仪器设备　太阳辐射仪、多点温度计、压力表、风速风向仪、干湿球温度计、声级计、发动机转速表、坡度仪、微风测速仪、检漏仪、秒表、风速仪。所有仪器均应符合计量鉴定要求，并在有效检定期内。

(2) 测量方法

①风量、风速的测量　关闭客车所有门窗，对于独立式空调装置，制冷装置开至最高挡，风机开到最高挡，对于非独立式空调装置，非独立式空调装置的压缩机转速稳定在(1 800±100) r·min^{-1}，风机开到最高挡，所有可调风口处于最大出风位置，开机 10 min后在 5 min 内记录所有风口的平均出风口风速并计算总出风量，可用带集风罩的风速仪或采用小的风速仪作多点测量，取其平均值，所有出风口的风速及各出风口的风速差须在规定范围内。

②噪声的测量　测量地应在无顶棚的空旷场地进行，在测量中心点 25 m 半径范围内不应有较大的反射物，测量场地本底噪声不得大于 65 dB(A)，关闭客车所有门窗，制冷装置开至最高挡，非独立式空调装置的压缩机转速稳定在最高(1 800±100) $r \cdot min^{-1}$，车外噪声测量中心点距压缩机组中心点 5 m，距车厢地板高度 1 m，测点与机组间除本车车身外应无其他遮挡物。

车内噪声测量点：在压缩机组中心位置，地板上方 1.2 m 处，及回风口中心，车厢地板上方 1.2 m 处，以及客车纵向对称中心平面内，地板上方 1.2 m 处，少于 17 座的客车选两点，大于 17 座的客车选三点。车内外各测点重复测量两次，记录每次测量的结果，取其平均值。

③保温能力的测量　测点位置：在用车降温试验时在车辆纵向轴线上距地面 1.2 m处设置前、中、后三点，前位置点距车辆前挡风玻璃 1.5 m 处。中间位置点在车辆中部。尾部设在距后挡风玻璃(后舱板)1.5 m 处。

全部关闭车辆门窗，开启空调机，并全部打开各出风口，独立式空调制冷装置开至最高挡，非独立式空调装置的压缩机转速稳定在最高(1 800±100) $r \cdot min^{-1}$，风机开最高挡，前 10 min，每隔 2 min 记录一次，以后每隔 5 min 记录一次车内各点及回风口温度，直至 30 min 结束。

2) 采暖系统的性能试验

(1) 试验条件

①试验车辆　试验车辆应处于良好的技术状态，采暖设备应能正常工作。

②装载条件　新车乘客不少于额定乘客数的 80%，在用车可以空车进行试验。汽车必须露天停放，并且门窗全开，使车内外温度平衡。

③气候条件　环境温度为－15～－5℃，风速不得大于 5 $m \cdot s^{-1}$，晴天或阴天。

(2) 测量方法

①风量、风速的测量　关闭客车所有门窗，暖风装置开最高挡(对于余热式暖风装置，发动机在额定转速下)，开机 10 min 后在 5 min 内记录所有出风口的平均速度，并计算总出风量。

②噪声的测量　客车停驶，关闭所有门窗，暖风装置开最高挡(余热式暖风装置，发动机在额定转速下)，在暖风装置中心位置，地板上方 1.2 mm 处，及客车纵向对称中心平面内，地板上方 1.2 mm 处，少于 17 座的客车选两点，大于 17 座的客车选三点，重复测量两次，记录平均值。

③升温能力的测量　测量点布置及记录时间与制冷系统的性能试验相同，仅将测点高度位置设为距车厢地板高度 400 m 处。全部关闭车辆门窗，车速怠慢，独立式暖风装置开至最高挡，非独立式暖风装置将发动机转速处于 1 800 $r \cdot min^{-1}$ 稳定状态，关闭除霜风口，暖风开最高风速挡。车内只允许测验人员在内。

3) 通风换气装置性能的测定

(1) 通风换气量测定

①测点位置　将换气扇风口划分为三个面积相等的同心圆环，每个圆环测四个点，这四点必须位于相互垂直的两条直径线与各圆环面积等分线的交点上。

②测量方法及数据处理　在紧贴换气扇出风口的平面上，或有条件时在换气扇出风口临时安装的断面尺寸与风口相同，且长度为500～1 000 mm的短管出口平面上，用风速仪测出各测点的风速。

取各测点测试数据的算术平均值作为换气扇的出口风速，单台换气扇的送风量按下式计算

$$V=3\ 600\times\pi\times R^2\times V_p$$

式中，V——单台换气扇的送风量($m^3\cdot h^{-1}$)；

π——圆周率，取=3.14；

R——换气扇出风口半径(m)；

V_p——各测点风速的算术平均值($m\cdot s^{-1}$)。

(2) 车内气流速度的测量

关闭车门窗，测量点与制冷系统的性能试验相同，但不要直接受换气扇出风影响。在第10 min时开始测量各点风速。

(3) 通风换气装置处的车内噪声测量

测点在距离换气装置中心500 mm处，换气装置开最高速挡。

4) 除霜系统性能测试

除霜系统性能测试方法如下：

(1) 试验前、后分别综合气象仪测试大气温度、湿度、气压和风速、风向，取算术平均值作为外界环境平均气候参数，数据记录于测试表中。

(2) 用含甲醇的酒精或其他类似去污剂清除前风窗玻璃内外表面上的油污，待干后用清洗剂进一步擦拭，最后再用干棉布擦净。

(3) 打开客车所有门窗，使车内外温度平衡。

(4) 造霜。在规定的环境温度下，关闭所有门窗，用喷枪以(350±20)kPa的工作压力，使前风窗玻璃整个外表面生成0.044 $g\cdot cm^{-2}$的均匀冰霜层。喷射时，喷嘴距玻璃表面距离为200～250 mm。

(5) 开动除霜装置，当前风窗玻璃上的冰霜融化至最低能见度时，客车开始行驶，随着除霜面积的增大，逐步提高行驶速度。行驶中每隔5 min在风窗内表面描绘一次除霜面积踪迹图或拍摄照片，记录驾驶区上、中、下部温度及驾驶员对视野的反应。同时，测量各除霜喷口的风速。

(6) 试验40 min或除霜面积达到稳定状态即可宣告试验结束。

(7) 试验结果记录于表中，并将描绘的各次除霜面积描绘在方格纸上，计算其占前风窗玻璃除霜性能要求面积的百分比。

(8) 对利用发动机余热进行除霜的客车，应测试发动机进、出水口温度，绘制发动机冷却液温度变化曲线。

7 汽车环保性

随着汽车工业的迅速发展,汽车保有量急剧增加,汽车排放对大气的污染、汽车噪声对环境的危害和电磁干扰对环境的影响已构成汽车三大公害。目前,世界许多国家都制定了汽车排放、噪声和电磁干扰标准,这对汽车生产和使用维修部门都提出了新的要求。由于低公害新结构汽车的生产和控制排气污染的各种自控系统的出现,原有的知识与技术已不能适应汽车检测和维修工作的需要。因此,了解汽车公害的形成机理和掌握其检测技术已成为正确运用和维修汽车的必要条件。

7.1 汽车排气公害

7.1.1 汽车污染源

汽车的有害气体主要通过汽车尾气排放、曲轴箱窜气和汽油蒸汽等三个途径进入大气中,造成对大气的污染。

1) 汽车尾气排放

尾气排放是汽车最主要的大气污染源,排放物包含有许多种成分,并且随发动机类型及运行条件的改变而变化。若燃料和空气完全燃烧时,其发动机排气的基本成分是二氧化碳(CO_2)、水蒸气(H_2O)、过剩的氧(O_2)及残余的氮(N_2)等,这些物质均是无毒的。

排气中除了上述基本成分外,还有不完全燃烧和燃烧反应的中间产物,包括一氧化碳(CO)、碳氢化合物(HC)、氮氧化物(NO_x)、颗粒物(炭烟、油雾等)、二氧化硫(SO_2)以及臭气(甲醛、丙稀醛)等。这些污染物基本上都是有毒的,而且它们的排放量随汽车运行工况的不同变化较大。其排放总量,在柴油机排气中占不到废气总量的1%,而在汽油机中所占的比例最高可达5%以上。表7.1给出汽车在不同运行工况下排气中有害成分的含量值。

在有害成分中,CO、HC、NO_x 和碳烟是造成大气污染的主要物质,汽车和内燃机的净化措施就是研究如何控制汽车排气中这些物质的含量。

表 7.1　不同工况下汽车排气有害成分的含量

车种	工况 $(km \cdot h^{-1})$	CO 的体积分数(%)	HC 的体积分数(10^{-6})	NO_x 的体积分数(10^{-6})	炭烟浓度($g \cdot m^{-3}$)	排气量
汽油车	怠速 0 加速 0→40 等速 40 减速 40→0	3.0～10 0.7～5.0 0.5～1.0 1.5～4.5	300～2 000 300～600 200～400 1 000～3 000	50～100 1 000～4 000 1 000～3 000 5～50	0.005 以下	少 增多 高速最多 减少
柴油车	怠速 0 加速 0→40 等速 40 减速 40→0	0～0.01 0～0.50 0～0.10 0～0.05	300～500 200～300 90～150 300～400	50～70 800～1 500 200～1 000 30～35	0.1～0.3	少 增多 高速最多 减少

2）曲轴箱窜气

在发动机工作的压缩行程和做功行程，燃烧室的气体由活塞与汽缸之间的间隙窜入曲轴箱后，由于曲轴箱内必须有新鲜空气不断循环，早期的方法是将曲轴箱与空气滤清器连通，外界新鲜空气从加机油管口盖的空气过滤器进入曲轴箱，和窜气混合后由进气歧管真空度吸入空气滤清器，过滤后进入汽缸烧掉。这种方法，在发动机高负荷运转时，窜气量增加，但由于进气歧管真空度减弱，反而不能全部吸走窜气，因此窜气会从加机油管口盖处逸出，造成污染。其主要污染物是 HC，也有部分 CO、NO_x 等。自从有了封闭式带 PCV 阀的曲轴箱强制通风装置后，这部分污染得到了有效的控制。图 7.1 是目前汽车上普遍采用的封闭式曲轴箱强制通风装置。从空气滤清器引入新鲜空气，经 C 管和闭式呼吸器 6 进入曲轴箱，与窜气混合后，从汽缸盖罩经 A 管，由 PCV 阀计量后吸入进气歧管进入汽缸内烧掉。高速、高负荷时进气歧管真空度减弱，一旦窜气量过多而不能完全吸尽时，窜气会从曲轴箱倒流入空气滤清器，吸入进气管进入汽缸烧掉。

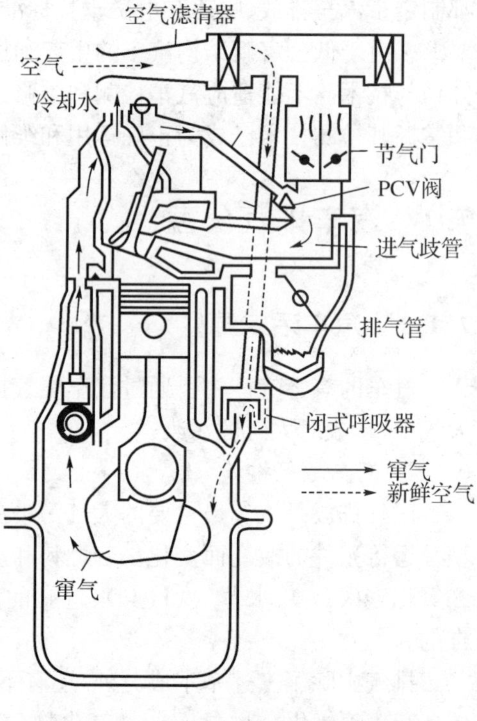

图 7.1　封闭式曲轴箱强制通风装置

3）汽油蒸气

由于温度升降产生呼吸作用，使油箱中的油蒸气 HC 向大气中排放；油管接头处的渗漏蒸发也向大气中排放 HC。目前采用活性炭罐吸附使油箱和化油器浮子室呼吸作用产生的 HC 排放得到了一定的控制，但并未从根本上解决这一污染源的污染问题。

7.1.2 汽车主要污染物的产生与危害

汽车排放是目前增长最快的大气污染源，在发达国家城市区域，汽车是 CO、HC、NO_x 和 O_3 等空气污染物的主要来源，柴油车排放的细微颗粒物在城市区域往往也占到很大的比重。

1）一氧化碳

一氧化碳是燃料不完全燃烧产物，是汽车及内燃机排气中有害浓度最大的产物。现代城市空气污染中 80%左右的 CO 来自于汽车排放。

一氧化碳是无色、无味、无臭的窒息性易燃有毒气体。一般城市中的 CO 水平对植物及有关的微生物均无害，但对人体则有害，因为它能与血红素作用生成羧基血红素。实验证明，血红素与一氧化碳的结合能力较与氧的结合能力大 200～300 倍，因此，使血液输送氧的能力降低而引起缺氧。一氧化碳被人体大量吸入后会使人发生恶心、头晕、疲劳症状，严重时会使人窒息死亡。表 7.2 是不同浓度 CO 对人体健康的影响。

表 7.2 不同含量 CO 对人体健康的影响

CO 含量(体积分数)(10^{-6})	对人体健康的影响
5～10	对呼吸道患者有影响
30	人滞留 8 h，视力及神经机能出现障碍，血液中 COHb=5%
40	人滞留 8 h，出现气喘
120	1 h 接触，中毒，血液中 COHb>10%
250	2 h 接触，头痛，血液中 COHb=40%
500	2 h 接触，剧烈心痛、眼花、虚脱
3 000	30 min 即死亡

2）氧碳氢化合物

碳氢化合物主要是未燃和未完全燃烧的燃油、润滑油及其裂解产物。汽车排放的碳氢化合物主要有烷烃或饱和烃 C_nH_{2n+2}、环烷烃 C_nH_{2n}、烯烃、芳香族化合物和含氧化合物醛、醇、醚类和酮类。烷烃有 100 多种，其中直链烃最多，其碳原子数为 1～37，带有支链的异构烷烃其碳原子数在 6 以下；多环芳香烃有 200 多种；醚、醇、酮和醛的数量在十几种到几十种不等。通常含有 1～10 个碳原子的蒸发性碳氢化合物在大气中以气相存在。含有较多碳原子的不易挥发的碳氢化合物经常形成气溶胶或吸附在微粒物上。

饱和烃危害不大，不饱和烃危害性很大。甲烷气体无毒性。当甲醛、丙烯醛等醛类气体含量(体积分数)超过 1×10^{-6}时，就会对眼、呼吸道和皮肤有强刺激作用；含量(体积分数)超过 25×10^{-6}时，会引起头晕、呕心、红白血球减少、贫血；超过 $1\,000\times10^{-6}$时，会急性中毒。苯是无色气体，但有特殊气味。应当引起特别注意的是带更多环的多环芳香烃，如苯并芘及硝基烯，是强致癌物质。烃类成分还是引起光化学烟雾的重要物质。

3）氮氧化物

氮氧化物是燃料高温燃烧过程中剩余的氧与氮化合形成的产物，其主要成分有 NO、NO_2、N_2O_3、N_2O_5 等，总称为 NO_x。在汽车排放中主要是 NO，约占 95%，其次是 NO_2，约占 5%。

NO 是无色无味气体，稍溶于水，只有轻度刺激性，毒性不大，高浓度时会造成中枢神经轻度障碍，NO 可被氧化成 NO_2。NO_2 是一种棕红色强生理刺激性的有毒气体，是引起急性呼吸道疾病的主要物质，在含量（体积分数）为 $(0.063\sim0.083)\times10^{-6}$ 下，持续 6 个月，儿童的支气管炎发病率就会增加；含量（体积分数）为 0.1×10^{-6} 时即可嗅到；$1\times10^{-6}\sim4\times10^{-6}$ 就感到恶臭，其对人体健康的影响见表 7.3。NO_2 吸入人体后，和血液中血红素蛋白 Hb 结合，使血液输氧能力下降，对心脏、肝、肾都会有影响。NO_2 会使植物枯黄，但 NO_2 较易扩散，遇水易溶解：$3NO_2 + H_2O \longrightarrow 2HNO_3 + NO$。故其累积含量不会过高。$NO_2$ 是地面附近大气中形成光化学烟雾产生臭氧的主要物质。

表 7.3　不同含量的 NO 对人体健康的影响

NO_2 含量（体积分数）(10^{-6})	对人体健康的影响
1	闻到臭味
5	闻到强臭味
10～15	10 min 眼、鼻、呼吸道受到刺激
50	1 min 内人呼吸困难
80	3 min 感到胸痛、恶心
100～150	在 30～60 min 因肺气肿而死亡
250	很快死亡

4）光化学烟雾

光化学烟雾是汽车排放到大气中的 HC 和 NO_x 在太阳光能（$3\,000\sim4\,000\times10^{-10}$ m 紫外线）作用下进行光化学反应生成臭氧、醛类和过氧化酰基硝酸盐等形成的一种浅蓝色烟雾。它是一种强刺激性有害气体的二次污染物。

空气中的 HC 和 NO_x 在特殊的地理环境，即大气对流不畅的河谷、盆地的工业交通发达地区；特定的气象条件，即夏秋晴朗季节，日照充足，无风，大气处于稳定状态下，产生一系列光化学反应生成。

光化学烟雾各成分含量的变化规律如图 7.2 所示。HC 和 NO_2 在上午上班

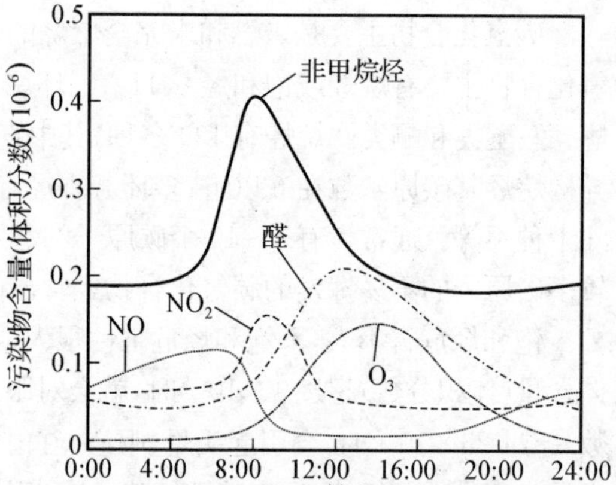

图 7.2　光化学烟雾各成分含量的变化情况

时间(8点左右)含量达到最高值;经3～4 h照射后,臭氧和醛类的含量达到最大值。到了晚上,臭氧和醛类等的含量便显著降低。

光化学烟雾的主要危害可归纳为四个方面。第一是光化学烟雾中的甲醛、过氧化苯甲醛酰硝酸酯和丙烯醛对眼睛的刺激。第二是光化学烟雾中的臭氧是强氧化剂,引起胸部压缩、刺激粘膜、头痛、咳嗽、疲倦等症状,空气中臭氧的含量对人体健康的影响如表7.4所示。第三是光化学烟雾中的臭氧对有机物质(如橡胶、棉布、尼龙和聚酯等)的损害。第四是使哮喘病增多,植物毁坏。

表7.4 臭氧的含量对人体健康的影响

臭氧含量(10^{-6})	人体中毒后的症状
0.02	5 min内多数人能觉察,1 h内胶片脆化
0.2～0.3	胸机能降低、胸部有压迫感
0.1～1.0	1 h内呼吸紧张
0.2～0.5	3～6 h内视力降低
1～2	2 h内头疼、胸痛、肺活量减少
5～10	全身疼痛,开始出现麻痹症,得肺气肿
15～20	小动物2 h内死亡

5) 微粒

汽车排放到大气中的微粒绝大多数是直径小于1 μm以下的固态和液态物质,以气溶胶、烟雾、尘埃等状态存在于大气中。汽油机和柴油机所排放的微粒是不同的,汽油机主要是铅化物、硫酸盐以及一些低分子物质,只有当技术状况变坏,烧机油时,才有大量碳烟排出;柴油机微粒排放要比汽油机高30～60倍,成分也更复杂,它是一种类似石墨形式的含碳物质(碳烟)并凝聚和吸附了相当数量的高分子可溶性有机物和SO_2等,这些有机物包括未燃的燃油、润滑油及其不同程度的氧化和裂解产物。

(1) 铅化物

铅化物是发动机燃用含铅汽油时,抗爆剂四乙基铅的燃烧产物,其微粒直径小于0.2 μm排放到大气中的铅化物除燃烧直接排出的小颗粒外,多数是附着于排气道及消声器而逐渐长大的颗粒,大部分散落在地面上。

铅化物主要影响人的神经系统,可导致智力低下。由于儿童摄入的铅剂量相对其体重更高,而神经系统又正处于发育阶段,因此儿童是铅污染的主要受害者。它可通过肺部、消化器官和皮肤等途径进入人体,并在体内逐渐蓄积起来,妨碍红血球的生长和发育。儿童的血铅水平与儿童智能发育障碍、神经系统发育等问题都有显著的相关关系。据上海市调查,当铅含量提高0.01 mg·$(100\ mL)^{-1}$,儿童智力将下降7%。高血铅儿童成年以后高血压、心肌梗塞和慢性肾功能衰竭的发病率都将明显提高。

血液中含铅量超过0.01～0.06 mg·$(100\ mL)^{-1}$时,将引起贫血、牙齿变黑、肝功能不正常等慢性中毒症状,提高心血管、肾炎的发病率;含铅量超过0.08 mg·$(100\ mL)^{-1}$

时，会出现四肢麻痹、腹痛直至死亡等典型铅中毒症状。铅还会使催化转化器中催化剂“中毒”失效，影响其使用寿命。我国于 2000 年 7 月 1 日开始全面禁止使用有铅汽油。

(2) 碳烟

碳烟是柴油在高温(2 000～2 200℃)、局部缺氧的条件下，经过热裂解、脱氢，再经聚合、环构化和进一步脱氢形成的具有多环结构的不溶性碳烟晶核，然后经不断聚集、长大成为大的、甚至肉眼能见的碳烟微粒。其形成过程如图 7.3 所示。

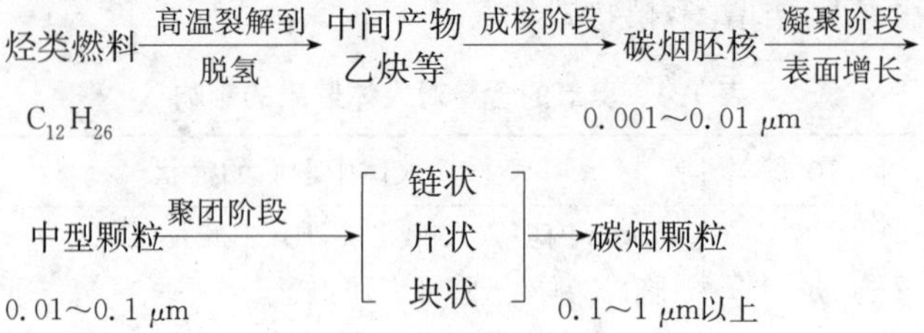

图 7.3　碳烟颗粒形成过程

碳烟微粒表面往往粘附有 SO_2 和致癌物质苯并芘等有机化合物和臭气，对人体和生物都有危害，且微粒越小，悬浮在空气中的时间越长，吸入人体后滞留在肺部和支气管中的比例越大，危害也就越大。小于 0.1 μm 的碳烟微粒能在空气中作随机运动，进入肺部并附在肺细胞的组织中，有些还会被血液吸收。0.1～0.5 μm 微粒能深入肺部并粘附在肺叶表面的粘液中，随后会被绒毛所清除。碳烟微粒除对人体呼吸系统有害外，由于微粒的孔隙内粘附着 SO_2、未燃 HC、NO_2 等有毒物质或苯并芘等致癌物，因而对人体健康造成更大危害。

6) 二氧化硫

二氧化硫是含硫燃料燃烧后的产物，由于柴油的含硫量高于汽油，因此，柴油机排放的 SO_2 高于汽油机。

SO_2 对人类健康有重要影响，它能刺激人的呼吸系统，尤以有肺部慢性病和心脏病的人最易受害，使呼吸道疾病等增多。当空气中 SO_2 年平均含量(体积分数)大于 0.04×10^{-6}、日平均含量(体积分数)大于 0.11×10^{-6} 时即对人体产生危害。值得指出的是当 SO_2 与微粒物质在空气中共存时，其危害可增大 3～4 倍，因而空气标准中对 SO_2 的含量和微粒含量的乘积作了限制。当含量(体积分数)为 3×10^{-6} 时，则可闻到刺激性臭味，SO_2 还能与水反应生成亚硫酸。SO_2 的腐蚀性较大，软钢板在体积分数 0.02×10^{-6} 的 SO_2 中腐蚀一年失重约 16%，SO_2 能使空气中动力线硬化和拉索钢绳的使用寿命减短，它还能使皮革失去强度，建筑材料变色破坏，塑像艺术品破坏；能损害植物的叶片，影响植物的生长，减少产量。SO_2 还会使三效催化转化器的催化剂产生“中毒”损害，因此，应控制燃油中含硫量。

7.1.3 汽车排放标准

1）国外汽车排放标准

汽车排放控制最早起源于美国的加州地区，1960 年，美国加利福尼亚州颁布了世界上第一部汽车排放法规。1963 年美国政府制定了《大气清洁法》，其后进行了多次修订和补充，逐步严格化，但在 1968 年以前美国一直采用加州汽车排放标准。从 1968 年起美国才有了联邦汽车排放标准，之后几乎是逐年严格化。但是直到现在加州汽车排放标准仍然是世界上较严格的汽车排放标准。继美国之后，日本和欧洲经济委员会分别于 1966 年和 1970 年相继制定了机动车排放法规和标准。

随着欧洲一体化进程以及汽车保有量的增长，欧洲国家从 1993 年开始推行了日趋严格的排放标准，而且从 1996 年起除日本外，欧共体和大部分汽车工业发达国家都相继采用了联合国欧洲经济委员会（ECE）的排放标准，这是由于此排放标准有了实质性的变化：ECE 扩大了限制有害排放物的种类；试验运转循环更加接近实际使用条件；规定了汽车尾气排放物能够满足环保指标的行程；确立了按汽车环保参数认证的汽车生产稳定性和质量监督统计方法等。汽车排放欧洲Ⅰ号标准（简称欧Ⅰ）于 1993 年生效。汽车排放欧洲Ⅱ号标准（简称欧Ⅱ）于 1996 年开始在欧洲实施。该标准对使用无铅汽油和柴油汽车的排放限值更加严格，它既规定电喷汽油机和使用气体燃料以及双燃料汽车排放的测定方法，又对生产一致性采用了新的检查方法。2000 年起开始实施欧Ⅲ标准。2005 年起开始实施欧Ⅳ标准。2008 年起开始实施欧Ⅴ标准。各阶段的排放标准见表 7.5。

表 7.5 欧洲汽车排放标准（g/km）

年　份	汽油机			柴油机	
	CO	NO_x	HC	NO_x	PM
1986 年	1.5	4.6			
1989 年				14.0	0.5
1993 年（欧Ⅰ）	2.8	1.0		8.0	0.36
1996 年（欧Ⅱ）	2.3	0.3		8.0	0.25
2000 年（欧Ⅲ）	2.3	0.15	0.2	5.0	0.10
2005 年（欧Ⅳ）	1.0	0.08	0.1	5.0	0.02
2008 年（欧Ⅴ）				2.0	0.02

2）我国汽车排放标准

我国从 1981 年开始制定标准，于 1983 年首次发布了国家汽车排放标准 GB 3842～3847－83，并于 1984 年 4 月 1 日起执行。其中 GB 3842－83、GB 3843－83、GB 3844－83 分别为四冲程汽油机新车和在用车怠速时的排放标准、柴油车自由加速时的烟度标准、柴油机全负荷时的烟度标准。

1993年，我国发布七项汽车排放国家标准GB 1476 1.1-93《轻型汽车排气污染物限值及测试方法》、GB 14761.2-93《车用汽油机排气污染物排放标准》、GB 14761.3-93《汽油车燃油蒸发污染物排放标准》、GB 14761.4-93《汽车曲轴箱污染物排放标准》、GB 14761.5-93《汽油车怠速污染物排放标准》、GB 14761.6-93《柴油车自由加速烟度排放标准》、GB 14761.7-93《汽车柴油机全负荷烟度排放标准》。1999年，我国正式发布四项汽车排放国家标准GB 14761-1999、GB 17691-1999、GB 3847-1999、GB 3692-1999，于2000年1月1日起实施。至此，我国新车排放达到欧洲20世纪90年代初期水平。国家2001年4月16日发布了GB 18352.1-2001与GB 18352.2-2001，分别于2001年4月16日和2004年7月1日起实施。国家于2002年11月27日颁布了GB 14762-2002，从2003年1月1日起实施。

新的排放标准已与国际接轨，目前汽车排放标准执行的是GB 18285-2005，其标准见表7.6和表7.7。装配压燃式发动机的车辆排气烟度限值见表7.8(GB 3847-2005)

表7.6　新生产汽车排气污染物排放限值(体积分数)

车　型	类别			
	怠速		高怠速	
	CO(%)	HC(10^{-6})	CO(%)	HC(10^{-6})
2005年7月1日起新生产的第一类轻型汽车	0.5	100	0.3	100
2005年7月1日起新生产的第二类轻型汽车	0.8	150	0.5	150
2005年7月1日起新生产的重型汽车	1.0	200	0.7	200

注：①第一类轻型汽车是指设计乘员数不超过6人(包括驾驶员)，且最大总质量≤25 000 kg的M_1类车。

②第二类轻型汽车是指除第一类轻型汽车以外的其他所有情形汽车。

③重型汽车是指最大总质量>3 500 kg的车辆。

④轻型汽车是指最大质量≤3 500 kg的M_1类、M_2类和N_1类车辆。

表7.7　在用汽车排气污染物排放限值(体积分数)

车　型	类别			
	怠速		高怠速	
	CO(%)	HC(10^{-6})	CO(%)	HC(10^{-6})
1995年7月1日前生产的轻型汽车	4.5	1 200	3.0	900
1995年7月1日起生产的轻型汽车	4.5	900	3.0	900
2000年7月1日起生产的第一类轻型汽车①	0.8	150	0.3	100
2001年10月1日起生产的第二类轻型汽车	1.0	200	0.5	150

续表 7.7

车 型	类 别			
	怠 速		高怠速	
	CO(%)	HC(10^{-6})	CO(%)	HC(10^{-6})
1995 年 7 月 1 日前生产的重型汽车	5.0	2 000	3.5	1 200
1995 年 7 月 1 日起生产的重型汽车	4.5	1 200	3.0	900
2004 年 9 月 1 日起生产的重型汽车	1.5	250	0.7	200

注:①对于 2001 年 5 月 31 日以后生产的 5 座以下(含 5 座)的微型面包车,执行此类在用车排放限值。

表 7.8 装配压燃式发动机的车辆排气烟度限值

车辆类型		检测类型	限值
2005 年 7 月 1 日以后生产的在用汽车	自然吸气式	光吸收系数(m^{-1})	
	涡轮增压式		
2001 年 10 月 1 日～2005 年 6 月 30 日期间生产的在用汽车	自然吸气式	光吸收系数(m^{-1})	2.5
	涡轮增压式		3.0
1995 年 7 月 1 日～2001 年 9 月 30 日期间生产的在用汽车		波许烟度值(Rb)	4.5
1995 年 6 月 30 日以前生产的在用汽车		波许烟度值(Rb)	5.0

7.1.4 汽车排放试验规范

目前,我国在用汽车采用怠速法、双怠速法、稳态工况法(ASM)、瞬态工况法、简易瞬态工况法等方法检测汽油车辆的排气污染物,用自由加速法检测柴油发动机的可见污染物。

1) 怠速法

这种方法对汽油车在怠速运行时排气中 CO 和 HC 浓度进行监测。按照我国国家标准的规定,测量时,首先使汽车离合器处于接合位置,加速踏板松开,变速杆位于空挡位置,采用化油器供油系统的车,发动机阻风门全开;待发动机达到规定的热状态(四冲程水冷发动机的水温在 60℃以上,风冷发动机的油温在 40℃以上)后,再按制造厂“使用说明书”规定的调整法将发动机转速调至规定的怠速转速和点火定时;在确定排气系统无泄漏情况下,从排气管直接采样,用不分光红外分析仪进行测量。测量时:

①发动机由怠速加速到 0.77 倍的额定转速,维持 60 s 后,再降至怠速状态。

②将取样管插入排气管中,深度为 400 mm,并固定于排气管上。

③发动机怠速状态维持 15 s 开始读数,读取 30 s 内的最低及最高值,其平均值即为测量结果。

④若为多排气管时，则取各管最大测量值的算术平均值。

2）双怠速法

我国在用汽车排放标准 GB 18285－2005 规定采用的双怠速排放测量法是参照国际标准化组织 ISO3929 中制定的双怠速排放测量程序进行的。

(1) 双怠速排放测量法的程序为：

①应保证被检测车辆处于制造厂规定的正常状态，发动机进气系统应装有空气滤清器，排气系统应装有排气消声器，并不得有泄漏。

②应在发动机上安装转速计、点火正时仪、冷却液和润滑油测温计等测量仪器。测量时，发动机冷却液和润滑油温度应不低于 80℃，或者达到汽车使用说明书规定的热车状态。

③发动机从怠速状态加速至 70％额定转速，运转 30 s 后降至高怠速状态。将取样探头插入排气管中，深度不少于 400 mm，并固定在排气管上。维持 15 s 后，由具有平均值功能的仪器读取 30 s 内的平均值，或者人工读取 30 s 内的最高值和最低值，其平均值即为高怠速污染物测量结果。对于使用闭环控制电子燃油喷射系统和三元催化转化器技术的汽车，还应同时读取过量空气系数(λ)的数值。

④发动机从高怠速降至怠速状态 15 s 后，由具有平均值功能的仪器读取 30 s 内的平均值，或者人工读取 30 s 内的最高值和最低值，其平均值即为怠速污染物测量结果。

⑤若为多排气管时，取各排气管测量结果的算术平均值作为测量结果。

⑥若车辆排气管长度小于测量深度时，应使用排气加长管。

(2) 注意：

①对于单一燃料汽车，仅按燃用气体燃料进行排放检测；对于两用燃料汽车，要求对两种燃料分别进行排放检测。

②对于使用闭环控制电子燃油喷射系统和三元催化转化器技术的汽车进行过量空气系数(λ)的测定。发动机转速为高怠速转速时，λ 应在 1.00±0.03 或制造厂规定的范围内。进行 λ 测试前，应按照制造厂使用说明书的规定预热发动机。

3）稳态工况法(ASM)

将车辆置于底盘测功机上，按照车辆的基准质量(RW)和试验工况，通过测功机对车辆加载，使车辆在等效于最大加速度的 50％(ASM5025)和 25％(ASM2540)的负荷条件下等速运转，直接采样测量排放浓度。试验规范的运转循环见表 7.9 和图 7.4。

(1) ASM5025 工况

经预热后的车辆加速至 25.0 $km \cdot h^{-1}$，测功机以车辆速度为 25.0 $km \cdot h^{-1}$、加速度为 1.475 $m \cdot s^{-2}$时的输出功率的 50％作为设定功率对车辆加载，工况计时器开始计时(t=0 s)。车辆以 25.0 $km \cdot h^{-1}$±1.5 $km \cdot h^{-1}$的速度持续运转 5 s，如果底盘测功机模拟的惯量值在计时开始后持续 3 s 超出所规定误差范围，工况计时器将重新开始计时(t=0)。如果再次出现该情况，检测将被停止。系统将根据分析仪最长响应时间进行预置，(如果分析仪响应时间为 10 s，则预置时间为 10 s，t=15)然后系统开始取样，持续运行 10 s (t=25 s)即为 ASM5025 快速检查工况。ASM5025 快速检查工况结束后继续运行至 90 s(t=90 s)即为 ASM5025 工况。

表 7.9　稳态工况法(ASM)试验运转循环表

工况	运转次序	速度(km·h^{-1})	操作时间(s)	测试时间(s)
5025	1	25	5	/
	2	25	15	
	3	25	25	10
	4	25	90	65
2540	5	40	5	/
	6	40	15	
	7	40	25	10
	8	40	90	65

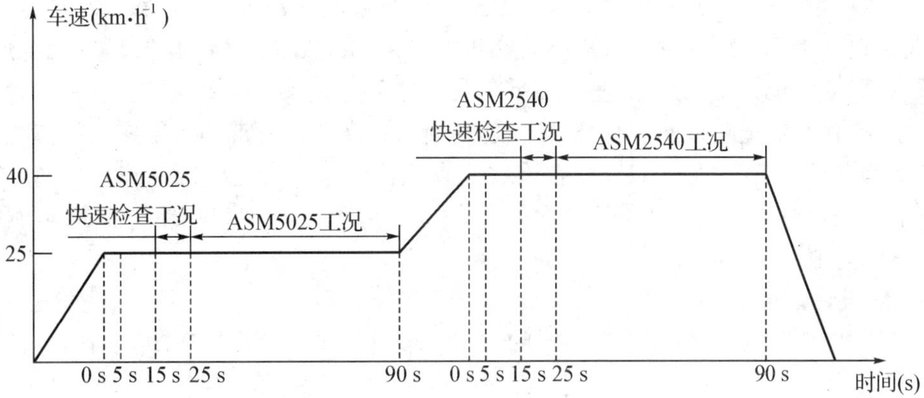

图 7.4　稳态工况法(ASM)试验运转循环

(2) ASM2540 工况

ASM5025 工况检测结束后车辆立即加速至 40.0 km·h^{-1},测功机以车辆速度为 40.0 km·h^{-1},加速度为 1.475 m·s^{-2}时的输出功率的 25%作为设定功率对车辆加载。工况计时器开始计时(t=0 s)。车辆以 40.0 km·h^{-1}±1.5 km·h^{-1}的速度持续运转 5 s,如果底盘测功机模拟的惯量值在计时开始后持续 3 s 超出所规定误差范围,工况计时器将重新开始计时(t=0)。如果再次出现该情况,检测将被停止。系统将根据分析仪最长响应时间进行预置,(如果分析仪响应时间为 10 s,则预置时间为 10 s,t=15)然后系统开始取样,持续运行 10 s(t=25 s)即为 ASM2540 快速检查工况。ASM2540 快速检查工况结束后继续运行至 90 s(t=90 s)即为 ASM2540 工况。

将测试结果填入测试报告中。

4) 柴油车自由加速烟度试验规范

(1) 不透光烟度法

对于装用压燃式发动机按 GB 18352.1－2001 通过认证的车辆，使用透光式烟度计进行自由加速可见污染物试验。

①试验条件　试验应在汽车上进行。试验前不应长时间怠速，以免燃烧室温度降低或积污。采用规定的、用于连续测量汽车排气的光吸收系数的仪器。试验采用符合国家标准的商品燃料。

②车辆准备　车辆在不进行预处理的情况下也可以进行试验。出于安全考虑，必须确保发动机处于热状态，并且机械状态良好。发动机应充分预热，例如：在发动机机油标尺孔位置测得的机油温度应至少为 80℃；如果温度低于 80℃，发动机也应处于正常运转温度。因车辆结构，无法进行温度测量时可以通过其他方法使发动机处于正常运转温度，例如，通过控制发动机冷却风扇。采用至少三次自由加速过程或其他等效方法对排气系统进行吹净。

③试验方法　目测检测车辆的排气系统的相关部件是否泄漏。发动机包括所有装有废气涡轮增压的发动机，在每个自由加速循环的起点均处于怠速状态。对重型发动机，将加速踏板放开后至少等待 10 s。在进行自由加速测量时，必须在 1 s 内，将加速踏板快速、连续地完全踩到底，使喷油泵在最短时间内供给最大油量。对每一个自由加速测量，在松开加速踏板前，发动机必须达到断油点转速。对带自动变速箱的车辆，则应达到制造厂申明的转速(如果没有该数据值，则应达到断油转速的 2/3)。计算结果取最后三次自由加速测量结果的算术平均值。在计算均值时可以忽略与测量均值相差很大的测量值。

(2) 波许烟度法

对于 2001 年 9 月 30 日以前生产的在用汽车用波许烟度法进行烟度测试。

①测量仪器的要求　规定采用滤纸式烟度计(以下简称烟度计)。该烟度计由取样系统和测量系统组成，取样系统由取样探头、抽气装置、清洗装置和取样连接管组成。测量系统由光电反射头、指示器和试样台组成。其技术参数和要求应符合 HJ/T4－93 的规定。

②测试车辆的要求　进气系统应装有空气滤清器，排气系统应装有消声器并且不得有泄漏。柴油应符合国家标准的规定，不得另外使用燃油添加剂。测量时发动机的冷却水和润滑油温度应达到汽车使用说明书所规定的热状态。

自 1995 年 7 月 1 日起新生产柴油车装用的柴油机，应保证起动加浓装置在非起动工况不再起作用。

③测量循环

测前准备：用压力为 300～400 kPa 的压缩空气清洗取样管路，把抽气泵置于待抽气位置，将洁白的滤纸置于待取样位置，将滤纸夹紧。

循环组成：抽气泵抽气——由抽气泵开关控制，抽气动作应和自由加速工况同步。

滤纸走位——每次抽气完毕后应松开滤纸夹紧机构，把烟样送至试样台。抽气泵回位——可以手动也可以自动，以准备下一次抽气。

滤纸夹紧——抽气泵回位后手动或自动将滤纸夹紧。

指示器读数——烟样送至试样台后由指示器读出烟度值。

循环时间：应于 20 s 内完成一次循环。

清洗管路：完成 4 个测量循环后，用压力为 300～400 kPa 的压缩空气清洗取样管路。

④测量程序

安装取样探头：将取样探头固定于排气管内，插深等于 300 mm，并使其中心线与排气管轴线平行。

吹除积存物：在发动机怠速下，迅速但不猛烈地踏下加速踏板，使喷油泵供给最大油量。在发动机达到调速器允许的最大转速前，保持此位置。一旦达到最大转速，立即松开加速踏板，使发动机恢复至怠速。重复三次，以清除排气系统中的积存物。

测量取样：将抽气泵开关置于加速踏板上，按自由加速工况及规定的循环测量四次，取后三次读数的算术平均值即为所测烟度值。

当汽车发动机出现黑烟冒出排气管的时间和抽气泵开始抽气的时间不同步的现象时，应取最大烟度值。试验规法如图 7.5 所示。

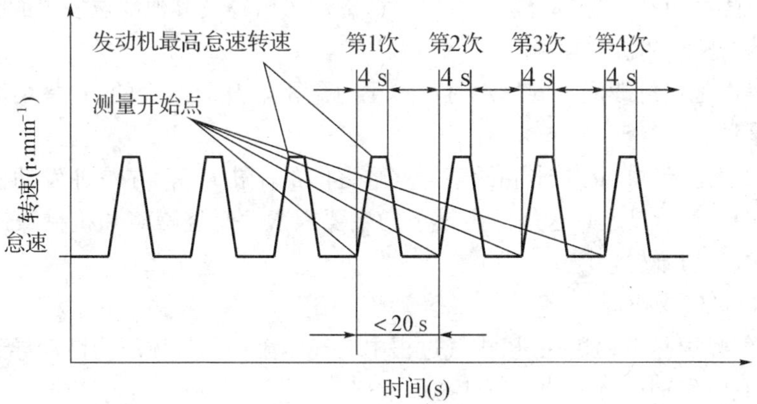

图 7.5　自由加速烟度测试规范

7.2　汽车噪声公害

7.2.1　汽车噪声的来源

噪声是汽车的第二公害。按照噪声产生的过程，汽车噪声源大致可分为：与发动机转速有关的声源和与车速有关的声源。图 7.6 说明了这些基本噪声源。

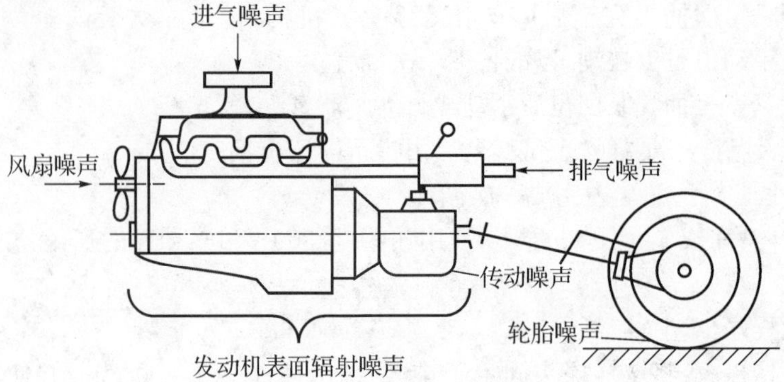

图 7.6　主要噪声源示意图

与发动机转速有关的噪声源主要有：进气噪声、排气噪声、冷却系风扇噪声和发动机表面辐射噪声。用发动机带动旋转的各种发动机附件（如空气压缩机、发电机等）的噪声，也属此类。

与车速有关的噪声源包括：传动噪声（变速器、传动轴等）、轮胎噪声、车体产生的空气动力噪声。

1）发动机噪声

发动机噪声包括燃烧、机械、进气、排气、冷却风扇等及其他部位发出的噪声。

（1）燃烧噪声和机械噪声

燃烧噪声是在可燃混合气燃烧时汽缸压力急剧上升而产生的，它是柴油发动机噪声的主要来源。

机械噪声是指气门的冲击和活塞与汽缸之间的敲击声等，在汽油发动机的变速范围内（300 $r \cdot min^{-1}$以上），这是产生噪声的主要因素。燃烧噪声和机械噪声在很大程度上取决于发动机转速。

（2）进、排气噪声

进、排气噪声是发动机在进、排气过程中的气体流动和气体压力波动导致震动而产生的噪声，它随发动机转速和负荷状态而改变。

在进、排气噪声中，由于空气动力而产生的噪声可分为周期性的进、排气噪声（脉动声）和涡流声（气流声）。

周期性进、排气噪声，即基频噪声、管道气柱共振声、废气喷柱和冲击噪声。它是在进、排气门周期性地开闭时，因进、排气管内产生压力波动而引起的。

同时，伴随着进、排气时的空气流动，高速气流经过气门等产生涡流的部位会形成二次噪声，即涡流声。这种气流声随着流速增大，噪声提高，噪声的频率成分也变宽。排气的漏气声就是典型的气流声。此外，由于排气温度高、流速大，排气的气流声要比进气的气流声所占的比例大。

除了周期性的进、排气噪声和涡流声外，还有表面辐射声。它是由构成进、排气系统零件表面辐射出的噪声。进、排气系统薄壁管道及壳体的震动是产生表面辐射噪声的根本原因，这种震动是由于发动机进、排气管传来的机械震动和进、排气压力波所激发的。

降低进、排气噪声的主要措施是使用消声效果好的消声器。此外在使用过程中，要注意进、排气装置的紧固作业和接头的密封状况，以减小表面辐射噪声。

(3) 风扇噪声

风扇噪声是汽车最大噪声之一。特别是近年来，由于车内普遍安装了空调系统和排气净化装置等，使发动机罩内的温度上升，冷却风扇负荷加大，噪声变的更为严重。风扇噪声与发动机转速有直接关系。

为了减小高速时发动机的风扇噪声和功率消耗，一些汽车使用了液力耦合器或变叶片扭角的风扇，也有的采用水温感应电动离合风扇。同时，改变风扇叶片形状和材料对降低噪声也有一定的效果。例如，铸铝的叶片比冲压钢板的叶片噪声小，一些有机合成材料(玻璃钢、高强度尼龙等)做成的叶片，比金属叶片噪声小。

2) 传动机构噪声

在汽车行驶中，传动机构吸收来自路面的震动所引起的噪声，频率为 400～2 000 Hz，其中齿轮传动的机械噪声是主要部分。

产生齿轮噪声的原因包括齿轮啮合时产生的撞击声、随着轮齿之间滑动的变化和由于摩擦力造成的摩擦声以及因齿轮误差与刚度的变化而引起的撞击声等。

齿轮噪声以声波向空间传出的仅是一小部分，而大部分则成了变速器、后桥的激振并经轴、轴承、外壳使各部分产生震动变成噪声而传播。齿轮噪声将随汽车行驶状态(如速度、负荷)的变化而变化。

为了减少齿轮噪声，不仅要从设计、制造、加工方法等方面入手，把因啮合而引起的撞击声和激振声降低到最低限度，还应在使用过程中注意齿轮的安装精度和啮合印痕的调整。

3) 轮胎噪声

产生轮胎噪声最主要的原因是轮胎的胎面花纹。汽车在行驶时，因轮胎胎面花纹槽内的空气在接地时被挤压，并有规则地排出，引起周围压力变化而产生噪声。轮胎花纹不同，压缩、排气的难易程度不同，所以噪声也不同，如烟斗花纹轮胎就比普通花纹轮胎的噪声大。

此外，车速、负荷、路面状况等使用因素对轮胎噪声的影响也很大。

汽车的噪声除上述原因外，还有高速行驶时产生的车身干扰空气噪声、制动噪声、储气筒放气声、喇叭声以及各种专用车辆上的动力装置噪声等。

7.2.2 汽车噪声限值

随着机动车拥有量的增加，交通噪声已成为影响城市环境的主要公害之一。为了提高我国汽车的设计、制造水平和控制城市环境交通噪声污染，国家环保局分别制订颁布了控制机动车辆噪声的标准(如表 7.10 所示)和控制城市区域环境噪声的标准(如表 7.11 所示)。

表 7.10　汽车加速行驶车外噪声限值(GB 1495－2002)

汽车分类	噪声限值 dB(A)	
	第一阶段	第二阶段
	2002.10.1～2004.12.30 期间生产的汽车	2005.1.1 以后生产的汽车
M_1	77	74
M_2(M≤3.5 t), 或 N_1(M≤3.5 t): M≤2 t 2 t<M≤3.5 t	 78 79	 76 77
M_1(3.5 t<M≤5 t), 或 M_1(M>5 t): P<150 kW P≥150 kW	 82 85	 80 83
N_1(3.5 t<M≤12 t)。 或 N_1(M>12 t): P<75 kW 75 kW≤P<150 kW P≥150 kW	 83 86 88	 81 83 84

说明:

a) M_1,M_2(M≤3.5 t)和 N_1 类汽车装用直喷式柴油机时,其限值增加 1 dB(A)。

b) 对于越野汽车.其 M>2 t 时:
　如果 P<150 kW,其限值增加 1 dB(A),
　如果 P≥150 kW,其限值增加 2 dB(A)。

c) M_1 类汽车。若其变速器前进挡多于四个,P>140 kW,P/M 之比大于 75 kW·t^{-1},并且用第 3 挡测试时,其尾端出线的速度大于 61 km·h^{-1}。则其限值增加 dB(A)。

d) M——最大总质量(t);

e) P——发动机额定功率(kW)。

表 7.11　城市各类区域环境噪声标准(GB 3096－82)

适用区域	昼间[dB(A)]	夜间[dB(A)]
特殊住宅区	45	35
居民、文教区	50	40
一类混合区	55	45
二类混合区、商业中心区	60	50
工业集中区	65	55
交通干线道路两侧	70	55

注:特殊住宅区:指特别需要安静的住宅区;居民文教区:指纯居民区和文教区;一类混合区:指一般商业

与居民混合区；二类混合区：指工业、商业、少量交通与居民混合区；商业中心：指商业集中的繁华地区。

7.2.3 噪声测量仪器

GB 1496－2002《汽车加速行驶车外噪声限值及测量方法》中规定，测量噪声应使用精密声级计或普通声级计。

声级计是用话筒把声音信号转变为电信号，再把电信号经放大处理后，由仪表把噪声级指示出来。图 7.7 为声级计外形图。声级计由传声器、放大器、衰减器、计权网络、检波器、指示表头和电源等组成。

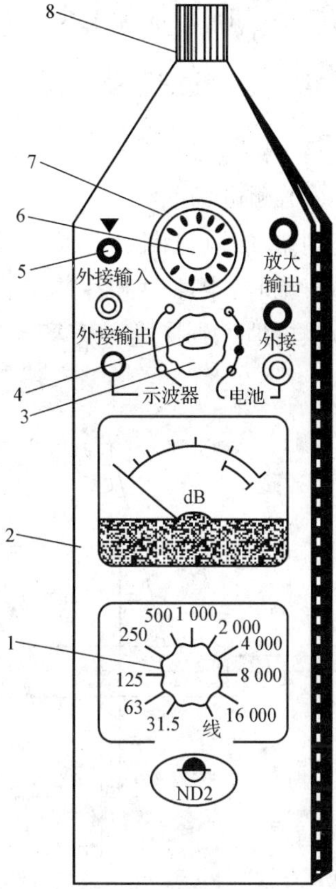

图 7.7 声级计外形图(ND2 型)

1—滤波器开关；2—电池盖板(背面)；3—计权网络开关；4—长六边形开关；5—校正电位器；6—透明旋钮(输出衰减器)；7—黑色旋钮(输入衰减器)；8—电容传声器

1) 传声器

又称话筒，是把声压信号转变为电压信号的装置，有电容式、动圈式、压电式等几种，电容式传声器应用较为广泛。

2) 放大器

即放大电路，把传声器产生的微弱电压信号放大，以满足指示仪表的需要，电容式声级计中一般有前置放大器、中间放大器和输出放大器三部分。

3) 计权网络

因为人耳对高频声音较为敏感，而对低频声音不太敏感，同样声压级但不同频率的声音在人耳听觉上是不同的。声级计内设置了能够模拟人耳的听觉特性，把声音的电信号修正为与听感近似的网络电路，称为计权网络。

通过计权网络修正的声压级，已不再是物理量中的线性声压级，而是与人耳听觉近似的声压级。计权网络有 A、B、C、D 四种，目前使用最多的是 A 计权网络，是模拟人耳对频率为 1 000 Hz，声压级为 40 dB 的纯声的响度感觉。噪声测量中，以计权声级读出的噪声值，称为噪声级。不加说明，一般噪声级均指 A 计权网络修正后的 A 计权声级，以 dB(A)为单位，也可直接写成 dB。

4) 检波器和指示表头

检波器即检波电路，把传声器输出的迅速变化的电压信号转变为变化较慢的直流电压信号，并经一定的处理后在表头上显示出来。为使声音随时间变动与人耳的听觉基本一致，声级计表头还设置了“快”、“慢”两挡，“快”挡时间常数为 0.125 s，接近于人耳听觉，适用于进行稳态噪声测量；“慢”挡时间常数为 1 s，适用于波动较大时的噪声测量。

声级计表头有数字式和指针式。数字式表头直接显示噪声级值,指针式表头显示出的数字(如+5)应加上衰减器挡位数字(如60)才是测量出的噪声级。

7.2.4 噪声试验

1) 测量条件

(1) 测量场地

测量场地(见图7.8)应达到的声场条件是:在该场地的中心(O点)放置一个无指向小声源时,半球面上各方向的声级偏差不超过±1 dB。如果下列条件满足,则可以认为该场地达到了这种声场条件:

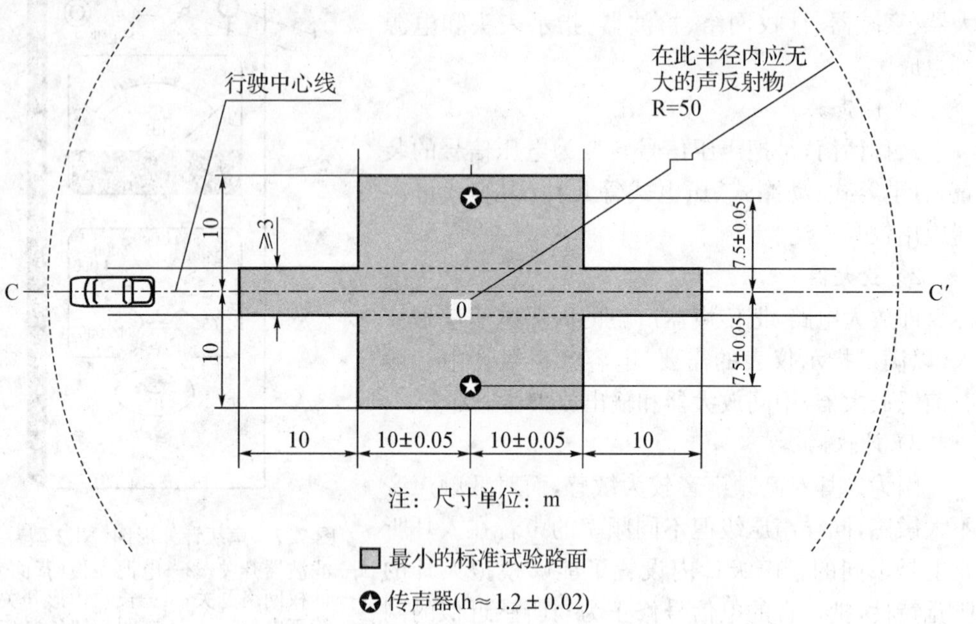

图7.8 测量场地和测量区及传声器的布置

①以测量场地中心(O点)为基点、半径为50 m的范围内没有大的声反射物,如围栏、岩石、桥梁或建筑物等;

②试验路面和其余场地表面干燥,没有积雪、高草、松土或炉渣之类的吸声材料;

③传声器附近没有任何影响声场的障碍物,并且声源与传声器之间没有任何人站留。进行测量的观察者也应站在不致影响仪器测量值的位置。

测量场地应基本上水平、坚实、平整,并且试验路面不应产生过大的轮胎噪声。

(2) 气象

测量应在良好天气中进行。测量时传声器高度的风速不应超过5 $m \cdot s^{-1}$。必须注意测量结果不受阵风的影响。可以采用合适的风罩,但应考虑到它对传声器灵敏度和方向性的影响。

气象参数的测量仪器应置于测量场地附近，高度为1.2 m。

(3) 背景噪声

背景噪声(A计权声级)至少应比被测汽车噪声低10 dB。

(4) 汽车

①被测汽车应空载，不带挂车或半挂车(不可分解的汽车除外)。

②被测汽车装用的轮胎由汽车制造厂选定，必须是为该车型指定选用的型式之一，不得使用任一部分花纹深度低于1.6 mm的轮胎。必须将轮胎充至汽车制造厂规定的空载状态气压。

③在开始测量之前，被测汽车的技术状况应符合该车型的技术条件(特别是该车的加速性能)和GB/T 12534的有关规定(包括发动机温度、调整、燃油、火花塞等等)。

④如果汽车有两个或更多的驱动轴，测量时应采用道路上行驶常用的驱动方式。

⑤如果汽车装有带自动驱动机构的风扇，在测量期间应保持其自动工作状态。如果该车装有诸如水泥搅拌器，空气压缩机(非制动系统用)等设备，测量期间不要起动。

2) 测量方法

(1) 测量区和传声器的布置

①加速行驶测量区域按图7.8确定。加速段长度为2×(10 m±0.05 m)，AA'线为加速始端线，BB'线为加速终端线，CC'为行驶中心线。

②传声器应布置在离地面高1.2 m±0.02 m，距行驶中心线CC' 7.5 m±0.05 m处。其参考轴线必须水平并垂直指向行驶中心线CC'。

(2) 加速行驶操作

①汽车分别以30、40、50 $km \cdot h^{-1}$的稳定速度接近AA'线，其速度变化应控制在±1 $km \cdot h^{-1}$之内。

②当汽车前端到达AA'线时，必须尽可能地迅速将加速踏板踩到底(即节气门或油门全开)，并保持不变，直到汽车尾端通过BB'线时再尽快地松开踏板(即节气门或油门关闭)。

③汽车应直线加速行驶通过测量区，其纵向中心平面应尽可能接近中心线CC'。

④如果该车是由牵引车和不易分开的挂车组成，确定尾端通过BB'线时不考虑挂车。

(3) 声级测量

①在汽车每一侧至少应测量四次。

②应测量汽车加速驶过测量区的最大声级。每一次测得的读数值应减去1 dB(A)作为测量结果。

③如果在汽车同侧连续四次测量结果相差不大于2 dB(A)，则认为测量结果有效。

④将每1挡位(或接近速度)条件下每一侧的四次测量结果进行算术平均，然后取两侧平均值中较大的作为中间结果。

7.3 汽车电磁干扰公害

汽车电磁噪声分为由汽车内部的电磁噪声和汽车外部的电磁噪声。汽车内部的电磁噪声,是指车用发电机、继电器、开关等部件工作时及开关触点断开瞬间所发生的噪声;外部噪声是指人为的各种电气设备,例如,高压输电线、铁轨、广播电台设备所辐射出来的对汽车引起干扰的电磁辐射和雷电、静电等自然现象引起的噪声。

7.3.1 汽车内部的电磁噪声

1) 汽车内部电磁噪声的来源

汽车内部电磁噪声主要来源于具有触电的负荷装置、点火系统、发电机、电机、电子控制系统等(见图 7.9)。

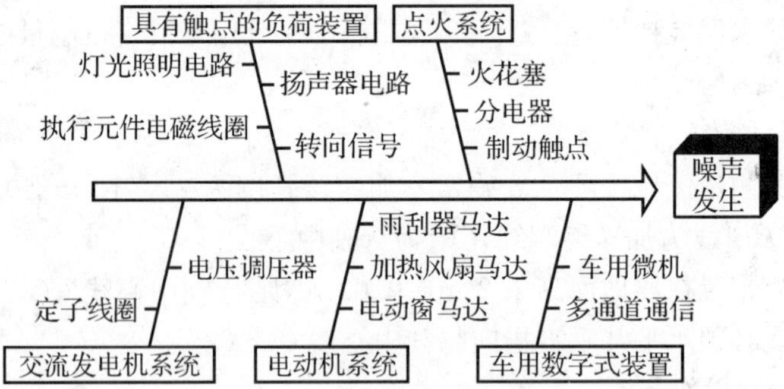

图 7.9 汽车内部电磁噪声源

2) 汽车内部电磁噪声的类型

根据电磁噪声的发生机理不同,电磁噪声可分为由点火放电引起的噪声、由触电开关引起的噪声和微机时针引起的噪声三种,各种噪声的机理见表 7.12。

根据电磁噪声的发生条件不同可分为传导电磁噪声和辐射噪声两大类型。

传导电磁噪声如图 7.10 所示,是由车上所有的电气电子装置所发生,因而必须在汽车电子系统开发时就必须考虑到。

当考虑到汽车内部的辐射电磁噪声,首先从电场强度来分析,车用无线机发送时电磁辐射噪声对电子系统干扰最为严重。在这一噪声以外,必须考虑汽车电器的辐射电磁噪声的电子系统是一种处理极其微弱信号的系统,如车用声频装置、车用电视机、汽车电话等等的通信系统。除通信系统以外的电子系统也可能受到影响,而且从 MF 频带到 UHF 频带的具有宽频率谱的车用无线机发送时的电磁噪声、从点火装置发出的点火噪声及喇叭、刮水器电机、灯光控制开关的电磁噪声进行分析。

表 7.12　按噪声的发生机理分类

种类	发生机理	实例	特征
由点火放电引起的噪声	直流电流由于机械式触点的闭合与断开，发生电弧，形成高频电波 摩擦静电火花引起的火花放电	点火系统、电机系统、开关、继电器等 制动蹄 刮水器面板	高压强电流
由触点开关引起的噪声	由于直流电的闭合与断开，引起急速上下波动，形成高频电流	灯光控制 风扇控制 交流发电机的直流/直流转换器	低压强电流
由微机时钟引起的噪声	高速开关引起的高频电压	发动机控制 自动变速器控制 防抱死制动系统(ABS) 车辆局域网(LAN)	低压弱电流

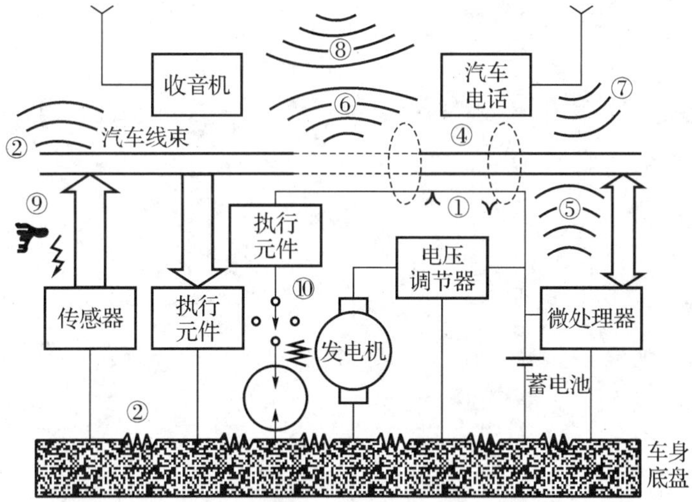

图 7.10　汽车的电磁环境

①、②表示汽车上连线接束的电感和地线阻抗引起的普通工况阻抗的问题。③,④,⑥及⑩表示串音(或交调失真)和场耦合的索缆。⑤、⑥、⑧表示场耦合的双向性现象。⑨表示有关静电放电问题引起的危害威胁。

7.3.2　汽车外部的电磁噪声

在汽车外部的电磁噪声中对电子系统有较大影响的是静电及社会环境中的电车、高压输电线与通信设备(包括广播电台设备)。

1）由静电引起的电磁噪声

在汽车的电子系统中所使用的元件经历了晶体管→集成电路→大规模集成电路的

飞速发展过程，静电现象也日益为人们重视。在汽车中，在下车时或在车椅上滑动时，以及在工厂组装车间检测、维修调整时，由静电引起的电磁噪声都必须加以考虑。静电的产生，与湿度、衣服等相关，而且，人体所具有的等价静电容量及人体电阻也因人而异，其评价模式现在还未出现。

2）社会环境中的电磁噪声

在社会电磁环境中必须考虑的是，在超高压输电线下的电磁噪声、电车轨道近旁的电磁噪声及广播电台放射的各种电波，通信设备的发射天线近旁的电磁噪声。

高压输电线为了减少输电损耗通常采用高压输电形式。不仅是空气中电晕放电，也必须考虑到高压输电线下的电磁噪声。在 500 kV 输电线下进行测量的实例是：离地高 2 m，1 kV·m^{-1}（60 Hz）。此外，在这种地点汽车内部的电场强度与车种有直接关系，而且在车窗玻璃面附近最为严重。电台发射塔近旁的电磁噪声的特性，与电场、磁场的特性有关。在中波、短波频带中磁场比电场更占重要因素。在超短波频带中以电场为主体。

8 汽车户籍管理与税费

8.1 汽车户籍管理

车辆管理是公安机关车辆管理部门依据道路交通法规、规章以及国家有关的政策和技术标准，运用行政和技术手段对车辆进行监督和管理，包括对车辆进行注册登记、核发牌照和安全技术检验等几个方面，是公安交通管理机关的一项行政执法工作。

8.1.1 汽车注册登记

未取得机动车号牌、《机动车行驶证》和《机动车登记证书》的机动车辆，车辆管理所按照国家规定对其进行审核、检验，核发机动车号牌，进行《机动车行驶证》和《机动车登记证书》的登记。

1）汽车注册登记程序

机动车所有人或代理人到机动车所有人住所所在地的车辆管理所办理注册登记，办理注册登记需提交以下手续：

（1）填写《机动车注册登记申请表》。

（2）机动车所有人和指定的经办人与原件比对无异的身份证明复印件。

（3）代理登记的，代理人和指定的经办人与原件比对无异的身份证明复印件。

（4）机动车的来历凭证原件或者复印件，其中全国统一的机动车销售发票（不再审核工商行政管理部门验证盖章）、《协助执行通知书》、《公证书》和国家机关出具的调拨证明必须是原件。即：国内购买的，机动车销售统一发票注册登记联原件；国外购买的，销售单位开具的销售发票原件或者复印件和中文翻译件原件；国家机关调拨的，机动车销售统一发票注册登记联原件和调拨证明原件。

（5）国产机动车的《整车出厂合格证》原件；进口机动车的《货物进口证明书》原件；海关监管机动车的《中华人民共和国海关监管车辆进（出）境领（销）牌照通知书》（以下简称《进（出）境领（销）牌照通知书》）原件；没收的走私机动车的《没收走私汽车、摩托车证明书》原件。

(6) 车辆购置税的完税证明或者免税证明副联原件。

(7) 2003 年 1 月 1 日后，国家机关、事业单位、团体组织购公务车辆必须出具《政府采购中标通知书》。

(8) 车辆识别代号(车架号)、发动机号拓印三套。

2) 不予办理注册登记

车辆管理所应当使用计算机登记系统办理机动车登记，不使用计算机登记系统登记的，登记无效。

有下列情形之一的，不予办理注册登记：

(1) 机动车所有人提交的资料无效的；

(2) 机动车所有人的身份证明记载的姓名或者单位名称与机动车来历凭证记载的姓名或者单位名称不一致的；

(3) 机动车所有人按照《机动车辆管理办法》第十条第三项、第四项、第五项规定提交的资料记载的内容与机动车不一致的；

(4) 机动车所有人的住所不在车辆管理所管辖区内的；

(5) 属于走私车、无进口证明、利用进口关键件非法拼(组)装或者套用国产车目录的；

(6) 机动车未获得国家生产许可的；

(7) 机动车为右置方向盘或者将右置方向盘改为左置方向盘的；

(8) 机动车达到国家规定的报废标准或者属于利用报废车辆的零部件拼(组)装的；

(9) 机动车检验不符合强制性国家标准规定的；

(10) 机动车属于被盗抢的。

8.1.2 汽车核发证件

汽车注册登记后，应核发机动车号牌，机动车行驶证，机动车登记证书等。

1) 机动车号牌

机动车号牌是由公安车辆管理机关依法对机动车进行注册登记核发的号牌，它和机动车行驶证一同核发，其号码与行驶证应该一致。它是机动车取得合法行驶权的标志。《中华人民共和国道路交通管理条例》中第十七条规定，机动车号牌不得转借、涂改、伪造。

机动车号牌有两种类型，即“九二”式和“二〇〇二”式号牌。“二〇〇二”式号牌仅在北京等几个城市应用，且数量少，已不核发。目前广泛采用的是“九二”式号牌。

(1) “九二”式号牌

“九二”式号牌是按中华人民共和国公共安全行业标准《中华人民共和国机动车号牌》GA36－92 标准制作，规格如表 8.1 所示。

根据机动车号牌的颜色不同，机动车号牌有蓝底白字的轻便摩托车号牌、黄底黑字的两轮三轮摩托车号牌、蓝底白字的小型客车号牌、黄底黑字的大型客车号牌、黑底白字的外资企业号牌等。

对于特殊车辆，其号牌有其特殊规定，如白底黑字为警用号牌、黑底白字为军用专用号牌、悬挂“使”字车牌为驻华使领管号牌、黄底黑字悬挂“挂”字车牌为大型货车的挂车号牌、黄底黑字悬挂“内”字车牌为场内使用得内部号牌、白底黑字或黄底黑字悬挂“试”为试验用专用号牌、白底黑字或黄底黑字悬挂“学”字为学习驾驶专用车号牌、白底黑字悬挂“赛”字的为赛车专用号牌等。

各地地方政府为重大比赛或重大外事活动所特别制作的专用号牌。例如：绿底白字的十运会专用号牌。

机动车号牌，除临时行驶车的号牌为纸质，其余均为铝质反光。号牌上的字的尺寸大小也都有明确的规定，可查阅 GA36－92 标准附件。

表 8.1　机动车号牌分类、规格、颜色、适用范围

序号	分类	外廓尺寸(mm)	颜色	每副号牌面数	适用范围
1	大型汽车	前：440×140 后：440×220	黄底黑字黑框线	2	总质量 4.5 t(含)、乘坐人数 20 人(含)和车长 6 m(含)以上的汽车、无轨电车及有轨电车
2	小型汽车	440×140	蓝底白字白框线	2	除大型汽车以外的各种汽车
3	使馆汽车		黑底白字红“使”、“领”字白框线	2	驻华使馆的汽车
4	领馆汽车			2	驻华领事馆的汽车
5	境外汽车		黑底白字白框线	2	入出境的境外汽车
			黑底红字红框线	2	入出境限制行驶区域的境外汽车
6	外籍汽车		黑底白字白框线	2	除使、领馆外，其他驻华机构、商社、外资企业及外籍人员的汽车
7	两、三轮摩托车	前：220×95 后：220×140	黄底黑字黑框线	2	两轮摩托车和三轮摩托车
8	轻便摩托车		蓝底白字白框线	2	轻便摩托车
9	使馆摩托车		黑底白字红“使”、“领”字白框线	2	驻华使馆的摩托车和轻便摩托车
10	领馆摩托车			2	驻华领事馆的摩托车和轻便摩托车
11	境外摩托车		黑底白字白框线	2	入出境的境外摩托车和轻便摩托车
12	外籍摩托车			2	除使、领馆外，其他驻华机构、商社、外资企业及外籍人员的摩托车和轻便摩托车

续表 8.1

序号	分类	外廓尺寸（mm）	颜色	每副号牌面数	适用范围
13	农用运输车	300×165	黄底黑字黑框线	2	三、四轮农用运输车、轮式自行专用机械和蓄电池车等
14	拖拉机		黄底黑字	2	各种在道路行驶的拖拉机
15	挂车	同大型汽车后号牌		1	全挂车和不与牵引车固定使用的半挂车
16	教练汽车	440×140	黄底黑字黑框线	2	教练用的汽车及其他机动车不含摩托车和轻便摩托车
17	教练摩托车	同摩托车号牌		2	教练用的摩托车和轻便摩托车
18	试验汽车	440×140		2	试验用的汽车及其他机动车不含摩托车和轻便摩托车
19	试验摩托车	同摩托车号牌		2	试验用的摩托车和轻便摩托车
20	临时入境汽车	300×165	白底红字黑“临时入境”字红框线(字有金色廓线)	2	临时入境参加旅游、比赛等活动的汽车
21	临时入境摩托车	220×120		1	临时入境参加旅游、比赛等活动的摩托车
22	临时行驶车	220×140	白底(有蓝色暗纹)黑字黑框线	2	无牌时需要临时行驶的机动车

小型汽车的号牌试样如下图 8.1 所示：

图 8.1　小型汽车的号编
（蓝底白字白框线）

(2)“二〇〇二”式号牌

“二〇〇二”式号牌，即个性号牌。与“九二”式机动车号牌相比，“二〇〇二”式机动车号牌有这样几个特点：

①号牌编号字符数由 5 位升至 6 位，使用阿拉伯数字和英文字母编排，号码容量扩大到 3 600 万；

②群众自主编排号牌编号，车管所现场制作核发；

③在号牌上增设了机动车的技术参数信息，有利于防止机动车号牌的挪用、涂改等违规行为；

④提高了机动车号牌的制作防伪技术，便于路面值勤人员识别号牌真伪；

⑤“二〇〇二”式机动车号牌从申请、选号到制作、路面管理，全部实行计算机数字化管理，基本实现了与国际通行做法的接轨。

“二〇〇二”式号牌由于过于个性化，某些情趣超出了社会能够普遍接受的规范程度，所以“二〇〇二”式号牌在北京、天津、杭州和深圳 4 个城市试点发放不久，就停止了发放。

(3) 号牌的位置

根据《中华人民共和国道路交通安全法实施条例》的规定，机动车号牌应当悬挂在车前、车后指定位置，保持清晰、完整。重型、中型载货汽车及其挂车、拖拉机及其挂车的车身或者车厢后部应当喷涂放大的牌号，字样应当端正并保持清晰。

2) 机动车行驶证

《机动车行驶证》是由公安车辆管理机关依法对车辆进行注册登记核发的证件，它是机动车取得合法行驶权的凭证。中华人民共和国道路交通管理条例第十七条规定，机动车行驶证是车辆上路行驶必须的证件，《中华人民共和国机动车登记管理办法》规定机动车行驶证是机动车过户、转籍必不可少的证件。《机动车行驶证》式样如图 8.2 所示。

中华人民共和国机动车行驶证

号牌号码 ………………　　车辆类型 ………………

所 有 人 ………………

住　　址 ………………

品牌型号 ………………　　使用性质 ………………

发动机号码 ………………

发证机关章　　车辆识别代号 ………………

注册登记日期 ………………　　发证日期 ………………

(a) 正页

中华人民共和国机动车行驶证副页

档案编号 ………………

号牌号码 ………………　　车辆类型 ………………

总质量 ………………　　整备质量 ………………

核定载质量 ………………　　准牵引总质量 ………………

核定载客 ………………　　驾驶室共乘 ………………

货箱内部尺寸 ………………　　后轴钢板弹射片数 ………………

外廓尺寸 ………………

检验记录 ………………

(b) 副页

图 8.2　机动车行驶证

3）机动车登记证书

根据 2001 年 10 月 1 日起实施的《中华人民共和国机动车登记办法》，在我国境内道路上行驶的机动车，应当按规定经机动车登记机构办理登记，核发机动车号牌、《机动车行驶证》和《机动车登记证书》。

机动车所有人申请办理机动车各项登记业务时均应出具《机动车登记证书》；当登记信息发生变动时，机动车所有人应当及时到车辆管理所办理相关手续；当机动车所有权转移时，原机动车所有人应当将《机动车登记证书》随车交给现机动车所有人。目前，《机动车登记证书》还可以作为有效资产证明，到银行办理抵押贷款。

《机动车登记证书》同时也是机动车的"户口本"，所有机动车的详细信息及机动车所有人的资料都记载在上面，证书上所记载的原始信息发生变化时，机动车所有人应携《机动车登记证书》到车管所作变更登记。这样，"户口本"上就有机动车从"生"到"死"的一套完整记录。

公安车辆管理部门是《机动车登记证书》的核发单位。凡 2001 年 10 月 1 日之后新购机动车，都随车办好了证书，凡 2001 年 10 月 1 日之前购车未办领《机动车登记证书》的机动车所有者，必须补办《机动车登记证书》。

《机动车登记证书》与《机动车行驶证》相比它的内容更详细，《机动车登记证书》的式样如图 8.3 所示。

注册登记摘要信息栏

Ⅰ	1. 机动车所有人/身份证明名称/号码					
	2. 登记机关		3. 登记日期		4. 机动车登记编号	

过户、转入登记摘要信息栏

Ⅱ	机动车所有人/身份证明名称/号码					
	登记机关		登记日期		机动车登记编号	
Ⅲ	机动车所有人/身份证明名称/号码					
	登记机关		登记日期		机动车登记编号	
Ⅳ	机动车所有人/身份证明名称/号码					
	登记机关		登记日期		机动车登记编号	
Ⅴ	机动车所有人/身份证明名称/号码					
	登记机关		登记日期		机动车登记编号	
Ⅵ	机动车所有人/身份证明名称/号码					
	登记机关		登记日期		机动车登记编号	
Ⅶ	机动车所有人/身份证明名称/号码					
	登记机关		登记日期		机动车登记编号	

第1页

注册登记机动车信息栏

5. 车辆类型		6. 车辆品牌	别克	
7. 车辆型号		8. 车身颜色		
9. 车辆识别代号/车架号		10. 国产/进口		
11. 发动机号		12. 发动机型号		
13. 燃料种类		14. 排量/功率	kW	
15. 制造厂名称		16. 转向形式		
17. 轮距	前 mm 后 mm	18. 轮胎数		
19. 轮胎规格		20. 钢板弹簧片数	后轴 片	
21. 轴距		22. 轴数		
23. 外廓尺寸	长	宽	高 mm	33. 发证机关章
24. 货厢内部尺寸	长	宽	高 mm	
25. 总质量	kg	26. 核定载质量	kg	
27. 核定载客	人	28. 准牵引总质量	kg	
29. 驾驶室载客		30. 使用性质		
31. 车辆获得方式	人	32. 车辆出厂日期		34. 发证日期

第 2 页

图 8.3 机动车登记证书

4）道路运输证

道路运输证是县级以上人民政府交通主管部门设置的道路运输管理机构对从事旅客运输(包括城市出租客运),货物运输的单位和个人核发的随车携带的证件,营运车辆转籍过户时,应到运管机构及相关部门办理营运过户有关手续。道路运输证的式样如图 8.4 所示。

苏交运政	字 号
业户	
地址	
车辆行驶证号	
经营许可证号	
车 辆 类 型	
吨（座）位	
经 营 范 围	

经济类型	
企业经营资质等级	
备注	
核发机关	年 月 日

(a) 正页

道路运输证明副页(待理证)	
苏交运政	字 号
业户	
地址	
车辆行驶证号	
经营许可证号	
车 辆 类 型	
吨 (座) 位	
经 营 范 围	

待 理 记 载	
本次有效期至 年 月 日止	
待事理由	
验章	年 月 日
本次有效期至 年 月 日止	
待事理由	
验章	年 月 日
本次有效期至 年 月 日止	
待事理由	
验章	年 月 日

(b) 副页

图 8.4 道路运输证

8.1.3 汽车异动登记

1) 转籍登记

领有正式号牌和行驶证的汽车由本辖区迁移至外省市或由外省市调入本辖区内时须进登记，称之为转籍登记，包括转出登记和转入登记。

转籍登记须在规定的时间内到车辆管理机关申办转籍手续，填写《机动车变更、改装、停驶、复驶、报废审批申请表》。

(1) 转出登记

转出登记含过户转出登记和转籍转出登记。过户转出登记是指已注册登记的机动车所有权发生转移并转出本车辆管理所的登记。转籍转出登记是指已注册登记的机动车，其所有人住所迁出本车辆管理所管辖区域时进行的登记。

(2) 转入登记

转入登记包含过户转入登记和转籍转入登记。过户转入登记是指已注册登记的机动车因所有权转移，由异地车辆管理所转入现机动车所有人所在地车辆管理所时进行的登记。

转籍转入登记是指已注册登记的机动车因所有人住所迁移，由异地车辆管理所转入现所在地车辆管理所时进行的登记。

办理转籍手续的车辆，须当年年度检验合格，年检不合格的车辆或未进行年检的车辆，一律不办理转籍手续。一年内达到报废期限或经批准延期报废的车辆，则不受理转籍申请。

2) 过户登记

过户登记是指车辆管理所对已注册登记的机动车在其所有权发生转移(且原机动

车所有人和现机动车所有人的住所在同一车辆管理所管辖区）后所进行的只改变机动车所有人但不转出本车辆管理所的登记。

3）变更登记

变更登记是指机动车所有人因变更姓名或者单位名称，在车辆管理所管辖区内变更住所的地址，身份证明的名称、号码，变更车身颜色、发动机、燃料种类，因故损坏无法修复更换同型号车身或者车架，以及因质量问题更换整车或者同型号发动机、车身、车架时进行的登记。

4）抵押、注销抵押登记

抵押登记，是指车辆管理所根据机动车抵押权人和抵押人的申请，将机动车所有人（即抵押人）的机动车作为抵押物所进行的登记。

5）停驶、复驶登记

停驶登记是指车辆管理所对因维修、闲置等原因而申请暂时停止使用的机动车辆进行的登记。

复驶登记是指车辆管理所对已做停驶登记的机动车做恢复行驶的登记。

6）临时入境登记

临时入境登记，是指车辆管理所对经国家主管部门批准，临时（不超过 3 个月）入境参加有组织的旅游、比赛以及其他交往活动的外国机动车辆进行审核、检验，核发中华人民共和国临时专用号牌和《中华人民共和国机动车临时行驶证》的登记。

7）注销登记

注销登记是指车辆管理所对已注册登记的机动车，因达到国家规定的报废标准、灭失或者因故不在我国境内道路上使用后所进行的登记。

8）补、换领牌照及行车证

车辆号牌遗失或损坏的应持车主证明，说明丢失及损坏的原因及经过，号牌损坏的应连同损坏的号牌一起到车辆管理机关填写《补领牌照申请表》申请补换。经审核，先领取与原牌照相同的“补牌证"，按预约时间凭“补牌证”领取补制的号牌。

遗失行驶证的，应持车主证明，到车辆管理机关填写《补领牌照申请表》申请补领，公告挂失后，经审核开具一个月待理证，到期凭待理证领取补发的行驶证。行驶证损坏或记录填写满后，可凭损坏的或原行驶证直接换领新证。

因违章、肇事被扣行驶证而假冒遗失补证的，将酌情予以教育和处罚。

8.1.4 汽车登记的工作程序

1）直接交易、中介交易类登记的工作程序

直接交易、中介交易类登记的工作程序如图 8.5 所示。

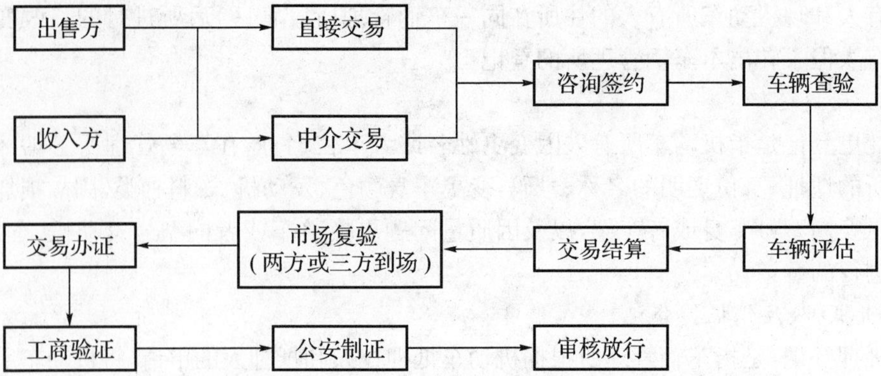

图 8.5　直接交易、中介交易类登记的工作程序

2) 经销类的工作程序

经销类登记的工作程序如图 8.6 所示。

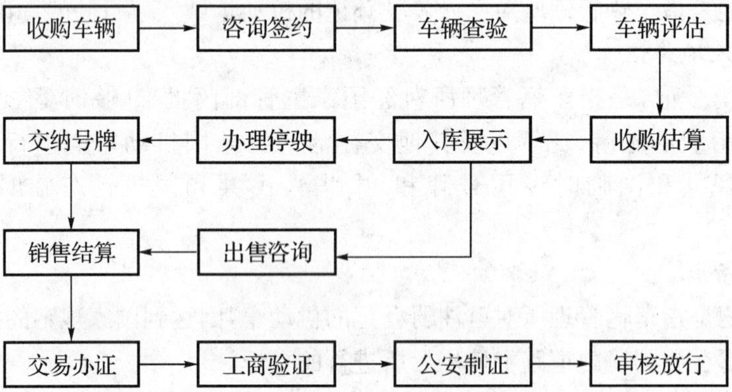

图 8.6　经销类登记的工作程序

3) 退牌、上牌类登记的工作程序

退牌、上牌类登记的工作程序如图 8.7 所示。

4) 寄卖或拍卖类登记的工作程序

寄卖或拍卖类登记的工作程序如图 8.8 所示。

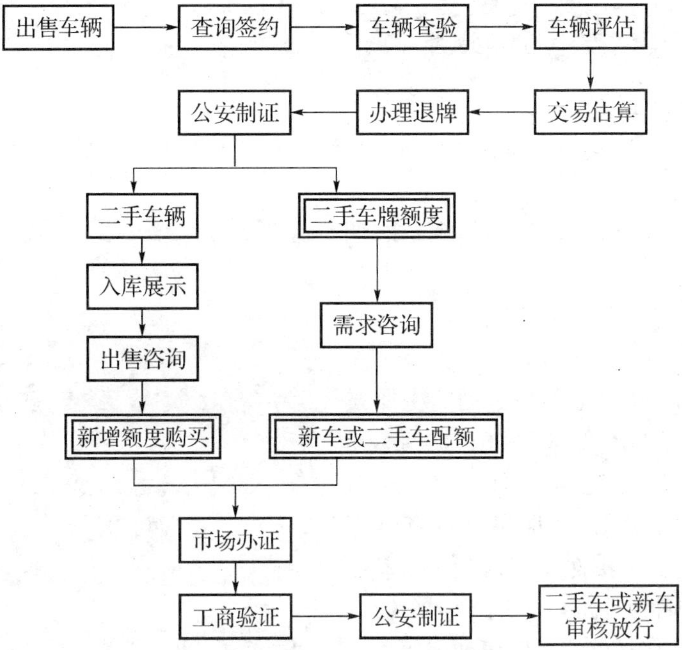

图 8.7　退牌、上牌类登记的工作程序

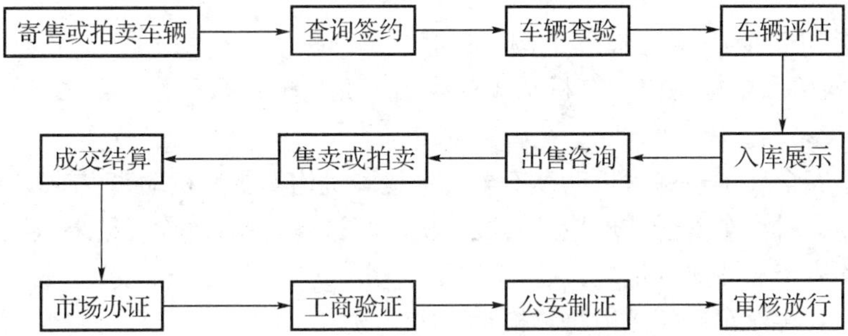

图 8.8　寄卖或拍卖类登记的工作程序

8.2　汽车年检与审检

为确保车辆运行安全和技术状况良好，必须对在用车辆进行技术检测。在用车辆的技术检测分为自检和强制性检测。车辆所属单位的自检，以确保车辆具有良好动力性、经济性和安全性为主要目的；车辆管理部门对在用车辆进行的强制性检验，是通过检查其是否符合国家规定的技术条件，以确定被检车辆的技术状况是否满足运行安全和营运的基本要求。

8.2.1 汽车年检与审检的分类

1) 按参加检验的时间分

根据车辆参加检验的时间要求,可分为年度检验和临时性检验两类。

(1) 年检

年检是指按照车辆管理部门规定的期限对在用车辆进行的定期检验,或根据交通运输管理部门制定的车辆检测制度对营运车辆进行的定期检测。

车辆年检的目的是检验车辆的主要技术性能是否满足 GB 7258－2004《机动车运行安全技术条件》的规定,督促车属单位对车辆进行维修和更新,确保车辆具有良好的技术状况,消除事故隐患,确保行车安全;同时,使车辆管理部门全面掌握车辆分类和技术状况的变化情况,以便加强管理。

图 8.9　机动车检验合格标志

机动车必须进行年检,检验合格后,公安机关发放合格标志。根据《中华人民共和国道路交通安全法实施管理条例》的规定,机动车检验合格标志应贴在机动车前窗右上角(图 8.9)。若无合格标志或无效标志,则不能交易。

机动车安全技术检验由机动车安全技术检验机构实施。机动车安全技术检验机构应当按照国家机动车安全技术检验标准对机动车进行检验,对检验结果承担法律责任。

机动车应当从注册登记之日起,按照下列期限进行安全技术检验:

①营运载客汽车 5 年以内每年检验 1 次;超过 5 年的,每 6 个月检验 1 次;

②载货汽车和大型、中型非营运载客汽车 10 年以内每年检验 1 次;超过 10 年的,每 6 个月检验 1 次;

③小型、微型非营运载客汽车 6 年以内每 2 年检验 1 次;超过 6 年的,每年检验 1 次;超过 15 年的,每 6 个月检验 1 次;超过 20 年的,每 3 个月检验 1 次。

④摩托车 4 年以内每 2 年检验 1 次;超过 4 年的,每年检验 1 次;

⑤拖拉机和其他机动车每年检验 1 次。

营运机动车在规定检验期限内经安全技术检验合格的,不再重复进行安全技术检验。

(2) 临时性检验

临时性检验是指除对车辆年检和正常检验之外的车辆检验。车辆临时性检验的内容与年检基本相同,其目的是评价车辆性能是否满足 GB 7258－2004《机动车运行安全技术条件》的要求，以确定其能否在道路上行驶，或车辆技术状况是否满足参加营运的基本要求。

①在用车辆参加临时性检验的范围包括：

ⓐ申请领取临时号牌（如新车出厂、改装车出厂）的车辆；

ⓑ放置很长时间，要求复驶的车辆；

ⓒ遭受严重损坏，修复后准备投入使用的车辆；

ⓓ挂有国外、港澳地区号牌，经政府有关部门允许，可进入境内短期行驶的车辆；

ⓔ车辆管理部门认为有必要进行临时检验的车辆（如春运期间、交通安全大检查期间）。

②营运车辆在下述情况下，应按交通运输管理部门的规定，参加临时性检测：

ⓐ申请领取营运证的车辆；

ⓑ经批准停驶的车辆恢复行驶前；

ⓒ经批准封存的车辆启封使用时；

ⓓ改装和主要总成改造后的车辆；

ⓔ申请报废的车辆。

2）按年检与审检的目的分

按检测目的不同，汽车年检与审检一般分为安全检测、综合性能检测、维修检测、特殊检测等。

（1）安全检测

安全检测以涉及汽车安全与环保的项目为主要检测内容，其目的是确定汽车性能是否满足有关汽车运行安全和公害等法规的规定，是对全社会民用汽车的安全性检查。

（2）综合性能检测

综合性能检测是指对汽车的安全性、动力性、经济性、可靠性、噪声和废气排放状况等进行的全面检测，其目的是对在用运输车辆的技术状况进行检测诊断，对汽车维修行业的维修车辆进行质量检测，以确保运输车辆安全运行，提高运输效率和降低运行消耗。

（3）维修检测

维修检测以汽车性能检测和故障诊断为主要内容，其目的是对汽车维修前进行技术状况检测和故障诊断，据此确定附加作业和小修项目以及是否需要大修，同时对汽车维修后的质量进行检测。

（4）特殊检测

特殊检测是指为了不同的目的和要求对在用车辆进行的检验。在检验的内容和重点上与上述各类检验有所不同，故称为特殊检测。主要包括：

①改装或改造车辆的检测。为了不同的使用目的，在原车型底盘的基础上改制成其他用途的车辆后，因其结构和使用性能变更较大，车辆管理部门在核发号牌及行车执照时应对其进行特殊检验。检验内容包括：汽车主要总成改造后的车辆检验；有关新工艺、新技术、新产品，以及节能、科研项目等的检测、鉴定。

②事故车辆的检测。对发生交通事故并有损伤的车辆进行检测，一是为了分析事故原因，分清事故责任；另一方面是为了查找车辆的故障，确定汽车的技术状况，以保证行车安全。

③外事车辆的检验。为保证参加外事活动车辆的技术状况，防止意外事故发生，必须对车辆的安全性能和其他有关性能进行检验。

④其他检测。接受公安、商检、计量、保险等部门的委托，进行有关项目的检测。

8.2.2 汽车年检与审检的主要内容

1）汽车安全检测

汽车安全检测以涉及汽车行驶安全及环保的项目为主要检测内容。根据检测手段不同，汽车安全检测一般分为外检和有关性能的检测。

外检通过目检和实际操作来完成，其主要内容有：

(1) 检查车辆号牌、行车执照有无损坏、涂改、字迹不清等情况，校对行车执照与车辆的各种数据是否一致。

(2) 检查车辆是否经过改装、改型、更换总成，其更改是否经过审批及办理过有关手续。

(3) 检查车辆外观是否完好，连接件是否紧固，是否有漏水、漏油、漏气、漏电等现象。

(4) 检查车辆整车及各系统是否满足 GB 7258－2004《机动车运行安全技术条件》所规定的基本要求。

对汽车有关性能的检测，利用专用汽车检测设备对汽车进行规定项目的检测完成，根据中华人民共和国公安部《机动车安全技术检测站管理办法》对检测设备配备的要求，可分为以下 6 项：

①转向轮侧滑；

②制动性能；

③车速表误差；

④前照灯性能；

⑤废气排放；

⑥喇叭声级和噪声。

2）汽车综合性能检测

根据中华人民共和国交通部《汽车运输业车辆技术管理规定》汽车综合性能检测的主要内容包括：

(1) 汽车的安全性(制动、侧滑、转向、前照灯等)。

(2) 可靠性(异响、磨损、变形、裂纹等)。

(3) 动力性(车速、加速能力、底盘输出功率、发动机功率、转矩、供给系统、点火系统状况等)。

(4) 经济性(燃油消耗)。

(5) 噪声和废气排放状况。

3) 汽车维修检测

汽车维修检测包括汽车二级维护前的检测和汽车维修质量检测。

(1) 汽车二级维护前的检测

汽车进行二级维护前,应进行技术状况检测和故障诊断,据此确定二级维护附加作业和小修项目以及是否需要大修。其主要检测内容有:

①汽车基本性能最高车速、加速性能、燃油消耗量、制动性能、转向轮侧滑量、滑行能力等。

②发动机技术状况汽缸压力、机油压力、工作温度、点火系统技术状况、机油质量、发动机异响等。

③底盘技术状况离合器工作状况;变速器、主减速器、传动轴技术状况(密封、工作温度、异响等);车轮、悬架技术状况;车架有无裂伤及各部件铆接状况等。

④车辆外观状况,检查车辆装备是否齐全,车身有无损伤,车轴及车架有无断裂、变形及有无“四漏”现象等。

(2) 维修质量检测

维修质量检测指汽车维修竣工后进行的汽车二级维护质量检测、汽车或发动机大修质量检测。汽车二级维护质量检测的主要内容有:

①外观。检查车容整齐,装备齐全,无“四漏”现象等。

②动力性能。检测发动机功率或汽缸压力,汽车的加速性能,滑行能力。

③经济性能。检测燃油消耗量。

④安全性能。转向轮定位和侧滑量,转向盘自由转动量,制动性能,前照灯发光强度及光束照射位置,车速表误差,喇叭声级及噪声等。

⑤废气排放。汽油车怠速污染物(CO、HC)排放,柴油车自由加速烟度排放。

⑥异响。发动机和底盘各总成有无异常声响。

8.3 汽车税费

汽车主要税费包括车辆购置税、养路费、车船使用税、通行费、过渡费、管理费、保险费等。

8.3.1 车辆购置税

车辆购置税是由车辆购置附加费演变而来的,国务院于 1985 年 4 月 2 日发文,决定对所有购置车辆的单位和个人,包括国家机关和单位一律征收车辆购置附加费,其目的是切实解决发展公路运输事业与国家财力紧张的突出矛盾,将车辆购置附加费作为我国公路建设的一项长期稳定的资金来源。车辆购置附加费由交通部门负责征收工作。

中华人民共和国国务院令(第 294 号)《中华人民共和国车辆购置税暂行条例》规定从 2001 年 1 月 1 日起,我国将开征车辆购置税,取代车辆购置附加费。其主要原因是:

(1) 将车辆购置附加费改为车辆购置税,要求纳税人依法缴纳税款,有利于理顺政府分配关系,提高财政收入占 GDP 的比重,增强政府宏观调控能力。

(2) 从国际通行做法看,发达的市场经济国家普遍通过税收筹集交通基础设施建设资金,极少采用收费的方式。开征车辆购置税取代原有车辆购置附加费,有利于交通基础设施建设资金的依法足额筹集,确保资金专款专用,从而促进交通基础设施建设事业的健康发展。

车辆购置附加费改成车辆购置税,由国家税务局征收,资金的使用由交通部门按照国家有关规定统一安排使用,车辆购置税的征收标准,是按车辆计税价的 10%计征。在取消消费税后,它是购买车辆后最大的一项费用。

车辆购置税的具体征收范围依照《中华人民共和国车辆购置税暂行条例》所附《车辆购置税征收范围表》执行。

车辆购置税完税证明的式样如图 8.10 所示。

第一页	第二页	第三页
车辆购置税完税证明	征税	**注意事项**
No.		1. 每车一证,随车携带,正副本填写必须一致。
纳税人		2. 完税(含减税)车辆加盖“车辆购置税完税专用章”,免税车辆加盖“车辆购置税免税专用章”以及征收机关公章后此证方可效。
厂牌型号		
发动机号	(专用章) 年 月 日	
车架号 车辆识别号)	免税	3. 注册登记地车辆管理部门凭此证副本和有关完税凭证发给车辆牌照,并将副本留存。
牌照号码		4. 车辆过户、转籍、变更、报废,此证作废,并交回原发证机关。
征收机关名称		5. 此证不准涂改、伪造。
经办人签章	(专用章) 年 月 日	6. 办理牌照后,纳税人应到税务机关登记车辆牌照号

图 8.10 车辆购置税完税证明

8.3.2 养路费

养路费是交通管理部门规定车辆所有者在使用车辆所占道路应交纳的费用。它是国家按照“以路养路,专款专用”的原则,规定由交通部门向有车单位或个人征收的用于养路和改善公路的专项事业费。拥有车辆的单位和个人,必须按照国家规定,向公路管理部门按时缴纳养路费,缴纳养路费的车辆发给养路费缴讫证,免征的车辆也要有免缴证,此证是机动车通行公路的必备证件之一,养路费的征收和减免按《公路养路费征收管理规定》[(91)交工字 714 号]执行。

养路费单的式样如图 8.11 所示。

图 8.11 养路费缴讫证

8.3.3 车船使用税

国务院 1986 年 9 月 15 日发布了《中华人民共和国车船使用税暂行条例》国发[1986]90 号，从 1986 年 10 月 1 日起实施。根据规定，凡在我国境内拥有并使用车船的单位和个人，为车船使用税的纳税义务人(不包括外商投资企业、外国企业和外国人)。车船拥有人与使用人不一致时，仍由拥有人负责缴纳税款。

车船使用税单的式样如图 8.12 所示。

图 8.12 车船使用税

8.3.4 通行费和过渡费

车辆通行费征收对象是利用贷款(包括需归还的集资)新建、改建的高等级公路、桥梁、隧道的车辆。除正在执行紧急任务的设有固定装置的消防车、医院救护车、公安部门的警备车外，对其他任何机动车均应一律收取通行费。

凡利用贷款(包括需归还的集资)新建、改建(不包括局部改造)的高等级公路(即二级和二级以上的公路)或大型公路桥梁、隧道，需要偿还货款并符合下列条件之一的工程项目：

(1) 桥梁 300 m 以上，隧道 500 m 以上，改渡为桥可适当放宽到桥长 200 m；

(2) 高速公路，里程在 10 km 以上的一级公路及里程在 20 km 以上的二级公路。

建成后,经省人民政府批准,所有过往车辆(不包括规定免征车辆)收取通行费。

车辆通行费的收取是以贷款、集资、新建、改建公路桥梁、隧道为前提,桥梁、隧道的长度、公路里程为条件的收费项目,因受限因素较多,诸如公路、桥梁、隧道的长度,偿还贷款的时间,设置车辆通行费收费地的经济发展等条件,国家还很难做出具体的收费标准。因此,国家通过宏观控制,制订符合实际的前提和条件,具体征收标准由省级公路主管部门综合考虑桥梁、隧道、公路长度、还款额度、收费期限、交通量大小、车辆负担能力和便利通行等因素,会同省级财政部门、物价部门提出方案,报经省级人民政府批准后组织实施。

中外合资建设的公路项目,其收费标准按批准的协议或合作条款办理。

车辆通行费一般采取双向两次征收或单向一次征收的方法收取,昼夜 24 小时不间断收费,收取的车辆通行费按收费公路或公路构造名称设立专户存储。

过渡费的征收对象是来往过渡的所有车辆,由省级公路主管部门、物价部门根据过渡的长度、交通量大小、车辆负担能力,结合当地实际情况,综合考虑核定收费标准。

过渡费由公路主管部门和其授权的公路管理机构征收。

8.3.5 公路运输管理费

公路运输管理费(以下简称运管费)是根据国家规定向应征者征收用于公路运输行业管理的事业费。

凡从事营业性公路客货运输、搬运装卸、运输服务的单位和个人,以及部队车辆参加地方营业性运输的,均须缴纳运管费。运管费由公路运输管理部门(以下简称运管部门)征收,其他任何单位及个人均不得收取。

运管费按经营者的营业收入计征,最高不超过 1%。其征收办法是:客货运输由车籍所在地的运管部门接应收运费计征,搬运装卸、运输服务由生产作业地的运管部门按营业收入计征。

营业额难以计算的,可核定年度的营业收入,按月定额征收。运管费缴纳后,应记入单车营运证,有效期内全国通行。运管费应按规定范围、规定标准征收,应征不漏,不得多收、重收,不是本地车籍的过境营运车辆,一律不得收取运管费。

8.3.6 汽车保险费

汽车保险费是为了防止汽车发生意外事故,避免用户发生较大损失而向保险公司所交付的费用。该费用各地区有所不同,交纳时按本地区保险费用交付。

汽车保险就是保险人通过收取保险费的形式建立保险基金,并将它用于补偿因自然灾害或意外事故所造成的车辆经济损失,或在人身保险事故发生时赔偿损失,负担责任赔偿的一种经济补偿制度。

机动车保险险种分为交强险和商业险两种。

1) 交强险

交强险即机动车交通事故责任强制保险，是我国首个由国家法律规定实行的强制保险制度。交强险是由保险公司对被保险机动车发生道路交通事故造成受害人(不包括本车人员和被保险人)的人身伤亡、财产损失，在责任限额内予以赔偿的强制性责任保险。

实行交强险制度就是通过国家法律强制机动车所有人或管理人购买相应的责任保险，以提高三责险的投保面，在最大程度上为交通事故受害人提供及时和基本的保障。2006 年 7 月 1 日之后，未按规定投保交强险、或未携带交强险标志的机动车不得上路。

2) 商业险

机动车商业险险种分为主险和附加险两大类种。主险又分为第三者责任险和车辆损失保险两种。附加险一般有全车盗抢险、玻璃单独破碎险、自燃损失险、机动车辆乘坐责任保险、机动车辆承运货物责任保险、机动车辆无过错责任保险、汽车零部件失窃保险、杂支费用保险、机动车辆停驶损失险等 9 种。

(1) 主险

①第三者责任

是指被保险人或其允许的合格驾驶员在使用保险车辆过程中发生意外事故，致使第三者遭受人身伤亡或财产的直接损毁。保险公司依照保险合同规定给予赔偿。也就是说，第三者责任是被保险人对他人因保险车辆使用过程中发生意外事故而导致的民事赔偿责任。第三者责任险的每次事故最高赔偿限额分 5 个档次:5 万元、10 万元、20 万元、50 万元、100 万元，车主可自愿选择投保。根据不同的车型，投保的费用不同。在不同区域内，摩托车、拖拉机的最高赔偿限额分为 4 个档次:2 万元、5 万元、10 万元和 20 万元。其他车辆的最高赔偿限额分为 6 个档次:5 万元、10 万元、20 万元、50 万元、100 万元和 100 万元以上，最高不超过 1 000 万元。挂车投保后与主车视为一体，发生事故时，挂车引起的赔偿责任视同主车引起的赔偿责任，保险人对挂车赔偿责任与主车赔偿责任所负赔偿金额之和，以主车赔偿限额为限。

②车辆损失险

因碰撞、倾覆、火灾、爆炸等意外事故;雷击、暴风、龙卷风等自然灾害;载运保险车辆的渡船遭受自然灾害或意外事故造成的保险车辆的经济损失(只限于有驾驶员随车照料者)，保险公司将依照保险合同予以赔偿。车辆损失险的投保费用一般为车价的 1.2%。保险价值根据新车购置价格确定。其保险金额可以按投保时保险价值或实际价值确定，也可以由保险公司与车主协商确定，但保险金额不得超过保险价值。

(2) 附加险

附加险是在主险的基础上附加的险种，属于车主自愿投保的项目，大致有 9 种。

①全车盗抢险

因被保险车辆全车被盗窃、抢劫或抢夺，给被保险人造成的直接经济损失由保险人负责赔偿的附加险种。它的投保费用为车价的 1%。保险公司主要承担保险车辆在被盗、被抢期间受到损坏所需修复的费用。若经查证整车丢失，保险公司赔偿80%的保险金额。

②玻璃单独破碎险

被保险车辆在停放或使用过程中，因玻璃意外破碎而造成损失，由保险人负责赔偿的附加险种。它的投保费用为车价的0.15%。保险公司需按实际损失赔偿。

③自燃损失险

是因车辆自身电器、线路等发生故障而引起的燃烧，造成车辆损失，由保险公司负责赔付的保险险种。它的投保费用为赔偿限额的0.4%。保险公司承担80%的赔偿金额。

④机动车辆乘坐责任保险

机动车辆乘坐责任险是一种为驾乘人员提供保险服务的附加险。它的含义是：凡被保险人允许的合格驾驶员在使用保险车辆的行驶过程中发生意外事故，致使车内额定座位上的乘客和驾驶员遭受伤亡，在法律上应由被保险人承担的经济赔偿责任，保险公司将依照现行道路交通事故处理办法和保险合同规定予以赔付。有些保险公司将其称为车上人员责任保险，有些保险公司称为乘坐责任险；另外一些保险公司将其称为乘客座位责任险、驾驶员座位责任险，其实质上无较大区别，只是称谓不同而已。

⑤机动车辆承运货物责任保险

机动车辆承运货物责任保险的保险责任规定：

• 货物自身火灾、爆炸、雷击、冰雹、洪水、崖崩造成的损失；

• 货物因载运的机动车辆发生火灾、爆炸、碰撞、倾覆所造成的损失；

• 在发生上述灾害事故时，因在纷乱中造成保险货物的散落，以及因施救或保护该货物而支付的必要的合理费用；

• 机动车辆在正常行驶过程中，由于货物发生意外事故，致使第三者遭受人身伤亡或财产的直接损毁，在法律上应当由被保险人承担的经济赔偿责任，保险公司将根据有关法律和保险合同的规定给予赔偿。

⑥机动车辆无过错责任保险

凡被保险人或其允许的驾驶员在使用保险车辆过程中与非机动车、行人发生交通事故，造成行人伤亡或财产的直接损失，机动车方无过错或机动车方有部分责任，根据有关规定，以上应由行人或非机动车辆承担经济损失而无偿还能力，经公安机关调解认定由机动车方垫付的部分，并在被保险人将第三者追偿权利移交给保险公司后，保险公司予以赔偿。

⑦汽车零部件失窃保险

该险种是指在正常使用保险车辆过程中，发生汽车零部件被盗，保险人按品名换价给予赔偿的一种附加险种。保险标的是汽车零部件。

⑧杂支费用保险

该险种是指保险车辆发生保险责任范围内的交通事故，在事故处理过程中，承担的超过有关条款规定赔偿标的合理部分，由保险人负责赔偿的一种附加险。

⑨机动车辆停驶损失险

参加停驶损失险的机动车辆在保险有效期内遭受保险责任范围内的自然灾害或意外事故，致使本车车身损失需维修而造成的本车停驶损失，保险公司从签订修理协议书当日起到车辆修复竣工之日(指保险公司与被保险人协议的车辆修复期限)止的停驶的天数乘以约定的赔偿金额计算赔偿，但赔偿天数不得超过 30 天。对于保险车辆在维修过程中等待配件而延长修理时间所造成的停驶损失，到期未续保，停驶已超过保险有效期的损失，保险公司不予赔偿，保险车辆发生全部损失以及全车失窃，保险公司按 15 天的停驶天数乘以约定的日赔偿金额计算赔偿。

投保后，保险人要发给被保险人保险凭证，俗称机动车辆保险证(见图 8.13)。它是保险合同已经订立或保险单已正式签发的一种凭据。它与保险单具有同样的作用和效力，可以用来证明被保险人已遵照政府有关法令或规定参加了保险。驾驶人员应随身携带机动车保险证。

机 动 车 辆 保 险 证

随车携带
随时服务

No. 0000000

(a) 正面

保险单号……………………
被保险人……………………
号牌号码…………………… 厂牌型号……………………
发动机号…………………… 使用性质……………………
车 架 号…………………… 人/千克……………………
承保险种…………………… 使用性质……………………
保险期限 自……年……月……日 零时起
至……年……月……日 零时止 保险公司签章

(b)反面

图 8.13 机动车辆保险证

9 汽车运行材料的合理使用

汽车运行材料是指在车辆运行过程中,使用周期较短,消耗费用较大,对车辆使用性能有较大影响的一些非金属材料。按照其对汽车运行的作用和消耗方式的不同,汽车运行材料可分为以下四类:

(1) 车用燃料　车用燃料主要包括车用汽油、车用柴油、车用替代燃料等。车用燃料的消耗费用约占汽车运输成本的 1/3 左右,直接影响汽车使用的经济性。

(2) 车用润滑油料　车用润滑油料主要包括发动机润滑油、车辆齿轮油、车用润滑脂等。车用润滑油料的选用直接影响汽车的传递效率,如选用不当,会使汽车起步困难,并缩短汽车的使用寿命。

(3) 车用工作液　车用工作液主要包括汽车制动液、液压系统用油等。车用工作液的消耗费用和其他运行材料相比,虽然不是很多,但其对汽车性能有显著的影响,其选用的合理与否,对节约汽车燃料和车用润滑油料,发挥车辆动力性,延长汽车使用寿命有直接关系。

(4) 汽车轮胎　轮胎是汽车行驶系的主要组成部分之一,其使用的合理与否,直接关系到汽车的行驶安全性和使用经济性。

9.1 汽车燃料的合理使用

9.1.1 车用汽油的合理使用

1) 车用汽油的使用性能要求

车用汽油作为汽油机的主要燃料,应满足汽油机的工作需要,即在短时间内由液体状态蒸发成气体状态,并与空气均匀混合,形成良好的可燃混合气,平稳快速地燃烧,完成对外做功。同时,不能发生气阻、爆燃、腐蚀机件等现象。为满足汽油机的工作特点,车用汽油应具备以下使用性能:

(1) 适宜的蒸发性;

(2) 良好的抗爆性;

(3) 良好的氧化安定性；

(4) 无腐蚀、无污染性；

(5) 油本身的清洁性。

2) 车用汽油的性能指标

车用汽油的性能主要是指汽油的抗爆性、蒸发性、氧化安定性、防腐蚀性及清洁性等。

(1) 抗爆性

汽油的抗爆性是指汽油在发动机汽缸内燃烧时抵抗产生爆燃的能力。

爆燃是一种发动机的不正常燃烧现象，即在混合气被点燃后的火焰传播过程中，位于火焰前锋未燃烧的混合气发生自燃，形成压力冲击波，产生金属敲击声并消耗有效能量。爆燃的产生受多种因素影响，其中汽油抗爆性影响最大。高压缩比发动机的经济性好，但产生爆燃的倾向大。因此，爆燃限制了发动机压缩比的提高，使发动机经济性的提高受到限制。长时间爆燃还会使发动机过热，甚至使零部件损坏。由此可见，汽油的抗爆性越好，发动机的动力性和经济性就越能得以体现。

汽车抗爆性的评价指标是辛烷值和抗爆系数。

①辛烷值。辛烷值是代表点燃式发动机燃料抗爆性的一个约定数值，采用在规定条件下的标准发动机试验中与标准燃料进行比较的方法测定。测定的方法有马达法(MON)和研究法(RON)两种。试验方法不同时，测得的辛烷值也不同。汽油的辛烷值越高，其抗爆性越好。

②抗爆指数。抗爆指数是汽油研究法辛烷值与马达法辛烷值之和的 1/2，即：

$$\text{抗爆指数}=\frac{\text{RON}+\text{MON}}{2}$$

抗爆指数能全面反映汽油的抗爆性，即抗爆指数越大，汽油的抗爆性越好。

(2) 蒸发性

汽油由液态转化为气态的性质称为汽油的蒸发性。汽油的蒸发性越好越容易汽化，与空气混合均匀，燃烧速度快，燃烧完全，可保证发动机在各种使用条件下(特别是寒冷冬季)易于启动、加速及正常运转，但形成气阻的倾向性也越大。若蒸发性不好，则混合气形成困难，启动、加速性能变差，燃烧不完全，油耗增加。

汽油蒸发性的评价指标是馏程和饱和蒸汽压。

①馏程。用石油产品馏程测定仪对 100 mL 油品蒸馏时，从初馏点到终馏点的温度范围和残留量，称为该油品的馏程。对汽油、轻柴油，以一定馏出量(百分比)的回收温度表示其馏程。汽油的馏程用 10%、50%、90%馏出温度、终馏点和残留量表示。

②饱和蒸汽压。在规定条件下，油品在要求的试验仪器中气液两相达到平衡时，液面蒸汽所产生的最大压力称为饱和蒸汽压。汽油常用雷德饱和蒸汽压(RVP)表示，其物理含义是：在 38℃测得的汽油与其蒸汽的体积比为 1∶4 时的汽油最大蒸汽压力。

(3) 氧化安定性

汽油的氧化安定性即汽油的热稳定性，是指防止生成高温沉积物的能力。影响汽油氧化安定性的因素就汽油本身而言，主要是汽油的烃组成和性质，沉积物一般随烯烃含量、芳烃含量、胶质和 90%回收温度的升高而增加。

汽油氧化安定性的评价指标是实际胶质和诱导期。

①实际胶质。实际胶质是在规定条件下，对汽油进行快速蒸发后所测得的汽油蒸发残渣中的正庚烷不溶物，以 $mg\cdot(100\ mL)^{-1}$表示。

②诱导期。诱导期是在规定条件下，油品处于稳定状态所经历的时间，以 min 表示。

提高汽油的氧化安定性的主要措施是在汽油中添加(聚烯胺 PB. A 型)清净剂。

(4) 腐蚀性

汽油腐蚀性的评定指标主要是含硫量、酸度、硫醇硫含量、铜片腐蚀试验和水溶性酸或碱。

(5) 无害性

汽油的成分一方面直接影响汽车的排放，同时还关系到汽车排放污染控制装置的作用。所以，在生产无铅汽油的过程中，对无铅汽油的其他有害物的含量也应严格控制。国家环境保护总局发布了 GWKB-1-1999《车用汽油有害物质控制标准》，规定了苯、烯烃、芳烃、锰、铁、铜、铅、磷、硫含量的控制限量。

(6) 清洁性

汽油中不应含有机械杂质和水分。水混入汽油中，会加速汽油的氧化，能与汽油中的低分子酸生成酸性水溶液，腐蚀零件，水直接对金属零件有腐蚀作用。汽油中含有水，低温时易结冰成为冰粒堵塞油路。机械杂质会使化油器量孔、喷嘴和汽油喷射系统的喷油器堵塞。机械杂质进入燃烧室会使燃烧室沉积物增加，加速汽缸活塞环的磨损。

3) 汽油的牌号

按照国家标准 GB 17930-1999《车用无铅汽油》，车用汽油分为三个牌号，即 90、93 和 95，为了与国际接轨，随后又增加了 97 汽油。4 种汽油牌号的含义如 90 表示其研究法辛烷值不低于 90，93、95、97 含义类推。97 汽油主要用于装有尾气催化转换器及压缩比高于 9.8 以上的汽车，颜色水白透明，为目前国际先进水平。

最近市场推出了 98 号汽油，98 号汽油没有国家技术标准，是企业标准的产品；与 97 号汽油相比，它的抗爆性高一个辛烷值单位，因而更清洁环保。

几种汽油的规定见表 9.1。

表 9.1　车用无铅汽油(GB17930－1999)

项目			质量指标		
			90 号	93 号	95 号
抗爆性	研究法辛烷值(RON)	不小于	90	93	95
	抗爆指数(RON+MON)/2	不小于	85	88	90
铅含量($g \cdot L^{-1}$)		不大于	0.005		
馏程	10%蒸发温度(℃)	不高于	70		
	50%蒸发温度(℃)	不高于	120		
	90%蒸发温度(℃)	不高于	190		
	终馏点(℃)	不高于	205		
	残留量(%)(体积分数)	不大于	2		
蒸汽压(kPa)	从 9 月 16 日至 3 月 15 日	不大于	88		
	从 3 月 16 日至 9 月 15 日	不大于	74		
实际胶质[$mg \cdot (100\ mL)^{-1}$]		不大于	5		
诱导期/min		不小于	480		
硫醇(需满足之一)	博士实验	通过			
	硫醇硫含量(%)(质量分数)	不大于	0.001		
铜片腐蚀(50℃,3 h)/级		不大于	1		
水溶性酸或碱			无		
机械杂质及水分			无		
苯含量(%)(体积分数)		不大于	2.5		
芳烃含量(%)(体积分数)		不大于	40		
烯烃含量(%)(体积分数)		不大于	35		

4)车用汽油的合理选用原则

为了充分发挥车用汽油能量的作用,延长汽油发动机零件的使用寿命,降低生产成本,节约能源,应正确、合理地选择汽油。车用汽油的选择一般应遵循以下原则:

(1) 按汽车的使用说明书规定或国家相关权威部门的推荐选用汽油牌号。压缩比越大,使用的汽油牌号一般也越高。但应避免"汽油牌号越高,对汽车越有利。汽油牌号越高,汽车排放越能达标"的误区。使用者可以按照中国汽车工程学会和中国环境保护产业协会推荐的轿车用油标号来选择。

(2) 在汽油的供应上,若一时不能满足需要,可以暂时用牌号相近的汽油代替,但必须对汽油机进行适当的调整。用牌号较低的汽油代替牌号较高的汽油时,应适当推迟点火提前角，反之亦然。

(3) 注意季节变化、车辆使用地区变化等外界条件改变对汽油选择的影响。如冬季选择蒸汽压较大的汽油，夏季选择蒸汽压较小的汽油；高原地区选择蒸汽压较小的汽油，平原地区应选择蒸汽压稍大的汽油。

(4) 在装有三元催化转化器和氧传感器的汽车尽量选择含铅量低的汽油，同时推广使用加入有效的汽油清净剂的汽油。

9.1.2 车用柴油的合理使用

1) 车用柴油的使用性能要求

柴油发动机与汽油发动机相比较，具有耗油量低，能量利用率高，废气排放量小，工作可靠性好等优点。由于柴油机的可燃混合气形成方式、着火方式、燃烧过程等与汽油机不同，所以在使用柴油过程中，要求具有以下性能：

①良好的低温流动性；

②良好的雾化和蒸发性；

③良好的燃烧性；

④良好的安定性；

⑤对机件等无腐蚀性；

⑥柴油本身的清洁性。

2) 车用柴油的性能指标

柴油的主要指标包括：燃烧性、蒸发性、低温流动性、安全性、防腐性和清洁性等。

(1) 燃烧性

柴油良好的燃烧性包括发火性与抗爆能力。其评价指标是柴油十六烷值与自燃点。

①自燃点。自燃点是指在规定条件下升高柴油的温度，当没有火源靠近而自行着火燃烧时的温度。自燃点越低，在着火延迟期，燃烧室的局部易形成高密度的过氧化物，形成着火中心，故着火延迟期短，整个燃烧过程均匀，气体压力升高平缓，最高压力较低。

②十六烷值。十六烷值是压燃式发动机燃料抗爆性的一个约定值，在规定条件下的标准发动机试验中.通过和标准燃料进行比较来测定，采用和被测定燃料具有相同着火延迟期的标准燃料中正十六烷的体积百分数表示。

(2) 低温流动性

柴油的低温流动性是指柴油在低温条件下所具有的一定流动状态的性能。评价柴油的低温流动性的指标有凝点、浊点、凝点和冷滤点，我国采用凝点和冷滤点。

①凝点。石油产品在试验条件下，冷却到液面不能移动的最高温度即为凝点。我国柴油的牌号按凝点命名。

②冷滤点。石油产品在试验条件下，试油不能以 20 $mL \cdot min^{-1}$的流量通过一定规

格过滤器的最高温度即为冷滤点。

(3) 蒸发性

柴油的蒸发性评价指标是馏程、运动黏性、密度和闪点。

①闪点。闪点有开口闪点和闭口闪点之分。柴油采用闭口闪点评定,发动机油、汽车齿轮油则采用开口闪点评定。

柴油的闪点既是柴油雾化和蒸发性的评价指标,也是柴油安定性的评价指标。闪点越低,柴油的雾化、蒸发性越强,柴油机工作越粗暴,储存、运输中越不安全。

油品的危险等级就是按闪点划分的,闪点小于45℃的为易燃品,闪点大于等于45℃为可燃品。

②馏程。柴油的馏程以50%回收温度、90%回收温度、10%残留物温度表示。

(4) 无腐蚀性

柴油腐蚀性的评价指标是硫含量、酸度和铜片腐蚀试验。

含硫量不大于0.2%。酸度是指中和100 mL试油中的酸性物质所需的氢氧化钾毫克数,以mg KOH·$(100\ \text{mL})^{-1}$表示。轻柴油的标准规定不准含有水溶性酸碱,限制硫含量和酸度,主要是为了防止对供油系的腐蚀,减少摩擦副的磨损。

(5) 安定性

安定性的评价指标包括色度、氧化安定性、实际胶质和10%蒸余物残炭。

①实际胶质。实际胶质是指一定量的过滤试油,在规定条件下氧化后所测得的不溶物的总量。

②10%蒸余物残炭。10%蒸余物残炭是将测定馏程中馏出90%以后的蒸余物作为试样,所测得的试样在裂解中所形成的残留物。

(6) 清洁性

机械杂质和水分是柴油清洁性的主要指标。轻柴油要求不含机械杂质,水分含量应不大于痕迹。

3) 车用柴油的牌号

随着汽车工业快速发展和环保要求的越来越高,我国于2003年首次发布了GB/T 19147－2003《车用柴油》国家标准,该标准按照柴油的凝点将我国车用柴油分为10号、5号、0号、－10号、－20号、－35号和－50号等7种牌号。

各种柴油的规格见表9.2。

4)车用柴油的合理选用原则

车用柴油的选用主要考虑环境温度,并应遵循以下原则:

(1) 根据柴油使用地区风险率10%的最低气温选用柴油牌号

风险率10%的最低气温值表示该月中最低气温低于该值的概率为0.1,或者说该月中最低气温高于该值的概率为0.9。风险率10%的最低气温在数值上应高于柴油牌号3～6个数即可满足选用要求。

表 9.2　车用柴油

项目			质量指标						
			10 号	5 号	0 号	−10 号	−20 号	−35 号	−50 号
氧化安定性	总不溶物[mg·(100 mL)$^{-1}$]	不大于	2.5						
硫(%)(质量分数)		不大于	0.05						
10%蒸余物残炭(质量分数)(%)		不大于	0.3						
灰分(质量分数)(%)		不大于	0.01						
铜片腐蚀(50℃,3 h)/级		不大于	1						
水分(体积分数)(%)		不大于	痕迹						
机械杂质			无						
润滑性	磨痕直径(60℃)(μm)	不大于	460						
运动黏度(20℃)[(mm^2·s^{-1})]			3.0～8.0				2.5～8.0	1.8～7.0	
凝点/℃		不高于	10	5	0	−10	−20	−35	−50
冷凝点/℃		不高于	12	8	4	−5	−14	−29	−44
闪点(闭口)/℃		不低于	55				50	45	
着火性(需满足之一)	十六烷值	不小于	59				46	45	
	十六烷指数	不小于	46				46	45	
馏程	50%回收温度/℃	不高于	300						
	90%回收温度/℃	不高于	355						
	95%回收温度/℃	不高于	365						
密度(20℃)[(kg·m^{-3})]			820～860				800～840		

主要用途用作对排放有严格要求的城市柴油汽车的燃料一般可参照如下条件选用：

10 号——适用于有预热设备的柴油机；

5 号——适用于风险率为 10%的最低温度在 8℃以上的地区使用；

0 号——适用于风险率为 10%的最低温度在 4℃以上的地区使用；

−5 号——适用于风险率为 10%的最低温度在−1℃以上的地区使用；

−10 号——适用于风险率为 10%的最低温度在−5℃以上的地区使用；

−20 号——适用于风险率为 10%的最低温度在−14℃以上的地区使用。

(2) 在气温允许的情况下尽量选用高牌号柴油

选用的牌号不是越低越好。这是因为低牌号柴油凝点低，其生产成本高，价格较高;另外由于柴油中凝点越低的成分燃烧性越差,使用时燃烧滞后期长,越容易发生工作粗暴,所以在气温允许的情况下应尽量使用高牌号柴油,真正做到既经济又实用。

(3) 注意季节气温变化对柴油的影响

对于那些季节气温变化较大的地区,如黑龙江、内蒙古、新疆等,应特别注意季节气温变化对柴油的影响,及时改变柴油牌号。

9.1.3 汽车新能源

目前,世界汽车保有量8亿辆,预计到2020年全球汽车保有量将达到12亿辆,届时交通用油将占全球石油总消耗的62%以上,全球石油需求与常规石油供给之间将出现巨大缺口。据估计,到2050年供需缺口几乎相当于2000年世界石油总产量的2倍。开发新能源已成为解决能源危机的根本出路。就我国当前情况而言,短时期之内来自石油的汽、柴油仍将是车用燃料的主流,其他代用燃料仅是一种补充和替代。中长期车用替代燃料的主体将是煤基燃料、生物燃料、天然气燃料。

1) 乙醇燃料

乙醇燃料作为再生能源,对替代和缓解我国石油供应紧张状况具有重要意义,发展乙醇燃料是加快新能源开发利用、实现能源消费结构多元化的有效措施。如在汽车产业中,在汽油组分油中按比例加入10%的变性燃料乙醇,可调配成新型清洁车用燃料。掺烧乙醇燃料不仅可替代部分车用汽油的消耗,而且还有两个额外收益:一是乙醇辛烷值高达115,可以取代污染环境的含铅添加剂,改善汽油的防爆性能;二是乙醇含氧量高,可以改善燃烧,减少发动机内的碳沉淀和一氧化碳等不完全燃烧污染物排放。经测试显示,合理使用乙醇汽油可以使汽车尾气中一氧化碳等污染物的排放减少40%,降低对空气的污染,而且不需要改造发动机就可以使用。乙醇汽油与普通汽油同质同价,使用这种汽油,汽车动力不受影响,并能提高汽车运行平稳性和延长汽车主要部件的使用寿命。

2) 生物质燃料

生物质燃料包含乙醇燃料、生物柴油及生物质合成燃料(BTL,即生物质经气化、费托合成生产的合成液体燃料)。

生物柴油是以含油植物,动物油脂及废食用油为原料制成的可再生清洁能源,可以20%混配柴油B20,达到0号优质柴油标准。生物柴油是可再生能源,又对于各种车辆具有良好的适用性,同时其环境污染物质释放量少,使用安全,使用范围广,可进行生物降解,因此生物柴油为各国作为新型替代燃料予以重视。目前产业化的生物柴油生产方法为化学催化酯交换法,但投资高,成本高,每吨油耗植物油1 010公斤,有酸碱排放,能耗也较高。

目前生物柴油成本尚高,应配套种子基因改良,盐碱地利用,现代酶技术等一系列研究项目,其技术还有较大改进的余地,推广将会晚一些。

3) LPG(石油液化气)

LPG 汽车早已在中国一些重点城市推广,2004 年底 LPG 汽车保有量为 11.4 万辆,LPG 加油站 355 座,消耗 LPG 35 万 t,但液化石油气随石油短缺而紧缺,进口量大,2004 年进口 640 万 t,2004 年 10 月价格达 4 500 元。据了解,在目前全国液化气市场供应总体构成中,有 1/3 来自中国石化、1/3 来自中国石油、中国海洋石油和社会炼厂,另有 1/3 依靠进口。然而,与成品油供应不同的是,液化气和润滑油一样,作为我国较早放开的石油石化产品,其供应主体已经实现市场化,价格难以控制。造成对 LPG 汽车的冲击,而且由于 LPG 汽车尾气排放不理想(欧Ⅱ标准),对其的推广大受影响。

4) CNG(压缩天然气)、LNG(液化天然气)

2004 年 CNG 汽车保有量 9.7 万辆,建成 CNG 加气站 357 座,消耗天然气 9.4 亿立方米。CNG 建站费用非常高(400~600 万元/站),尾气排放比较清洁,与甲醇汽油差不多。

2005 年 LNG 进口 320 万 t,2010 年估计进口 1 900 万 t,2015 年 3 300 万 t。西安近几年改装 CNG 汽车,8 000 辆出租车,1 100 辆公交车,计划 2010 年改装 46 000 辆,但加气站缺乏,加气排队耗费时间,2006 年新增加气站 21 座,总数达 40 座,供应 50 万立方米·日$^{-1}$。北京 2008 年将在 4 000 辆公交车上使用天然气(占全部公交车 20%)。

CNG 汽车的推广与天然气与汽油的价格差很有关系。随着天然气价格及汽油价格的调整,其发展前途很难估计,同时大量 CNG 还得靠进口,这也是值得注意的。

5) 燃料电池汽车

燃料电池按电化学原理等温地直接将化学能转化为电能,它不通过热机过程,因此不受卡诺循环的限制。在理论上它的热电转化效率可达 85%~90%,在实际上也可达到 40%~60%,相当高。燃料电池运动部件少,安静、噪声很低,而且运行可靠。目前奔驰公司、雷诺、大众、福特、通用、丰田等汽车公司都推出了燃料电池汽车,燃料贮存方式有压缩氢气的、甲醇的、金属氢化物的。典型的奔驶 Necar4,最高时速 145 km·h^{-1},一次加燃料可行驶 450 公里,功率 70 kW,贮液氢 5 kg。

燃料电池汽车尾气排放少,有利环保。但燃料电池价格高,奔驰燃料电池成本 3 万美元,整车价格是普通汽车的 10 倍,约 200 万元/辆,目前仅是探索性阶段。但其作为新一代汽车能源动力的远期解决方案仍然被全球所看好,全球能源科技资金 12%投向氢能燃料电池,很多关键技术得以突破。

我国氢燃料电池汽车将在 2015 年走向商业化。

9.2 润滑材料的合理使用

在汽车的实际使用中,虽然润滑材料本身的消耗量不大,但它对于减少摩擦阻力和零件磨损,延长机件的使用寿命和工作可靠性,进而减少维修工作量及时间,以及提高汽车利用率都有很大影响。因而,它间接地影响运输生产率和运输成本,所以对其合理使用也极为重要。

汽车润滑材料主要有：发动机润滑油、齿轮油、润滑脂等。

9.2.1 发动机润滑油的合理使用

1）发动机润滑油的作用和对其性能的要求

发动机润滑油又称机油，其主要作用是润滑、冷却、清洗、密封以及防锈。

由于发动机的工作条件恶劣，要完成上述作用，发动机机油应具有良好的使用性能，其要求是：一定的黏度和黏度—温度特性、适当的润滑性（油性）、一定的热稳定性、良好的抗氧化安定性、较低的凝点、在氧化燃烧和分解时无胶质沉淀、不含有引起发动机零件腐蚀和磨损的物质、不含机械杂质和水分。

2）发动机润滑油的等级

发动机润滑油可分为汽油机润滑油（汽油机油）和柴油机润滑油（柴油机油）。

发动机润滑油的质量等级在国外广泛采用美国机动车工程师学会（SAE）黏度分类法和美国石油学会（API）的使用条件分类法。

根据发动机润滑油的黏度，SAE 黏度等级分为 5W、10W、20W、20、30、40、50，其中字母 W 代表冬季机油品种。此外，还有一种全气候机油（又称多级机油），是用低黏度的基础油加入稠化剂制成的。它用低黏度级号与高温黏度级号组合来表示，如 SAE 5W/30。这种机油在高温时符合 SAE 30 的黏度级，而在低温时符合 SAE 5W 的黏度级，可以四季通用。

根据机油的性能和使用场合，API 将机油分为汽油机系列 SA、SB、SC、SD、SE、SF；柴油机系列 CA、CB、CC、CD。

中国参照 API 分类法制定了内燃机润滑油质量等级分类标准。根据内燃机的特性和使用场合，将润滑油分为、SC 级、SD 级、SE 级、SF 级、SG 级、SH 级汽油机油和 CC 级、CD 级、CD－2 级、CE 级、CF－4 级柴油机油。

发动机润滑油的黏度等级在中国按机油黏度等级分类，直接采用美国汽车工程师学会标准 SAE J300。该标准将机油的动力黏度分为 11 个黏度等级，见表 9.3。

黏度是润滑油的重要质量指标。黏度太大，流动性不好，起动时输送机油慢，油压虽高，但流量小，而使冷起动困难。此时，机件最容易出现短暂的干摩擦或半液体摩擦，这是造成发动机运动件磨损的最主要原因；黏度太大，机件摩擦表面间的摩擦力也就增大，它不仅会增大机件磨损，而且摩擦功增大，致使有效功率降低，燃油消耗增加。黏度太大，由于机油的循环速度变慢，使冷却散热作用的效果变差。黏度大的机油与黏度小的机油相比，残炭含量较多，酸值和凝点较高，热氧化安定性和粘温性能都要差些，从而影响使用效果。

因此，选择合适的发动机润滑油是保证发动机正常工作、延长使用寿命的重要条件。

表 9.3　内燃机黏度等级分类表(表中 W 表示冬季用润滑油)

黏度等级	在规定温度(℃)下的黏度(MPa·s)不大于		边界泵送温度(℃)不高于	100℃黏度($mm^2·s^{-1}$)	
				不小于	不大于
0W	−30	3 250	−35	3.8	
5W	−25	3 500	−30	3.8	
10W	−20	3 500	−25	4.1	
15W	−15	3 500	−20	5.6	
20W	−10	4 500	−15	5.6	
25W	−5	6 000	−10	9.3	
20				5.6	9.3
30				9.3	12.5
40				12.5	16.3
50				16.3	21.3
60				21.3	26.1

3) 发动机润滑油的选用原则

在选用发动机润滑油时,应做到既熟悉各类牌号机油的规格性能,又要熟悉发动机的结构特点、强化程度、使用条件、制造年代,才能做到正确选用。通常发动机润滑油的选择应从使用性能级别和黏度级别两个方面考虑。

汽油发动机润滑油的使用性能选择可参考表 9.4 进行。柴油发动机润滑油的使用性能选择可参考表 9.5 进行。发动机润滑油的黏度级别选择主要是根据气温状况进行,可参考表 9.6。

表 9.4　汽油发动机润滑油使用性能选择参考表

汽油发动机润滑油使用性能级别	性能特点	应用车型
SC	可控制高低温沉积物及磨损、锈蚀和腐蚀	用于国产货车、客车,如以 492QG 为动力的各类汽车
SD	控制高低温沉积物及磨损、锈蚀和腐蚀的性能优于 SC	用于货车、客车和某些轿车,如解放、东风等车型
SE	具有抗氧化性能及控制高低温沉积物及磨损、锈蚀和腐蚀的性能	用于轿车和某些货车,如天津夏利、拉达等车型
SF	抗氧化性能和抗磨损性能优于 SE,还具有控制高低温沉积物及磨损、锈蚀和腐蚀的性能	用于轿车和某些货车,如一汽奥迪、红旗、桑塔纳等车型
SG、SH	具有控制高低温沉积物、磨损和油的氧化性能,并具有抗锈蚀和腐蚀的性能	用于高挡轿车,新型电喷车,如红旗 CA7220AE 等车型

表 9.5 柴油发动机润滑油使用性能选择参考表

柴油发动机润滑油使用性能级别	发动机平均有效压力(kPa)	发动机强化系数	燃油含硫量	应用机型
CC	784～980	35～50	<0.4	玉柴、扬柴、朝柴 4102、锡柴、五十铃 4BD1 等柴油机
CD	980～1470	50～80		康明斯、斯太尔、依维柯、索菲姆等增压柴油机
CE	1470 以上	80 以上		用于低速高负荷和高速高负荷条件下运行的低增压和增压式重负荷柴油机
CF－4	—	—		用于高速四冲程柴油机，特别适用于高速公路行驶的重负荷货车

表 9.6 SAE 黏度级号与适用气温对照表

SAE 黏度级号	适用温度(℃)
5W/30	－30～30
10W/30	－25～30
15W/30	－20～30
15W/40	－20～40 以上
20W/20	－15～20
30	－10～30
40	－5～40 以上

对发动机润滑油做出合理选择后，必须依据规定对其加以正确使用。为此，在使用中应注意以下几个方面：

(1) 不能用专用的汽油机机油代替柴油机机油，以免加速柴油机的损坏。

(2) 机油黏度应尽可能小些。在保证发动机可靠润滑的前提下，机油黏度尽可能小些。高黏度的机油会使发动机运转时阻力增加，从而使燃油消耗量增加；黏度太低的机油，又可能使机油压力过低，润滑油膜强度不够，密封不严。严重磨损的发动机可选用黏度大的机油。所以要根据季节和车况正确选用机油。

(3) 应尽量使用多级油。多级油的粘温性能好，在发动机中使用的时间长，节省燃料，而且四季通用，便于管理。使用多级油时，油色容易变黑，机油压力也比普通机油小些，这些都是正常现象，不影响使用。

(4) 应优先选用国产名牌机油。国产机油质优价廉(为进口机油的 50%～60%)而且国内的大型炼油厂均能生产符合国际标准的高级润滑油，可以放心地使用。

(5) 关于机油的混合使用。单级机油和多级机油不要混用，不同牌号机油必要时可临时混用，但不要长期混用，不要将机床的机械油或其他非发动机用机油加在汽车发动机上使用，它们不含任何添加剂，会引起发动机的早期磨损或损坏。

(6) 保持适当的油量。必须保持曲轴箱有足够的油量。油量过小，会引起机件烧坏并加速机油变质；油面过高，会从汽缸活塞的间隙中窜进燃烧室，使燃烧室积碳增多。

(7) 发动机机油的更换一般根据行驶里程定期更换，国内外发动机机油更换里程 5 000～8 000 km(或半年)，以 7 500 km 居多。确定机油更换里程应综合考虑机油使用性能等级、发动机技术状况和运行条件。

(8) 为了延长机油使用寿命，在更换机油时，应将旧油放尽；加强曲轴箱通风和保持发动机温度正常，防止油气、水气冷凝污染；机油温度不可过高，以免机油变得过稀和加速氧化变质；加强对润滑系统的维护等。

9.2.2 汽车齿轮油的合理使用

1) 汽车齿轮油工作条件和主要要求

齿轮油润滑汽车传动系如变速器、分动器、驱动桥及转向器等传动机件。

齿轮油工作时，由于齿轮工作面不断变换，温度升高不剧烈，所以它的工作温度一般为 10～80℃；其次齿轮油承受很高的压力作用。齿轮在传动时，齿之间啮合部分的单位压力高达 $(196\sim245)\times10^4$ kPa，而双曲线齿轮单位压力可达 $(294\sim392)\times10^4$ kPa。此外，齿轮油在速度变化大、回转次数多的条件下工作，因而齿轮油易于由齿间的间隙中被挤出，产生半液体摩擦。

2) 汽车齿轮油的主要要求

对齿轮油的主要要求是：在齿与齿之间的接触面上，能形成连续坚韧的油膜，即具有高的油性，使传动机件之间维持有韧性的边界油层，保证传动机件磨损小和预防其磨伤；此外，齿轮油还应具有良好的粘温特性，以保证动力传动机构的摩擦损耗较小，提高传动效率，保证汽车易于起步(尤其是冬季的起动)。

3) 汽车齿轮油的分级

国外汽车齿轮油大都按 SAE 黏度分类和 API 使用性能分类。SAE 黏度分类把齿轮油分为 70 W、75 W、80 W、85 W、90、140、250，共 7 个牌号。含有字母 W 的是冬用齿轮油，不带 W 的是夏用齿轮油。按 API 性能分类分为 GL-1～6 共 6 个质量等级。其分类使用说明及用途如表 9.7 所示。

表 9.7 车辆齿轮油 API 使用性能分类

分类	使用说明	用途
GL-1	在低齿面压力、低滑动速度下的汽车螺旋锥齿轮、蜗轮式驱动桥以及各种手动变速器规定用 GL-1 级齿轮油。直馏矿物油能满足这类情况的要求，可以加入抗氧剂、防锈剂和消泡剂改善其性能，但不加摩擦改进剂和极压剂。	汽车手动变速器，包括拖拉机和载货汽车手动变速器。

续表 9.7

分类	使用说明	用途
GL－2	汽车蜗轮式驱动桥，由于其负荷、温度和滑动速度的状况，用 GL－1 齿轮油不能满足要求，规定用 GL－2 级齿轮油。通常都加有脂肪类物质。	蜗杆传动装置。
GL－3	滑动速度和负荷比较苛刻的汽车手动变速器和螺旋锥齿轮的驱动桥规定用 GL—3 级油。这种使用条件要求润滑油的负荷能力比 GL-1 和 GL－2 级油高，但比 GL－4 级油要低	苛刻条件的手动变速器和螺旋锥齿轮的驱动桥。
GL－4	在低速高扭矩、高速低扭矩下操作的各种齿轮，特别是客车和其他各种车用的双曲线齿轮，规定用 GL－4 级齿轮油。适用于其抗擦性能等于或优于 CRC RGO－105 参考油。该级油已做过各种试验证明具有 1972 年 4 月 ASTM STP 说明的性能水平。	手动变速器、螺旋锥齿轮和使用条件不太苛刻的双曲线齿轮。
GL－5	在高速冲击负荷、高速低扭矩、低速条件下操作的各种齿轮，特别是客车和其他车用的双曲线齿轮，规定用 GL－5 级齿轮油。适用于其抗擦性能等于或优于 CRC RGO－110 参考油。该级油已做过各种试验证明具有 1972 年 4 月 ASTM STP 说明的性能水平。	适用于操作条件缓和或苛刻的双曲线齿轮及其他各种齿轮，也可用于手动变速器。
GL－6	在高速冲击条件下运转的轿车和其他车辆的各种齿轮.特别是大偏移距的双曲线齿轮，偏移距大于 50 nm 或接近大齿轮直径的 25%，规定用 GL－6 级齿轮油，其抗擦性能应等于或优于参考油 L－1 000，该级油已做过各种试验证明具有 1972 年 4 月 ASTMSTP 说明的性能水平。	

我国车辆齿轮油，按黏度等级和质量等级分类。参照 API 的分类标准，根据齿轮的型式和负载情况，我国将车辆用齿轮油划分为普通车辆齿轮油(CLC)、中负荷车辆齿轮油(CLD)、重负荷车辆齿轮油(CLE)三个等级。其中，普通车辆齿轮油相当于 API GL－3，中负荷车辆齿轮油相当于 API GL－4，重负荷车辆齿轮油相当于 API GL－5。齿轮油的黏度，根据齿轮油低温黏度达 150 Pa·s(超过该黏度，容易引起齿轮损伤)时的最高温度和 100℃时的运动黏度($mm^2 \cdot s^{-1}$)，分为 70 W、75 W、80 W、85 W、90、140、250 黏度标号。

4)汽车齿轮油的合理使用

(1) 选用原则。通常按汽车使用说明书的规定选择与该车型相适应的齿轮油品种和标号。也可以参照下列原则选油：

①根据季节选择齿轮油的标号(黏度级)，齿轮油的标号 75 W、80 W、85 W、90 和 140 号分别适用于最低气温为—40℃、—20℃、—12℃、—10℃、10℃的地区。

②根据使用性能选择。对于一般工作条件下的螺旋锥齿轮主减速器(驱动桥)，变速器和转向器可选用普通车辆齿轮油；主减速器是准双曲面齿轮的，必须根据工作条件选用中负荷车辆齿轮油或重负荷车辆齿轮油。具体选用原则见表 9.8。

表 9.8 汽车齿轮油的选择

使用性能级别选择		黏度级别(或牌号)的选择	
性能级别	齿轮类型、工作条件和示例	黏度级别	使用气温范围℃
普通车用齿轮油(GL-3)	工作条件缓和的螺旋锥齿轮主减速器和变速器、转向器	90	-10℃以上地区全年通用
		80 W/90	-30℃以上地区全年通用
		85 W/90	-20℃以上地区全年通用
中负荷车用齿轮油(GL-4)	工作条件一般(齿间压力在3 000 Wpa以下,齿间滑移速度在8 mm·s^{-1}以下)的准双曲面齿轮主减速器或要求使用GL-4齿轮油的进口汽车	90(旧18号)	-10℃以上地区全年通用
		旧7号严寒地区双曲线齿轮油	-43℃以上严寒区冬季
		85 W/90	-20℃以上地区全年通用
重负荷车用齿轮油(GL-5)	工作条件苛刻的准双曲面齿轮主减速器或要求使用GL-5齿轮油的进口汽车	90	10℃以上地区全年通用
		140(旧26号)	重负荷、炎热夏季
		85 W/90	-20℃以上地区全年通用

(2) 齿轮油更换。

车辆齿轮油在使用中性能逐渐劣化,对车辆齿轮油的更换通常采用定期更换。一般国产载货汽车行驶24 000 km、乘用车30 000~40 000 km更换一次齿轮油。

(3) 使用注意事项。

必须严格按车辆使用说明书的规定,正确选用齿轮油;齿轮油加注要适量。加注量不足,润滑不良,磨损增加;加注过多,增加动力损失和造成密封漏油。

注意:双曲线齿轮的驱动桥必须选用双曲线齿轮油,否则会造成齿轮的早期严重磨损;不可采取掺兑柴油将齿轮油兑稀,否则会造成齿轮咬伤。

9.2.3 汽车润滑脂的合理使用

润滑脂(俗称黄油)是介于液体与固体之间的半流动的塑性物质。因而它既有固体的特性,也有液体的特性。它比一切纯液体润滑油具有许多优点。

我国润滑脂的分类采用国际标准(ISO)的分类方法对润滑脂进行了分类。这个分类标准适用于润滑各种设备、机械部件、车辆等所有种类的润滑脂,不适用于特殊用途的润滑脂。

汽车常用润滑脂有钙基润滑脂、钠基润滑脂、钙钠基润滑脂、石墨基润滑脂、工业凡士林、二硫化钼润滑脂、复合钙基润滑脂和锂基润滑脂等。各种润滑脂按针入度分为几种牌号,号数越大,脂质越硬,滴点也越高。各种润滑脂的特性及使用范围,详见表9.9。

表 9.9　润滑脂的种类和使用范围

品种	特性	使用范围
钙基润滑脂	抗水性好，耐热性差，使用寿命短	最高使用温度范围为－10～60℃，适用于汽车轮毂轴承、底盘拉杆球节、水泵轴承等部位。
钠基润滑脂	耐热性好，抗水性差，有较好的极压减磨性能	使用温度可达 120℃，只适用于低速高负荷轴承，不能用在潮湿环境或水接触部位。
钙钠基润滑脂	耐热性、抗水性介于钙基和钠基脂之间	使用温度不高于 100℃，不宜于低温下使用，适用于不太潮湿条件下滚动轴承，如底盘、轮毂等处的轴承。
复合钙基润滑脂	较好的机械安定性和胶体安定性，耐热性好	适用于较高温度及潮湿条件下润滑大负荷工作的部件，如汽车轮毂轴承等处的润滑，使用温度可达 150℃左右。
通用锂基润滑脂	具有良好的抗水性、机械安定性、防锈性和氧化安定性	适用于－20～120℃宽温度范围内各种机械设备的滚动和滑动轴承及其他摩擦部位的润滑，是一种长寿命通用润滑脂。
汽车通用锂基润滑脂	良好的机械安定性、胶体安定性、防锈性、氧化安定性、抗水性	适用于－30～120℃下汽车轮毂轴承、水泵、发电机等各摩擦部位润滑，国产和进口车辆普遍推荐用此油脂。
极压锂基润滑脂	有极高极压抗磨性	适用于－20～120℃下高负荷机械设备的齿轮和轴承的润滑，部分国产和进口车辆推荐使用。
石墨钙基润滑脂	具有良好的抗水性和抗碾压性能	适用于重负荷、低转速和粗糙的机械润滑，可用于汽车钢板弹簧、起重机齿轮转盘等承压部位。

在实际使用中应注意如下事项：

①工作温度。被润滑部位的最低工作温度应高于润滑脂的低温界限，否则会加大阻力；最高温度应低于高温界限，否则会因润滑脂流失而失去润滑能力。

②保持清洁。涂脂前零件要清洗干净，不同种类的润滑脂不能混用，新旧润滑脂不能混用；在换润滑脂时，一定要把废旧润滑脂清洗干净，才能加入新润滑脂。

③用量适当。更换轮毂轴承润滑脂时，只要在轴承的滚珠（或滚柱）之间塞满润滑脂，而轮毂内腔采用“空毂润滑”，即在轮毂内腔仅仅薄薄地涂上一层润滑脂，起防锈作用即可。不应采用“满毂润滑”，即把润滑脂装满轮毂内腔。这样即不科学，又很浪费，还可能会因轮毂过热而使润滑脂流到制动摩擦片表面，造成制动失灵，影响行车安全。

④合理选用润滑脂的品种、稠度牌号。合理选用润滑脂是一项重要的节能措施。合理润滑可充分发挥机械效率，减轻磨损，延长机械寿命，减低润滑脂消耗，提高汽车运输效率。在保证润滑的条件下，选用低号牌的润滑脂。

⑤推荐使用多效锂基润滑脂。实践证明，用多效锂基脂取代钙基脂，汽车轮毂轴承的维护周期将从 6 000 km 延长至 12 000 km 以上，润滑脂的消耗量可节省 50%以上。冬季应选用低温润滑脂，在－30～120℃的范围内使用锂基润滑脂。

9.3 车用工作液

汽车上有多种工作油，主要有：制动液、冷却液、液压油、风窗玻璃清洗液、空调制冷剂等。

9.3.1 汽车制动液的合理使用

制动液主要用于液压制动系统和液压离合器操纵系统的能量传递。制动液的好坏，关系着行车安全。

1）对制动液的使用要求

（1）优良的高温抗气阻性

汽车制动液的工作温度范围相当宽。低温时制动液黏度增大，低温流动性变差，导致制动滞后。现代汽车行驶速度越来越高，制动时的温度达 150℃或更高。若制动液沸点太低，则制动液在制动系管路中会产生气阻，导致制动失灵。为保证行车安全，要求制动液具有高沸点、低蒸发性，高温时不易产生气阻。

制动液的高温抗气阻性的评价指标主要有平衡回流沸点、湿平衡回流沸点和蒸发性。

平衡回流沸点是指在冷凝回流系统内与大气压平衡条件下试样沸腾的温度。

湿平衡回流沸点是指在制动液试样中，按一定方法增湿后所测得的平衡沸点。

（2）良好的运动黏度和黏温性

制动液应在使用温度范围内具有良好的流动性，使系统内的压力能随制动踏板的动作迅速上升和下降，橡胶皮碗能在制动缸内顺利滑动。因此，要求制动液在很宽的温度范围内保持适当的黏度。在制动液中都规定了－40～100℃对应的最大运动黏度和最小运动黏度。

（3）与橡胶良好的配伍性

即要求制动液对液压制动系中的橡胶皮碗及密封件不产生明显的溶胀、软化或硬化等不良影响。

（4）对金属的腐蚀性要小

即要求制动液对液压制动系统中的主缸、轮缸、活塞等金属元件不产生腐蚀。

（5）良好的稳定性

制动液的稳定性包括高温稳定性和化学稳定性，即制动液在高温和与相溶液体混合后平衡回流沸点的变化。

（6）良好的溶水性

要求制动液吸水后能与水相互溶，不产生分离和沉淀，以免在高温时形成水蒸汽产生气阻，在低温时形成冰栓，堵塞制动管路。

此外，制动液还必须有良好的抗泡性等一般液压油应具备的性能。

2）制动液的分类

按原料、工艺和使用要求的不同，我国目前生产的制动液主要有醇型、矿油型、合成型三种。

(1) 醇型制动液

醇型制动液由精制蓖麻油和醇配制而成，又称蓖麻油—酒精制动液。

醇型制动液凝点较低，润滑性能好，橡胶皮碗膨胀率小。醇型制动液的主要缺点是，沸点较低、高温行车时易产生气阻、低温性能差不能满足严寒地区的使用要求（不宜在－25℃以下的气温环境下使用）。气温适用覆盖范围小。

(2) 矿油型制动液

矿油型制动液用凝点低，初馏点大于210℃的馏分油经深度脱蜡后加入稠化剂，抗氧防锈剂和染色剂等调合而成。

(3) 合成型制动液

合成型制动液由醚、醇、酯等物质加入添加剂调合而成。合成型制动液沸点高，凝点低，低温流动性好，高温下使用时不产生气阻，低温下使用时能顺利供油，这种制动液性能优良对橡胶不产生侵蚀溶胀。目前广泛采用合成型制动液。

我国汽车制动液均采用合成型制动液，《机动车制动液使用条件》(GB 10830－1998)将制动液分为JG_3、JG_4、JG_5三个质量等级，序号越大平衡回流沸点越高，高温抗气阻性越好，行车制动安全性越高。

几种制动液的规格见表9.10。

表9.10　制动液的规格(GB 10830－1998)

项目			JG_3	JG_4	JG_5
外观			清亮透明、无悬浮物、尘埃和沉淀物		
高温抗气阻性	平衡回流沸点(℃)	不低于	205	230	260
	混平衡回流沸点(℃)	不低于	140	155	180
外观			清亮透明、无悬浮物、尘埃和沉淀物		
运动黏度/($mm^2 \cdot s^{-1}$)	－40℃	不大于	1 500	1 800	900
	50℃	不小于			4.2
	100℃	不小于	1.5		

续表 9.10

项目				JG_3	JG_4	JG_5
与橡胶的配伍性	橡胶皮碗试验根径为：28～28.25 mm的SBR和EPDM皮碗	120℃ 70 h	外观	无发粘、无鼓泡、不析出炭黑		
			根径变化率(%)	0.1～5		
			硬度变化	0～－10		
		70℃ 70 h	外观	无发粘、无鼓泡、不析出炭黑		
			根径变化率(%)	0.1～5		
			硬度变化	0～－10		
金属腐蚀性(100℃，120 h)	金属腐蚀性试验质量变化/(mg·cm^{-2})	镀锡片		±0.2		
		钢				
		铝		±0.1		
		铸铁		±0.2		
		黄铜		±0.4		
		铜				
		锌				
	金属试片			均无变色、无坑点		
	SBR标准皮碗试验	皮碗外观		无发粘、无鼓泡、不析出炭黑		
		根径变化率(%)		0.1～5.0		
	试后pH值			7.0～11.5		
	沉淀(%)(体积分数)		不大于	0.1		
pH值				7.0～11.5		

国外汽车制动液标准中具有代表性的是美国汽车工程师协会标准和美国联邦机动车辆安全标准，这也是世界公认的汽车制动液通用标准。

美国联邦政府运输安全部(DOT)制订的联邦机动车辆安全标准(FMVSS)生产的制动液DOT系列有DOT3、DOT4、DOT5等典型产品；美国汽车工程师学会(SAE)标准生产的制动液SAE系列有J1073e、J1073f等典型产品。其中，DOT标准已被国际标准ISO所采用。

我国目前生产的制动液有JG系列JG3、JG4、JG5等典型产品，分别与DOT3、DOT4、DOT5性能相当，可替换使用。

3）制动液的选用

不同性能指标和不同类型车辆制动系统所要求使用的制动液产品质量等级不同，这也为用户正确选择使用制动液产品造成一定困难。但汽车制造厂家在车辆使用说明书中一般都明确规定或推荐了该车辆制动系统应该使用的制动液产品质量等级。有的生产厂家还指明了具体的制动液产品品牌和型号。因此，车辆使用和维修人员首先应该按照车辆使用说明书上的规定选择使用相应的制动液产品。

但当车辆使用和维修人员由于某些原因不愿意使用车辆制造厂家推荐的制动液产品时，或该产品不易获得需要重新选用制动液产品时，一般应遵循以下原则：

①选用的制动液产品质量等级应等于或高于车辆制造厂家规定的制动液质量等级。

②所选用的制动液产品类型应与车辆制造厂家规定的制动液产品类型相同。

③尽量选择正规厂家生产的、性能稳定、质量有保证的制动液产品。

④选择合成制动液。

按照 GB 10830－1998《机动车制动液使用技术条件》，各级制动液主要特性和推荐使用范围如表 9.11 所示。

表 9.11　JG 系列汽车制动液的主要特性和推荐使用范围

级别	制动液的主要特性	推荐使用范围
JG3	具有良好的高温抗气阻性能和优良的低温性能	相当于 ISO 4926－1978 和 DOT3 的水平，我国广大地区使用
JG4	具有优良的高温抗气阻性能和良好的低温性能	相当于 DOT4 的水平，我国广大地区均可使用
JG5	具有优异的高温抗气阻性能和低温性能	相当于 DOT5 的水平，供特殊要求的车辆使用

4)制动液使用注意事项

①制动液不能混用。各种制动液绝对不能混用，否则会因分层而失去制动作用。

②保持清洁。加注或更换制动液时要注意清洁，制动液须经过过滤，不允许细微杂质混入制动系统。

③注意防潮。存放制动液的容器应当密封，防止水分混入和吸收水汽使沸点降低；更换下来和装在未密封容器内的制动液不能继续使用。

④定期更换。应定期更换制动液，由于制动液有一定吸水性，因此在一般情况下，制动液应使用 1～2 年(或 300～500 km)时进行更换，以防制动液吸湿后影响制动性能。更换制动液应在每年雨季过后进行。

⑤注意制动液的温度。在山区下坡连续使用液压制动或在高温地区长期频繁制动时，制动蹄片温度可达 350～400℃，使制动液温度随之升高达 150～170℃，已超过一般合成制动液的潮湿沸点，因此，要注意检查制动液温度，以防因气阻发生交通事故。

⑥注意个人安全。制动液产品一般有一定的毒性，因此在更换时不能用嘴去吸取制动液。

9.3.2 冷却液的合理使用

1) 冷却液的使用性能

(1) 低温黏度小,流动性好

汽车发动机冷却液的低温黏度越小,越有利于冷却液在冷却系统中流动,这样冷却系统散热的效果就越好。

(2) 冰点低

冰点是指在没有过冷情况下冷却液开始结晶时的温度;或者在有过冷情况下结晶开始,短时间内停留不变的最高温度。若汽车在低温条件下停放时间过长,而发动机冷却液的冰点又达不到应有温度时,则发动机冷却液就会结冰同时体积膨胀变大,冷却系统就会被冻裂。因此,要求发动机冷却液的冰点要低。

(3) 沸点高

沸点是发动机冷却系统的压力与外界大气压力相平衡的条件下,冷却液开始沸腾时的温度。发动机冷却液在较高温度下不沸腾,可保证汽车在满载、高负荷、高速或在山区、热带夏季正常行车,同时沸点高则冷却液蒸发损失也少。因此,要求发动机冷却液应具有较高的沸点。

(4) 防腐性好

为了使发动机冷却液具有良好的防腐性能,要保持冷却液呈碱性状态。冷却液的pH值在7.5～11.0之间为好,如果超出该范围,将对冷却系统中的金属材料产生不利影响。

(5) 不易产生水垢,抗泡性好

水垢对汽车冷却系统的危害在前面内容已经讲到,因此,要求冷却液在工作中应不产生水垢。

冷却液在工作时由于是在水泵的高速推动下强制循环,通常会产生泡沫。发动机冷却液如果产生过多的泡沫,不仅会降低传热系数,加剧气蚀,同时还会使冷却液溢流。因此要求冷却液的抗泡性要好。

另外,汽车冷却液还应有传热效果好;蒸发损失少;不易损坏橡胶制品;热化学安定性好;热容量大等性能。

2) 冷却液的类型

冷却液按组成不同,分乙醇—水型、甘油—水型和乙二醇—水型三类。

乙醇(酒精)与水可按任意比例混合配成不同冰点的冷却液。乙醇—水型冷却液的优点是流动性好、散热快、乙醇来源广、配制简单;缺点是易燃、易挥发。

甘油即丙二醇,其沸点较高,不易蒸发和着火,对金属腐蚀较小,但降低冰点的效率低,所需甘油多,成本也较高。

乙二醇也叫甘醇。乙二醇—水型冷却液的优点是沸点高、挥发损失小、冰点低、热容量大、冷却效率高、流动性好;缺点是有毒性,对金属有腐蚀作用,并对橡胶有轻度浸蚀。

冷却液可以制成浓缩液，由用户加清洁水稀释后使用；也可以制成一定冰点的产品直接加注使用。冷却液的冰点与乙醇、甘油或乙二醇所占的比例有关，改变冷却液的成分和所占比例，可得到不同冰点的冷却液。

我国汽车发动机冷却液现行标准是《汽车及轻负荷发动机用乙二醇型发动机冷却液》，该标准将产品分为浓缩液和冷却液，其中将冷却液按其冰点分为－25号、－30号、－35号、－40号、－45号和－50号6个牌号。

3）冷却液的使用注意事项

①根据气温选择防冻液。根据当地冬季最低气温选用冰点牌号的防冻液。冰点至少应低于最低气温5℃。如果是浓缩液应按产品说明书规定的比例加清水稀释。

②验证后再使用。当防冻液存放时间过长，或发现其有异常，如锈渣等沉淀物，应经过质量检验（放到冰箱里试验）后再确定能否使用。

③发动机温度的控制。优质防冻液冷却沸点高，使用时，温度比用水冷却液时温度约高10℃以上是正常的。这种情况有利于提高发动机热效率、节省燃料。不要人为地降低发动机温度。

④合理使用防冻液。防冻冷却液使用期限较长，一般为1～2年（长效防冻液可达2～3年）。在加注新的防冻液前应将冷却液完全排放净后，用清水将冷却系洗净，水垢和铁锈较为严重的，要将散热器认真洗涤干净。加注时不要过量，一般只能加到冷却系总容量的95％。以免升温膨胀后溢出。停车后不要立即打开水箱盖。

⑤汽车应全年使用防冻冷却液，不要仅冬季使用，而到春季放出。如果车辆在“三北”特别寒冷地区使用时应注意更换适合本地区的防冻液。

9.3.3 汽车液压油的合理使用

1）液压油的使用性能要求

现代汽车上的许多系统都采用液压、液力传动，如液压传动系统、液力助力转向系、离合器液压操纵系统、减振器及自卸车的自动倾斜机构等。液压系统工作的可靠性和使用寿命，在很大程度上取决于液压油的性能和正确使用。

为了保证液压系统工作的可靠性和使用寿命，保证其正常工作，对液压油使用性能有两个基本要求：即工作中能保持其不可压缩性和良好的流体状态。为了保证实现上述两个基本要求，液压油必须具有：良好的抗乳化性、良好的抗泡沫性、好的清洁性、适宜的黏度、良好的粘温性能和较好的抗氧化安定性。

2）液压油的分类、品种和牌号

按国家标准规定，液压油属于L类（润滑油和有关产品）中的H组（液压系统），并采用统一的命名方法，其一般形式是：L－H（字母）（数字），其中L为类别，H后缀的字母表示液压系统的用油品种，数字表示牌号，即黏度等级。

汽车运输和维修企业中常用的液压油主要品种有：L－HH、L－HL、L－HM、L－

HR、L-HV、L-HS、L-HG。

3）液压油的选择与使用

（1）液压油的选择

液压油的选择一般根据液压设备的工作环境和运转工况选择液压油的品种，液压设备在不同工作环境和运转工况下，可参照表9.12选择合适的液压油品种。

表9.12　按环境和工况选择液压油的品种

运转工况	压力(MPa)	<7	7～14	7～14	>14
	温度(℃)	<50	<50	50～80	>80
工作环境	温度变化不大的环境	HL	HL、HM	HM	HM
	寒区和严寒地区	HR	HV	HV、HS	HV、HS

汽车运输和维修企业常根据液压系统中液压泵的类型、压力和工作温度选择液压油的牌号。

L-HL液压油为一种通用工业机床润滑油，适用于机床和其他设备有抗氧防锈要求的低压系统和传动装置，在0℃以上环境下使用。

L-HM液压油为抗磨型液压油，可用于低、中、高液压系统，也可用于中等负荷机械设备的润滑部位，适应的环境温度为－5～60℃。

L-HV液压油为工程液压油或称为低温抗磨液压油，被广泛应用于野外和恶劣环境下工作的液压设备，如自卸车和装载机等。

L-HR液压油为在L-HL基础上改善其粘温性而得到的一种低温液压油，但其抗磨性不及L-HV油，可用L-HV油代替。

L-HS液压油在低温性能上优于L-HV油，适用于严寒地区（环境温度为－40℃以上）野外作业的工程机械。

L-HG液压油可用于液压系统和导轨润滑系统合用的机床。它不适用于高压液压系统。一些维修机具推荐用L-HG液压油。

（2）液压油使用注意事项

①注意保持液压油的清洁，严防沙尘等固体污染物侵入，否则将显著缩短液压系统的寿命。

②应按液压油的换油指标换油。为此，一般正常情况下应1～2个月定期对在用液压油进行取样化验。若不具备分析条件，应按使用说明书的规定定期换油。

③不同品种、不同牌号的液压油不得混合使用，新油在加入前和使用后，均应进行取样化验，以确保油液质量。

④换油时，应清洗干净液压系统的油箱及油管等。

各类装载机械和工程机械液压油的选择和使用，应按说明书中的规定进行。

9.3.4 汽车风窗玻璃清洗液的合理使用

1）汽车风窗玻璃清洗液的性能

汽车风窗玻璃清洗液要求对附着在风窗上的各种物质具有浸透、乳化分散、可溶解，以便将其清洗干净。其性能要求主要有：

①汽车风窗玻璃清洗液对车辆刮水器的材料如铝、锌、橡胶、塑料和油漆等不应产生腐蚀或其他影响。

②在冬季使用的汽车风窗玻璃清洗液，应具有较低的凝点，以防在低温时结冰而不可使用。一般要求风窗玻璃清洗液的凝点为－20℃，对于特别严寒地区可特殊配制。

③要求风窗玻璃清洗液在低温和高温交变时应没有分离和沉淀。汽车风窗玻璃清洗液多用于雨天，平时存放于发动机舱内，时而加热，时而冷却，如果易发生分离、沉淀，则容易造成机构内部堵塞，影响其正常喷射。

所以，一种优质的汽车风窗玻璃清洗液应在一定浓度范围内对金属不腐蚀，对非金属的性能不产生影响，又能有效地去除各种污垢，确保风窗玻璃保持良好的视野，在冷热交变下稳定性好，还要对人皮肤和嗅觉无刺激及不适反应。

2）汽车风窗玻璃清洗液的配方

为了满足汽车风窗玻璃清洗液的性能要求，在汽车风窗玻璃清洗液中常常添加表面活性剂、防雾剂、阻凝剂、无机助洗剂、有机助洗剂等。汽车风窗玻璃清洗液配方如表9.13所示。

表9.13 汽车风窗玻璃清洗液的组成

组成	表面活性剂	防雾剂	阻凝剂	无机助洗剂	有机助洗剂	水分
配方1(%)	4.0	1.0	3.5	6.0	1.5	84%
配方2(%)	5.0	—	—	—	22.0	73%

将表9.13所述溶液，根据不同季节需要，按5%～10%的水稀释，即可获得不同凝点的汽车风窗玻璃清洗液。该清洗液去污性好，不损坏金属、非金属表面。

9.4 轮胎的合理使用

9.4.1 轮胎胎侧标志

一般胎侧有轮胎的标志，规定要求用凸字标识于胎侧醒目位置，内容包括轮胎规格、速度级别符号、负荷能力、标准轮辋、胎面磨耗标志、平衡标志、生产编号等信息（见图9.1）。

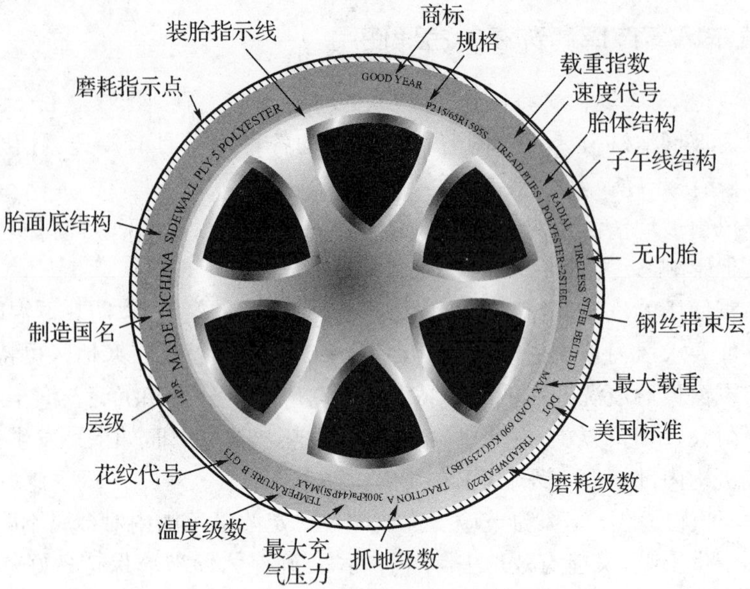

图 9.1　轮胎胎侧标志

1）轮胎规格

轮胎的尺寸规格可以用外胎直径 D、轮辋直径 d、断面宽度 B、和断面高 H 的名义尺寸代号表示。

(1) 轿车轮胎规格表示方法

示例：250 / 60 R 15 89 H

- H：速度级别符号(最高行驶速度为210 km•h^{-1}
- 89：负荷指数(最大负荷为580 kg)
- 15：轮辋名义直径(15 in)
- R：子午线轮胎代号(英语单词Radial的缩写)
- 60：轮胎名义高宽比(60%)
- 250：轮胎名义断面宽度(250 mm)

(2) 微型载货汽车普通断面斜交轮胎

示例：5.00 - 12 ULT

- ULT：微型载货汽车轮胎代号
- 12：轮辋名义直径(12 in)
- 5.00：轮辋名义断面宽度(5 in)

(3) 轻型载货汽车普通断面子午线轮胎

示例：7.00 R 16 LT

- LT —— 微型载货汽车轮胎代号
- 16 —— 轮辋名义直径(16 in)
- R —— 子午线轮胎代号(英文单词Radial的缩写)
- 7.00 —— 轮辋名义断面宽度(7 in)

2) 层级

层级是指轮胎橡胶层内帘布的公称层数，与实际帘布层数不完全一致，是轮胎强度的重要指标。层级用中文标志，如 12 层级；用英文标志，如“14P. R”，即 14 层极。

3) 帘线材料

帘线材料可单独标在层级之后，如“尼龙”(NYLON)；或在规格之后，用帘线材料的第一个汉语拼音字母表示，如 9.00.20N、7.50 - 20 G 等，*N* 表示尼龙，*G* 表示钢丝，*M* 表示棉线，*R* 表示人造丝。

4) 负荷及气压

一般标示最大负荷及相应气压，负荷以 N 为单位，气压即轮胎胎压，单位为 kPa。

5) 轮辋规格

轮辋规格表示与轮胎相匹配的轮辋型号、尺寸必须符合轮胎的标志要求，否则无法安装。

6) 平衡标志

在正对气门嘴的胎侧上印有用彩色平衡标记形状，表示轮胎此处最轻，组装时将平衡组件按平衡标记安装，即可保证轮胎的整体平衡性。

7) 滚动方向

花纹不对称的轮胎常用箭头标志装配滚动方向，以保证汽车行驶时的附着力和防滑等性能。

8) 磨损极限标志

在轮胎一侧模制有用橡胶条、块表示的轮胎磨损极限。轮胎磨损达到标志位置时，应及时更换，否则会因强度不够发生中途爆胎事故。

9) 生产批号

生产批号用一组数字及字母标示，表示轮胎的制造年月及数量，用以识别轮胎的新旧程度及存放时间，如“98N0885820”表示 1998 年 8 月生产的第 5 820 只轮胎。

10) 商标

商标是轮胎生产厂家的标志，一般用简明文字及图案标示在醒目位置，易于识别。

11) 产品等级

依据美国交通部(U. S. Department of Transportation，DOT)规定的安全标准，除

雪地胎外，要求轮胎制造厂依据胎面磨耗率、抓地等级及温度等级三个性能指标对轮胎产品进行分级。

12）胎面磨耗率

磨耗等级是根据在特定的试验场地按标准条件测试的磨耗率换算而得。值得指出的是，轮胎的实际磨耗率与使用条件（驾驶习惯、路面状况、气候、车轮定位等）有关，且磨耗率只适用于同一制造商的产品进行比较，不同品牌的轮胎不具有可比性。

13）抓地等级

抓地等级是指轮胎按标准条件在特定的测试场地，在湿滑沥青、水泥路面所具有的直线行驶和制动性能，不包括转弯性能。

14）温度等级

温度等级是指按标准条件在指定室内实验室的试验车轮上测试，轮胎的抵抗生热能力。美国DOT标准规定：所有轮胎至少必须通过C级温度等级试验。

9.4.2 轮胎的选择

1）注意轮胎的速度级别

由于现代汽车的速度越来越快，对汽车轮胎也提出了相应的速度要求。国际标准化组织(ISO)制定了轮胎的速度代号（见表9.14）。其中，对于轿车轮胎(P－S)，是指不允许超过的最高车速；对于货车轮胎(F－N)，是指在额定负荷下允许用的最高速度，也作为负荷降低时可以超过的参考车速。选用轮胎时一定要注意轮胎的速度等级，根据车辆的使用要求和性能进行选配。一般来说，经常在高速公路行驶的车辆，应该选择速度级别较高的轮胎(T、U、H)，如果轮胎速度级别选得较低，车速长时间超过或接近轮胎的最高限速，容易使得轮胎性能下降以致爆胎；对于没有速度等级标志的轮胎，则不宜上高速公路行驶，以免引发交通事故。

表9.14 轮胎速度级别符号与最高行驶速度

轮胎速度级别符号	最高行驶速度($km \cdot h^{-1}$)	轮胎速度级别符号	最高行驶速度($km \cdot h^{-1}$)	轮胎速度级别符号	最高行驶速度($km \cdot h^{-1}$)
A1	5	B	50	L	120
A2	10	C	60	M	130
A3	15	D	65	N	140
A4	20	E	70	P	150
A5	25	F	80	Q	160
A6	30	G	90	R	170
A7	35	J	100	S	180
A8	40	K	110	T	190

续表 9.14

轮胎速度级别符号	最高行驶速度（km·h⁻¹）	轮胎速度级别符号	最高行驶速度（km·h⁻¹）	轮胎速度级别符号	最高行驶速度（km·h⁻¹）
U	200	V	240	Y	300
H	210	W	270		

2）注意轮胎的负荷能力

轮胎的负荷能力的表示方法有 3 种：层级、负荷指数和负荷级别。

层级有时并不代表实际棉帘线的层数，它代表近似于棉帘线层数的载质量，层级数和轮胎的载质量相对应。

负荷指数是目前国际上普遍采用的子午线轮胎的表示方法，以数字标记在轮胎的侧面。轮胎负荷指数目前有 280 个，从 0 直到 279，有关情况如表 9.15 所示。

表 9.15　轮胎负荷指数与负荷能力对应关系（摘录）

指数	71	72	73	74	75	76	77	78	79	80
负荷(kg)	345	355	365	375	387	400	412	425	437	450
指数	81	82	83	84	85	86	87	88	89	90
负荷(kg)	462	475	487	500	515	530	545	560	580	600
指数	91	92	93	94	95	96	97	98	99	100
负荷(kg)	615	630	650	670	690	710	730	750	775	800
指数	101	102	103	104	105	106	107	108	109	110
负荷(kg)	825	850	875	900	925	950	975	1 000	1 030	1 060
指数	111	112	113	114	115	116	117	118	119	120
负荷(kg)	1 090	1 120	1 150	1 180	1 215	1 250	1 285	1 320	1 360	1 400
指数	121	122	123	124	125	126	127	128	129	130
负荷(kg)	1 450	1 500	1 550	1 600	1 650	1 700	1 750	1 800	1 850	1 900
指数	131	132	133	134	135	136	137	138	139	140
负荷(kg)	1 950	2 000	2 060	2 120	2 180	2 240	2 300	2 360	2 430	2 500

负荷级别是美国为了避免"层级"这种表示方法与实际帘线层数混淆而采用的替代方法，以拉丁字母表示（对应关系见表 9.16）。

表 9.16 负荷级别与层级对应关系

负荷级别	对应层级	负荷级别	对应层级	负荷级别	对应层级
A	2	E	10	J	18
B	4	F	12	L	20
C	6	G	14	M	22
D	8	H	16	N	24

轮胎的负荷能力要与汽车总质量相适应，汽车制造商对所用轮胎的负荷能力做出的规定在更换轮胎时应严格遵守。需要改装、改造的车辆，应经车辆所在地的车辆管理部门重新核定质量，并经过重新计算负荷后再确定轮胎的规格。

3）注意轮胎的花纹

轮胎的花纹可以增加胎面与路面之间的附着能力、抓地力和排水性，以最大限度地传递汽车的驱动力和制动力。常用的花纹有直沟花纹、横沟花纹、越野花纹、综合花纹等。直沟花纹既适用于轿车轮胎，也适用于货车轮胎；横沟花纹仅适用于货车轮胎。一般来说轿车都安装直沟花纹轮胎；越野花纹凹部深而粗，附着性好，越野能力强，适用于矿山、建筑工地以及一些松软路面。越野花纹不适用于较好的硬路面或者高速公路，会造成行驶阻力加大，磨损严重；综合花纹介于越野花纹和直沟、横沟花纹之间，兼顾了它们的特点，适用于经常在城市和乡村之间行驶的车辆。轮胎花纹主要根据道路条件、行车速度、道路远近来选择，同一辆车上，轮胎花纹要尽量一致。高速车辆不宜采用加深花纹和横沟花纹，否则会因为过热损坏；低速车辆可采用加深花纹或超深花纹，可提高轮胎使用寿命。

4）注意轮胎的“三 T”标志

“三 T”是指轿车轮胎上标明的（Tread wear 磨耗、Traction 牵引、Temperature 温度）。磨耗指标衡量轮胎的耐磨性能和使用寿命，其级别用数值表示；牵引性能指标衡量轮胎的附着性能，分为 A、B、C 三级，A 级最高；温度指标衡量轮胎在行驶中的升温程度，也分为 A、B、C 三级，A 级最佳。

5）注意区别轿车和轻型载货车轮胎

规格相同的轿车和轻型载货车轮胎，区别仅在于货车标志有字母“C”，而轮胎性能相差很大，不能混用。

6）尽量选用子午线轮胎

特别是轿车和高速车辆应该尽量选用无内胎的子午线轮胎。无内胎的充气轮胎外观上与普通轮胎相似，但胎圈外侧上有若干道同心环形槽纹，在轮胎内空气压力作用下，槽纹能使胎圈紧贴在轮辋边缘上，使之与轮辋保证良好气密性。

9.4.3 轮胎合理使用的措施

合理使用轮胎，可降低轮胎磨损，防止不正常的磨损损坏，延长轮胎的使用寿命。

1）合理搭配

轮胎应按照规定车型配装，并根据行驶地区道路条件选择适当的胎面花纹。要求在同一轴上装用厂牌、尺寸、帘线层数、花纹相同，磨耗程度相同的轮胎。同一名义尺寸的不同厂牌的轮胎，其实际尺寸有所差别，轮胎尺寸大小不一致，会产生高低不一，承受负荷不均衡，附着力不一样，磨耗不均匀。胎面花纹不同，与地面附着系数不同，同样会造成磨耗程度的差别。因此，不能将外周尺寸大小悬殊，花纹不相同的轮胎混装使用。

轮胎换位是对受负荷、驱动形式和道路条件的影响而使磨损部位和磨损程度不同的汽车各轮胎进行的位置调换，目的是避免同一条轮胎上的偏磨现象，使全车轮胎磨损均匀，进而延长轮胎的使用寿命。轮胎换位的方法有循环换位法、交叉换位法和单边换位法等。图 9.2(a)所示为循环换位法，其特点是经过一次轮胎位置更换，不能使所有轮胎从汽车一侧换到另一侧；图 9.2(b)所示为交叉换位法，其特点是经过一次轮胎位置更换，就能使所有轮胎从汽车的一侧完全换到另一侧；图 9.2(c)所示为单边换位法，其特点是轮胎的位置更换只在汽车的同侧进行。

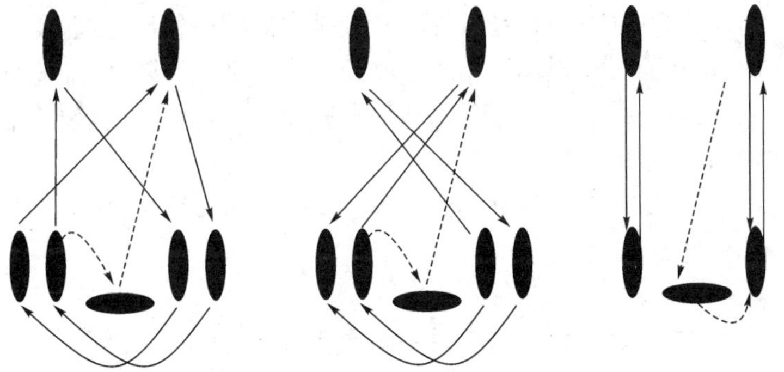

(a) 循环换位法　　(b) 交叉换位法　　(c) 单边换位法

图 9.2　轮胎换位

2）保持轮胎标准胎压

轮胎工作气压直接关系到汽车行驶的安全性和经济性。

轮胎制造厂在设计各种规格的轮胎时，都规定了其最大负荷量和相应的充气压力，使用时应按轮胎规定的气压标准进行充气，否则，将造成轮胎早期磨损和损坏。

轮胎气压低于标准值行驶时，其径向变形增大，轮胎两侧将发生过度挠曲，胎侧内壁受压，胎侧外壁受拉，胎体内的帘线产生较大的变形和交变应力。周期性的压缩变形，会加速帘线的疲劳损坏。变形也使轮胎帘布层和轮胎与地面间相对滑移增大，摩擦产生的热量多，轮胎温度急剧上升。轮胎的应力增大和温度升高，降低了橡胶的抗拉强度，使帘线松散和局部脱层，在遇有障碍受到冲击时，极易爆破。轮胎气压过低，轮胎在接触面上的压力不均匀，轮胎向里弯曲，胎面的中部负荷要小一些，因而胎面的边缘负荷急剧增大，使材料的应力增大，有时称这种现象为“桥式效应”。产生“桥式效应”时，胎面磨损不均匀，行驶面的中部几乎保持不变，而胎肩部分严重磨损，通常形成齿状或波浪状，这是胎压过低时轮胎磨损的特征。

在胎压过低时，轮胎花纹凹部最易嵌入道路上的钉子和石块，引起机械性损伤。并装的双胎在低压下行驶时，由于胎侧屈挠变形特别大，两个相近的轮胎侧壁易接触，相互摩擦而磨损，然后磨坏胎体；若并装双胎中有一只轮胎气压过低时，行驶中轮胎负荷将由另一只轮胎承担而超载，加剧轮胎的损坏。

轮胎气压过低，还将使滚动阻力加大，降低行车速度，增加燃料的消耗。试验表明，当汽车的各轮胎的气压均较标准降低 49 kPa 时，则会增加 5%的油耗；而仅一侧两个轮胎较标准降低 49 kPa 时，则增加 2.5%油耗；前轮一只轮胎较标准降低 49 kPa 时，则增加 1.5%的油耗。当轮胎气压低于标准的 20%～25%时，就会减少 20%的轮胎行驶里程，相应增加 10%的油耗。

轮胎气压高于标准行驶时，将使轮胎的帘线受到过度伸张，胎体帘线的应力增大，帘线疲劳过程加快，引起帘线拉断，造成轮胎早期爆破。胎压过高时，轮胎与路面的接触面积减小，增加了单位面积上的负荷，将加速胎冠中部的磨损，这是胎压过高时轮胎磨损的特点。并装双胎中的一只胎压过高，特别是内侧轮胎气压过高，受道路拱形路面的影响，更易造成超载而过早损坏。胎压过高还使汽车平顺性降低，加速汽车部件的磨损和损坏；在不平路面上行驶时，胎压过高，汽车震动加剧，汽车垂直位移增加而消耗能量，使汽车的燃料消耗增加。

试验表明，轮胎气压过低或过高，轮胎的使用寿命都会缩短，轮胎气压降低 20%，轮胎的使用寿命会缩短 15%。

3）严禁超载

当汽车超载或装载不均衡时，便引起轮胎超载。

超载时轮胎损坏的特点与胎压过低行驶时的损坏相似。但是，超载时轮胎损坏更严重。因为，在这种情况下，胎体帘线的应力加大，轮胎材料的疲劳强度下降，产生热量大(特别是在轮胎胎肩部位)，而且轮胎与路面接触面积上的压强增大，分布更不均匀。

轮胎超载不许用提高胎压方法补偿。因为这会引起胎体帘线的应力显著增大，造成轮胎的早期报废。

超载的轮胎碰上障碍物时，常发生对角线形成十字形、直线形及 y 形胎冠爆破。超载还能引起胎体脱层，胎面和胎侧脱空。当悬架的弹簧变形时，超载可能使轮胎与车身相接触，引起轮胎损坏。

4）合理控制车速

随着车速的增加，轮胎的变形频率、胎体的震动以及轮胎的圆周和侧向扭曲变形(即形成静止波)也随之增加。当车速达到某一速度时，此能量大部分转换成热量，使轮胎的工作温度和气压升高，加速老化。此外，车速过高，胎体受力增加，还容易产生帘布层破裂和胎面剥落现象，严重时造成轮胎爆裂，这在高速公路行驶时是非常危险的。据统计，我国高速公路交通事故 30%以上(甚至 80%)都是因爆胎引起的。车速过高，轮胎所受动载荷增大，在不平路面是更为严重。因此，控制车速是非常必要的。

5）注意胎温

轮胎的工作气压应与胎温相适应。汽车在行驶时，其轮胎断面产生变形，而形成挠曲变形，轮胎产生内部摩擦，引起轮胎发热，胎温升高，胎内气体受热膨胀，致使胎压升高。

胎温升高，对轮胎的使用寿命有很大影响。它会使橡胶老化，降低物理性能，产生龟裂，同时还会发生胎体帘布层脱层以致破坏。当胎温超过 95℃，就有爆破危险。试验表明，轮胎内部的温度与轮胎的负荷和速度的乘积成正比，与外胎的厚度平方成反比。在负荷和胎压正常的情况下，轮胎升温的主要原因是天气炎热，散热条件差。

大气温度每上升 10℃，行驶时轮胎温升控制系数应下降 10℃。我国北方地区冬季时间长，气温较低，每年从 11 月中旬至次年 3 月上旬，大气温度大都低于 13℃，从而有利于充分发挥轮胎的最佳性能，可适当增加轮胎的气压 29～49 kPa。短途运输也可参考这个数值。但在炎热的夏季，轮胎内的摩擦产生的热量不易散发出去，应适当降低轮胎的充气压力。所以，夏季行车时，要特别注意爆胎问题。在行驶中如果发现胎温过高，应将汽车停在阴凉地点，待胎温降低后再继续行驶，不得采用泼冷水或放气降压。

6）保持车况良好

保持车况完好，尤其汽车底盘技术状况良好，是防止轮胎早期损坏的有效措施。当底盘机件装配不当或出现故障时，轮胎不能平稳滚动，产生滑移、拖曳或摆振，使轮胎遭到损坏；漏油故障，使油类滴落到轮胎上浸蚀橡胶，也会造成轮胎早期损坏。

7）正确驾驶

汽车驾驶方法，涉及轮胎与路面相互作用的所有受力情况。不正确或不经心地驾驶汽车，都能使轮胎使用寿命急剧缩短。与驾驶员操作直接有关的缩短轮胎使用寿命的主要问题有：急加速，急剧制动，超速行驶和急剧转弯等，以及不经心驶过和碰撞障碍物等。

8）及时送厂翻新

轮胎的翻新是将胎面花纹已经磨损严重而胎体尚好的轮胎，在可能范围内进行翻修，使其行驶里程接近或等于新胎的一种轮胎在造技术。

一条轮胎的花纹磨耗到极限尺寸时，其消耗费用仅占整条轮胎经济价值的 30%。在胎体完好的情况下，进行轮胎翻修所消耗的原材料和费用，一般仅占新胎的 15%～30%，这样，在恢复了旧胎使用性能的情况下，又充分利用了旧胎的价值。所以，轮胎翻新是节约橡胶原料和降低汽车使用成本的重要措施。

10 汽车在特殊条件下的使用

我国幅员辽阔，地形复杂，气候多样，有寒冷地带、亚热带、高原、山区及沙漠等。汽车在这些特殊条件下使用，各部件或总成的工作状况常有显著变化，使汽车的使用性能变坏。因而必须针对使用上的某些特殊情况，掌握其特点和采取相应的措施，保证汽车合理使用。

10.1 汽车在走合期的使用

10.1.1 汽车的走合期

汽车运行的最初的使用阶段——走合期，较之汽车的整个使用期限，虽然时间较短，但走合期的合理使用意义重大。

新车或大修竣工汽车投入使用的初期称为汽车走合期。

新车或大修竣工汽车，尽管在生产过程中经过了生产磨合，但零件的加工表面仍存在微观和宏观的几何形状偏差(粗糙度、圆度、圆柱度、直线度等)，总成和部件也存在一定的装配误差。这些误差使新配合件表面的实际接触面积比计算面积小得多，因而表面的实际单位压力较计算值大得多。此时，汽车若以全负荷运行，由于零件表面的单位压力过大，将导致润滑油膜破坏和局部温度升高，使零件迅速磨损和破坏。汽车走合期实际上是为了使汽车向正常使用阶段过渡，而在使用中对相互配合的摩擦表面进行磨合加工的工艺过程。经过汽车走合期的使用后，零件表面不平部分被磨去，从而形成光滑而耐磨的工作表面，以承受正常工作载荷；同时，由于走合期内所暴露出的生产、修理缺陷得以排除，减小了汽车正常使用阶段的故障率，从而提高了汽车的使用可靠性。

通常汽车制造厂对所生产车型均规定有走合里程，一般为 1 500～3 000 km。

10.1.2 走合期的使用特点

1）零件表面摩擦剧烈，磨损速度快

由于新配合件配合间隙小，表面较粗糙且表面间单位压力大，因此在相对运动中会产生很大的摩擦力，使零件表面的磨损速度加快。同时，因表面间隙小、摩擦发热多，使润滑条件变差；同时磨掉的金属屑残留于或进入摩擦表面间，形成磨料磨损，这都会使零件表面的摩擦更为剧烈。

2）润滑油变质快

由于零件表面磨损快，金属磨屑产生量大，同时零件表面和润滑油温度很高，因此润滑油易被污染或氧化从而变质。

3）行驶故障多

零件表面的几何形状偏差、装配误差、紧固件松动、使用不当等均会使汽车走合期的故障增多。例如：汽车走合时，工作表面摩擦剧烈，润滑条件差，发动机易过热，常出现拉缸、烧瓦等故障。

10.1.3 汽车走合期应采取的技术措施

根据汽车在走合期的使用特点，汽车在走合期应采取的主要措施如下：

1）减载

走合期第一阶段一般应空载(2～3 h)，整个走合期内的车载质量不应超过额定载荷的75%，不允许拖挂或牵引其他车辆或机械。

2）限速

走合期内，货车最高车速一般不应超过40～50 km·h^{-1}，轿车最高车速不应超过90 km·h^{-1}，轿车发动机转速不应超过4 200～4 500 r·min^{-1}。

3）正确驾驶

起动时，预热温度应升至50～60℃；行驶中，冷却系统水温不应低于80℃；起步、加速应平稳；换挡应平稳、及时；行驶中要注意选择路面，尽量减少在凹凸不平的路面上行驶，以减轻震动和冲击。

4)选择优质燃料和润滑油

选择抗爆性好的优质燃油，以防汽油机爆燃；选择黏度较低的优质润滑油或加有添加剂的专用润滑油，润滑油加注数量应略多于规定量，并应按走合期维护的规定及时更换。

5）加强维护

汽车走合前，应检查汽车外部各种螺栓、螺母和锁销的紧固情况，检查润滑油、制动液的加注情况和轮胎气压，检查蓄电池放电情况和汽车的制动效能，以防止汽车在走合期出现事故和损坏。汽车走合150～1 000 km时，应检查有关机件的紧固程度和汽车传动系统、行驶系统的温度状况，并消除漏水、漏油、漏气现象；汽车走合1 000～3 000 km左右时，清洗发动机润滑系统和底盘传动系统壳体，更换润滑油，对汽车上技术状况开始变化的部分进行维护。走合期结束后，应结合二级维护对汽车进行全面的检查、紧固、调整和润滑作业，使其达到良好的技术状况。

10.2 汽车在低温条件下的使用

10.2.1 低温条件对汽车使用的影响

1) 汽车在低温条件下的工作状况

低温条件系指气温在0～－5℃的车辆使用条件

在寒冷季节,我国大部分地区的最低气温在0℃以下,北方地区的最低气温一般可达－25～－15℃,而西北、东北及边疆严寒地区最低气温可降至－40～－35℃。汽车在低温条件下使用的主要问题是:发动机起动困难,总成磨损严重,耗油量增大,零件材料的性能变差,机件易损坏等。

当气温在－10～－15℃的时候,起动发动机问题不大。但气温再低,冷车起动就有一定的困难。而当气温在－40℃时,如不经预热则很难起动发动机。

低温起动困难的主要原因是:发动机润滑油和齿轮润滑油的黏度变大,曲轴转动阻力变大;燃料的蒸发性能变差;可燃混合气的质量变差;蓄电池工作能力降低等。

(1) 发动机曲轴旋转阻力大

随着温度的降低,发动机润滑油的黏度增大,润滑油内摩擦阻力增大,从而增加了曲轴的旋转阻力,使发动机的起动转速下降。如图10.1所示,曲线1与曲线2的交点对应的温度为－22℃,这个温度是发动机起动的最低温度,随着温度的下降,发动机起动的最低转速会上升。

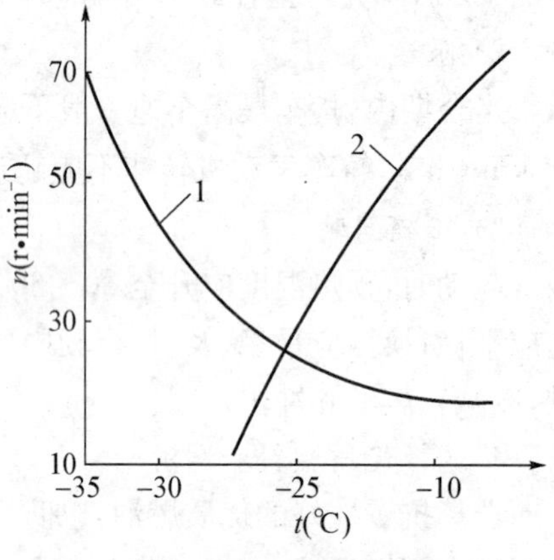

图10.1 发动机起动的最低转速

1—发动机起动的最低起动转速;
2—起动系统能带动发动机旋转的转速

(2) 燃料蒸发性能变差

随着温度的降低,汽油的蒸发性变差,汽油的黏度和相对密度均增大。如图10.2所示,温度从40℃降到－10℃时汽油的运动黏度提高约76%,密度提高6%,这就使汽油的流动性变差,导致汽化不良。试验可知:气温为0℃,进气流速为10 m·s^{-1}时,有31%的汽油蒸发。同时由于低温时发动机机件吸热量大,对燃料蒸发也不利,使大部分燃料以液态进入汽缸,此时燃料燃烧释放的能量不足,难以维持发动机顺利起动的必要转速,这是导致发动机起动困难的主要原因。

柴油在低温条件下使用受影响更大,随温度降低,柴油黏度增大(见图10.3),引起柴油雾化不良,压缩终了的压力和温度变低,燃烧过程变坏,导致发动机起动困难。当温度进一步降低时,因燃料含蜡的沉淀物析出,使燃料的流动性逐渐丧失,最终无法起动。所以在低温条件下使用柴油，要求其具有很好的流动性和较低的黏度。

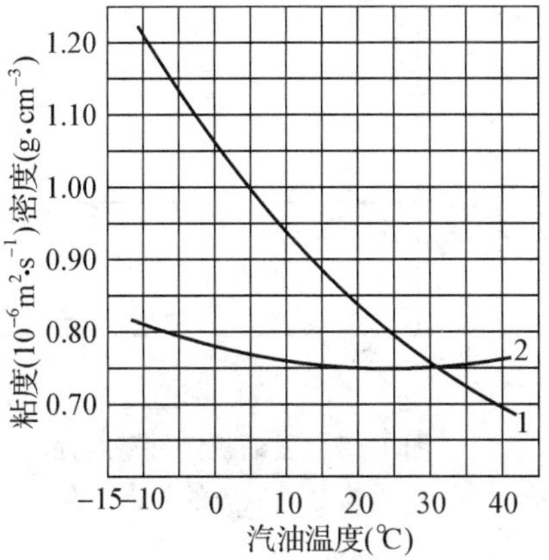

图 10.2　汽油黏度、密度与温度的关系

1—黏度曲线；2—密度曲线

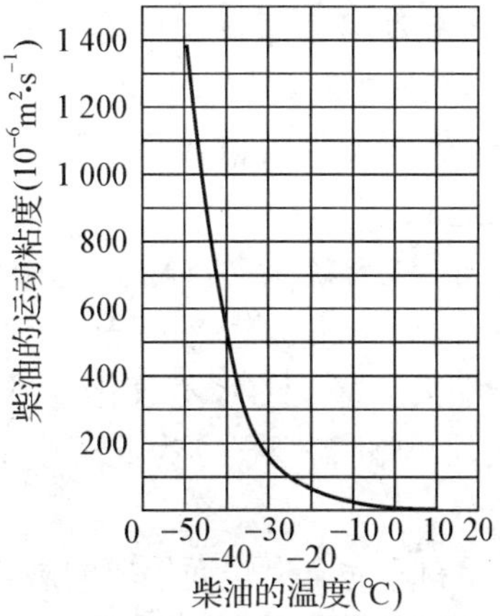

图 10.3　柴油的黏度与温度的关系

(3) 蓄电池工作能力下降

蓄电池在低温条件下输出的功率下降，不能满足起动机的工作要求，影响发动机正常起动的主要因素是起动机的起动转矩和火花塞的跳火能量。

目前，常用的铅酸蓄电池的低温使用性能主要受电解液的影响。随着温度的降低，电解液黏度增大，渗透能力下降，内阻增加，使蓄电池起动时容量和端电压下降。在低温起动时，需要的起动功率大，而蓄电池输出功率反而下降(见图10.4)，当气温降到一定程度时，起动系统便拖动不了发动机，达不到最低起动转速。图中两曲线交点即是蓄电池低温起动的极限。

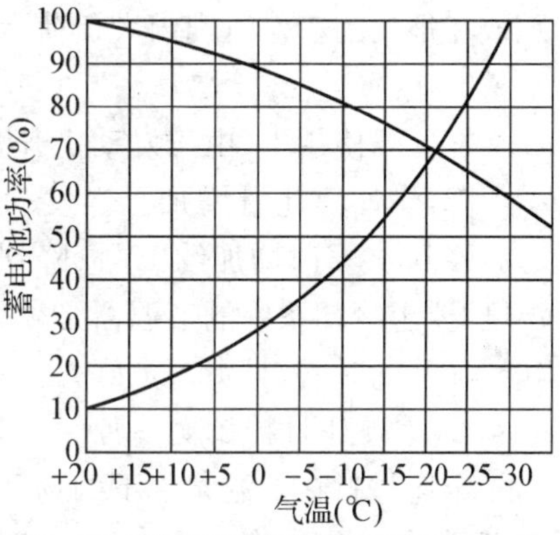

图 10.4　气温对蓄电池起动能力的影响

1—必需的起动功率；2—蓄电池供给的最大功率

低温起动时，由于蓄电池端电压低，火花塞的跳火能量小，使发动机不易起动。火花弱的其他原因还有：冷的可燃混合气密度大，使电极间电阻增大；火花塞有汽油、水及氧化物等。

2) 汽车总成磨损严重

汽车在低温条件下使用时，各主要总成磨损都比较大，尤其是发动机的磨损更为明显。在发动机使用周期内，50%的汽缸磨损发生在起动过程，而冬季起动占起动磨损的60%～70%。主要表现为汽缸壁、曲轴颈的磨损(见图10.5)。

造成低温下发动机磨损严重的主要原因有：

(1) 低温起动时，润滑油黏度大，流动性差，润滑油压入各工作表面，使润滑条件恶化。

(2) 冷起动时由于燃料的雾化不良，大部分燃料以液态进入汽缸，冲刷了汽缸壁的油膜，并沿缸壁流入曲轴箱稀释润滑油，使其润滑性能减退。

(3) 汽油的含硫量对汽缸壁磨损的影响也很大，这是由于汽油在燃烧过程中产生的硫化物与凝结在汽缸壁上的水蒸气化合成酸，引起缸壁腐蚀，加剧缸壁磨损。为此要严格控制燃料中的硫分。

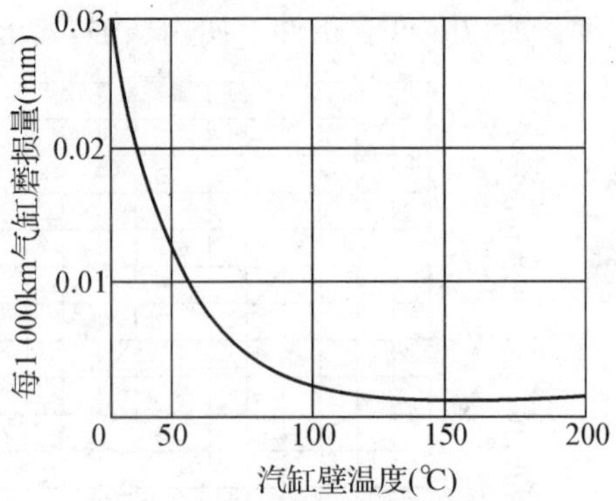

图 10.5 发动机汽缸壁磨损与缸壁温度的关系

(4) 燃料不完全燃烧而形成的碳化物也会同废气一起窜入曲轴箱，污染润滑油，使润滑条件进一步恶化。

(5) 在低温条件下，由于曲轴及连杆轴瓦的合金、瓦背与轴颈的膨胀系数不同，使配合间隙变小，而且很不均匀，加速了轴颈与轴瓦的磨损。

汽车在低温条件下工作时，传动系各总成的正常工作温度是靠零件摩擦和搅油产生的热量来保证的。如果升温速度缓慢，润滑油黏度大，齿轮和轴承得不到充分润滑，必然使零件的磨损增大。此外，传动系润滑油的黏度增大，运动阻力相应增加，传动系总成在很长的工作时间内大负荷运行，使各总成中传动零件的磨损也进一步加剧。

3) 燃油消耗量增加

在低温使用中，由于发动机升温过程长，工作温度低，摩擦损失大，使发动机输出功率下降，燃油消耗量增加。当发动机冷却液温度自 80℃降到 60℃时，耗油量增加约 3%；降到 40℃时增加约 12%；降到 30℃时增加约 25%。为了尽快提高发动机的工作温度，要求冷却系中的节温器必须完好有效。低温起动时应尽量缩短冷发动机升温到 40～50℃的时间，且愈短愈好。

4) 零部件材料强度减弱

金属材料在低温条件下的物理和力学性能将会变差。例如：－30～－40℃或更低时，碳钢的冲击韧度急剧下降；硅钢、锰钢制的零件(钢板弹簧)和铸件(汽缸盖、飞轮壳、变速器壳和主传动器壳)变脆；锡铝合金焊剂在－45℃或更低时，容易产生裂纹或成粉末状，从接头的地方脱落；汽车上的塑料、橡胶制品将变硬易裂，并可能从机体上脱落。

5) 行车条件变坏

在低温条件下道路常被冰雪覆盖，致使轮胎与地面间的附着系数显著下降，在行车中使制动距离延长且车辆极易发生侧滑。同等条件下，冰雪路面的制动距离比干燥路面的制动距离长 2～3 倍。

在特别严寒的情况下，橡胶轮胎逐渐变脆，受到冲击载荷时容易发生破裂。因此，在冬季行车时，应在汽车起步后的几公里以低速行驶，并要平稳起步和越过障碍物。

此外，在低温条件下，冷却液容易结冰而导致散热器和缸体冻裂，电解液也易冰冻而无法正常工作。

10.2.2 改善汽车低温使用性能的主要措施

根据汽车在低温条件下的使用特点，主要采用：预热、保温、合理选择燃润料、改善混合气形成及防冻等措施来保证汽车在低温下的正常使用。

1）加强技术维护

汽车运行季节转换之前，应结合汽车的定期维护作业，附加作业项目，使汽车适应气候变化了的运行条件。

换入冬季的维护是为了提高汽车在低温、寒冷条件下的适应能力，避免发生意外事故。定期维护以外的附加维护作业项目主要有：安装或维护发动机保温及起动预热装置（如将排气预热调到“冬”字位置）；检查调整冷却散热装置（节温器、风扇皮带等）是否有效；更换冬季用润滑油（脂）及防冻液；检查调整供油系、点火系；做好防滑保护措施的准备等。

2）预热

在寒冷的地区对发动机进行预热是改善混合气形成，提高燃料蒸发性和雾化性，降低起动阻力并减小起动过程中的零件磨损的好办法，也是提高发动机在低温条件下起动性能的一项重要措施。

汽车预热方法分为进气预热和发动机预热。汽车采用进气预热装置起动，称为“冷态起动”；采用发动机预热装置起动，称为“热态起动”。一般说来，在环境气温低于－25℃时，推荐汽车采用“热态起动”；在高于－25℃的低温环境时，推荐采用“冷态起动”。

（1）进气预热

进气预热装置是在起动时，加热进气气流的一种低温起动附加装置。按照加热进气热源不同，可分为电热进气预热装置与火焰进气预热装置两大类。电热进气预热装置采用广泛，它是利用装在进气系统中的电热塞对进气气流进行加热，以改善发动机的低温起动性能。电热塞的工作由计算机控制，计算机根据进气温度和冷却液温度来控制电热塞是否通电以及通电持续时间，并能在起动后自动切断电源。火焰进气预热装置是应用于柴油机低温起动的辅助方式（汽油机一般不采用），它是在进气管内利用火焰来加热进气流，能将起动温度下降 20℃左右，明显提高柴油机的低温起动性能。

（2）发动机预热

进气预热装置虽然冷态起动效果明显，但由于发动机机体温度很低，起动过程中润滑条件差，发动机总成（曲轴轴承、连杆轴承及汽缸壁）磨损严重，因此采用发动机预热方式进行热态起动，能更好地解决低温起动所遇到的这些问题。这种预热方式能够保证汽车在－40℃的低温条件下顺利起动，气温越低热态起动比冷态起动的优势越明显。发动机被加热后，汽缸、活塞、活塞环及各轴承的温度升高，存在于这些摩擦副之间的机油的温度也随着升高，黏度下降，从而降低了曲轴旋转阻力，由于机体温度升高，润滑条件变好，明显减小发动机总成的磨损。

发动机预热装置按加热源不同，可分为热空气预热、红外线辐射预热、电加热预热和燃油加热器预热。

3）保温

在低温条件下使用汽车应特别注意发动机和蓄电池保温，其次是驾驶室保温。汽车发动机保温的目的是使发动机在正常状况下工作及随时可以出车。目前，严寒地区发动机保温主要是在汽车发动机和水箱罩上安装保温套，在－30℃气温下行驶时，发动机罩内温度可以保持为20～30℃。停车后，发动机的冷却速度是无保温套的1/6。发动机的油底壳除了采用双油底壳保温外，有的还在油底壳外表面封上一层玻璃纤维。

蓄电池在低温使用时，不但电压低而且有可能出现电解液结冰现象，而损坏蓄电池。蓄电池的保温，一般将蓄电池放入木质的保温箱。保温箱做成夹层，在夹层中装有保温材料，使蓄电池处于温暖状态。

驾驶室或车身内部保温的目的主要是提高乘坐舒适性。驾驶室和车内的保温方法根据热源不同可分为：独立燃烧式、发动机尾气余热式和发动机冷却液余热式三种形式。

4）合理使用燃料和润滑油

为便于发动机起动并减轻磨损，低温条件下使用的燃油应具有良好的蒸发性、流动性和低含硫量。

发动机、变速器、主传动器等总成应换用冬季润滑油，因其具有良好的粘温特性，黏度随温度下降而提高不显著，可使零件的润滑条件得以改善，并降低起动阻力。

5）使用起动液

为保证发动机在低温条件下不经预热直接起动，可采用专门的起动燃料——起动液。

起动液的加注方法应根据发动机进气系统的结构，尽可能将其呈雾状均匀地分配到各汽缸中。一般不采用将起动液渗入燃油通过供油系统进入汽缸的方法，而是另设一套起动装置，将其呈雾状喷入进气管，与从空气滤清器进来的空气（柴油机）或可燃混合气（汽油机）混合后进入各个汽缸。对没有起动装置的汽车，可使用起动液压力喷射罐，直接把起动液喷入进气管，但应注意控制喷入量。喷入量过大时，会引起发动机起动粗暴。

6）使用防冻液

在寒冷季节，发动机冷却系统使用防冻液，可防止缸体冻裂，减轻驾驶员劳动强度。常用防冻液有乙二醇—水型、乙醇—水型和甘油—水型三种。防冻液在使用过程中应注意以下各点：

（1）防冻液的冰点应比使用地区的最低温度低5℃。

（2）防冻液表面张力小，因而易泄漏，加注前应检查冷却系统的密封性。

（3）防冻液膨胀系数大，一般只应加到冷却系统总容量的95%，以免升温膨胀后溢出。

（4）经常用密度计检查防冻液成分。使用乙醇型防冻液时，乙醇蒸发快，应及时添加适量乙醇和少量水；对乙二醇型和甘油型防冻液，只需添加适量的水。

10.3 汽车在高温条件下的使用

10.3.1 高温条件对汽车使用的影响

炎热的夏季，由于气温高，雨量多、灰尘多和辐射热强，使发动机技术状况发生变化。高温条件对汽车性能的影响主要有：发动机充气系数下降、燃烧不正常（爆震、早燃）、机油变质、磨损加快、供油系产生气阻、轮胎易爆。

1）发动机充气系数下降

充气系数 η_V 和每循环充气量 Δm 是评价发动机进气过程完善程度的重要指标。

$$\eta_V=\frac{\Delta m}{\Delta m_0}$$

$$\Delta m=\eta_V\times V_h\times\rho_0$$

式中，Δm——实际进入汽缸新鲜充气量的质量(kg)；

Δm_0——进气状态下充满汽缸工作容积的新鲜充量的质量(kg)；

V_h——汽缸工作容积(m^3)；

ρ_0——进气状态下空气密度($kg\cdot m^{-3}$)。

试验表明：进气温度提高后，其与缸壁的温差减小，尽管可使充气系数略有提高（如图10.6所示），但由于高温条件下发动机罩内温度高，空气密度大大下降而使发动机充气量减小，从而导致发动机功率的降低。当外界气温为32～35℃时，若冷却水不沸腾，发动机最大功率仅为所能发出最大功率的34%～48%；当气温为25℃时，由发动机罩外吸气可使发动机最大功率提高10%。

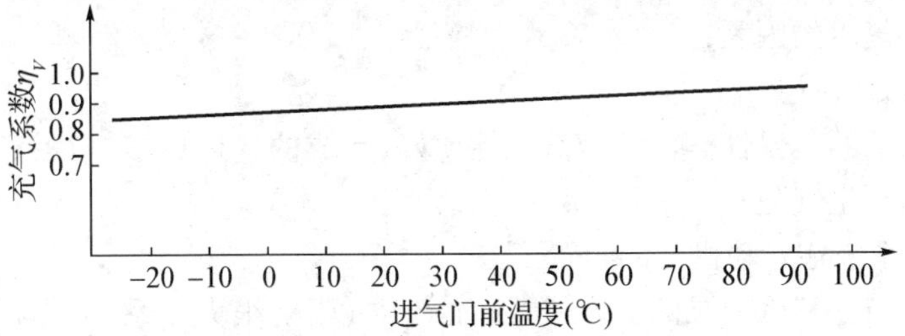

图10.6 充气系数与进气门前温度的关系

气门定时：进气门开——上止点前8°、排气门开——下止点后8°、进气门关——下止点后48°、排气门关——上止点后8°

2）燃烧不正常

由于发动机温度高，进气终了的温度也高，使燃烧过程中产生的过氧化物活动能量增强，容易产生爆燃。温度过高还使窜入汽缸中的润滑油在高温缺氧条件下生成积炭胶质和沉积物。胶质与沉积物粘附在活塞顶、汽缸壁和其他零件的表面上，使导热性变差。

积炭形成炽热点容易引起早燃或爆燃，导致缸体、缸盖和曲轴产生变形，甚至产生裂纹，还容易冲坏汽缸盖衬垫，造成汽缸压力下降，使发动机的功率降低。

3）润滑油易氧化变质，发动机磨损加剧

在高温条件下，发动机的燃烧室、活塞和活塞环区域以及油底壳是引起机油性质发生变化的主要区域。因为这些区域的温度很高，加剧了润滑油的热分解、氧化和聚合过程。燃烧的废气窜入曲轴箱，不但使油底壳的温度升高，还污染了润滑油。而且温度越高，润滑油的变质越快。

发动机在高温条件下工作时，燃料不完全燃烧时的产物、空气中的水蒸汽、灰尘，会通过进气系统或曲轴箱通风口进入发动机与润滑油接触。与零件的金属表面和磨损产物接触。结果使润滑油的物理、化学性质发生变化，并在润滑油中聚集各种污垢物。从而破坏了发动机的润滑条件，引起发动机早期磨损。

在高温条件下运行的汽车，虽然起动过程中磨损减少了，但行驶时间过长，尤其是超载爬坡或高速行驶时，润滑油温度更高。随着黏度的下降，润滑油的润滑性能变差，机油压力降低，也加速了零件的磨损。

4）供油系易产生气阻

汽车在炎热的夏天或在高原山区行驶时发动机罩内温度甚高，有时会出现供油不足，甚至完全中断，致使汽车行驶无力甚至熄火。这种现象称为气阻。

供油系的气阻现象是由于供油系受热后，汽油中的部分轻馏分挥发变成气体，存在于汽油管路及汽油泵中，增加了汽油流动阻力。同时，由于气体的可压缩性，使存在于汽油管路中的油蒸气随着汽油泵的脉动压力，不断的压缩膨胀，破坏了汽油管道中的真空度，造成发动机供油不足或供油中断，致使汽车不能行驶或难于起动。这种现象在炎热地区，特别是当汽车满载上坡或以低速长时间行驶时会常常出现。

影响产生气阻的因素：

(1) 汽油的品质。

主要是汽油的蒸发性。汽油的汽化性愈好，形成的气体愈多，愈易产生气阻(辛烷值高的汽油易产生气阻)。

(2) 供油系统在发动机上的布置

汽油管道布置和汽油泵的安装位置，对产生气阻有很大关系，越靠近热源(如排气管)越易产生气阻。

(3) 发动机罩内的温度及大气压力

发动机罩内的温度高低与发动机通风良好程度有关，汽车车头设计不合理，机罩内温度增高，容易产生气阻。另外，大气压愈低(行驶在高原山区)，也容易产生气阻。

(4) 汽油泵在高温条件下的工作能力

结构不同的汽油泵，尽管泵油量相同，但是，抗气阻的能力不一样。泵油压力高的汽油泵，抗气阻能力就较强。

5）轮胎易爆

在高温下，橡胶老化速度加快，强度减弱；行驶中散热不良，轮胎内温度升高，气压增大，容易出现爆胎。

在炎热的夏季，地面温度高，轮胎因升温而使胎体强度下降。如果汽车超载行驶，容易产生胎面脱胶和胎体爆破。轮胎的负荷能力以速度为基础，行驶速度越高，负荷能力相应减小。

轮胎的最高工作速度有统一规定，一般在子午线轮胎的胎侧都注有速度符号。同一规格轮胎可能有不同的速度标志，使用中应正确选用，不可超速行驶。

10.3.2 改善汽车高温条件使用性能的主要措施

1）加强季节维护

根据夏季气温高的特点，为了适应汽车正常运行的需要，在夏季来临以前，应结合二级维护对全车进行一次必要的季节检查与调整。

（1）加强对冷却系统的维护，确保其冷却强度

①认真作好冷却系的全面检查，重点检查的项目是冷却系的密封情况、风扇运转是否正常及传动带的松紧度、节温器和水温的工作状况。

②清除冷却系（散热器、水套）中的水垢。试验表明，水垢的导热率为铸铁的十几分之一，为铝的1/10～1/30倍。加强冷却系水垢的清除对提高散热能力有重要作用。

③当发动机过热水箱开锅时，应及时停车，怠速降温，但注意不要熄火，防止因发动机内部过热而发生拉缸等机械事故。

（2）加强润滑系的维护

高温条件下，发动机应采用黏度高牌号的润滑油并适当缩短换油周期。在炎热的夏季，发动机润滑油的温度往往超过120℃。大型载货（客）汽车变速器和差速器在高负荷连续行驶条件下的齿轮油的温度也很高，为防止润滑油的早期变质，故应换用夏季齿轮油，并适当缩短换油周期。轮毂轴承换用滴点较高的润滑脂，并应按规定周期进行检查与维护。

（3）加强对制动系统的维护

汽车制动液在高温下也可能产生气阻。在经常使用制动的情况下，制动液温度可达80～90℃，甚至到110℃。为了保证行车安全，应选用沸点较高的（不低于115～120℃）制动液。

（4）加强供油系的维护

采用电子控制汽油喷射发动机，可适当调整发动机的匹配参数，用以提高发动机的充气效率，保证混合气的质量和正常燃烧。在高温条件下，由于空气密度低，可适当减少供油量，而混合气易点燃，可适当推迟点火时间。

（5）加强电源系的维护

夏季行车时，会出现蓄电池过充电，电解液蒸发快，极板损坏等故障，需检查电解液

密度和液面高度，电解液的密度应比冬季使用时小些，由于外界气温较高，对于普通铅酸蓄电池需要经常加注蒸馏水，并保持通气孔畅通。另外，应适当调整发电机调节器，减小发电机的充电电流。

2）防止爆燃

为了防止爆燃，应根据发动机压缩比选用相应辛烷值的汽油。要保持发动机的正常工作温度，适当推迟点火提前角和加浓混合气，调整点火系，增强火花塞的跳火能量，并应及时清除积炭。也可根据需要安装爆燃限制器。

3）防止气阻

防止气阻的主要措施是在原车的基础上改善发动机的散热和通风状况，以及隔开供油系的受热部分。具体措施有：

(1) 行车中发生气阻，可用湿布使汽油泵冷却或将汽车开到阴凉处，降温排除。

(2) 改变膜片式汽油泵的安装位置，由原来靠近排气管后侧处，移至排气管前面通风良好处，并在汽油泵与排气管之间加装一块隔热板，以防汽油泵受高温影响而不能正常工作。

(3) 采用电动汽油泵，由于电动汽油泵不需要发动机驱动，因此可安装在不易受热的位置，降低输油温度，有效地防止气阻。

4）防止行车时爆胎

长时间在高温条件下行驶的汽车，极易出现爆胎事故，必须给予充分重视，并严格做到以下几点：

(1) 在运行中随时注意轮胎的温度和气压，经常检查，保持规定的气压标准。

(2) 在中午酷热地区行车时，适当降低行车速度，每行驶 40～50 km 应停车于阴凉地点，待轮胎温度降低后再继续行驶，不得中途采用放气或冷水冲浇轮胎的办法降低气压，以免加速轮胎损坏。

5）注意车身维护

汽车车身的漆涂层和电镀层　湿热带地区试验表明：漆涂层的主要损坏是老化、褪色、失光、粉化、开裂和起泡等；电镀层的主要损坏是锈斑、脱皮以及不耐汗手触摸而引起锈蚀等。因此，在维修中，应注意喷漆前的除锈和采用耐腐蚀、耐磨性高的涂层，并加强外表养护作业。

高温、强烈的阳光、多尘和多雨均影响驾驶员的劳动强度、行车安全和乘坐舒适性。应加装空调设备，遮阳板或加强驾驶室、车厢的通风和防漏雨。

10.4　汽车在高原和山区条件下的使用

10.4.1　高原山区对汽车使用的影响

汽车在高原和山区行驶时，由于海拔高、气压低、空气稀薄，发动机充气量减少。如果行驶于坡度陡而长的地段，发动机冷却系容易“开锅”，并导致动力性与经济性下降，行驶安全变坏。而且，常有其他故障发生。

1) 对发动机动力性的影响

发动机的功率指标中的平均指示压力 p_i、指示功率 P_i 与充气系数 η_V 有直接关系。发动机平均指示压力与充气系数的关系如下：

$$p_i = \frac{H_{mo}\eta_i}{1\,000\alpha}\eta_V$$

式中，P_i——发动机指示功率，kW；

H_{mo}——理论混合气（即过量空气系数 $\alpha=1$ 时的混合气）热值，kJ/m^3；

α——过量空气系数；

η_i——指示效率；

η_V——充气系数。

即发动机平均指示压力与充气系数成正比。

当大气压力下降时，若进气温度和进气系统的阻力不变，进气终了的压力与进气压力的比值基本不变，相对于进气状态而言，充气系数变化不大。但是，随着海拔升高，气压逐渐降低，空气密度减小（见表 10.1），致使发动机的进气量减少，平均指示压力下降。对于四冲程发动机而言，平均指示压力与发动机功率成正比关系，即

$$P_i = \frac{p_i V_h n}{120} \times 10^{-3}$$

式中，V_h——发动机总工作容积，L；

p_i——平均指示压力，kPa；

n——曲轴转速，$r \cdot min^{-1}$。

对于一定型号的发动机在转速不变的情况下，平均指示压力直接影响着发动机功率，即发动机功率随着海拔升高而下降。

表 10.1　海拔高度、大气压力、密度及温度的关系

海拔高度（m）	大气压力（kPa）	气压比例	空气温度（℃）	空气密度（$kg \cdot m^{-3}$）	相对密度
0	101.3	1	15	1.225 5	1
1 000	89.9	0.887	8.5	1.112 0	0.907 4
2 000	79.5	0.784 5	2	1.006	0.821 5
3 000	70.1	0.691 8	−4.5	0.909 4	0.742 1
4 000	51.3	0.604 2	−11	1.819 3	0.668 5
5 000	54.0	0.533	−17.5	0.736 3	0.600 8

海拔高度每增加 1 000 m，大气压力下降约 11.5%，空气密度约减小 9%。

由于气压降低，外界与缸内的压差减小；又因空气密度小，使发动机充气量下降，混

合气变浓；由于大气压力降低，进气管真空度相应减小，真空点火提前装置的工作受到影响，点火推迟，同时因压缩终了的压力和温度降低，混合气的燃烧速度缓慢。充气量下降和燃烧速率降低均会使发动机动力性降低，海拔高度上升 1 km，发动机有效功率 N_e 和有效转矩 M_e 分别下降 12%和 11%，如图 10.7 所示。

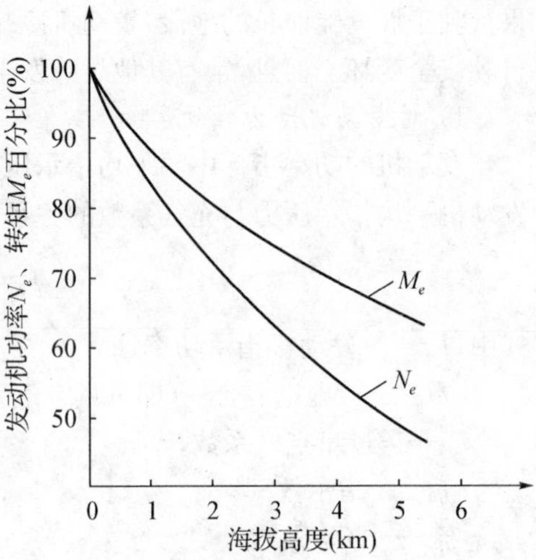

图 10.7　海拔高度对发动机有效功率、有效转矩的影响

海拔高度增高也影响汽车的速度性能。海拔每增高 1 km，加速时间和加速距离增长 50%，最高车速下降约 9%。

海拔高度增加也对发动机的怠速性能有很大影响。由于进气管真空度下降，进气量不足，发动机怠速转速下降。海拔高度每增加 1 km，怠速转速下降 50 r · min^{-1}。同时，发动机怠速稳定性变差。

2) 对汽车行驶功耗的影响

高原山区行驶的汽车，发动机循环充气量明显下降，若供油系统未经调整或校正，则随着海拔高度增加，空燃比变小，混合气变浓，发动机油耗增加。

同时，因发动机动力不足，又因高原山区坡度陡而大，道路复杂，汽车经常采用低挡大负荷行驶，也会引起油耗增大。大气压力降低，燃料蒸发性提高，因而易产生气阻和泄漏，使油耗增大。海拔高度对汽车行驶油耗的影响如图 10.8 所示。

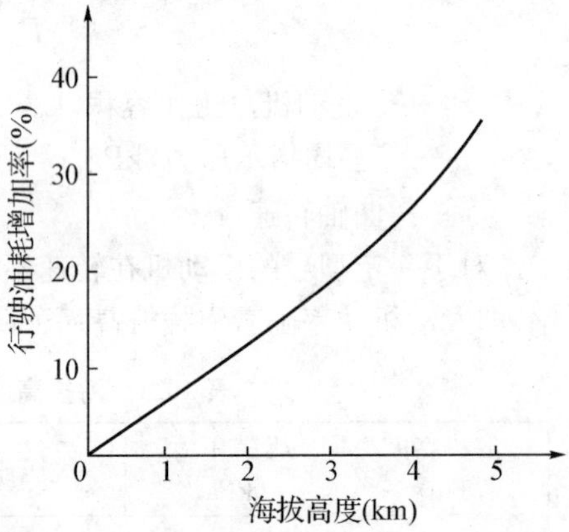

图 10.8　海拔高度对汽车行驶油耗的影响

由于高原行车发动机功率下降，且高原山区道路复杂，行驶阻力大，因此发动机满负荷工作的时间比例增大，发动机易过热。发动机工作温度升高，使润滑油黏度变小，氧化速度加快；同时，过浓的混合气不能完全燃烧，窜入曲轴箱后，会稀释润滑油而加快润滑油变质。润滑油品质变差会使发动机润滑不良，磨损加剧。

3) 对汽车制动效能的影响

在山区行驶的汽车，由于地形复杂，经常会遇到上坡、下坡、路窄、弯多等情况。影响山区行驶安全的主要问题是汽车的制动性能。

在山区行驶，汽车需要经常制动减速，致使摩擦片和制动鼓经常处于发热状态，特别是下长坡时，经常需较长时间地连续制动，使制动器温度经常达到300℃以上，甚至高达600～700℃。制动器温度在一般情况下不应超过200℃，温度过高时，制动蹄摩擦片的摩擦因数将明显下降，导致汽车制动效能衰退。此外，由于摩擦片连续高温，磨损加剧并常有碎裂现象。

由于特殊的地理环境，在山区行驶的汽车其制动安全性主要存在两个方面的问题，即失去转向能力和后轴侧滑。前者容易发生在坡道、湿路面和超载的情况下；后者容易发生在平路、干路面和空载的情况下。这两个问题造成了汽车前后制动力分配比例上的突出矛盾：第一种情况须防止前轮制动抱死；第二种情况须防止后轮抱死或提前抱死。

此外，路面附着特性的变化（山区公路常见现象），道路曲率的变化等也会对汽车制动稳定性产生较大的影响。

气压制动在山区使用时，特别是高原山区，因空气稀薄，空气压缩机供气压力不足，再加上制动次数多，消耗气量大，往往不能保证汽车、特别是汽车列车的制动可靠性。

在高原山区行驶的汽车，使用制动频繁，制动器因摩擦而生热，使制动系统温度升高。如使用沸点低的制动液，在高温时由于制动液的蒸发而产生气阻，引起制动失灵。

10.4.2 改善汽车高原山区使用性能的主要措施

在高原山区行驶的汽车，为提高发动机的动力性、经济性，确保行车安全，可采取如下主要措施。

1）发动机的改进措施

（1）提高发动机压缩比

提高发动机的压缩比不仅可以提高压缩终了时的温度与压力，增大膨胀比，加快燃烧速率，改善燃烧过程，减少热损失；而且还可以采用较稀的混合气，从而进一步提高发动机的动力性和经济性。

从汽车使用的角度来讲，提高发动机的压缩比有以下两种方法：

①如果车辆经常在高原地区行驶，应购置汽车制造厂为高原地区专门设计、制造的高原型汽车。

②对缸盖进行改造，提高发动机的压缩比。高压缩比的汽缸盖可由原缸盖加工而成。如东风EQ1090型汽车在青藏高原使用时，可将原汽缸盖刨薄3 mm，使压缩比提高到7.2∶1。

在已提高压缩比的发动机上，若采用改进的进、排气歧管，可使发动机功率和油耗得到改善。把节气门轴方向改朝发动机纵向，部分负荷下可以提高各缸混合气质量的均匀性；进、排气歧管分成前后两腔，弯道平缓，可减少进气阻力，有利于解决“抢气”现象。

（2）合理选择配气相位

合理选择配气相位可以提高发动机的充气系数，改善发动机的动力性和经济性。

配气相位的确定，应与发动机的实际转速范围相适应。发动机的转速不同，进、排气门的开、闭角对气流惯性的影响也不同，因而进、排气门开闭的最有利的角度应随之变化。在进、排气门开闭的四个冲程中，进气迟关角和排气提前角影响最大。

进气迟关角是利用气流惯性提高充气系数的，在一定的气流惯性下，对应着一个最佳迟关角。进气迟关角减小能提高低转速下的充气系数，改善发动机低速范围的动力性与经济性。反之，进气迟关角增大，对经常处于高速运转的发动机有利。

排气提前角主要影响作功行程中膨胀功损失 P_W 和排气行程中的排气功损失 P_X。排气提前角增大，P_W 增加，P_X 减小；排气提前角减小则 P_W 减小，而 P_X 增加。最佳的排气提前角可使(P_W+P_X)值最小。试验表明，随着发动机转速的提高，排气提前角亦增大。

为了使凸轮轴的设计(凸轮线形和各凸轮间的夹角等)更为合理，应与发动机常用转速工况相适应，以提高充气量，改善汽车在高原地区的使用性能。

(3) 采用增压技术

废气涡轮增压器实际上是一种空气压缩机，通过压缩空气来增加进气量。增压器是利用发动机排出的废气能量推动涡轮室内的涡轮，涡轮又带动同轴的叶轮，叶轮压缩来自空气滤清器的空气使之增压进入汽缸。当发动机转速加快，废气排出速度与涡轮转速也同步加快，叶轮压缩更多的空气进入汽缸，使空气的压力和密度增大，相应增加喷油量和调整发动机转速，就可增加发动机的输出功率，降低油耗。

柴油机由于无爆燃的限制，使用增压器比较合适，柴油机装增压器后(一般是废气涡轮增压)，增加了充气量，压缩终点的压力和温度也相应提高，从而改善了发动机的动力性和经济性。汽车上使用的增压器，由于发动机的工况复杂，以及发动机罩下空间的限制，要求增压器结构紧凑，涡轮等旋转零件的转动惯量小，反应敏感。此外，在使用中，还应对柴油机的供油量及喷油提前角进行适当地调整。

汽油机采用废气涡轮增压的困难很大，其中主要是爆燃问题。废气涡轮增压器的涡轮压缩室将吸入的空气压缩，使之温升将造成发动机功率降低，爆燃倾向增加，效率降低。为此，可采用中冷器(见图 10.9)，将吸入的空气在中冷器冷却后再进入汽缸，使空气密度增加，输出功率和转矩相应增加。此外，在发动机高转速区涡轮转速高，压缩的空气量多；在低速区达不到所要求的转速，压缩空气量不足，功率不够。调节方法有两种：增加旁通气道及可变截面设计。前者多用于汽油机，后者多用于柴油机。

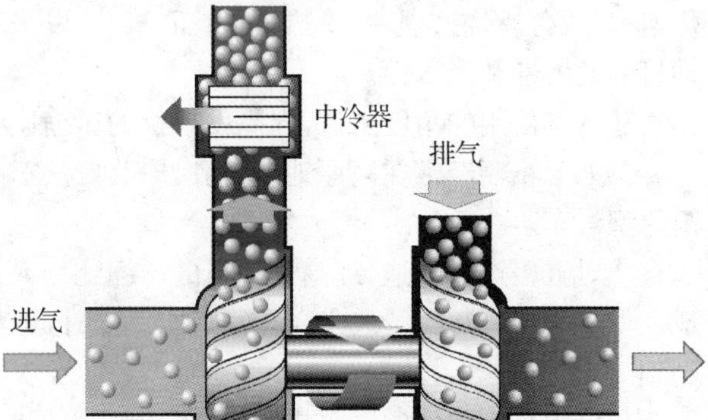

图 10.9　带中冷器的废气涡轮增压装置

(4) 采用含氧燃料

所谓含氧燃料就是在汽油中掺入酒精、丙酮及其他含氧化合物。掺入的这些含氧燃料中的分子中都含有氧分子，在燃烧过程中，理论上必要的空气量减少，能补偿因气压低而产生的充气量不足的问题。试验表明：采用含氧较高的燃料，其相对效能随海拔高的增加而提高。例如，汽油20%、丙酮20%、甲醇60%的混合燃料在3 200 m高原上的试验效果良好。

(5) 改善润滑条件

在高原地区行驶的车辆，其所使用的发动机润滑油应具有良好的黏温特性，以保证发动机在低温时起动性能良好，高温时具有良好的润滑性能。为防止润滑油变质，应保持良好的曲轴箱通风，并采用机油散热器散热。

2) 安全系统的改进措施

在高原山区使用汽车，由于地形复杂，常会遇到上坡、下坡、窄路、弯多等问题，因此采取相应技术措施改善其安全性能非常重要。特别是制动性能的改善，对于汽车在高原山区安全行驶尤为重要。

(1) 采用耐高温制动摩擦片

汽车在繁重工作条件下制动时，如下长坡连续作强度较高的制动或高速制动时，制动器温度会很快上升，产生热衰退现象，制动力矩会显著下降。汽车制动器抗热衰退性能与制动器摩擦副材料及制动器的结构有关。一般制动器以铸铁作制动鼓，以石棉摩擦材料作摩擦片。目前，国产石棉摩擦片所能耐的最高温度为250℃，工作温度低于该值时，摩擦片与制动鼓间的摩擦系数为0.3～0.4且较稳定。但温度高于该值后，摩擦系数会大幅度下降，而使制动距离增长。采用耐高温制动摩擦片是一种改善汽车在高原山区条件下安全性的简单易行的方法。耐高温摩擦片采用环氧树脂、三聚腈胺树脂等改进的酚醛树脂作为粘合剂或采用无机粘合剂，把石棉摩擦材料粘结、固化成形而制成。石棉摩擦材料中常加有金属添加剂，摩擦片温度高达400℃以上时，尚可产生足够的制动力矩，可适应高原山区条件下行车制动的需要。

(2) 采用发动机制动

汽车下长坡时，需要长时间连续制动，制动器温度会不断升高。例如：质量为16 t的汽车沿8%的坡道下坡，如使用制动器保持下坡速度为20～30 $km \cdot h^{-1}$，在行驶6～8 km之后，制动蹄片温度高达300～350℃，轮辋温度可达110～130℃。这样高的温度不仅对制动器不利，而且还有损于轮胎。所以，下长坡时应利用发动机制动。此时，变速器挡位越低，发动机的转速越高，产生的制动力越大。一般下长坡利用发动机制动时，将变速器挂在上坡所用的挡位较为合适。

(3) 采用辅助制动器

辅助制动器有电涡流、液体涡流和发动机排气制动器。前两种辅助制动器由于体积较大，结构复杂，多用于山区或矿用重型汽车上，又称电力或液力下坡缓行器。发动机排气制动是一种有效而简便的措施，实际上它是在一般发动机制动的基础上，再在发动机排气管上装一个排气节流阀，当使用排气制动时，切断发动机的燃料供给，关闭排气节流阀，达到降低车速制动汽车的目的(见图10.10)。排气制动也属于缓速制动装置，多用在重型汽车上。

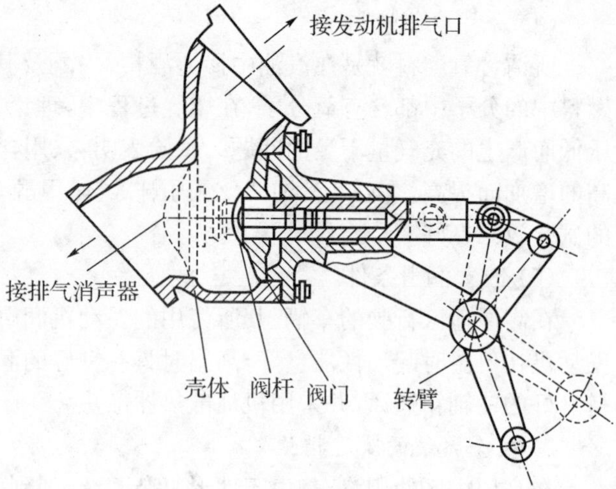

图10.10　汽车排气制动装置

排气制动可保证各车轮制动均匀，制动功率可达发动机有效功率的80%～90%。

(4) 制动鼓淋水降温

为防止制动器过热，在汽车下长坡前，可开始对制动鼓外圆淋水冷却降温，也可以在制动过程中，不断地对制动鼓淋水降温，以防制动器温度过高而使摩擦片烧蚀。但是，这种方法需要有充足的水源，在缺水地区无法使用。此外，经常需要停车加水，增加了驾驶员的劳动强度和降低了运输生产效率。

(5) 采用大范围可调制动比例阀

现有的比例阀主要用于防止后轴制动抱死，不能解决前轮制动抱死问题，而一些进口矿用车的前轮制动减压阀，又只能用于防止前轮抱死，而且以上两类阀一般都是固定比例的，不适用于制动工况变化很大的山区情况。因此有必要试制一种从前轮制动减压到后轮制动减压的大范围可调比例阀。

(6) 使用矿油型制动液

液压制动的汽车多使用醇型制动液，较易挥发。在高原使用时，因制动频繁，制动管路容易发生"气阻"现象，致使制动失灵，行车不安全。而矿油型制动液，具有制动压力传递迅速，制动效果好，不易挥发变稠等特点，较适合在高原及山区使用。但使用矿油型制动液，必须换用耐矿物油的橡胶皮碗。

(7) 防止轮胎爆裂

海拔高度升高时，轮胎气压也会升高。在海拔4 km时，轮胎气压比在海平面时增加约501 kPa；同时，轮胎传递驱动力较大或速度过高时，轮胎表面温度较高，橡胶强度变差。因此，在高原山区行车时易爆胎而引发事故，需注意保持轮胎压力不超过规定值，同时注意轮胎的工作温度。

(8) 改善灯光，确保夜间行驶安全

由于山区弯多路窄，应加宽汽车大灯照射角度，便于急转弯时可靠照明。大灯最好采用能随转向传动机构相应转动的装置。

(9) 加强维护保养

汽车在高原和山区使用时，因换挡、制动和转弯次数多，道路不平，底盘的负荷大，轮胎磨损加快，所以维护周期应适当缩短。高原地区的冬季一般兼有寒区的低温特点，因而也要遵照寒冷地区的使用要求。

为了适应高原地区使用特点，有的汽车制造厂提供了一些高原变形汽车，可适合于高原地区使用。

10.5 汽车在坏路或无路条件下的使用

坏路或恶劣道路是指泥泞的土路、冬季的冰雪道路和覆盖沙土的道路等。无路是指松软土路、耕地、草地和沼泽地等。

10.5.1 坏路或无路条件对汽车使用的影响

汽车在坏路或无路条件下的使用特点是：驱动车轮与路面的附着力减小，车轮滚动阻力增大，路面上障碍物影响汽车通过。汽车在坏路或无路条件下使用，燃油消耗量比一般正常使用条件约高出35％。

1）土路

土路在坏路和临时性道路中占的比例最大。汽车在松软的土路上行驶时，支承路面将出现残余变形，车轮在路面上形成车辙，滚动阻力增大。汽车在泥泞而松软的土路上行驶时，往往由于附着系数低，引起驱动轮打滑，使汽车无法通过。

2）沙路

在沙路上，其特点是表面松散，受压力后变形大，嵌入轮胎花纹内的沙土在水平方向的抗剪切破坏能力差，使附着系数降低，轮胎的滚动阻力却增大，沙路和流沙地容易使汽车打滑。特别在流沙地上，汽车车轮的滚动阻力系数可达0.15～0.30或更大，而驱动轮由于附着系数低而空转影响汽车的通过性能。

3）雪路

雪路对汽车通过性的影响是很大的，主要取决于雪的特性和深度。雪层的密度越大，其承受的压力也越大，雪层的密度、硬度都与气温和压实程度有关；气温低，雪层干而硬，气温高则相反。

当气温为－10～－15℃时，雪路主要性能见表10.2。从表中可以看出，雪层密度越小，车轮附着系数下降，汽车行驶条件变差。

表10.2 在零下10～15℃时，雪路的主要性能

雪的状态	密度（g/cm^3）	车轮的滚动阻力系数	车轮的附着系数
中等密度的雪	0.25～0.35	0.10	0.1
密实的雪	0.35～0.45	0.05	0.2
非常密实的雪	0.5～0.6	0.03	0.3

雪层的厚度对汽车行驶也有一定影响，车轮压实的平坦而密实的雪路，其厚度为

7～10 mm时，对汽车正常行驶影响不大。如果雪层加厚特别又是松软的雪层，汽车通过能力明显下降。经验表明：雪层厚度大于汽车离地间隙的1.5倍，雪的密度低于450 kg/m^{3}时，汽车便不能通过。

4）冰路

冰路上行驶的汽车，车轮与冰面的附着系数非常低，在冬季有冰的道路上，附着系数可降低到0.1以下，但是车轮的滚动阻力与刚性路面的差别不大。为了保证行车安全，在冰路上行驶时的车速要低，行车间隔要大。特别是通过河流或湖泊的冰面时，还需要检查冰层厚度和坚实情况（裂缝、气泡或雪的夹层等）。

冰层除了表面有一层冰雪外，主要由两部分组成：混浊的上层和透明的下层。在检查冰层厚度时，每隔15～25 m测量一次这两部分冰层的厚度，并观察冰层的状况。在气温低于0℃情况下，汽车通过冰封的渡口时，冰层的最小厚度参见表10.3。

表10.3　冰层的承载能力

汽车（汽车列车）的总质量（t）	冰层厚度（cm）（气温－1～－20℃）	从渡口到对岸的最大距离（m）	
		海冰	河冰
到3.5	25～34	16	19
≥10	42～46	24	26
≥140	80～100	38	38

注：春天的冰层厚度标准应提高1.5～2倍。

10.5.2　改善汽车坏路或无路使用性能的主要措施

在坏路和无路条件下使用时，改善驱动轮与路面之间的附着条件，减少滚动阻力对提高汽车的通过性是很重要的。从使用方面改善汽车通过性的措施如下。

1）降低滚动阻力，提高车轮与路面附着力，防止车轮滑转

在汽车驱动轮上装防滑链，是提高车轮与路面附着系数的有效措施。防滑链的形式主要取决于路面状况和汽车行驶系的结构。防滑链有普通防滑链和履带式防滑链。

普通防滑链（见图10.11）适用于冰雪路面和松软层不厚的土路，在粘土路上，当链齿塞满土时，使用效果则明显下降。履带式防滑链（见图10.12）适用于松软层很厚的土路，它能保证汽车在坏路上，甚至驱动轮陷入土壤或雪内仍可以通过，菱形履带链还具有防侧滑的能力。

防滑链的缺点是链条较重，拆装不方便，更重要的是装上防滑链后，汽车的动力性和经济性均下降，在硬路面上行驶冲击大，使轮胎和后桥磨损严重。

克服短而难行的无路地段时，宜使用容易拆装的防滑快和防滑带，如图10.13所示。

2）采用合理的驾驶方法

在恶劣的道路上行驶时，要选择好线路，尽可能避开泥泞和滑度较大的路面。通过泥泞或翻浆路时，最好一鼓作气地通过，途中不要换挡、停车。被迫停车后再起步时，如

是空车，挂中速挡，如是重车，挂低速挡，轻踏加速踏板起步，使驱动力低于附着力，避免打滑。

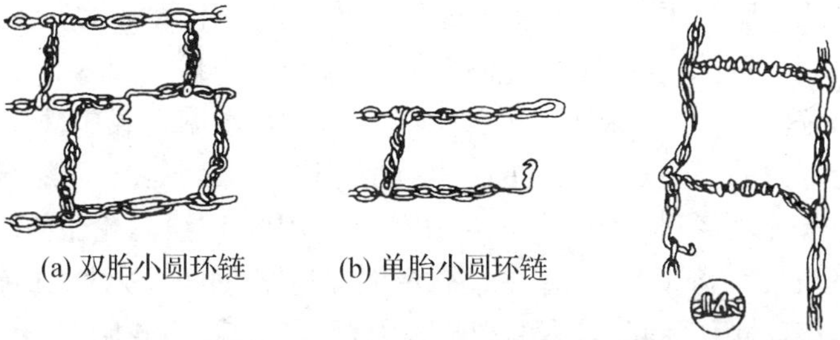

(a) 双胎小圆环链　(b) 单胎小圆环链　(c) 齿型模链

图 10.11　普通防滑链

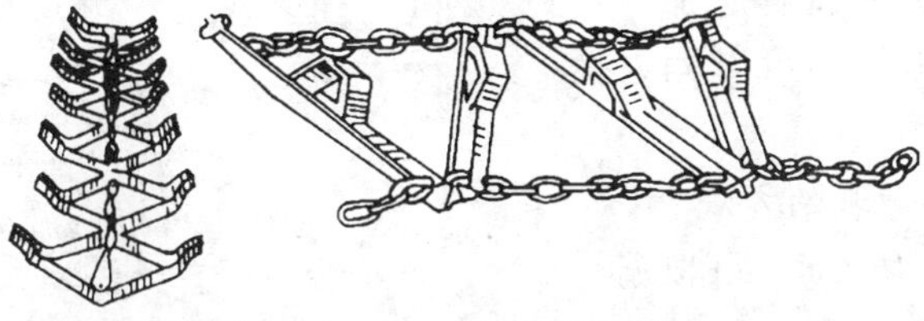

(a) 菱形的防滑链　(b) 直型防滑链

图 10.12　履带式防滑链

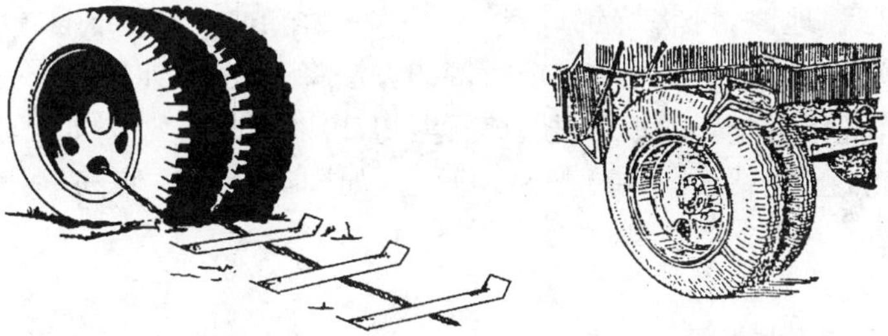

(a) 防滑块　(b) 防滑带

图 10.13　汽车用防滑块和防滑带

松软道路附着系数很低，防止侧滑很重要，所以在驾驶时使用制动要特别小心，不准使用紧急制动，转向也不能过急，以免发生侧滑，尤其是坡道或急弯行驶时更要注意。若一旦出现侧滑，首先要抬起加速踏板降低车速，并立即将转向盘向着车轮侧滑的方向转动(在路面允许的条件下)，以防止继续侧滑或发生事故。

当车轮已陷入泥泞道路空转时，不可盲目加油来强行驶出，以免越陷越深，且强行驶出易使机件损坏。

3）合理使用汽车轮胎

汽车轮胎对其通过性具有决定性的影响。为了提高汽车通过性，必须正确选择轮胎的气压、花纹、结构参数等，使汽车的行驶阻力较小，而又能获得最大的附着力。

在松软道路上，汽车轮胎单位面积的压力越大，滚动阻力就越大，汽车的通过性就越差。所以，降低轮胎气压，增加轮胎宽度，可降低车轮的滚动阻力，提高汽车的通过性能。当汽车的驱动轮打滑或陷在泥泞路中时，为了减小单位面积压力，卸下载物也是一种必要的措施。这与汽车打滑而未下陷时，有意增加后轴附近载质量，改变汽车附着重量，达到提高附着力的目的是不矛盾的。也可使用调压胎，驾驶员可在驾驶室内调节轮胎气压，可从正常气压降到极低的气压(49～68.6 kPa)。这样，轮胎的印痕面积可增大2～3倍，印痕压强相应降低，使汽车在松软和泥泞道路上的行驶性能得到改善。

轮胎花纹对滚动阻力和附着力的影响很大，所以，要注意轮胎花纹的选择。普通花纹轮胎适合于在硬路面上行驶；越野花纹轮胎适合于在泥地、松软路面上行驶；而混合花纹轮胎适合于在各种路面上行驶。

使用断面加宽的特种轮胎——拱型轮胎和宽断面轮胎可以大大提高汽车的通过性。

4)采用自救或他救的方法

车轮已经陷入坑中时，可根据具体情况，采用自救或他救。他救就是用其他车辆、拖拉机等，拖出已陷入的汽车。无法他救时，可采用自救措施：若车桥没有触地时，可将坑铲成斜面，垫上碎石、灰渣等，然后用前进或后倒的方法将车驶出；如果车桥壳触地，车轮悬空时，可先在车轮下面垫上木板、树枝、碎石等物，再以低速挡驶出；如果驱动轮滑转时，也可以将绳索绑在树干(或木桩)和驱动轮上，如同绞盘那样使汽车驶出陷坑(见图10.14)。

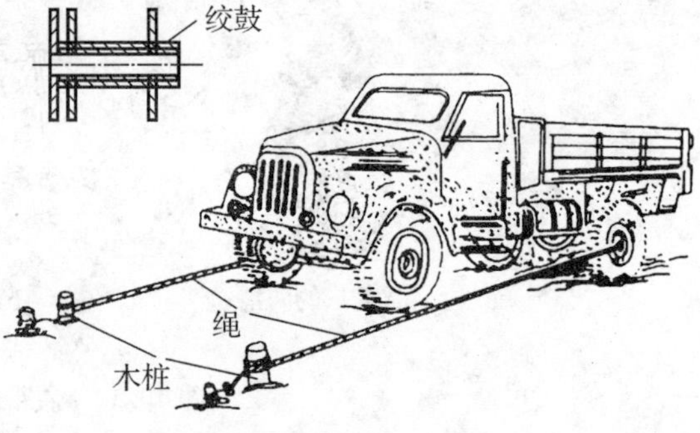

图 10.14　汽车的自救

10.6　汽车合理拖挂

10.6.1　汽车组织拖挂运输的可能性

一般的营运车辆(货车或客车)在额定载荷下用直接挡(包括超速挡)和常用经济车速在良好道路上行驶时，节气门只需30%～40%的开度，仅利用了发动机同转速下最大功率的40%～50%，约为发动机最大功率的20%左右。低速行驶时发动机功率利用率更低。所以，通常情况单车运行时，发动机的负荷都较低，具有相当大的剩余(或盈余)功率。汽车合理拖挂可以提高发动机功率的利用率。

汽车的拖挂能力可以用汽车的剩余功率来分析，如图10.15所示。P_k 表示发动机节气门全开、变速器在直接挡时汽车的输出功率曲线，$\sum P$ 表示汽车克服行驶阻力所消耗的功率，P'_k 是节气门部分开启时汽车的输出功率。

汽车以某一车速 v_1 等速行驶时，汽车的输出功率 P'_k(线段 ab)完全用于克服行驶阻力。而在这一车速下，汽车所能发出的最大功率为 P_k(线段 ac)，bc 即为汽车在车速 v_1 下的剩余功率。

汽车的剩余功率越大，汽车的加速和爬坡能力就越好。所以，利用发动机的剩余功率来组织拖挂运输是完全可能的。

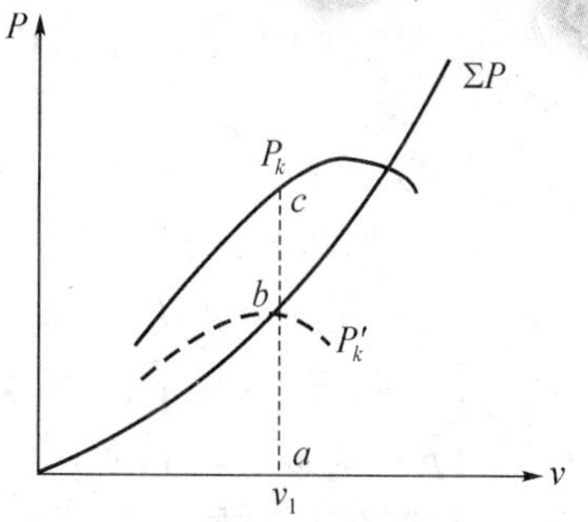

图 10.15　汽车功率平衡图

10.6.2　确定拖挂质量的原则

在确定汽车的最大拖挂总质量时，应遵循以下原则：

(1) 汽车列车的平均技术速度不低于单车的 70%，最高车速不低于单车的经济车速；

(2) 汽车列车在行驶道路的最大坡道上能用 1 挡起步，2 挡通过，直接挡(包括超速挡)的行驶时间不低于同等条件单车行驶时间的 60%以上；

(3) 汽车列车从 1 挡起步加速到直接挡，达到单车同等速度所需的加速时间不得高于单车的 1 倍，平路直接挡行驶要有一定的加速能力，通常平路直接挡中速稳定行驶时发动机负荷不大于 70%；

(4) 拖挂后的燃料消耗增量[$L \cdot (100\ km)^{-1}$]不超过原厂规定单车燃油消耗量的 50%；

(5) 要有足够的驱动力，保证主车的驱动轮不打滑；

(6) 汽车列车的比功率(发动机功率 Ne、汽车列车总质量 G)不小于 $4.8\ kW \cdot t^{-1}$；

(7) 汽车拖挂只允许一车一挂，牵引力较大的汽车可拖挂大吨位的挂车。

10.6.3　汽车拖挂后对总成寿命的影响

汽车拖挂后与单车的工作情况不同。拖挂后所需发动机的输出功率要大；传力机构所传递的转矩也相应增加；起步时间增加；行驶中由于冲击、摇摆、震动所引起的交变负荷大。因此，汽车各总成机件磨损增加，应适当缩短汽车维护和大修间隔里程。

1) 对发动机寿命的影响

汽车拖挂后，发动机功率利用率提高。同时，发动机负荷增大，温度升高，润滑系工作性能有所下降，曲柄连杆机构的机件磨损有所增加。汽车拖挂后低挡运行的时间长，发动机转速高，磨损增加。

2) 对传动系寿命的影响

汽车拖挂后，起步阻力增加。起步时，离合器接合的延续时间要比单车增加 2～3 倍。因此，容易引起离合器摩擦片的磨损与烧蚀。传动系的变速器、传动轴、主减速器和差速器，由于传递功率与转矩的增加，齿轮、齿槽和轴承所受到的压力增加，引起磨损增加。

3）对行驶系寿命的影响

汽车拖挂后，起步、换挡、急加速及在不平道路行驶时，均增大了牵引钩上的交变载荷，产生巨大的冲击力，使车架易产生变形、裂纹和松动。由于驱动力增大，加快驱动轮的磨损，缩短了轮胎的使用寿命。

4）对制动系寿命的影响

由于汽车总质量的增加，制动距离延长，制动强度增大，所以制动鼓与摩擦片的磨损加剧，使用寿命缩短。

综上所述，汽车拖挂后各总成的使用寿命降低，大修间隔里程缩短。因此，要注意汽车的维护与合理使用，延长其使用寿命。

10.6.4 汽车拖挂后的驾驶特点

汽车拖挂后，由于总质量的增加和汽车外部尺寸的变化，导致起步和行驶的阻力增加。拖挂后列车的加速能力、爬坡能力、紧急制动能力及机动性、稳定性等都较单车有所下降。因此，驾驶操作上应有相应的技术措施，如果操作不当，很容易造成事故。

1）起步

在冬季，汽车起步前要对发动机进行充分预热升温。拖挂后发动机负荷增大，若发动机尚未达到 40～50℃起步，发动机在低温重负荷下工作，会加剧发动机磨损，增加燃料消耗。

因起步阻力大，应缓抬离合器踏板，将牵引阻力逐渐加到发动机上，当感到汽车牵引钩被拉紧后，应加大油门，继续抬起离合器踏板(其速度要比前期缓些)，切忌起步过猛。

2）加速与上坡

汽车拖挂后，剩余功率比单车时小，使汽车加速性能、爬坡能力下降，加速性能下降，汽车逐级换挡的加速时间与加速距离比单车要长，并且高速挡的加速时间要比低速挡的加速时间长，因而加速时不能急躁。

由于爬坡能力下降，汽车上坡前，驾驶员应根据汽车爬坡能力、拖挂情况、坡度的长短、陡缓等情况提前选择合适的挡位爬坡，以防止汽车在爬陡坡途中换挡、停车，以免在坡道上起步时驱动轮打滑、汽车倒溜或发生倾覆事故。

3）下坡

汽车拖挂后，因行驶惯性比较大及挂车对主车的冲击作用，下坡时应保持汽车列车上坡挡位，尽量利用发动机制动、排气制动(有排气制动装置时)控制好车速，缓慢下坡。当车速明显加快时，再用配合行车(车轮)制动器制动将车速控制在安全范围。不可长时间使用行车制动器控制车速，以免制动鼓、制动摩擦片过热导致制动失效。特别要注意避免紧急制动，防止挂车冲击。

4）转弯

汽车拖挂后，机动性要比单车差。弯道行驶时，因挂车的行驶轨迹产生向心偏移，转弯宽度(内轮差)加大，容易造成挂车掉钩或刮碰路旁物体。所以，转弯前应提前减速，在不影响其他车辆行驶的情况下，列车的行驶轨迹中心应靠向弯道中心外侧(即尽可能转大弯)。转弯时应使主车与挂车保持拉紧状态，以免挂车摆动；同时避免在弯道制动，防止挂车对主车的冲击。

5）会车

与对方来车有会车可能时，应根据道路情况，判断有无会车、让车的道路条件，提前采取降低车速、选择会车地点、适当加大会车的间距等措施，以免挂车摆动而引起刮擦、碰撞事故。

6）倒车

拖挂后，因主车与挂车是铰链连接，需掉头行驶时，尽量选择合适地点采用原地掉头方式。因运输任务必须倒车时，应将挂车转盘插上锁止销，并注意汽车拖挂后倒车时转向盘的转向与单车相反。因列车长度加大，视线条件差，倒车最好有专人指挥。倒车时如出现主车与挂车折叠现象，应停止倒车，并向前行进拉直后再重新倒驶。

7）制动

拖挂后总质量加大，行驶惯性加大，制动距离较长，主、挂车制动的同步性较差，牵引钩等连接部位易产生撞击。所以，制动前期应采用连续间歇(点刹)制动，根据车速变化逐渐加大制动踏板力。不可制动过猛，避免紧急制动。

10.6.5 汽车拖挂应注意的问题

在组织拖挂时除应选择合适的拖挂质量外，还应注意以下问题：

(1) 额定载重量 4 t 以上的汽车适宜组织拖挂，而额定载重量 4 t 以下的轻型汽车可视情况组织拖挂；

(2) 拖挂质量不得超过最大允许载重量；

(3) 技术状况不良、走合期或走合后 1 000 km 以内的汽车不应组织拖挂；

(4) 驾驶操作不熟练的驾驶员不宜驾驶带挂车的汽车；

(5) 道路条件良好时宜组织拖挂，而路况较差时不宜组织拖挂；

(6) 主车空载时不得拖带重载挂车。

11 汽车技术状况及其变化

11.1 汽车技术状况变化的原因与影响因素

11.1.1 汽车技术状况变化的分类

汽车技术状况是指定量测得的、表征某一时刻汽车外观和性能的参数值的总和。由此可知，汽车技术状况包括外观和性能两大方面。

汽车运行工作的效率、安全性以及对运行环境的污染和干扰的程度，完全由车辆运行时的技术状况决定。为此，掌握控制汽车技术状况的理论，具有十分重要的意义。

《汽车维修术语》(GB 5624－85)，将汽车技术状况分为完好、不良和极限三种状况。

汽车完好技术状况是汽车完全符合技术文件规定所要求的状况。处于完好状况的汽车，不但性能发挥正常，而且外观外形均符合有关技术文件的要求。

汽车不良技术状况是汽车不符合技术文件规定的任一要求的状况。处于这种状况的汽车，可能是主要性能指标不符合技术文件规定，不能完全发挥它应有的功能，也可能是主要性能指标完全符合技术文件要求，外观、外形及其他次要性能指标不符合技术文件规定，但不影响汽车完全发挥它的功能。

汽车极限技术状况是汽车技术状况参数达到了技术文件规定的极限值的状况。汽车技术状况参数是评价汽车使用性能的物理量和化学量。

11.1.2 汽车技术状况变化的外观症状

汽车在使用过程中，随着行驶里程的增加，技术状况将逐渐变坏，致使汽车的动力性下降、经济性变差、可靠性降低，同时相继出现种种外观症状。其中主要有：

(1) 动力反常。汽车最高行驶速度和技术平均速度降低，加速能力和爬坡能力减弱等；

(2) 作用反常。加速时间与加速距离增长，制动迟缓或失灵，操纵沉重等；

(3) 消耗反常。燃料与润滑油等的消耗量增加；

(4) 声响反常。行驶中出现振抖、摇摆或异常声响等;

(5) 温度反常。出现温度过低或过高的现象;

(6) 外观反常。排黑烟或有异常气味,运行中因技术故障而停歇的时间增多等。

11.1.3 汽车技术状况变化的原因

了解汽车技术状况发生变化的原因,对于完善汽车结构,维持汽车处于最佳状况,预防出现不良状况和故障,正确鉴定汽车技术状况具有重要意义。

汽车技术状况的变化是汽车诸多内在原因综合作用的结果。主要原因有:磨损、疲劳损坏、腐蚀损坏、变形、老化、偶然损伤等。这些原因使零件原有尺寸和几何形状及表面质量发生改变,破坏了零件原来的配合特性和正确位置关系,从而引起汽车(或总成)技术状况变坏。

1) 磨损

磨损是零件的主要损坏形式,磨损现象只发生在零件表面,其磨损速度的快慢既与零件的材料、加工方法有关,又受汽车运用中装载、润滑、车速等条件的影响。引起汽车技术状况变化的主要磨损形式有:磨料磨损、分子—机械磨损和腐蚀磨损。磨料磨损是零件相互摩擦表面间由坚硬、锐利的微粒的作用下产生的磨损。微粒的来源有的来自外界,如尘埃、沙土等;而有的微粒是从零件工作表面上脱落下来的,如金属磨屑。在零件相互摩擦过程中,磨料的作用将加速零件的磨损过程。分子—机械磨损也称粘着磨损,当零件接触面承受大载荷、滑动速度高、同时润滑又不良时,零件表面在摩擦过程中会产生大量的热,使材料强度降低并形成局部热点,而易使零件局部表面金属粘结在一起;而粘结点在零件表面的相对运动中又被撕开,使一部分金属从一个零件表面转移到另一个零件表面而造成零件表面的损伤。产生粘着磨损的典型实例是汽缸筒“拉缸”和曲轴“烧瓦”。腐蚀磨损是摩擦表面在酸、碱等腐蚀物质作用下而产生的磨损。腐蚀物质对零件表面的腐蚀可使表面形成薄而脆的氧化层,在摩擦力作用下,氧化层脱落,腐蚀作用进一步向零件深部发展,再形成氧化层。如此,氧化层不断生成,不断脱落,从而造成了零件表面的损伤。

2) 疲劳损坏

疲劳损坏是由于零件承受超过材料的疲劳极限的循环应力时,而产生的损坏。通常,易于产生疲劳损坏的零件是承受交变载荷较大的零件,如汽车的钢板弹簧等。在交变载荷于零件内部所产生的循环应力作用下,零件表面产生疲劳裂纹,裂纹不断积累、加深、扩展而产生零件的疲劳损坏。

3) 腐蚀损坏

腐蚀损坏产生于与腐蚀性物质接触的零件表面。易于产生腐蚀损坏的主要部件有:燃料供给系统和冷却系统管道、车身、车架等。在汽车运动中,车身外表要受到风沙的磨蚀;而汽车使用环境中的空气湿度、尘埃等,对车身及裸露的金属零件也都有一定的腐蚀作用。

4) 变形

零件所受载荷在内部产生的内应力超过零件材料的弹性极限,就会发生变形。零件在制造和加工过程中产生的残余内应力和零件受热不匀而产生的热应力足够大时,也会导致零件变形或加剧变形过程。

5) 老化

老化是由于零件材料在物理、化学和温度变化的影响下,而逐渐变质或损坏的故障形式。汽车上的橡胶零部件(如轮胎、油封、膜片等)和电器元件(如晶体管、电容器等),长期受环境和温度变化的影响,会逐渐老化而失去原有性能。例如:温度的冷、热作用;油类及液体的化学作用;太阳光的辐射作用等。在汽车使用过程中,润滑油等液体的性能也会因氧化、污染而逐渐变坏。

因汽车零件和运行材料性能的变化,而使汽车技术状况逐渐变坏的现象,不仅发生于汽车使用过程中,也发生于贮存过程中。例如:橡胶、塑料等非金属零件因老化而失去弹性,强度下降;燃料、润滑油、制动液等氧化变质及产生沉淀;金属零件产生锈蚀;车身表面漆层剥落等。

11.1.4 汽车技术状况变化的影响因素

汽车技术状况变化的影响因素包括汽车结构和汽车使用两方面的因素。

1) 汽车结构因素

保证汽车结构设计合理,提高制造装配质量,合理选用材料,就能提高汽车的使用性能和可靠性。反之,设计制造的缺陷或薄弱环节必将对汽车的技术性能和使用寿命造成不良的影响。

2) 汽车使用因素

汽车的使用因素有:汽车运用条件、燃料和润滑油的品质、汽车的合理运用等。

(1) 汽车运行条件

汽车运行条件主要包括:道路条件、交通状况和气候条件。

①道路条件　汽车运行的道路条件对汽车技术状况有重要影响。汽车运行速度范围、发动机转速控制范围、汽车承受的载荷、操纵(换挡、转向、制动等)次数和强度等汽车运行情况都取决于道路的质量,因此汽车总成、零件的磨损强度也取决于汽车运行的道路条件。

汽车在良好道路上行驶时,行驶阻力小,承受的冲击和动载荷小,汽车的速度性能得以发挥,燃油经济性好,零件磨损速率小,汽车的使用寿命就长。

汽车在坏路面上行驶时,行驶阻力大,低挡使用的时间比例大,因而汽车的平均技术速度低,但发动机转速和负荷却很大,汽缸内平均压力也很高,所以汽缸活塞组件磨损严重;汽车在崎岖不平的道路上行驶时,汽车底盘各总成如车轮、悬架、车桥等受到的冲击载荷加大,有时甚至遭到直接破坏和损伤;汽车在不良道路上使用时,由于操作次数增加和使用时间增长,离合器、变速器、制动蹄和制动鼓等部件的磨损增大,这都使得汽车在坏路面上运用时的使用寿命大大缩短。

②交通状况　交通状况的好坏对汽车技术状况的变化也有很大影响。在路面质量和交通状况良好的道路上行驶时，汽车能够经常采用高挡在经济工况下运行，操纵次数减少，因而汽车运行平稳，所承受的冲击载荷大大减轻；而在不良交通状况下运行时，如在城市混合交通状况下，常因车多路窄、交通流量大、交叉路口多而不能以最佳工况运行。据统计，在同样路面条件下，货车在市内的行驶速度较郊区降低 50%左右，换挡次数增加 2～2.5 倍，制动消耗的能量增加 7～7.5 倍。显然，汽车在交通状况不良的道路上行驶时，汽车技术状况的恶化进程加剧。

③气候条件　气候条件包括环境温度、湿度、风力和阳光辐射强度等。气候条件通过影响汽车总成的工作温度，改变其技术性能和工作可靠性。

(2) 燃料和润滑油的品质

燃料、润滑油的规格和品质对保证汽车正常工作和技术状况变化的快慢具有重要影响。

汽油的蒸发性、馏分温度、辛烷值和含硫量是与汽车技术状况的变化有直接联系的指标。馏分温度高低表示汽油中所含重馏分的多少。馏分温度越高，说明汽油中不易挥发、雾化和燃烧的重馏分越多。重质馏分易以液滴状态进入汽缸，冲刷缸壁润滑油膜，窜入曲轴箱稀释润滑油，从而使润滑条件变差，磨损加剧。若所用汽油的辛烷值与发动机的压缩比不相适应，易于发生爆燃，使发动机承受的机械负荷和热负荷增大，同时还会引起气门烧蚀、连杆变形、火花塞绝缘部分损坏等故障。燃料中的含硫量决定了发动机腐蚀磨损的强弱。

柴油的蒸发性、十六烷值、黏度、含硫量对发动机工作过程有很大影响。柴油中重馏分过多，会使燃烧不完全而形成碳粒，排放烟度增大，汽缸磨损增加，还易堵塞喷油器喷孔。十六烷值高低对发动机工作的平稳性影响很大：柴油十六烷值选择不当，柴油机工作粗暴，所承受的载荷增大；或因其蒸发性差、低温流动性不良，发动机起动困难，从而加剧零件磨损。柴油的黏度应适宜：黏度大，则柴油的低温流动性和雾化性差，燃烧不完全，积炭和黑烟排放多；黏度小，则柴油对于喷油泵柱塞偶件的润滑作用下降，磨损加剧。柴油中含硫量从 0.1%增加到 0.5%时，柴油机汽缸和活塞环的磨损量将增加 20%～25%。

润滑油的黏度和抗氧化安定性是对汽车技术状况影响较大的性能指标。润滑油的黏度应与发动机的转速、磨损状况和气候条件相适应。黏度大，则润滑油流动性差，低温时润滑条件差，磨损加剧；黏度小，则润滑油流动性好，但油性差，润滑油吸附金属表面的能力差，易使工作表面出现边界摩擦或半干摩擦状态，也会使发动机的磨损增加。如果润滑油的氧化安定性不良，则易于在空气中的氧和热的作用下形成胶质沉淀物，使润滑油润滑性能下降；同时会因胶质物在油管、油道和机油滤清器中的沉积而影响润滑系统的正常工作，从而加剧零件的磨损。

(3) 汽车的合理运用

驾驶技术、装载情况和行驶速度等因素对汽车技术状况的变化有很大影响。

①驾驶技术　驾驶技术对汽车的使用寿命有直接影响。实践证明，相同型号和结构强度的汽车在运行条件相同或类似时，若驾驶员素质和驾驶技术有差别，则在汽车行驶一定的里程后，其技术状况也会产生很大差别。驾驶技术好的驾驶员在驾驶操作过程中，一般均注意采用预热升温、平稳行驶、换挡及时、合理滑行、温度控制等一系列正确合理的操作方法，并注意根据道路情况合理选择行驶路线和车速、保证车辆经常处于最佳工作状态，从而使车辆技术状况变差的速度放慢，汽车使用寿命延长。同时，驾驶员还应有一定的技术素质，能根据汽车使用说明书中所规定的各项使用要求合理使用车辆。

②超载　汽车装载量应按额定装载量进行控制。在超载状态下，汽车各总成承受的负荷增加，发动机工作不稳定，低速挡使用时间比例增大，冷却系统和润滑系统的工作温度升高，从而导致发动机和其他总成的磨损增大，汽车的使用寿命减小。

③车速　车速高低对汽车技术状况的影响十分明显。汽车载质量一定时，行驶车速对发动机磨损的影响如图 11.1 所示。汽车行驶车速过高，发动机经常处于高转速下运转，活塞在汽缸内平均移动速度增高，汽缸磨损相应增大。高速行驶时，汽车底盘特别是行驶机构受到的冲击载荷增大，易使前、后桥发生永久变形；同时，高速行驶时，制动使用更为频繁，汽车制动器磨损加剧。因此，汽车经常高速行驶对汽车使用寿命有一定影响。汽车行驶车速过低时，低挡使用的时间比例增多，汽车行驶相同里程发动机平均运转次数增多，同时由于润滑条件变差，其磨损强度较大。

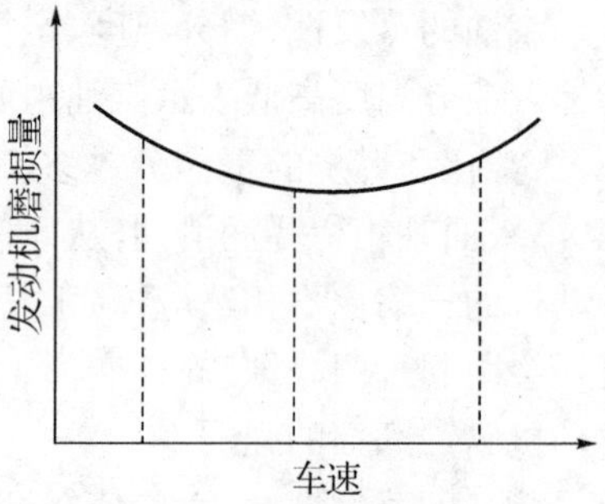

图 11.1　行驶速度对发动机磨损的影响

11.2　汽车技术状况的变化规律

11.2.1　汽车技术状况变化规律的类型

汽车技术状况的变化规律是指汽车技术状况与汽车行驶里程或行驶时间的关系。汽车技术状况变化规律上表现为渐发性和突发性两种变化规律。渐发性变化规律又称为汽车技术状况随行驶里程的变化规律；突发性变化规律又称为汽车技术状况的随机变化规律。

1) 渐发性变化规律

渐发性变化规律指汽车技术状况的变化随行驶时间或行驶里程单调变化，从而可用函数式表示的变化规律。属于该种变化规律的技术状况参数类型有：汽车零件磨损而导致的配合间隙的变化;冷却系统和润滑系统中沉淀物的积累;润滑油消耗率及润滑油中机械杂质含量等。

2）突发性变化规律

突发性变化规律表示汽车或总成出现故障或达到极限状态的时间是随机的、偶发的,没有必然的变化规律,对其变化过程独立地进行观察所得结果呈现不确定性,但在大量重复观察中又具有一定的统计规律。汽车技术状况的突发性变化受汽车使用中的偶然因素、驾驶操作技术水平、零部件材料的不均匀性和隐蔽缺陷等因素的影响,汽车或某总成技术状况变坏而进入故障状态所对应的行程是随机变量,与故障前的状况无直接关系。其本质原因是:在上述多种因素影响下,若机件所承受的载荷超过规定的许用标准,可使机件产生损伤并迅速超过极限值而进入故障状态。

11.2.2 汽车技术状况的渐发性变化过程

汽车技术状况的变化,大多是按照汽车工作时间或行驶里程而逐渐平缓的发生变化,具体变化形式可能有如图 11.2 所示的几种情况。

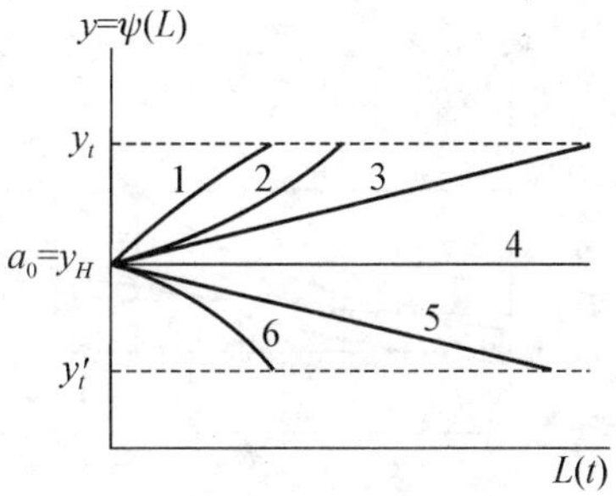

图 11.2 汽车技术状况按汽车工作时间 t 或行驶里程 L 变化的 n 种形式

1、2、3—汽车运用中逐渐变大的技术参数;4—汽车运用中稳定不变的技术参数;5、6—汽车运用中逐渐变小的技术参数;y—各种技术参数变化的范围

实际经验和研究结果表明,运用中的汽车技术状况 y 与汽车工作情况 L 之间的函数关系,可用多项式方程或指数方程表示,其多项式方程为:

$$y=a_0+a_1L+a_2L^2+a_3L^3+\cdots+a_nL^n$$

式中,a_0——汽车初始技术状况参数;

L——汽车工作状况参数,即汽车工作时间或行驶里程;

a_1、a_2、a_3、…、a_n——由 L 确定 y 的情况和程度的系数。

如果用指数方程则可表示为:

$$y=a_0+a_1L_b$$

式中,a_1、b——确定汽车工作强度和技术状况变化程度的系数。

若已知 $y=\Psi(L)$的函数关系和汽车技术状况参数 y,可用方程 $L=f(y)$确定出汽车的平均技术寿命。在有足够多的有规律变化的技术参数(如:制动蹄与制动鼓的间隙、离合器自由行程等)的情况下,汽车技术状况 y 可写成下列线性方程:

$$y=a_0+a_iL$$

式中,a_0——汽车初始技术状况参数;

a_i——汽车技术状况变化的强度,它根据汽车结构与运用条件而变化;

L——汽车工作状况参数(汽车工作时间或行驶里程)。

11.2.3 汽车技术状况的突发性变化过程

汽车在运用过程中，能够影响汽车技术状况发生变化的运用条件、驾驶员的技术水平以及各种汽车的本身性能，都是不尽相同的。因此，当确定了某项汽车运用性能的基准后(如图 11.3(a))，并将汽车技术状况的极限(即汽车使用寿命)定为 y_P，则各种不同汽车工作到这一极限状态的行驶里程分别是 $L_{P1}, L_{P2}, L_{P3}, \cdots, L_{Pn}$。也就是说，各种汽车工作到使用极限的情况是有很大差别的。因此，在这种情况下，不易预测出汽车的最佳维护时机。另外，如果把汽车工作到需要维护时的行驶里程定为 L_0 如图 11.3(b)所示，则汽车工作到这种状况下的技术状况将是 y_i，此时汽车变得工作吃力，达到了技术状况需要恢复的阶段，也就是说，这就是汽车应该进行维护的时机。这里可以明显地看出，解决这个问题需要涉及很多随机因素。假如各种随机因素为 x，则它们对汽车技术状况影响所起的平均作用可写成下式：

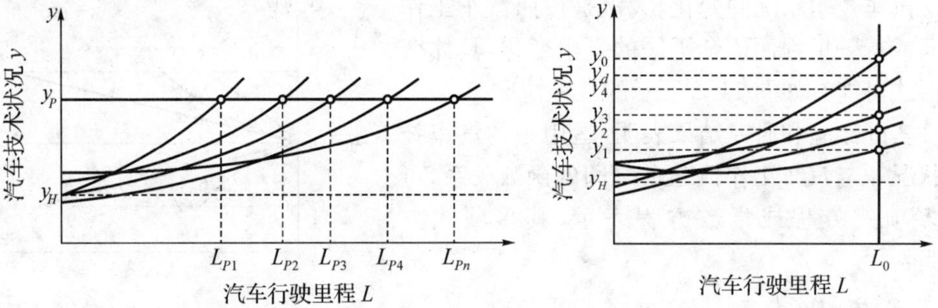

(a) 固定汽车使用寿命极限　　(b) 固定汽车行驶里程

图 11.3　汽车技术状况的随机变化

y_H—汽车技术状况参数的初始值(名义值)；y_P—汽车技术状况参数的极限值；
y_d—汽车技术状况参数的许用值。

$$\bar{x}=\frac{x_1+x_2+x_3+\cdots+x_n}{n}=\frac{\sum_{i=1}^{n} x_i}{n}$$

它们的标准差(均方差)为

$$\sigma=\sqrt{\frac{\sum_{i=1}^{n}(x_i-\bar{x})^2}{n}}$$

标准差变异系数 ν 可写成下式

$$\nu=\frac{\sigma}{\bar{x}}$$

标准差 σ 可用来衡量随机因素离散程度的大小；而标准差变异系数 ν 可用来区分各种随机因素离散程度的显著性。当 $\nu \leqslant 0.1$ 时，表明离散程度显著性(偶然性)小；当 $0.1<$

$\nu \leqslant 0.33$ 时，表明离散程度显著性中等；当 $\nu > 0.33$ 时，表明离散程度显著性大。

此外，还有一个重要的特性就是各种随机因素对汽车技术状况影响的概率。汽车连续工作可靠性的概率为 $R(x)$，它与汽车工作中产生的故障次数有关，具体可用下式表示：

$$R(x)=\frac{n-m(x)}{n}=1-\frac{m(x)}{n}$$

式中，$m(x)$——汽车工作期为 x 时所出现的故障次数。

汽车工作过程中的故障频率为 $F(x)$，它与汽车连续工作可靠性概率 $R(x)$ 的意义正好相反，因而可写成下式：

$$F(x)=1-R(x)=\frac{m(x)}{n}$$

汽车可靠性概率 $R(x)$ 与故障频率 $F(x)$ 之间的关系如图 11.4 所示。

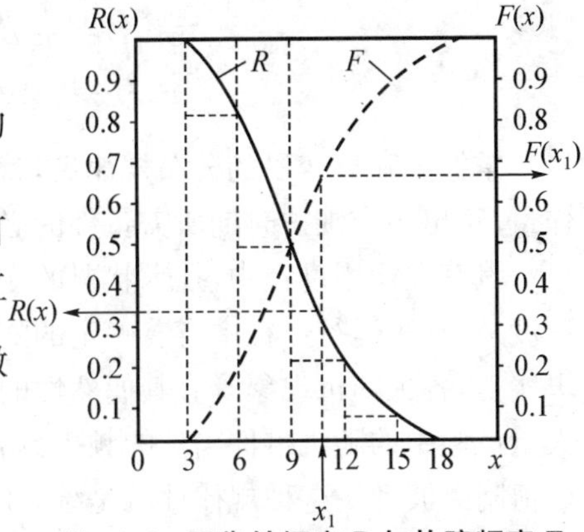

图 11.4 可靠性概率 R 与故障频率 F 的关系

x—汽车工作到出现故障时的行驶里程(1 000 km)

此外，随机因素对汽车技术状况的影响还可用故障概率密度 $f(x)$ 来评价。若汽车无故障工作可靠性概率为 $R(x)=1-\frac{m(x)}{n}$，n 为常数，微分后可得：

$$\frac{\mathrm{d}R}{\mathrm{d}x}=-\frac{\mathrm{d}m}{\mathrm{d}x}\frac{1}{n}$$

式中，$\frac{\mathrm{d}m}{\mathrm{d}x}$——基本概率，在汽车不更换总成和零件的情况下工作发生故障的概率。

上述情况对于 n 个零件而言，即是故障概率密度函数。因此，$f(x)=\frac{1}{n}\frac{\mathrm{d}m}{\mathrm{d}x}$。

又因 $F(x)=\frac{m(x)}{n}$，于是可得：

$$f(x)=F'(x),F(x)=\int_{-\infty}^{x}f(x)\mathrm{d}x$$

$F(x)$ 称为积分分布函数(见图 11.5(a))；而 $f(x)$ 称为微分分布函数(见图 11.5(b))。又因：$R(x)=1-F(x)$，于是也可得：

$$R(x)=\int_{x}^{\infty}f(x)\mathrm{d}x$$

有了 $F(x)$ 或 $f(x)$ 的关系，就可以对汽车进行可靠性评价。也就是说，可以确定出汽车故障概率和求出连续工作到出现故障的平均周期

$$\bar{x}=\int_{-\infty}^{\infty}xf(x)\mathrm{d}x$$

微分分布函数 $f(x)$，有时也称为随机变量的分布规律。

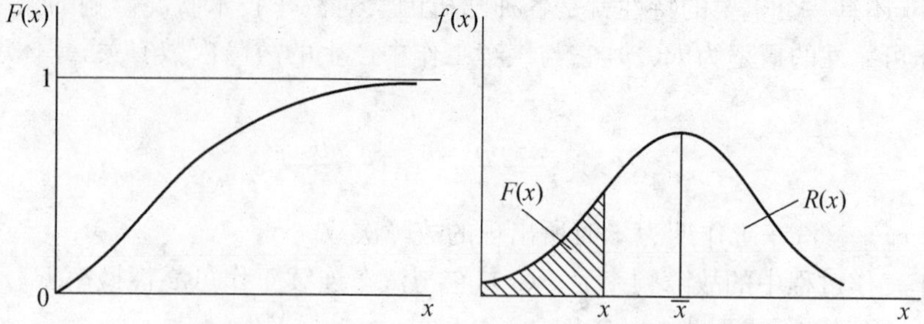

(a) 积分分布函数　　(b) 微分分布函数

图 11.5　积分分布函数和微分分布函数

$F(x)$—故障概率；$f(x)$—故障概率密度

掌握了随机变量的分布规律后，就能够更加精确的定出汽车的维护时期与维护工作量，算出各个维护时期所需备件的必要数量和决定其他的工艺组织问题。

汽车在运用过程中，技术状况的变化要受到运用条件的影响，而运用条件（如行驶速度）在汽车运行过程中有着一定的随机性，因而汽车技术状况的变化也具有随机性。事实上，各种随机现象既有其偶然性的一面，也有其必然性的一面。这种必然性表现为大量试验中的随机事件出现的频率具有稳定性，即一个随机事件出现的频率常在某固定值附近波动。这种规律性就是统计的规律性。下面列举汽车技术状况（或汽车运用条件）变化的两种典型规律。

1) 正态分布规律

汽车在市区行驶的车速分布规律就属于正态分布规律。正态分布的概率密度函数 $f(x)$、可靠性概率 $R(x)$ 和故障频率 $F(x)$ 可分别写成下式：

$$f(x) = \frac{1}{\sigma\sqrt{2\pi}} e^{-\frac{(x-\overline{x})^2}{2\sigma^2}}$$

$$R(x) = \frac{1}{\sigma\sqrt{2\pi}} \int_x^{\infty} e^{-\frac{(x-\overline{x})^2}{2\sigma^2}} dx$$

$$F(x) = \frac{1}{\sigma\sqrt{2\pi}} \int_{-\infty}^{x} e^{-\frac{(x-\overline{x})^2}{2\sigma^2}} dx$$

对于正态分布大量计算时，可采用定额函数 $\Phi(z)$ 的概念，新的随机变量为 $z=\frac{x-\overline{x}}{\sigma}$，从而 $x=\overline{x}+z\sigma$，则

$$\Phi(z) = \frac{1}{\sigma\sqrt{2\pi}} \int_{-\infty}^{z} e^{-\frac{z^2}{2}} d(\overline{x}+z\sigma) = \frac{1}{\sqrt{2\pi}} \int_{-\infty}^{z} e^{-\frac{z^2}{2}} dz$$

为便于计算，还可把定额函数 $\Phi(z)$ 制成表格。汽车在行程为 $x_1 \sim x_2$ 时的故障概率取决于下式：

$$P(x_1<\bar{x}<x_2)=P(x_2)-P(x_1)=\Phi(z_2)-\Phi(z_1)$$

2) 威布尔分布

所谓威布尔分布,是指一个由若干个零件组成的系统,若其中任何一个零件发生故障或损坏,都将导致整个系统发生故障,那么该系统可靠性的概率分布就属于威布尔分布。也就是说如果一个系统中某一个薄弱环节发生故障,就能引起整个系统可靠性概率分布发生变化,因此也称为"薄弱环节"的概率分布。汽车使用寿命的变化情况,就属于威布尔分布,因为汽车的技术状况就是由一系列零件所组成的链来决定的。

故障分布属于这种形式的系统状况,受系统中独立环节 x_i(如汽车使用中的里程或时间等)作用的影响,这些最小独立环节为:$x_c=\min(x_1,x_2,x_3,\cdots,x_n)$,其分布函数可写成下式:

$$F_n(x)=P(x_C<x)=1-P(x_1\geqslant x,x_2\geqslant x,\cdots,x_n\geqslant x)$$

例如:在汽车上某一个总成的滚动轴承中,只要有一个钢球(或滚子)损坏或错位,即可造成轴承的故障,从而导致总成的故障乃至汽车的停歇。

11.3 汽车技术状况的分级

汽车经过一段时期的使用以后,技术状况将发生变化。变化的程度随行驶里程的长短不同及运行条件、使用强度、维修质量的不同而各有差异。为了及时掌握汽车的技术状况,采用相应技术措施,合理地组织安排运输能力,正确地编制车辆维修计划,各运输企业应定期对汽车性能进行综合评定,核定其技术状况,并根据国家有关标准将车辆技术状况划分等级,以便于车辆的合理运用和科学管理。

11.3.1 汽车技术状况的等级

我国交通部将营运车的技术状况划分为三个等级,即一级车、二级车和三级车。

1) 一级车——完好车

一级车的标准有三条:

(1) 车辆技术性能良好,各项主要技术指标符合定额要求。

(2) 车辆行驶里程必须是在其相应定额大修间隔里程的 2/3 以内,如第一次大修间隔里程定额为 18 万 km,第二次大修间隔里程定额为 12 万 km,则处于第一次大修间隔里程定额 12 万 km 以内,第二次大修间隔里程定额 8 万 km 以内的车辆才可作为一级车。

(3) 车辆状况良好,能随时参加运输生产。

凡有一项达不到要求的不能核定为一级车。凡同时符合上述三项条件的车辆核为一级车。从这个规定可看出,一级车不仅受车辆的技术状况和性能的定性指标制约,而且还受到车辆行驶里程即新旧程度的定量指标制约。因为新车或是第一次大修后的汽车,其行驶里程超过其相应定额大修间隔里程的 2/3 以上,技术状况和性能必然随里程的增加而降低，尽管其下降程度未低于上述规定的技术性能要求，也不能列入一级车。

2) 二级车——基本完好车

车辆主要技术性能和状况或行驶里程低于完好车的要求，但符合国家标准 GB 7258－2004《机动车运行安全技术条件》的规定，能随时参加运输。

3) 三级车——需修车

送大修前最后一次二级维护后的车辆和正在大修或待更新尚在行驶的车辆。三级车的含义是：

(1) 技术状况和性能较差，不再计划做二级维护作业，即将送大修但仍在行驶的车辆。

(2) 正在大修的车辆。

(3) 技术状况和性能变坏，预计近期更新但仍在行驶的车辆。

车辆技术等级评定后，要综合计算本单位全部车辆的平均技术等级

$$\text{车辆平均技术等级}=\frac{(1\times\text{一级车数})+(2\times\text{二级车数})+(3\times\text{三级车数})}{\text{各级车数总和}}$$

车辆平均技术等级是汽车运输企业的主要技术、经济定额指标之一。它标志着企业全部车辆的平均技术状况，体现了企业对车辆的技术管理水平，车辆装备的素质情况。运行车辆的技术等级评定后，其结果应归入《车辆技术档案》中。

11.3.2 汽车技术等级的评定项目及技术要求

汽车技术等级的评定项目及技术要求见 JT/T 198－2004(营运车辆技术等级划分和评定要求)。

11.3.3 汽车技术等级的评定标准

车辆技术状况是随着行驶里程和大修次数的增加而逐渐变坏的。为了及时掌握车况，有计划地安排与组织维修工作，不断提高装备素质，交通管理部门制定了车辆技术状况评定制度，并负责车辆技术状况等级评定的组织和管理，评定车辆技术状况等级的依据是(JT/T 198－2004)营运车辆技术等级划分和评定要求。

车辆技术状况等级的评定，至少每半年进行一次。评定的内容主要是汽车的动力性、燃料经济性、制动性、转向操纵性、前照灯及喇叭噪声、废气排放、汽车防水密封性、整车外观。

根据汽车技术状况检验结果，就可以对汽车进行技术等级评定，其评定标准如表 11.1 所示。

表 11.1　汽车技术等级的标准

技术等级	评定依据
一级车	营运车辆技术等级划分和评定要求(JT/T 198 - 2004)中所有评定项目均达到规定的技术要求
二级车	1. 车架、车身、驾驶室应达到规定的技术要求； 2. 车轮、轮胎应达到规定的技术要求； 3. 制动力平衡应达到规定的技术要求； 4. 整车装备与标识、车门与车窗、驱动轮输出功率、等速百公里油耗、车轮阻滞力、转向盘最大自由转动量、排放污染物和车速表示值误差八个项目中至少有三项应达到规定的一级技术要求； 5. 没分级的项目应为合格。
三级车	1. 分级的项目应达到三级技术要求； 2. 没分级的项目应为合格。

12 汽车使用寿命

汽车使用寿命是指汽车从开始使用的时间到不能使用的时间的整个时期。汽车使用寿命的实质是从技术和经济上分析汽车的使用极限。

汽车在使用过程中由于磨损、老化等原因其性能随着使用年限(或行驶里程)的增加而逐渐下降,到了一定期限就应报废,这是一种自然规律。

如果把汽车的使用寿命无限的延长,不断地进行维修,用很高的代价来持续车辆运行,这就必然会出现车况下降,需消耗大量的配件和材料,花费较多的劳动工时,致使维修费用急剧上升。由于车辆老旧,其动力性、经济性都将大幅下降,造成燃、润料消费增加。此外,小修频率上升,零部件的可靠性与汽车完好率下降,同时还会使汽车的平均技术速度下降,排气污染与噪声均较严重。必须更新现有劣等汽车,提高工作效率,降低费用,减少污染。所以研究汽车的使用寿命对汽车的报废更新具有重要意义。

12.1 汽车损耗

一般来说,汽车的损耗有两种形式,即有形损耗和无形损耗。

12.1.1 有形损耗

汽车的有形损耗是指其本身实物形态上的损耗,又称物质损耗。它是汽车在存放和使用过程中,由于物理和化学原因而导致车辆实体发生的价值损耗,也即为自然力的作用而发生的损耗。有形损耗的发生有两种情况:

第一种情况,汽车在使用过程中,由于零、部件发生摩擦、冲击、震动、腐蚀、疲劳和日照老化等现象而产生的损耗。这种有形损耗通常表现为汽车零、部件的原始尺寸、间隙发生变化,公差配合性质和精度降低;零、部件变形,产生裂纹,以致断裂损坏等。这种有形损耗具有一定的规律性,大致可分为三个阶段,如图 12.1 所示。

第一阶段为初期磨损(磨合)阶段。在这个阶段,汽车的行驶速度不能太高,最好不要满载运行。因为汽车零、部件在加工装配过程中,其相对运动的表面不可避免地具有一定的粗糙度,当相互配合作相对运动时,表面上的凸峰由于摩擦很快被磨平,配合间隙适中。汽车磨合期的长短，各汽车公司都有严格的规定。一般欧美国家的汽车约为 7 000 km，日本汽车约为 5 000 km，也有的车为 3 000 km，甚至有的车型为 1 500 km。使用中，必须按汽车厂家的规定，跑到磨合期的里程数，必须按时去进行首次保养，更换机油，清洗空气滤清器，调整间隙等，使汽车处于最佳状态。

第二阶段为正常磨损阶段。在这个阶段汽车零、部件表面上的高低不平已被磨去，磨损速度较第一阶段缓慢，磨损情况较稳定，磨损量基本随行驶里程的增加而均匀正常地增加，持续时间较长，这段曲线较平缓。这阶段车主应严格按汽车制造厂家在使用手册中规定的技术要求使用汽车，也就是通常所说的正常使用，尽可能延长其正常磨损阶段。

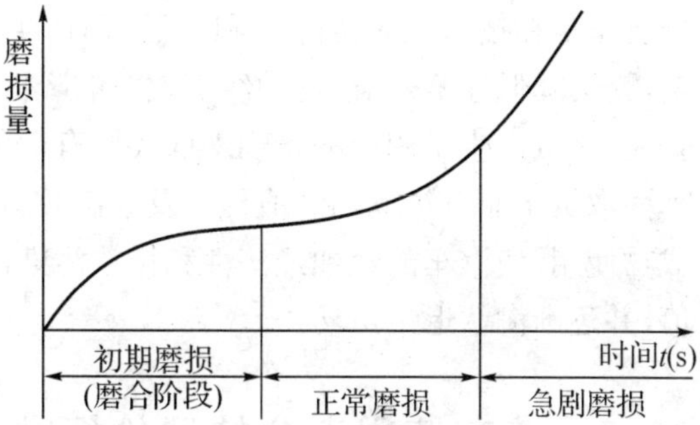

图 12.1　汽车部件的磨损曲线

第三阶段是急剧磨损阶段。这一阶段由于破坏了正常磨损关系，从而使磨损加剧，磨损量急剧上升，图 12.1 中曲线较陡，上升快。此时，汽车各零、部件的精度、技术性能和效率明显下降，使用费用急剧增加，油耗、排放超标。

从上述磨损规律可知：如果汽车在使用中加强维护保养，合理使用，则可延长其正常使用阶段的期限，从而可提高经济效益，减少使用费用的支出。此外，对汽车要定期进行检查，发现问题，及时解决，“小病不理，大病吃苦”，在进入急剧磨损阶段之前，就进行修理，以免遭到不可逆转的破坏性损耗。

第二种情况，汽车在存放闲置过程中，由于自然力的作用，而使汽车受到腐蚀、老化，或由于管理不善和缺乏必要的养护而使其自然丧失精度和工作能力。这种损耗与闲置时间和保管条件有关。例如，起动用蓄电池在长期闲置中，没有定期进行养护，会使其丧失工作能力而报废。发动机在长期的闲置中，首先应进行封存，或至少每年要进行维护保养和发动一次，否则就有可能因缸内锈蚀而影响其使用寿命。

汽车存在着的上述两种损耗形式往往不是以单一形式表现出来的，而往往是共同作用。其损耗的技术后果是汽车的使用性能变差，价值降低，到一定程度可使汽车完全丧失使用价值。在经济上，显然会导致汽车使用费用不断上升，经济效益则会逐步下降。在有形损耗严重时，若不采取措施，会引起行车事故，从而带来极大的经济损失，甚至危及生命。

12.1.2　无形损耗

所谓无形损耗，是由于科学技术的进步和发展，从而导致车辆的损耗与贬值。这也分两种情况：

第一种情况，因技术不断进步引发劳动生产率的提高，现在再生产制造与原性能和结构相同的车辆，其社会必要劳动时间减少，致使重新生产制造结构相同车辆的成本降低，造成现有车辆的价值损耗而贬值。这种无形损耗并不会影响汽车本身的技术特性和功能，汽车可以继续使用，一般也不需要更新。但是，若汽车的贬值速度比维修汽车的费用提高的速度还快，修理费用高于贬值后的车辆价值，这时就应考虑更新了。

第二种情况，因科学技术的进步，不断出现性能更完善，运输效率更高的车辆而使原有车辆在技术上显得陈旧和落后，而产生损耗和贬值。这时，如果继续使用原有车辆，就会降低经济效益，这种经济效益的降低，反映在原有车辆使用价值的局部或全部丧失，这就产生了用新的车辆来取代原有旧的车辆的必要性。不过这种更新的经济合理性取决于原有车辆的贬值程度及经济效益下降的幅度。例如，电控燃油喷射系统的成功使用，使汽车的燃油经济性和排放污染都有明显的改善，使原有化油器汽车产生贬值，并逐渐淘汰退出市场。

12.2 汽车使用寿命的评价标准

12.2.1 汽车使用寿命的分类

汽车使用寿命主要可分为：技术使用寿命、经济使用寿命和合理使用寿命。三者的关系一般可用下式表示：

技术使用寿命＞合理使用寿命≥经济使用寿命

1) 技术使用寿命

汽车的技术使用寿命指汽车已达到技术极限状态，而不能用修理的方法恢复其主要使用性能的使用期限。汽车的技术使用寿命取决于汽车各总成的设计水平、制造质量和合理使用与维修。其技术极限状态在结构上表现为零部件的工作尺寸、工作间隙极度超标；在性能上表现为汽车的动力性、使用经济性、使用安全性和可靠性极度下降。

汽车到达技术使用寿命时，应进行报废处理。

2) 经济使用寿命

汽车的经济使用寿命指综合考虑汽车使用中的各种消耗，以取得汽车使用最佳经济效果为出发点进行分析，保证汽车总使用成本最低时的使用期限。随着汽车使用时间和行驶里程的延长，汽车的技术状况不断变坏，汽车维修费、燃料费等经营费用不断增加。当汽车使用到某一年限后，继续使用将使经济性变坏。根据汽车使用的经济效益所确定的汽车寿命，称为汽车的经济使用寿命。

汽车的经济使用寿命是确定汽车最佳更新时机的依据。

3) 合理使用寿命

汽车的合理使用寿命指以汽车经济使用寿命为基础，考虑整个国民经济发展和能源节约的实际情况后，所制定出的符合我国实际情况的使用期限。也就是说，汽车已经达到经济寿命，但是否更新应视国情而定，如更新汽车的来源及更新资金等。

12.2.2 汽车经济使用寿命的评价标准

汽车经济使用寿命时期内，汽车使用的经济效益最佳，因此得到广泛关注。研究表明：在汽车使用寿命内，汽车制造费用平均占总费用的15%，而使用和维修费则占85%。

发达国家的汽车使用寿命完全按经济规律确定，除考虑车辆本身的运行费用增长外，还考虑新车型性能的改进和价格下降等因素。表12.1列出了几个主要汽车国的载重汽车的平均经济使用寿命。

表12.1 主要国家的载重汽车平均经济使用寿命

国别	美国	日本	德国	法国	英国	意大利	中国
平均经济使用寿命(年)	10.3	7.5	11.5	12.1	10.6	11.2	10

汽车经济使用寿命的主要指标有规定使用年限、行驶里程、使用年限和大修次数。

1）规定使用年限

规定使用年限是从汽车投入运行到报废的年数。用其作为经济使用寿命的量标，除考虑了运行的时间外，还考虑了汽车停驶闲置期间的自然损耗。这种计量方法虽然较简单，但是，尚未真实地反映出汽车的使用强度和使用条件对寿命的影响，造成同年限汽车差异较大。例如，两辆同型号的汽车，一辆每天运行8小时，另一辆则每天只运行2小时，其使用强度相差很大，但规定使用年限是一样的。

我国汽车的规定使用年限为三个等级，即8年、10年和15年，各种汽车规定使用年限如表12.2所示。

表12.2 各种汽车规定使用年限及其可延长年限

车型	使用年限(年)	延长年限(年)
总质量为1.8吨以下的微型载货汽车(含越野型)	8	0
带拖挂的载货汽车	8	0
矿山作业专用车	8	0
各类出租汽车	8	0
营运车辆转为非营运车辆	8	0
非营运车辆转为营运车辆	8	0
营运大客车	10	≦4
总质量为1.8吨(含)以上的载货汽车	10	≦5
旅游载客汽车	10	≦10
9座以上非营运载客汽车	10	≦10

续表 12.2

车型	使用年限(年)	延长年限(年)
吊车,消防车,钻探车等从事专门作业的车辆	10	≦5,还可根据实际使用情况和检验情况,再延长使用年限。
9座(含)以下非营运载客汽车(包括轿车、含越野型)	15	无限制

2) 行驶里程

行驶里程是指汽车从开始投入运行到报废,这期间累计行驶的里程数。用其作为汽车使用寿命的量标比较客观地反映了汽车的使用强度,但它也不能反映汽车的使用条件的影响,也未考虑停驶闲置期间的自然损耗。例如,有的汽车长年在大、中城市中行驶,道路全为铺设路面。而有的汽车则长期在山区、边远地区行驶,道路条件较差。使用行驶里程这个量标,则没有考虑这种差异。

应该说,汽车累计行驶里程数是考核汽车各项技术性能指标的重要参数,是一个很实用、很实际的量标,充分反映了汽车的使用强度的大小。汽车使用性质不同,同年限的汽车其累计行驶里程数相差是很大的。一般来说,同年限的专业运输车辆,行驶里程数较大。

3) 使用年限

使用年限是指把汽车总的行驶里程与年平均行驶里程之比所得的折算年限,即

$$T_{折}=\frac{L_{总}}{L_{年}}$$

式中,$T_{折}$——折算年限(年);

$L_{总}$——总的累计行驶里程(km);

$L_{年}$——年平均行驶里程(km·年$^{-1}$)。

年平均行驶里程是用统计方法确定的,与车辆的技术状态、完好率、平均技术速度和道路条件等因素有关。据统计,我国城市和市郊运输车辆平均行驶里程一般4万公里左右,长途货运为5万公里左右。对于营运汽车在使用过程中,由于车辆的技术状况、平均技术速度和道路条件等因素的不同,年平均行驶里程的差异较大,但车辆的年平均使用强度基本相同。因此,按折算年限基本上可以在全国范围内取得统一指标。这对于社会专业运输和社会零散使用车辆也是适用的。但由于使用强度相差太大,年平均行驶里程也不相同,其使用年限也不相同。社会零散车辆的管理水平、使用水平、维修水平一般都比较低,所以这些车辆又不能按专业运输车辆的指标要求,应相对于专业运输企业车辆的使用寿命做适当的修正。这种(使用年限)表示方法即反映了车辆的使用情况、使用强度,又包括了运行条件和某些停驶时间较长的车辆的自然损耗。

4) 大修次数

大修次数指车辆报废之前所经历的大修次数。汽车经几次大修后报废最为经济,

对这一问题，需综合考虑购买新车的费用、旧车未折完的费用、大修费用和经营费用等。

对全国来说，采用使用年限这个量标比采用行驶里程更为合理些，因为我国地域辽阔，地理、气候、道路条件差异较大，管理水平有高有低。有些省市，即使是相同的使用年限，而车辆总行驶里程有的长、有的短，车辆技术状况也不相同。为此采用使用年限做为主要考核指标更为确切。

12.3 汽车折旧

汽车折旧是指汽车随着时间的推移或在使用过程中，由于损耗而转移到产品中去的那部分价值。对于营运车辆，当这部分价值随着车辆产生收益的回收、积累，则形成汽车的折旧基金。折旧基金是为了补偿汽车的磨损而逐年提取的专用基金，其主要目的是在汽车不能使用或不再使用时，用折旧基金购置新车辆，实现汽车更新。

车辆折旧根据车辆的价值、使用年限，用所规定的折旧方法计算。常用的汽车折旧方法有等速折旧法和快速折旧法两种，其中等速折旧法应用较广。

12.3.1 等速折旧法

等速折旧法又称直线折旧法、使用年限法或平均折旧法，是指用车辆的原值除以车辆使用年限，从而求得每年平均折旧额的方法。计算公式如下：

$$D_t=\frac{1}{N}(K_o-S_V)$$

式中，D_t——汽车年折旧额；

K_o——汽车原值；

S_V——汽车残值；

N——汽车规定的折旧年限。

12.3.2 快速折旧法

快速折旧法常分为年份数求和法和余额递减折旧法两种。

1）年份数求和法

年份数求和法是指每年的折旧额可用车辆原值减去残值的差额乘一个逐年变化的递减系数来确定的一种方法。此递减系数的分母为车辆使用年限历年数字的累计之和，即对每年递减系数的分母均相等；分子的大小等于当年时止还余有的使用年数，例当 $N=5$ 时，则分母为 $1+2+3+4+5=15$；分子在第 3 年时，还余有使用年限 2 年，则分子为 2，此年的递减系数为 2/15。一般来讲，车辆使用年限为 N 时，递减系数的分母等于 $N(N+1)/2$，分子等于 $N+1-t$。年份数求和的计算公式如下：

$$D_t=(K_o-S_V)\times\frac{N+1-t}{\frac{N(N+1)}{2}}$$

式中，$\frac{N+1-t}{N(N+1)/2}$——递减系数(或年折旧率)；

t——汽车在使用期限内某一确定年度。

2) 余额递减折旧法

余额递减折旧法是指任何年的折旧额用现有车辆原值乘以在车辆整个寿命期内恒定的折旧率，接着用车辆原值减去该年折旧额作新的原值，下一年重复这一作法，直到折旧总额分摊完毕。在余额递减中所使用的折旧率，通常大于直线折旧率，当使用的折旧率为直线折旧率的2倍时，称为双倍余额递减法，具体计算公式如下：

$$D_t=K_oa(1-a)^{t-1}$$

式中，a——折旧率，直线法的折旧率为 $a=1/N$；

t——汽车在使用期内某一确定年度。

应用该公式计算时，在使用期终仍有余额，为了使折旧总额到使用期终分摊完毕，到一定年度后，要改用等速折旧法。

三种方法计算出的折旧率是不同的，汽车的规定使用年限分为8年、10年和15年三种，其每年的折旧率如表12.3和图12.1所示。

表12.3 三种方法计算折旧率对比表

使用年限	折旧率(%)								
	规定年限8年			规定年限10年			规定年限15年		
	等速折旧法	年份数求和法	双倍余额递减法	等速折旧法	年份数求和法	双倍余额递减法	等速折旧法	年份数求和法	双倍余额递减法
1	0.125 0	0.222 2	0.250 0	0.100 0	0.181 8	0.200 0	0.066 7	0.125 0	0.133 3
2	0.125 0	0.194 4	0.187 5	0.100 0	0.163 6	0.160 0	0.066 7	0.116 7	0.115 6
3	0.125 0	0.166 6	0.140 6	0.100 0	0.145 5	0.128 0	0.066 7	0.108 3	0.100 1
4	0.125 0	0.138 9	0.105 5	0.100 0	0.127 3	0.102 4	0.066 7	0.100 0	0.086 8
5	0.125 0	0.111 1	0.079 1	0.100 0	0.109 1	0.081 9	0.066 7	0.091 7	0.075 2
6	0.125 0	0.083 3	0.059 3	0.100 0	0.090 9	0.065 5	0.066 7	0.083 3	0.065 2
7	0.125 0	0.055 6	0.044 5	0.100 0	0.072 7	0.052 4	0.066 7	0.075 0	0.056 5
8	0.125 0	0.027 8	0.033 4	0.100 0	0.054 5	0.041 9	0.066 7	0.066 7	0.047 0
9				0.100 0	0.036 4	0.033 6	0.066 7	0.058 3	0.042 4

续表 12.3

使用年限	折旧率(%)								
	规定年限 8 年			规定年限 10 年			规定年限 15 年		
	等速折旧法	年份数求和法	双倍余额递减法	等速折旧法	年份数求和法	双倍余额递减法	等速折旧法	年份数求和法	双倍余额递减法
10				0.100 0	0.018 2	0.026 8	0.066 7	0.050 0	0.036 8
11							0.066 7	0.041 7	0.031 9
12							0.066 7	0.033 3	0.027 6
13							0.066 7	0.025 0	0.023 9
14							0.066 7	0.016 7	0.020 7
15							0.066 7	0.008 3	0.018 0

从表 12.3 和图 12.2 中可以看出，等速折旧法的每年折旧率是相等的；年份数求和法的每年折旧率是不相等的，且呈直线规律下降；双倍余额递减法的每年折旧率也是不相等的，但其变化规律为指数曲线。

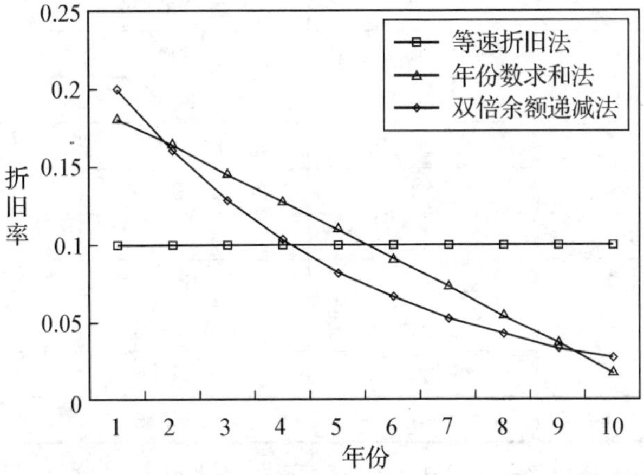

图 12.2　三种方法计算折旧率对比(以 10 年为例)

例：某汽车的原值为 10 万元，规定使用年限为 10 年，残值忽略不计，试用上述两种快速折旧法分别计算其折旧额。

计算结果见表 12.4、表 12.5。

表 12.4 用年份数求和法计算折旧

年数	基数(元)	递减系数(元)	年折旧额(元)	累计折旧额(元)
1	100 000	10/55	18 181	18 181
2		9/55	16 363	34 544
3		8/55	14 545	49 089
4		7/55	12 727	61 816
5		6/55	10 909	72 725
6		5/55	9 090	81 815
7		4/55	7 272	89 087
8		3/55	5 454	94 541
9		2/55	3 636	98 177
10		1/55	1 818	100 000

表 12.5 用双倍余额递减法计算折旧

年数	基数(元)	折率(%)	年折旧额(元)	累计折旧额(元)
1	100 000	20	20 000	20 000
2	80 000	20	16 000	36 000
3	64 000	20	12 800	48 800
4	51 200	20	10 240	59 040
5	40 960	20	8 192	67 232
6	32 768	20	6 553.6	73 785.6
7	26 214.4	25	6 553.6	80 339.2
8	26 214.4	25	6 553.6	86 892.8
9	26 214.4	25	6 553.6	93 446.4
10	26 214.4	25	6 553.6	100 000

说明:为使累计折旧额在第 10 年期终分摊完毕,第 7 年起用等速折旧法。

12.4 汽车更新

以新车辆或高效率、低消耗、性能先进的车辆更换在用车辆,称为车辆更新。车辆更新既包含用同类型的新车辆或性能优越的(高效率、低消耗、性能先进、吨位更合理的)车辆更换尚未达到报废条件的性能较差的车辆,也包含已达到报废条件的车辆的更新。车辆更新是运输单位维持简单再生产和扩大再生产的基本手段之一,是降低运行消耗、提高经济效益的重要措施。

在车辆进行更新前，运输单位应进行可行性论证，以贯彻“车辆更新应以提高运输经济效益和社会效益为原则”的技术管理规定。

车辆更新应以经济寿命为依据，根据我国汽车工业发展水平、单位经济实力，考虑更新车的来源、更新资金、更新成本、车辆折旧率、燃料供应（如用燃气汽车更新燃油汽车）、维护修理及技术管理人员的培训、维修设备的配套，结合车辆改装、改造等因素综合分析，决定对车辆进行改装、改造还是更新。车辆更新不是简单的新换旧、原车型的重复，而是通过更新优化车辆配置，降低运行消耗，提高运输生产能力。

被更新替代的运输车辆，应根据国家有关规定进行处理。属于报废车辆的更新，应按报废车辆处理，不准转让和移做他用。

确定汽车更新周期是通过计算汽车经济使用寿命来确定的，计算汽车经济使用寿命的方法主要有最小平均费用法、低劣化数值法、判定大修与更新界限法、面值法、应用现值和资本回收等数估算法、模式法、折现法等方法。

12.4.1 最小平均费用法确定更新周期

平均费用也即是平均使用成本或开支，一般由年均维修费用和年均折旧费用组成。计算公式如下：

$$C_n = \frac{\sum V + \sum B}{T}$$

式中，C_n——每年的平均费用，即年均使用成本；

$\sum V$——累计运行中的维修费用；

$\sum B$——累计折旧费用；

T——使用年数。

汽车每年的平均使用费用，在一般情况下，随着使用年限的增长，平均运行维修费用增加，而年均折旧费用下降。可把年平均费用 C_n 最小的那个年份作为最佳的更新周期，也就是汽车的经济使用寿命。

图 12.3 的年平均费用曲线，反映了年均运行维修费用和平均折旧费用的变化。最小的年均费用所对应的年份数，即为其经济使用寿命。超过此经济使用寿命的年份，其年均费用又将上升。因此，汽车使用到年均使用费用最小的年限就更新汽车最为经济。

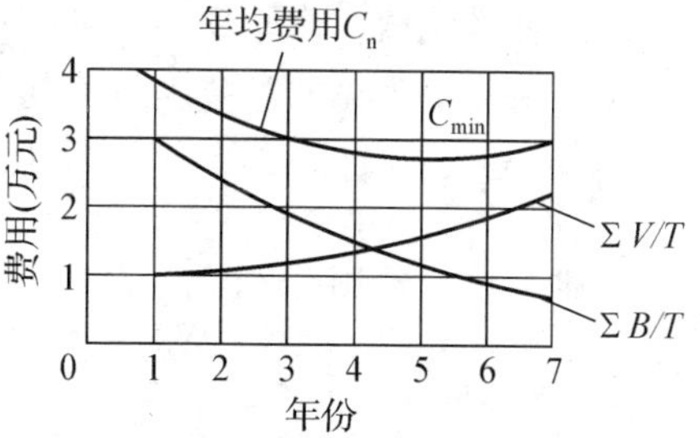

图 12.3 汽车年均费用曲线

现举例说明此种估算方法的应用。

例 12-1：现购得一微型轿车，原值为 4.0 万元。每年的运行维修费用和折旧后的每年净值见表 12.6。试计算其最佳更新周期，即经济使用寿命期。根据表 12.6 数据按最小平均费用法进行计算，结果见表 12.7。

表 12.6 某车年运行维修费用和折旧后的年净值

使用年数	1	2	3	4	5	6	7	8	9	10
运行维修费用	5 000	6 000	7 000	8 000	9 000	12 000	14 000	16 000	18 000	20 000
净值	30 000	22 000	16 000	12 000	8 000	6 000	4 000	2 000	1 000	0

表 12.7 按最小平均费用法计算经济使用寿命期

使用年数(T)	1	2	3	4	5	6	7	8	9	10
累计维修费用 $\sum V$	0.5	1.1	1.8	2.6	3.5	4.7	6.1	7.7	9.5	11.5
累计折旧费用 $\sum B$	1.0	1.8	2.4	2.8	3.2	3.4	3.6	3.8	3.9	4.0
总使用成本 $\sum V+\sum B$	1.5	2.9*	4.2	5.4	6.7	8.1	9.7	11.5	13.4	15.5
年均费用 C_n	1.5	1.45	1.4	1.35	1.34	1.35	1.38	1.43	1.49	1.55

从表 12.7 的计算结果可以看出，平均费用最低的为 $C_5=1.34$ 万元。故这辆汽车最佳使用期限为 5 年。若再继续使用下去平均费用 C_n 就又上升了。若使用到 7 年以上，就很不经济了。所以，其更新的最佳期限为 5 年，退一步讲，最好不要超过 7 年。工业发达国家一般 5 年左右更新一代车是有一定道理的。

12.4.2 低劣化数值法确定更新周期

汽车随着使用年限的增长，有形损耗和无形损耗都不断加剧，运行维修费用相应加大，这就是汽车运行成本低劣化现象。若能按统计资料预测到这种低劣化程度，则可能在汽车使用早期就可预测其最佳更新周期。

假定汽车的原始价值为 K，其使用年限为 T，则每年费用为$\frac{K}{T}$。由于使用中，汽车性能逐年低劣化，从而导致运行费用每年以 λ 的数值增加。T 年后其残值为 Q。则汽车最佳使用期计算如下：

因低劣化值在汽车使用的第一年末为 λ，第二年末则为 2λ，……，第 T 年末为 $T\lambda$。逐年低劣化值为 λ 的等差级数。其 T 年的平均低劣化值为

$$\frac{\lambda+2\lambda+\cdots+T\lambda}{T}=\frac{(T+1)\lambda}{2}$$

则平均总费用 C 为

$$C=\frac{K-Q}{T}+\frac{(T+1)\lambda}{2}$$

对上式可用求极值的方法使年均费用为最小，也就是对时间求一阶导数，并令其等于零，即可求出 $C_{\min}$ 值。此值就为汽车的最佳更新周期，也就是其经济使用寿命期。

若 Q 为常数，对上式求导，并令其等于零，即令$\frac{\mathrm{d}C}{\mathrm{d}T}=0$，则有：

$$-\frac{k-Q}{T^2}+\frac{\lambda}{2}=0 \quad T=\sqrt{\frac{2(K-Q)}{\lambda}}$$

式中，T——汽车最佳使用年份数(年)；

K——汽车原值；

Q——汽车使用 T 年后的残值；

λ——低劣化值。

若不计残值，即令 $Q=0$，则上式变化为

$$T=\sqrt{\frac{2K}{\lambda}}$$

上式就是计算汽车最佳更新周期的公式。现仍用例 12－1 的微型轿车为例进行其经济使用寿命的估算。

例 12-2：上例微型轿车原值 K 为 4.0 万元，假设残值 Q 为零。每年运行费用增加值 λ 为 0.3 万元，求该微型轿车最佳更新周期，即经济使用寿命。

解：该车的最佳更新周期用为

$$T=\sqrt{\frac{2K}{\lambda}}=\sqrt{\frac{2\times4.0}{0.3}}=5.16(\text{年})$$

12.4.3 应用现值及投资回收系数估算法确定更新周期

在计算汽车经济寿命时，若考虑到利率对年使用费用的影响，就应把已发生的费用或预期将要发生的费用做现值计算。使得在同一时间基点上，将所涉及的各项费用按现在的价值折算出总的费用，称为年使用现值。其折算公式为

$$P=\frac{S}{(1+i)^T}$$

式中，P——现值；

S——未来值，即第 T 年付出的费用；

i——为利率；$\frac{1}{(1+i)}^T$ 为现值系数。

设汽车使用过程中，平均每年陆续付出的费用为 R(称为年当量使用费用)，每年陆续付出费用的总和为 P(以现在的费用值表示，称为现值)。则 R 与 P 之间的关系为

$$P=\frac{R}{(1+i)}+\frac{R}{(1+i)^2}+\cdots+\frac{R}{(1+i)^{T-1}}+\frac{R}{(1+i)^T}$$

$$=\frac{R}{(1+i)^T}[(1+i)^{T-1}+\cdots+(1+i)+1]$$

$$=\frac{R}{(1+i)^T}\frac{(1+i)^T-1}{i}$$

$$R=P\,\frac{i(1+i)^T}{(1+i)^T-1}$$

式中，$\frac{i(1+i)^T}{(1+i)^T-1}$——投资回收系数。

年当量使用费用 R 是为了使支出的现值可与每年由更新而获得的效益进行比较而提出的。当列表计算后，选出与年当量使用费用 R 最小的使用年限 T 时，即为经济寿命年限。

以表 12.8 所列数据为例，取利率 $i=10\%$，$b=0.218$，$K_0=10.500$ 元，列表计算，经济寿命为 11 年，结果见表 12.9。因此，考虑利率时汽车经济寿命计算值将比不考虑利率影响时稍有增加。

表 12.8　某汽车运输公司对某国产汽车使用成本的统计

里程段 D（万 km）	平均累计里程 X（10^3 km）	维修费 Y_1（元/1 000 km）	大修费 Y_0（元/1 000 km）	燃料费 Y_2（元/1 000 t·km）	燃料费折算系数 $C(t)$	总费用 $Y=Y_1+Y_0+Y_2+C$（元/km）
0～10	90	91.77	0	49.5105	3.33	256.4
10～15	117.65	91.79	0	48.780 8	3.33	254.3
20～25	244.11	94.20	47.15	51.882 9	3.33	314.4
25～30	268.76	97.34	47.15	53.210 2	3.33	321.8
30～35	340.88	105.42	52.16	56.180 2	3.33	344.6
45～50	486.67	115.66	58.13	52.300 3	3.33	347.5
50～55	529.33	127.33	60.46	55.309 3	3.33	371.7
55～60	575.55	128.06	60.46	58.510 5	3.33	383.6
60～65	625.69	124.24	68.15	60.708 7	3.33	394.5
65～70	676.37	123.19	68.15	59.588 6	3.33	389.7
70～75	726.59	128.67	73.48	60.270 3	3.33	402.5
75～80	776.29	130.27	73.48	60.900 9	3.33	406.5
$\sum X$	5 457.89				$\sum Y$	4 187.50
$\sum X^2$	3 097 781.6				$\sum Y^2$	1 492 372.150

注：燃料费的折算系数是把1 000t·km 燃料费折算成1 000车·千米燃料费，C=（主车标记吨位＋挂车标记吨位×拖挂率）×实载率。

表 12.9　汽车经济寿命计算表

年限 T(1)	年使用费用(元)(2)	现值系数(3)	年使用费用现值(元)(4)＝(2)×(3)	现金合计(5)＝K_0＋(4)的累计	投资回收系数(6)	年当量使用费用(元)(7)＝(5)×(6)
1	8 752	0.909	7 955.57	18 455.57	1.100	20 301.13
2	9 004	0.826	7 437.30	25 892.87	0.576	14 914.29

续表 12.9

年限 T(1)	年使用费用(元)(2)	现值系数(3)	年使用费用现值(元)(4)=(2)×(3)	现金合计(5)=K_0+(4)的累计	投资回收系数(6)	年当量使用费用(元)(7)=(5)×(6)
3	9 256	0.751	6 591.26	32 844.13	0.402	13 203.34
4	9 508	0.683	6 493.96	39 338.09	0.316	12 430.84
5	9 760	0.621	6 060.96	45 399.05	0.264	11 985.35
6	10 012	0.565	5 656.78	51 055.83	0.230	11 742.84
7	10 264	0.513	5 265.43	56 321.26	0.205	1 154.86
8	10 516	0.467	4 910.97	61 232.23	0.187	11 450.43
9	10 768	0.424	4 565.63	65 797.86	0.174	11 448.83
10	11 020	0.386	4 253.72	70 051.58	0.163	11 418.41
11	11 272	0.351	3 956.47	74 008.05	0.154	11 397.24
12	11 524	0.319	3 676.16	77 684.21	0.147	11 419.58

12.4.4 面值法

面值法是一种仅以账面数字作为分析基础的经济分析法。与低劣化数值相比，面值法可避免数据统计困难，适于在实际生产中分析和预估本单位车辆的经济使用寿命。

假定以 K_0=30 000 元购入一台新车，预计可使用 10 年，其价值将随着使用年限的增加而降低，而运行成本则增加。将这些有关的数据列表，并计其总使用成本和在使用期间的每年平均使用成本，则可以得到年平均使用成本最低的使用年限(见表 12.10)。

表 12.10 汽车年总使用成本

年限 ①	汽车残值 ②	年折旧③=(K_0−②)/①	运行成本 ④	累计运行成本 ⑤=$\sum$④	总使用成本 ⑥=③+⑤	年均使用成本 ⑦=⑥/①
1	25 000	5 000	3 200	3 200	8 200	8 200
2	20 000	5 000	3 850	7 050	12 050	6 025
3	15 000	5 000	4 300	11 350	16 350	5 450
4	10 000	5 000	4 700	16 050	21 050	5 263
5	8 000	4 400	5 200	21 250	25 650	5 113
6	6 000	4 000	5 600	26 850	30 850	5 142
7	4 000	3 714	6 100	32 950	36 664	5 238
8	3 000	3 375	6 500	39 450	42 825	5 353
9	2 000	3 111	7 000	46 450	49 561	5 057
10	1 000	2 900	7 200	53 650	56 550	5 655

面值法通常列表计算。由表12.10中数据可看出，第5年末为最经济的寿命时期，因为与其他几年比较该车的年平均使用成本为最低。

12.5 汽车报废

汽车经过长期使用，车型老旧，性能低劣，物料消耗严重，维修费用过高，继续使用不经济、不安全的应予以报废。车辆报废应根据车辆报废的技术条件，提前报废会造成运力浪费，过迟报废则又增大运输成本，影响运力更新。

1）汽车报废标准

1997年我国新修订的《汽车报废标准》规定，凡在我国境内注册的民用汽车，属于以下情况之一的应当报废：

①轻、微型载货汽车（含越野型）、矿山作业专用车累计行驶30万公里，重、中型载货汽车（含越野型）累计行驶40万公里，特大、大中、轻微型客车（含越野型）、轿车累计行驶50万公里，其他车辆累计行驶45万公里；

②轻、微型载货汽车（含越野型）、带拖挂的载货汽车、矿山作业专用车及各类出租汽车使用8年，其他车辆使用10年；

③因各种原因造成严重损坏或技术状况低劣、无法修复的汽车；

④车型淘汰，已无配件来源的汽车；

⑤经长期使用，耗油量超过国家定型车出厂标准值15%的汽车；

⑥经修理和调整仍达不到国家对机动车运行安全技术条件要求的汽车；

⑦经修理和调整或采用排放污染控制技术后，排放污染物仍超过国家规定的汽车排放标准的汽车。

除19座以下出租车和轻微型载货汽车（含越野型）外，对达到上述使用年限的客、货车辆，经公安车辆管理部门依据国家机动车安全排放有关规定严格检验，性能符合规定的，可延长期不得超过第②条规定的一半，即4年或5年。对于吊车、消防车、钻探车等从事专门作业的车辆，还可根据实际使用和检验情况，再延长使用年限。所有延长使用年限的车辆，都需按公安部门规定增加检验次数，不符合国家有关汽车安全、排放规定的应当强制报废。

运输单位或个人的运输车辆需要报废时，由其主管部门鉴定、审批，并报交通运输管理部门备案；对需要报废而尚未批准的车辆，要妥善保管，严禁拆卸或挪用其任何零部件和总成；对于已经批准或确定报废的车辆，交通运输管理部门应及时吊销营运证，报废车辆不得转让或移做他用，严禁用报废车辆的总成或零部件拼装车辆。凡经批准报废的车辆，要在车辆技术档案上记录报废原因、批准文号、车辆折旧（净值）等项内容。车辆报废的其他手续，应按当地车辆管理部门有关规定办理。

2）修改后的汽车报废标准

根据国家经济贸易委员会、国家发展计划委员会、公安部、国家环境保护总局《关于调整汽车报废标准若干规定的通知》(国经贸资源〔2000〕1202 号)和公安部《关于实施(关于调整汽车报废标准若干规定的通知)有关问题的通知》(公交管〔2001〕2 号)精神,1997 年制定的汽车报废标准中,非营运载客汽车和旅游载客汽车的使用年限及办理延缓报废的标准调整为:

①9 座(含 9 座)以下非营运载客汽车(包括轿车、含越野型)使用 15 年。达到报废标准后要求继续使用的,不需要审批,经检验合格后可延长使用年限,每年定期检验 2 次,超过 20 年的,从第 21 年起每年定期检验 4 次。

②旅游载客汽车和 9 座以上非营运载客汽车使用 10 年。达到报废标准后要求继续使用的按现行规定程序办理,但可延长使用年限最长不超过 10 年。延缓报废使用的旅游载客汽车每年定期检验 4 次;延缓报废使用的 9 座以上非营运载客汽车每年定期检验 2 次,超过 15 年的,从第 16 年起每年定期检验 4 次。

③营运大客车的使用年限调整为 10 年,达到报废标准后要求继续使用的按现行规定程序办理。延缓报废使用不超过 4 年;延长使用期间每年定期检验 4 次。

④上述车辆定期检验时,一个检验周期连续 3 次检验都不符合国家标准《机动车运行安全技术条件》规定的,收回号牌和行驶证,通知机动车所有人办理注销登记。达到报废标准后,不得办理注册登记和转籍过户登记。

⑤营运车辆转为非营运车辆和非营运车辆转为营运车辆,一律按营运车辆的规定年限(8 年)报废。

⑥没有调整的内容和其他类型的汽车,仍按照国家经贸委等部门《关于发布(汽车报废标准)的通知》(国经贸经〔1997〕456 号)和《关于调整轻型载货汽车报废标准的通知》(国经贸经〔1998〕07 号)执行(注:轻型载货汽车是指厂定总重量大于 1.8 t 小于等于 6 t 的载货汽车)。右置方向盘汽车报废的管理,按照公安部《关于加强右置方向盘汽车管理的通知》(公交管〔2000〕183 号)执行。

⑦对按规定需办理审批手续的延缓报废车辆,仍按现行规定程序办理;对原已办理延缓报废手续,但未达到新的报废标准的,按普通正常车辆管理,重新打印行驶证副证,并按规定办理年检签章,不再加盖延缓报废检验合格印章;对按照原报废标准应当报废但未办理完毕注销登记的车辆,按照新规定执行。

机动车报废年限及及延续报废使用情况如表 12.11 所示。

表 12.11 机动车报废年限及延缓报废使用情况

车型		报废年限(或规定使用年限)	可否延缓	最高可延	强制报废年限	依据
非营运客车	9 座以下(含)	15 年	可	不限	不限	《关于调整汽车报废标准若干规定的通知》(国经贸资源〔2000〕1202 号)
	9 座以上	10 年	可	10 年	20 年	
旅游客车		10 年	可	10 年	20 年	

续表 12.11

车 型	报废年限（或规定使用年限）	可否延缓	最高可延	强制报废年限	依据
营运客车(非出租)	10 年	可	5 年	15 年	《汽车报废标准》(1997 年修订),(国经贸经〔1997〕456 号)、《关于调整轻型载货汽车报废标准的通知》(国经贸经〔1998〕407 号)
微货	8 年	否	0	8 年	
轻货	10 年	可	5 年	15 年	
中货	10 年	可	5 年	15 年	
重货	10 年	可	5 年	15 年	
19 座(含)以下出租车	8 年	否	0	8 年	
19 座以上出租车	8 年	可	4 年	12 年	
带拖挂货车	8 年	可	4 年	12 年	《汽车报废标准》(1997 年修订)(国经贸经〔1997〕456 号)
矿山作业车	8 年	可	4 年	12 年	
吊车、消防车、钻探车等专用车	10 年	可	适当	不限	
全挂车	10 年	可	5 年	15 年	《关于实施〈汽车报废标准〉有关事项的通知》(公交管〔1997〕261 号)
半挂车	10 年	可	5 年	15 年	
半挂牵引车	10 年	可	5 年	15 年	
三轮农用车	6 年	可	3 年	9 年	《农用运输车报废标准》(国经贸资源〔2001〕234 号)
四轮农用车	9 年	可	3 年	12 年	同上
正三轮摩托车	7—9 年	可	3 年	10—12 年	《摩托车报废标准暂行规定》(经贸委、计委、公安部、环保总局联合发文〔2002〕第 33 号)
其他摩托车	8—10 年	可	3 年	11—13 年	
其他汽车	10 年	可	5 年	15 年	《汽车报废标准》(1997 年修订),(国经贸经〔1997〕456 号)

注：营运车辆(包括出租车)转为非营运车辆或非营运车辆转为营运车辆，均按营运车辆(出租车)年限计算。

参考文献

1. 余志生. 汽车理论(第 4 版). 北京:机械工业出版社,2007
2. 高延龄. 汽车运用工程(第 3 版). 北京:人民交通出版社,2007
3. 张文春. 汽车理论. 北京:机械工业出版社,2005
4. 陈焕江. 汽车运用基础. 北京:机械工业出版社,2004
5. 肖盛云,徐中明. 汽车运用工程基础. 重庆:重庆大学出版社,1994
6. 扶爱民. 汽车运用基础. 北京:电子工业出版社,2005
7. 杨益明. 汽车使用性能与检测. 北京:人民交通出版社,2002
8. 姜玉波. 汽车运用基础. 北京:机械工业出版社,2006
9. 黄会奇. 汽车使用性能与检测. 北京:电子工业出版社,2003
10. 许洪国. 汽车事故工程. 北京:人民交通出版社,2004
11. 戴汝泉. 汽车运行材料. 北京:机械工业出版社,2005
12. 王德丰,陈玉润. 汽车运用学. 北京:中国林业出版社,1992
13. 苗泽青. 汽车检测人员岗位培训教材. 北京:人民交通出版社,2005
14. 王云鹏,鹿应荣. 车辆保险与理赔. 北京:机械工业出版社,2003
15. 李岳林,王生昌. 交通运输环境污染与控制. 北京:机械工业出版社,2003
16. 钟志华,张维刚. 汽车碰撞安全技术. 北京:机械工业出版社,2003
17. 鲁植雄. 二手车鉴定评估实用手册. 南京:江苏科学技术出版社, 2007
18. 鲁植雄,黄学勤译. 汽车故障诊断高级教程. 南京:江苏科学技术出版社,2005